日本統治時代後期
台湾政治思想の研究
——台湾抗日運動者
の政治思想の分析

伊藤幹彦 博士 著

鴻儒堂出版社

本書を捧げて
感謝します

わが敬愛する恩師　曹永和
　　　　　　　　　黄昭堂
　　　　　　　　　邱栄挙

林獻堂

蔡培火

蔣渭水

謝南光

謝雪紅

王 敏 川

連溫卿

蔡孝乾

臺灣議會設置請願運動

臺灣文化協會

臺灣文化協會

臺灣民眾黨

臺灣民眾黨

治警事件

臺灣民報

臺灣地方自治聯盟

林呈祿

蔣渭水

蔣渭水

臺灣民眾黨

曹　序

　　本書は著者伊藤幹彦氏が二〇〇五年一月三日、台湾大学国家発展研究科において、博士号授与が決定した、中国語で書かれた著者本人による日本語版である。著者は二〇〇一年に台湾大学国家発展研究科博士課程に入学し、同研究科の邱栄挙教授と私が指導教授になった。私は台湾大学歴史学研究科で特講「東アジア海域における台湾」を開講しており、私は日本統治時代の教育を受けたことがあり、伊藤氏は私の特講にも参加したが、私自身は近世の大航海時代の台湾対外関係史を専門の一分野としており、実質的な指導は専ら邱栄挙教授によっている。私の特講に参加する大学院生は古代から戦後にわたって幅広く研究テーマを選んでおり、日本統治時代の台湾について研究する学生も多くおり、特に抗日運動をテーマとしている学生もいるが、抗日運動でなく、その政治思想を研究した学生は今までいない。そういう意味で、伊藤氏の本書はきわめてユニークな博士論文と言える。

　　伊藤氏は早稲田大学の歴史学科に学び、卒業論文には「台湾民主国」について書き、早稲田大学の修士課程では政治学研究科に転じたが、その修士論文は「林献堂の政治思想」であり、その間、台湾留学生との付き合いから一層、台湾研究に傾倒するようになり、台湾に留学に来た。他者なる日本人として一途に日本統治時代の台湾について研究し、すでに多

数の論文を発表し、本書をもって一つのまとまりをみたと言える。しかし政治運動家の内面にかかわる思想の形成、その構造は複雑である。本書の出版は著者にとって一つのさらなる精進の足掛かりになると同時に日本における台湾研究のよき手引きになるであろう。

中央研究院院士
台湾大学歴史学科教授

曹永和

二〇〇五年一月二三日

黄　序

　　本書は形式上、博士論文ですが、実際は日本統治時代の台湾独立思想を研究する経典となれる作品であります。私は著者の伊藤君に対し、おめでとうという以外に指導教授の曹永和教授と邱栄挙教授に対して敬意を表わします。私は彼が日本に帰国してから研究を続け、必ず優れた学者になると信じています。

　　著者が収集した資料は非常に広範であり、彼はこの点について少なからず工夫をし、非常に多くの資料は彼が努力して探し集めたものです。資料の収集は論文執筆の第一歩ですが、彼のこの点に対する努力は評価するに値します。私は非常に著者のものの見方に対し感心し、彼は資料に対し、判断を加えるばかりでなく、相当正しい判断をしています。これは得難いことです。更に著者はもう一つの特色つまり整理能力をもっています。ある複雑な問題に対し、たとえば台湾独立思想と中国統一思想に対して、彼は整理し、読者にわかりやすく説明しています。

　　私が著者に言わなければならないことは、研究対象について言えば、台湾独立思想は依然として処女地であり、研究者が開拓する必要があるということです。今、本書を含めてすでにいくつかの研究成果が発表されていますが、さらに多くの人が研究する必要があります。

　私の生涯の事業は台湾の独立建国であります。私は台湾ナ
ショナリストであり、私が書いた文章の八〇パーセント以上
は台湾独立建国と関係あることです。台湾の独立建国はすべ
ての台湾人の義務と権利であります。これは党派を分けず、
すべての台湾人の義務と権利です。私と伊藤幹彦君は特に国
民党の人々が早く積極的に台湾の独立建国運動に参加し、早
く台湾の独立建国を実現させることを希望しています。

総統府国策顧問
昭和大学政治学名誉教授

黄昭堂

二〇〇五年一月二五日

邱　序

　伊藤幹彦博士は日本からの留学生の中のきわめて優秀な若い学者であり、すでに日本の非常に有名な早稲田大学歴史学科と政治学研究科を卒業し、昭和大学の講師をしたこともあり、専攻は政治学と歴史学であり、台湾政治に対して特に関心があり、日本で多くの台湾政治に関する論文を発表したことがあり、すこぶる学界で重視されています。

　二〇〇〇年に伊藤さんは台湾大学に来て、私が開設している三科目、「二〇世紀中国政治専題研究」、「台湾政治史専題研究」および「学術論文専題研究」を聴講し、相当に努力しました。二〇〇一年に彼は台大政治学研究科博士課程と台大国家発展研究科博士課程の両方に合格しましたが、台湾政治思想を特に専門的に研究したいために、台大国家発展研究科博士課程に入学することを選択しました。

　二〇〇五年一月に伊藤さんは三年半の日夜の苦学と真面目な研究を経て、優秀な成績で博士論文の口述試験を終え、順調に国立台湾大学法学博士の博士号を得て、これは台湾大学あるいは台湾の各大学の中で相当に得難い素晴らしいことであり、台湾大学の八〇年の歴史の中で、はじめての日本人の法学博士になりました。

　本書は伊藤さんの台湾大学博士論文であり、台湾政治研究の優れた作品であり、伊藤博士は長年来、台湾政治思想を研

究したいという志をもち、この本は現段階の代表作であり、中央研究院院士である台湾史学界の泰斗曹永和教授と私が伊藤博士の博士論文の指導教授になり、伊藤さんの真面目な学習態度に対し、きわめて肯定的に評価しており、この本の内容は相当独特であり、すこぶる学界で参考にされる価値があり、私自身が特に推薦したい本であり、これをもって序とします。

台湾大学国家発展大学院教授
台湾大学政治学博士

　　　　　邱栄挙

二〇〇五年一月二〇日

自　序

　僕は伊藤幹彦といい、一九五九年一二月一日に日本の山梨県で生まれました。心身とも健康であり、煙草も酒も飲まず、親切であり、明朗であり、研究に対しても非常に積極的です。

　家族は五人であり、父母は日本人であり、父は日本の山梨県で警察署長をしたことがあり、現在は行政書士です。母は主婦です。姉が二人おり、一番目の姉は大阪の小学校の教師であり、二番目の姉は東京の会社員です。二人の姉はすでに結婚しました。父は僕に「まじめに仕事をしなければならない」と励まし、母は僕に「他の人に親切にしなければならない」と教え、姉は僕に「友達と仲良くしなければならない」と言いました。僕は長い間、日本に住んでいましたが、日本の家庭教育を通じて台湾の伝統的な儒教思想を学びました。それゆえ儒教思想がある台湾人の友達と気が合い、考え方も同じです。

　僕は小さい時から読書が好きであり、常に友達と遊んだり、勉強したりしました。学生時代に「社会化」について学び始めました。たとえば「どうすれば友達とけんかしないか」あるいは「もし友達とけんかしたら、どうやって仲なおりするか」などです。人には二種類の知性があり（感情の知性と頭脳の知性）、僕はこの二種類の知性を高めることが非常に重要なことであると思います。ハーバード大学のゴールマン教授

ははじめてこの二種類の知性について研究した学者です。僕
は学生時代にこの二種類の知性を高めようと努力してきまし
た。

　早稲田大学の歴史学科に入学してから、国際交流団体に参
加し、多くの外国人と友達になりました。その時、台湾人は
非常に人情味があると思いました。僕は日本人よりも台湾人
の方が好きになりました。台湾人の大部分の生活、習慣、思
想が好きです。大学にいた時、僕は多くの哲学思想について
読んだことがあり、僕が最大の影響を受けたのは「ニューソ
ート哲学」（努力すればなんでも実現させることができる）。
これはアメリカン・ドリームと似ています。大学の卒業論文
は「台湾民主国についての諸問題」でした。大学では歴史学
科でしたので、僕は政治史に関する論文を書きました。大学
と大学院生の時に僕は中国語を二〇年学び、空手を二年学び、
家庭教師のアルバイトをしました。

　このほか大学卒業後、僕は東京大学で二年聴講生になり、
「国際関係論」を学び、指導教授は渡辺昭夫教授（国立オー
ストラリア大学博士、日本政治外交史専攻）でした。僕は若
林正丈（東京大学博士、台湾政治史専攻）と平野健一郎（ハ
ーバード大学博士、日中政治史専攻）の授業を受けたことも
あります。

　その後、僕は早稲田大学政治学研究科で政治学を専攻し、
指導教授は兼近輝雄教授（早稲田大学修士、日本政治史専攻）
でした。しかも僕は宇野重昭教授（東京大学博士、中国政治
史専攻）と大畑篤四郎教授（早稲田大学修士、日本政治外交

史専攻）の指導も受けました。僕の趣味は読書とおしゃべりであり、これらを通して多くの知識を得ました。僕の修士論文は「林献堂の政治思想」であり、これで修士号を得ました。

修士卒業後、僕は昭和大学の政治学の講師になり、同時に昭和医療短期大学の国際関係論の講師になりました。僕は日本台湾学会、アジア政経学会、国際アジア文化学会、日本国際政治学会、中国社会文化学会などで二二回発表し、学術雑誌に二〇回論文を書きました。学会を通して、向山寛夫教授（九州大学博士、台湾政治史専攻）、戸張嘉勝教授（東北大学修士、教育学専攻）、衛藤瀋吉教授（東京大学名誉教授、中国政治史専攻）、鍾清漢教授（東京大学博士、台湾教育史専攻）、宇野精一教授（東京大学名誉教授、中国哲学専攻）の方々とも知り合いました。僕は台湾政治思想を二〇年研究しました。

その後、僕は台湾大学国家発展研究科博士課程に入学し、この博士論文で、台湾大学法学博士の学位を取得しました。

本論文の完成にあたって、特に僕の指導教授の、台湾大学歴史学科の曹永和教授（中央研究院院士、台湾史専攻）と台湾大学国家発展研究科の邱栄挙教授（台湾大学博士、台湾政治思想専攻）に感謝します。指導教授の先生方は本論文の指針を与えてくださり、中国政治思想と台湾政治思想を結びつけ、論文の内容について指導してくださり、細部に至るまで見ていただきました。

特に感謝するのは邱栄挙教授であり、僕が台湾大学に在学していた三年半の間、お忙しい中、一〇〇回（一回は五時間）、全部で五〇〇時間、本論文について指導してくださり、本論

文は一〇〇回、書き直しました。同時に台湾大学政治学科の
盧瑞鍾教授（台湾大学博士、中国政治思想専攻）と陳思賢教
授（ジョン・ホプキンス大学博士、西洋政治思想専攻）、中山
大学の葉振輝教授（台湾大学博士、台湾政治史専攻）、台湾大
学国家発展研究科の陳春生名誉教授（台湾大学修士、台湾政
治史専攻）、特に昭和大学の黄昭堂名誉教授（東京大学博士、
台湾政治史専攻）に感謝します。

　本書を出版していただいた鴻儒堂の黄成業社長、貴重な話
を聞かせてくれた蒋渭水の御子息の蒋松輝さんと台湾研究者
の史明さん、写真を提供してくれた黄天横さんに感謝します。

　ここで僕の家族と友人達に感謝します。僕には三〇〇人の
台湾人の友人がおり、特に親友は黄頌顯、鄭景文、黄景裕、
林家田、林棍田、李建橋、林怡佩、溫志豪、王啟名、張芳碩、
簡正宇、陳孝銘、潘柏均、蘇逸修、林家慶、蔡明蓉、張桀瑋、
李威意、林若蕙、劉怡臻、陳品彧、坂田桃子であり、彼らは
戦友として僕とともに戦ってくれました。感謝します。

　ありがとう。

伊藤幹彦

二〇〇五年一月一五日

要　約

　本論文は日本統治時代後期の台湾政治思想の研究論文であり、特に台湾抗日運動者の政治思想を検討しようとするものである。政治思想の範囲は抗日思想より大きく、当時の台湾の政治思想は資本主義思想、地方自治思想、台湾独立思想、中国統一思想、社会主義思想、社会民主思想、労働組合思想、台湾議会思想、民族主義思想、自由主義思想、民主主義思想、共産主義思想、山川主義思想などであり、その中の資本主義思想と地方自治思想以外、そのほかの思想はすべて抗日思想と関連がある。そして抗日思想は台湾独立思想と中国統一思想を含み、つまりこれらは政治思想に含まれる。当時の台湾抗日運動者の台湾抗日思想は台湾独立思想と中国統一思想に分けられる。本論文で解明したい問題は以下の通りである。

　（1）日本統治時代後期の台湾抗日運動者の政治思想は抗日思想であり、その抗日思想の主な内容はなにか（what）。（2）またそれらの抗日思想はどのようにして日本統治時代の台湾で形成されていったのか（how）。（3）なぜ台湾独立思想と中国統一思想が生まれたのか（why）。本論文はこれらの諸問題に答えようとするものである。

　台湾抗日運動を始めた人々の中で、右派の林献堂、蔡培火、

蒋渭水は自由主義思想と台湾独立思想をもち、謝南光は自由主義思想と中国統一思想をもち、左派の謝雪紅と王敏川は共産主義思想と台湾独立思想をもち、連温卿は社会主義思想と台湾独立思想をもち、蔡孝乾は共産主義思想と中国統一思想をもっていた。彼らの政治思想は戦後台湾の政治思想に影響を与え、台湾民族主義、台湾独立思想、中国統一思想、自由主義思想、民主主義思想などを生み出した。

　この論文の結論は以下の通りである。日本統治時代の台湾政治思想は以下の四つの影響を受けた。第一次世界大戦後の民族自決主義の影響、日本内地の自由主義と民主主義の影響、辛亥革命と五四運動の影響、マルクス主義の影響であった。具体的に言えば、ウィルソンの民族自決主義、日本内地の大正デモクラシー、辛亥革命と五四運動は林献堂、蔡培火、蒋渭水、謝南光に影響を与えた。マルクス主義は謝雪紅、王敏川、連温卿、蔡孝乾に影響を与えた。

　台湾抗日運動者の台湾抗日思想は台湾独立思想と中国統一思想に分けられる。台湾独立思想をもつ台湾抗日運動者は林献堂、蔡培火、蒋渭水、謝雪紅、王敏川、連温卿であり、中国統一思想をもつ台湾抗日運動者は謝南光と蔡孝乾だった。彼らの台湾民族主義、台湾独立思想、中国統一思想、自由主義思想、民主主義思想などは戦後台湾の政治思想に影響を与えた。台湾抗日運動者は林献堂の呼びかけによって、台湾文化協会を作り、台湾議会設置請願運動をはじめた。しかし一九二〇年代にマルクス主義が台湾に流入すると、台湾文化協会は左派と右派に分裂した。右派の林献堂、蔡培火、蒋渭水、

謝南光は脱退し、台湾民衆党を作ったが、左派の王敏川と連温卿は台湾文化協会を左派団体に変えた。このほか謝雪紅は台湾共産党を作った。

多くの台湾抗日運動者は台湾独立思想あるいは中国統一思想をもち、戦後台湾の政治思想家もこのため台湾独立思想あるいは中国統一思想をもつようになった。

(14)

目　次

(18)

序　論

壱、研究動機、目的及び問題陳述

　本論文は日本統治時代後期の台湾政治思想の研究論文であり、特に台湾抗日運動者の政治思想を検討しようとするものである。政治思想の範囲は抗日思想より大きく、当時の台湾の政治思想は資本主義思想、地方自治思想、台湾独立思想、中国統一思想、社会主義思想、社会民主思想、労働組合思想、台湾議会思想、民族主義思想、自由主義思想、民主主義思想、共産主義思想、山川主義思想などであり、その中の資本主義思想と地方自治思想以外、そのほかの思想はすべて抗日思想と関連がある。そして抗日思想は台湾独立思想と中国統一思想を含み、つまりこれらは政治思想に含まれる。当時の台湾抗日運動者の台湾抗日思想は台湾独立思想と中国統一思想に分けられる。本論文で解明したい問題は以下の通りである。(1)日本統治時代後期の台湾抗日運動者の政治思想は抗日思想であり、その抗日思想の主な内容はなにか (what)。(2)またそれらの抗日思想はどのようにして日本統治時代の台湾で形成されていったのか (how)。(3)なぜ台湾独立思想と中国統一思想が生まれたのか (why)。本論文はこれらの諸問題に答えよ

うとするものである。

　台湾抗日運動を始めた人々の中で、右派の林献堂、蔡培火、蒋渭水は自由主義思想と台湾独立思想をもち、謝南光は自由主義思想と中国統一思想をもち、左派の謝雪紅と王敏川は共産主義思想と台湾独立思想をもち、連温卿は社会主義思想と台湾独立思想をもち、蔡孝乾は共産主義思想と中国統一思想をもっていた。彼らの政治思想は戦後台湾の政治思想に影響を与え、台湾民族主義、台湾独立思想、中国統一思想、自由主義思想、民主主義思想などを生み出した。

一、研究動機

　筆者の第一の研究動機は台湾政治思想史に趣味があるということである。その中で特に日本統治時代の台湾近代史を研究したいし、それゆえ歴史学と政治学の二つの方面からの日本統治時代の台湾政治思想史を研究したいと思う。筆者が思うに日本統治時代の台湾政治史の中で政治思想史は政治運動史より、台湾の歴史の真実の姿を反映している。なぜならば台湾は当時、日本帝国の植民地統治を受け、台湾人は被統治階級に属し、政治権力がなく、このため政治運動を通して、政治の現状を改革することを希望し、政治権力を勝ち取り、「台湾は台湾人の台湾である」という政治思想に達したからである。筆者は台湾人の観点に立ち、日本統治時代の台湾政治思想を研究したいと思う。筆者は日本人であるが、台湾にアイデンティティをもち、それゆえ台湾政治思想を研究したいし、日本統治時代の台湾政治思想史の意義を解明したいと

考えている。

　もし我々が過去を理解すれば、現在を理解できる。もし現在を理解できれば、過去がわかる。それゆえ我々は同時に現在と過去を理解する必要がある。このため台湾の日本統治時代の史料考察が更に重要になってくる。大学時代に多くの台湾の留学生と知り合い、筆者は日本統治時代の台湾歴史に対して強烈な知りたいという欲求をもつようになった。上述の因縁によって、筆者は「一八九五年の台湾民主国の意義」という学士論文を書いた。さらに台湾の留学生の励ましによって、筆者は大学時代に歴史学を専攻とすること以外に、筆者は政治学も大学院の専攻とすることにした。それゆえ筆者の修士論文の題目は「林献堂の政治思想」であった。筆者は歴史学と政治学に濃厚な趣味があり、それゆえ筆者は「インターデシプリナリー」方式で書き、「歴史政治学」の関連する題目を書きたいと思う。「歴史政治学」は政治学の理論で、歴史的事件を分析することである。筆者のこの論文で研究したいのは「インターデシプリナリー研究」であり、台湾大学国家発展大学院は「インターデシプリナリー研究」の先駆者であり、このため台湾大学国家発展大学院は筆者に歴史と政治理論の融合の良好な環境を提供し、それゆえ筆者の論文題目は「日本統治時代後期の台湾政治思想の研究——台湾抗日運動者の政治思想の分析」としたのが第二の研究動機である。

　筆者は日本人であるけれども、台湾に対して言い難い感情があり、それゆえ筆者は一歩進んで、「台湾」、「台湾人」、「台湾史」、「台湾政治思想」を理解したい衝動にかられた。台湾

史は特に近代史をもって最も重要とされており、なぜならば近代史と現代の情勢はすこぶる関係があり、多くの現代の事件の変遷は近代史において、多くの原因が求められるからである。近代の台湾は日本帝国の植民地統治の下にあって近代的発展をしたが、圧迫搾取される対象になった。この歴史は現在すでに新しい研究成果があるけれども、政治思想史の研究は依然として極度に不足している。日本統治時代の台湾政治思想史の影響は清朝時代とオランダ時代の台湾政治思想史よりも現代の政治思想に対する影響はさらに大きい。台湾政治思想史は台湾の政治家が台湾政治に対して考えた歴史である。最近、日本統治時代の台湾政治運動史に関して、いくつかの論文が発表されたが、日本統治時代の台湾政治思想史に関しては、若林正丈の「黄呈聰における待機の意味」と呉叡人の「臺灣非是臺灣人的臺灣不可」以外に、ほとんど日本統治時代の台湾政治思想史に関する論文は発表されていない。それゆえ筆者は台湾思想史の中のまだ研究されていない政治思想史の部分に関して、書き、解釈し、その中で特に日本統治時代後期の台湾抗日運動者の政治思想を解明したいと思う。以上が筆者の第三の研究動機である。

　もし我々が台湾史を研究したければ、日本史と中国史に対してある程度理解しなければならない。現在まで日本近代史と中国近代史の研究論文は非常にたくさんあるが、台湾近代史に関しては非常に少ない。しかも日本人をもって中心とする日本統治者史観と中国人をもって中心とする国民党統治者史観の論文は非常に多い。近年、台湾人をもって中心とする

台湾人史観も次第に重視されるようになってきた。筆者は日本人であるけれども、台湾に対してすこぶるアイデンティティがあり、それゆえ台湾人をもって中心とする台湾人史観で以下の論文を発表する。

二、問題設定

本論文は日本統治時代後期の台湾抗日運動者の政治思想を検討しようとするものである。台湾抗日運動者の政治思想の主なものは抗日思想であり、当時の台湾抗日運動者の抗日思想は台湾独立思想と中国統一思想に分けられる。本論文で解明したい問題は以下の通りである。

(1)日本統治時代後期の台湾抗日運動者の政治思想は抗日思想であり、その抗日思想の主な内容はなにか (what)。

(2)またそれらの抗日思想はどのようにして日本統治時代の台湾で形成されていったのか (how)。

(3)なぜ台湾独立思想と中国統一思想が生まれたのか (why)。

本論文はこれらの諸問題に答えようとするものである。

本論文の研究対象は漢民族をもって中心とするものである。原住民は文字がなかったので、日本統治時代の史料をほとんど残していない。確かに台湾抗日運動において、多くの事件、たとえば霧社事件などが発生したが、霧社事件に関する史料はほとんど日本側の史料であり、原住民はほとんどいかなる史料も残していない。確かに近年、霧社事件の関係者に対する口述調査が行われているが、霧社事件の関係者はほとんど世を去っているので、霧社事件のすべてを詳細にまで理解す

6

ることはできない。このため本論文の論述は漢民族の台湾抗日運動者の政治思想をもって中心とする。

　本論文の対象とする時期は日本統治時代の後期の台湾である。日本統治時代の後期は一九一五年から一九四五年までである。日本統治時代の前期は一八九五年から一九一五年までである。日本統治時代前期は武装抗日の時期であり、日本統治時代後期は合法抗日の時期である。一九一五年の西来庵事件を境にして、武装抗日は一段落を告げ、これにとってかわったのはデモ、ストライキ、集会、結社、雑誌発行などの方式の合法的抗日運動だった。このような時代区分は台湾人の角度から見た時代区分であり、本論文は台湾抗日運動者の政治思想をもって研究対象としているので、以上の時代区分を採用する。このほか日本の角度から見た時代区分は三つの時期に分けられる。日本統治時代の五〇年間に台湾には全部で一九人の台湾総督がいた。一八九五年から一九一九年までは前期武官総督時代であり、軍人の総督は台湾を支配した。一九一九年から一九三六年までは文官総督時代であり、文人が台湾を支配した。一九三六年から一九四五年までは後期武官総督時代であり、軍人が台湾を支配した。このような時代区分法は日本側の統治者の史観である。本論文においては、日本側の統治者の史観を採用せずに、台湾人の角度から見た台湾人史観を採用する。

三、名詞解釈

1.民主主義思想　(The thought of democracy)

すべての社会の構成員は共に統治権 (直接民主)を行使し、あるいは人民が若干の代表を選んで政策を決める (間接民主)。民主政治は若干の施行の用件を含み、たとえば公民の平等参政権、一人一票、一票一価値、毎回の合法的な公民それぞれの投票権などである。代議民主はある検討に値する問題を生み出し、たとえば選挙区の大小、選挙制度の類型、選挙過程の規定などである。多数決原則は必ず維持されるべきであり、(時に特殊な多数決を必要とし、たとえばアメリカ憲法の改正であり、四分の三の州議会の同意を経なければならない)、少数者の人権を保障すること、公民権の擁護、法治原則も民主政治の基本的観念である。政党、利益団体、その他のサブグループの成立は若干の政治体系に対し、民主的原則を完全に一致させることができない。社会の構成員の根深い民主の信念は民主政治の形式より、更に重要であり、さもなければ多くの国家は民主の形式をもつことになるといえる。共産主義の国家は常に「人民民主」を称するが、ただ経済関係を改善してはじめて人民の平等の参加を実現させることができる(1)。

2.共産主義思想　(The thought of communism)

財産共有制を主張し、階層がない政治構造のイデオロギーである。共産主義の結果、社会構造は階級がなくなり、貨幣

制度も廃止され、人民の仕事は社会全体の必要と指導によって行なわれ、それぞれがそれぞれの能力を生かし、それぞれが必要なものを得ることができる世界である。共産主義が強調しているのは社会と経済の変化は政治的変化の先決条件であって、政治的変化の結果ではないということである。現代の共産主義のイデオロギーの起源は一八四八年にマルクスとエンゲルスが共同で発表した「共産党宣言」である。一九一七年にロシア共産党政権が成立してから、マルクスの思想を根拠にレーニンが強調しているのはロシアは社会主義の社会であり、正に共産主義社会に移行しようとしており、技術と社会の基礎の確立を経て、国家は消滅していき、歴史の発展の必然的段階——共産主義社会に達するということであった。ロシア政府が決定した共産主義は正当的な共産主義のイデオロギーと見なされないが、毛沢東、カストロらがそれぞれ共産主義のイデオロギーを解釈し、実際にこれらの争いは共産主義社会に達する方法及び共産主義社会の政策や社会組織を実現させることなど (例えば農業の関係、外国貿易、産業構造、制度組織、公民権) の見方が異なっているというわけである。以下に統一陣営の中の理論的観点のやり方が異なっているにしても、ただ更に多くの争いを引き起こすだけである。ただそれぞれの国家の経験をもとに説明できるだけである (2)。

3.資本主義思想 (The thought of capitalism)

　資本の本源的蓄積によって資本主義的生産関係の基礎である生産手段の私的資本主義的所有制度が確立された。その結果、生産手段が少数の資本家によって占有・支配され、多数の直接生産者である労働者は生産手段の所有から切り離され、自分の労働力を商品として、時間ぎめで資本家に売り渡さなくてはならない。なぜならすべての生活資料は商品として、生産・販売されているので、労働者は貨幣収入がなければ生活できないからである。労働力商品の代金である賃金は、労働力の再生産に必要な生活資料の価値 (労働力の価値)であり、労働力は生産において労働力の価値よりも大きな価値を生産するので、資本家は労働力の価値どおりに賃金を支払って労働力を買い入れ、自分の生産手段と結合させて、労働力の価値よりも大きな価値を獲得する。このような差額が「剰余価値」である。資本家は利潤の極大化を求めて、生産を行う(3)。

4.自由主義思想 (The thought of democracy)

　文明社会においてある種の制限的な条件の下で個人はできるかぎり、自由であるべきであり、それは同時に若干の政治、宗教、経済、社会の解放運動を行い、以下の若干の原則は多数の自由主義者が守ることであり、人治を超越し、不偏不党の法治を根拠にし、理性の原則をもって法律を制定し、修正し、国家権力は社会秩序を維持し、国家の安全と社会的目標を達成させることは限りがあり、過度に拡張するべきではな

く、適当な手続きと普遍的な選挙を経て自由に政府を選択し、
自由な選択と自由な交易をもって経済制度の基礎とし(若干
の自由主義者は政府はいろいろなやり方で市場に介入するべ
きではなく、例えば独占を防止すると主張している)、商品の
国際貿易を阻害するべきではなく、明文で公民の権利を述べ、
有限的に保障し、社会的政治的経済的特権を廃止し、自由に
創造し、団体的に運用することによって多元的な社会秩序を
樹立する。自由主義は平等主義と同じであるとは限らないし、
自由という目標を達成させるために自由主義者は機会の平等
を強調する(4)。

5.社会主義思想 (The thought of socialism)

　生産事業のモットーは人々を満足させることにあるのであ
って、個人の必要性にあるのではなく、社会主義は民主的な
政権を通して目標を達成し、大部分の社会主義者は政治的な
民主を経済的な領域に伸ばし、これを支配の形式とみなす。
社会主義の流派は非常に多くあり、その中の重要なのはユー
トピア社会主義、フランス社会主義、マルクス社会主義、修
正主義、フェビアン主義、労働組合主義、ギルド社会主義、
社会民主主義である。「社会主義インター」を出張する人は社
会主義者の世界的な組織を作ろうとし、彼らは民族主義に対
し、信頼していず、このため個別の社会主義的団体を作ろう
とし、その行動を指導し、世界的な社会主義の組織を作った。
「第一インターナショナル」は社会主義者と無政府主義者の
内部対立によって解散し、「第二インターナショナル」は第二

次世界大戦後に「社会主義インター」となり、「第三インター
ナショナル」(俗称コミンテルン)はロシア共産党に指導される
団体になった(5)。

6.社会民主主義思想 (The thought of social democracy)

　一種の民主国家が作る経済的制度であり、その中の人民が
工業団体あるいは政府を通して基幹産業の所有権と指導権を
得て、銀行、運輸、通信、その他の主要な経済部門を管理す
る。民主社会主義において政府が経済において担当する職務
は自由な選挙に決定されるのであって、イデオロギーの教条
によって、決まるのではない。経済制度の中に私有部門が存
在しているにしても政府あるいは工業団体も極力、個人部門
を制限し、計画的に指導し、人民が必要とする各種の福祉的
な措置を取る(6)。

7.民族主義思想 (The thought of nationalism)

　一種のイデオロギーであり、国家は民族の基礎の上に成り
立つべきであると主張している。歴史的に見れば現代の民族
主義はフランス大革命、ナポレオンの征服戦争、一九世紀前
半の民族主義運動の影響を受けた。第一次世界大戦が終る時
(一九一八年〜一九一九年)の原則の中で「民族自決」が強調さ
れ、第二次世界大戦が終ってからの反植民地主義は民族主義
運動に対して刺激になり、重要な影響を与えた。民族主義は
そのほかの種類の学説あるいはイデオロギーと結びつき、た
とえば共産主義 (ベトナム)、アパルトヘイト (南アフリカ、

ローデシア)、民主政治 (一九世紀のフランス)軍国主義 (プロ
シャ)、宗教信仰 (パキスタン、イラン)である。民族主義は正
確な客観的な認定できる要素で定義できない。それは単なる
客観的な民族が存在するかしないかではなくて、さらに主観
的信仰の上に一つの共通する「民族」であることによってい
る(7)。

8.台湾独立思想 (Taiwan independence thought)

　台湾独立思想の中心概念は台湾民族形成論である。台湾の
原住民はマレー・ポリネシア系の高砂族である。明朝時代清
朝時代に台湾海峡の航海は危険であり、中国大陸から台湾に
移民したシナ・チベット系の漢民族はその大部分は男性であ
った。それらの漢民族の男性と高砂族、平埔族の女性との通
婚によって形成されたのが台湾民族である。すなわち中国民
族と異なる、マレー・ポリネシア系の高砂族の血統をもつ台
湾民族が成立したということである。中国民族と異なる台湾
民族が次第に形成されていったというのが台湾民族形成論で
ある。一八九五年、台湾民主国が建国され、その後、連続し
て一九〇七年の北埔事件、一九一二年の土庫事件、一九一五
年の西來庵事件が発生し、これらの事件の本質は台湾抗日運
動であり、台湾独立運動でもあった。その連続性は中国民族
と異なる台湾民族の台湾独立運動であり、中華民国と日本か
ら独立する台湾共和国の建設が構想されていた。いわゆる台
湾独立思想は台湾民主国の樹立とその後の抗日運動であり、そ
の連続性は中国民族と異なる台湾民族が行なう台湾独立運動

である(8)。

9.中国統一思想　(China unification thought)

　歴史から見れば、明朝清朝時代以来、台湾はずっと中国の一部分と見なされ、台湾は領土的に中国と密接不可分であり、台湾民族は存在せず、台湾人は中国民族であり、漢民族の一部分である。これは一種の台湾にアイデンディティをもつのではなくて中国大陸にアイデンディティをもつべきであるとするイデオロギーであり、台湾人が自ら建国すべきではなくて中国人が統一し、建国すべきであるとすることであり、しかも台湾は中国人の台湾とすべきであると見なしている。文化的に言えば、台湾人と中国人の血統は一致し、台湾文化は中国文化の一部であり、両者は結びつけられるべきであるとするものである。台湾は中国の一部分であり、統一すべきであるとするのが中国統一思想である(9)。

10.台湾議会思想　(The Taiwan thought of a Formosan Parliament)

　林献堂らは台湾住民より公選された議員からなる台湾議会を設置し、これに法律制定権と予算議決権を新しく要求した。台湾総督は立法、行政、司法の三権のすべてをもっていたが、そのうちの立法権のみを台湾議会に与えるように求めたのである。台湾議会は法律制定権と予算議決権からなる立法権を要求するものであった(10)。

11.労働組合思想　(The thought of labour union)

　労働組合思想は謝雪紅の労働組合思想と連温卿の労働組合思想に分けることができる。

　謝雪紅の労働組合思想。日本共産党はコミンテルンの指導下にあったプロフィンテルン (赤色労働組合インターナショナル)に属する別個の労働組合、すなわち右翼的な組合に対立する左翼組合を組織する、二重組合主義をとった (「結合の前の分離」説が組合運動の中に持ち込まれた)。日本共産党によると、あらゆる機会に労働争議を激発し、それらの一つ一つの争議は、単なる労働条件改善のための闘争から、革命的な政治闘争 (国家権力奪取の闘争)に転化しなければならないとしていた。

　連温卿の労働組合思想。労農派は二重組合主義を排撃し、労働組合運動の戦線統一を主張し、「組合運動の全国的統一」というスローガンを掲げていた。労農派によると、組合主義の意識からマルクス主義的政治意識へ発展とは、個々の労働争議を革命的な政治闘争に転化することでもないし、労働者階級の意識と運動がマルクス主義的な政治闘争に発展することによって労働組合の経済闘争が無用になり、その意義が小さくなるものでもないとしていた(11)。

12.山川主義思想 (The thought of Yamakawaism)

　山川主義思想とは労農派の政治思想を意味している。山川主義思想とは以下の通りである。ロシア的性質をもつレーニン主義 (ボルシェビィズム) を日本はまねる必要はなく、マルクスに回帰するべきである。ブルジョアジーに対立している

社会層を反ブルジョア戦線に結集する大衆的合法政党を組織すべきである。それゆえ労農派は無産政党樹立運動以来、共同戦線的な性質をもった単一の無産政党の実現を主張していた(12)。

日本統治時代後期の台湾抗日思想と政治思想の関連

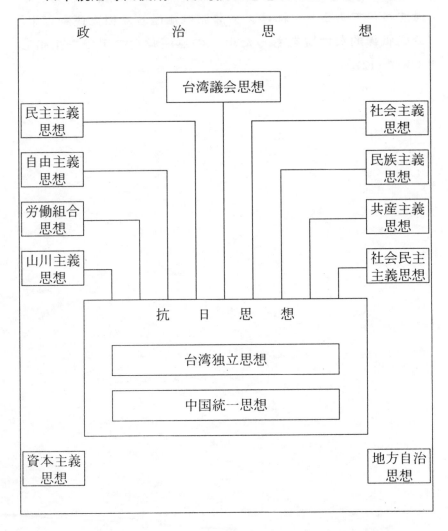

図1　日本統治時代後期の台湾抗日思想と政治思想の関連図

　本図は簡略化した政治思想関係図であり、それぞれの政治思想の関連性を説明している。本論文で言及した政治思想は台湾議会思想、資本主義思想、自由主義思想、労働組合思想、山川主義思想、民主主義思想、地方自治思想、民族主義思想、共産主義思想、社会主義思想、社会民主主義思想、台湾独立思想、中国統一思想などであり、その中の台湾独立思想と中国統一思想は抗日思想に属する。それぞれの実線は関連性を意味する。

四、研究目的、重要性及び価値

　筆者の第一の研究目的は、日本統治時代後期の台湾政治思想、特に台湾抗日運動者の政治思想の意義を明らかにすることである。日本統治時代後期の台湾抗日運動者の政治思想は台湾独立思想と中国統一思想であり、それらは戦後の台湾政治思想に影響を与えた。それゆえ筆者は日本統治時代後期の台湾政治思想と戦後の台湾政治思想が連続性をもつものであると考え、台湾抗日運動者の政治思想の意義を解明したいと思う。

　筆者の第二の研究目的は近代社会科学理論の法則の前提として、一つの事例研究を供することである。日本統治時代の政治思想の理論の確立は多くの抗日運動者の政治思想の事例研究に頼ることを前提としており、ただ空想に頼ることはできないし、勝手に推測することもできない。しかもこれらの歴史研究の事例は必ず客観的に存在している史実の調査の研究を基礎とすべきであり、このような理論こそ人文社会科学

上の解釈力と説得力をもち、筆者の拙著も多くの先行研究者
の心血を注いでできたものを参考にしてはじめてできたもの
であり、台湾政治思想史の学術上の進歩に多少なりとも貢献
したいと思う。

　筆者の第三の研究目的は日本統治時代後期の台湾抗日運動
者の政治思想を現代の台湾政治思想家が参考にするように提
供し、台湾政治思想史の中から、さらに多くの経験と知恵を
累積させることである。なぜならば歴史の経験は前人の累積
の基礎の上に打ち立てられ、今日の結果を生み、これもまた
筆者の台湾政治思想史における研究目的である。

　このほか若林正丈の「黄呈聡における待機の意味」と呉叡
人の「臺灣非是臺灣人的臺灣不可」以外、日本統治時代後期
の台湾抗日運動者の政治思想について他の人は書いていない。
しかし若林正丈の論文はただ黄呈聡一人のことを論述してい
るのであって、その他の多くの抗日運動者の政治思想につい
て論述していない。呉叡人の論文は中国統一思想についてほ
とんど言及せず、史料批判が不足している。筆者の論文は台
湾抗日運動者の政治思想が戦後台湾の政治思想に影響を与え、
台湾民族主義、台湾独立思想、中国統一思想、自由主義思想、
民主主義思想などを生み出したと論じている。筆者の論文が
検討するのは以下の通りである。日本統治時代後期の台湾抗
日運動者の政治思想の主な要素たる抗日思想、日本統治時代
後期の台湾抗日運動者の抗日思想の形成原因、台湾独立ある
いは中国統一を主張する抗日思想を生み出した理由について
筆者の論文は研究しようとするものである。筆者の論文は日

本統治時代後期の台湾抗日運動者の政治思想、特に台湾独立思想と中国統一思想についてはじめて論じたものであり、重要性をもち、参考にする価値があるであろう。

弐、文献評論

　日本統治時代後期の台湾政治思想に関して、特に台湾抗日運動者の政治思想の文献資料に関して、以下、論述してみよう。まず文献資料を分類し、次に要約をまとめ、さらに批判を加え、最後に筆者の意見を述べ、論述してみよう。もし日本統治時代後期の台湾抗日思想を分類するならば、台湾独立思想と中国統一思想の二種類に分けられる。

一、政治思想

　政治思想の領域は思想家たちの趣味、影響力、関連する主題などと政治的実務と政治研究の関係をもとに、この観念と哲学体系を主張することにかかわる。これらの問題は通常、歴史的角度から研究されるが、現代の思想においてはむしろこの問題が中心となる。政治思想を研究する際、通常、二つの大きなアプローチがあり、一つは重要な思想家、たとえばアリストテレス、ホッブス、ルソー、マルクスを研究することであり、もう一つは重要な概念を研究することであり、たとえば自然法、民主、民族主義、社会主義、主権などの変化である。政治思想はつねに政治哲学と同じであるとされるが、実は両者は違いがあり、なぜならば政治思想は哲学に関する

難題を省略し、焦点を思想家とその観念の上に集中させるからである。政治思想は時に政治理論に等しいとされるが、事実上、政治思想は経験的分析的理論的発展の状況に注意することは少ない。台湾独立思想を研究する学者に関しては、許世楷、黄昭堂、呉密察、簡炯仁、陳芳明、呉文星、中国統一思想を研究する学者に関しては、黄秀政、王曉波らがいる。彼らは台湾人であり、台湾独立思想と中国統一思想を研究する専門家であるが、その研究の多くは台湾政治運動史に集中しており、台湾政治思想史に言及することは少ない。台湾以外では若林正丈、ダグラス・メンデル、ラモン・マイヤーズ、パトレシア・ツルミなどの研究者がいる。

二、台湾独立思想と関連する研究

許世楷、『日本統治下の台湾』、東京・東京大学出版会、一九七二年。

内容：本書は台湾抗日運動と抗日団体について描いた著作である。「台湾統治確立過程における抗日運動」(一八九五年から一九〇二年)とその後、編纂された論文「統治確立後の政治運動」(一九一三年から一九三七年)の二つの部分から構成されている。

研究アプローチ：歴史的研究アプローチ

研究方法：文献分析法

長所：本書ははじめて『台湾総督府警察沿革誌』をもとにして、台湾抗日運動者の立場に立って叙述した論文集である。本書は未発表の文章とこれまで国内外の学者が引用していな

かった資料を引用し、これまで解明していなかった領域をはじめて研究した。本書ははじめて一八九五年から一九四五年までの日本統治時代の台湾植民史を記述し、通史的展望を与えた作品となっている。

　短所：本書は羅福星事件と西来庵事件にほとんど触れていないし、事件と運動の表面上の叙述が多すぎて分析が不足し、ほとんどいかなる史料批判もしていない。本書は「内側」の観点から台湾抗日運動を論述し、広範な国際政治の視野の「外側」の考察が不足している。

　黄昭堂、「台湾の民族と国家」、『国際政治』第八四号、一九八七年。

　内容：本論文は台湾抗日思想について述べた論文である。主にオランダ時代、鄭成功時代、清朝時代、日本統治時代の変遷の中での台湾人意識の形成過程を叙述している。

　研究アプローチ：歴史的研究アプローチ

　研究方法：文献分析法

　長所：本論文の作者はその他の人のいう清朝時代に発生した六五件の反乱によって代表される清朝時代の台湾人意識を批判し、清朝時代に台湾住民を総称する言葉がなかったので、まだ台湾人意識が現れていなかったと述べている。しかし日本統治時代に邱逢甲が「台人」ということばを使用し、徐驤が「台民」ということばを使用し、西来庵事件の中で「全台湾人の決起」が提唱され、台湾共産党が「台湾民族の独立」と「台湾共和国の建設」を主張し、このため日本統治時代に

台湾人意識が形成されはじめたと述べている。本論文ははじめて台湾人意識に関して研究した論文であり、その史料批判も妥当である。

　短所：本書は台湾人意識を定義していず、不明確な欠点が存在している。

　呉密察、『台湾近代史研究』、台北・稲郷出版社、一九九〇年。

　内容：本書の内容は台湾抗日運動と近代日台関係である。本書は一八九五年の台湾民主国成立の経過、台湾領有論と琉球、福沢諭吉の台湾論、明治三五年の日本中央政界の台湾問題、台北帝国大学の成立、征台の役などを紹介している。

　研究アプローチ：歴史的研究アプローチ

　研究方法：文献分析法

　長所：本書はこれまでの関連する研究を整理し、台湾近代史の中の多くの問題に対して、新しい解釈をしており、これまで答えられなかった問題に解釈を与え、十分に緻密な史料批判の分析を行なっている。このほか本書は当時の日本の政治、文化状況、アジアの国際関係を論述し、これまでにない観点を提供し、もちろん台湾に属する研究の部分を含み、これらは特に我々が高い評価を与えているところである。

　短所：ただこの論文は多くの短い論文を集めて作ったものであり、前後一貫した観点が欠けている。このほか本書は急いで結論を下しすぎ、論断が主観的すぎ、本書の減点すべきところは少なくない。

簡炯仁、『台湾民衆党』、台北・稲郷出版社、一九九一年。

　内容：本書の内容は台湾抗日運動と抗日団体に関する研究であり、主に台湾抗日団体について叙述しており、本書は台湾大学の修士論文である。述べているのは中国国民党と中国人をもって中心とする視点ではなくて、台湾人民をもって中心とする観点である。

　研究アプローチ：歴史的研究アプローチ

　研究方法：文献分析法

　長所：本書は台湾民衆党の設立と台湾抗日運動について陳述し、当時の蒋渭水の行動理念を述べている。問題を解決するために作者は関係資料を努力して集め、これがこの論文の最大の長所である。これまで引用されなかった資料が引用されている。本論文の作者は文中の題材に対して詳細に研究し、考証は確かなものであり、本論文の作者は学術界で非常に高く評価されている。

　短所：欠点は多すぎる資料を引用し、叙述が冗長であり、史料批判は非常に少ない。このほか本書の中で、蒋渭水と蒋と関係ある台湾人意識、台湾民族意識、中国人意識、中国民族主義及び漢民族の定義がされていない。

　陳芳明、『謝雪紅評伝』、台北・前衛出版社、一九九一年。

　内容：本書は主に台湾抗日思想と抗日運動について述べ、謝雪紅の思想と行動を叙述し、台湾民族論について陳述した著作である。本書は中国人をもって中心とした史観ではなく、台湾人をもって中心とした史観である。多くの未刊行の文献、

史料を使用し、叙述している。

　研究アプローチ：歴史的研究アプローチ

　研究方法：文献分析法

　長所：本書はこれまでの研究水準を高め、自分なりのやり方で文献考証を行ない、原典を読み、謝雪紅の内心世界に入り、彼女の理念と思想を解明し、本書はその目的を十分に達成している。このほか謝雪紅の思想形成が影響した面を論述している努力や、広く探し求めている努力もこの論文に豊かさと説得力を与えている。しかも本書の作者は原典を読んだり、掌握したりした思想過程の中で独創性があり、新しい視野をもっている。

　短所：本書は多くの事件を列挙しているけれども、資料の分析と批判が不足している。

　呉文星、『日拠時期台湾社会領導階層之研究』、台北・正中書局、一九九二年。

　内容：本書は主に台湾抗日団体と抗日運動について叙述し、台湾師範大学の博士論文である。本書は日本統治時代の初期のエリート階層の反応と変化、植民地政府と新社会エリート階層の形成、社会エリート階層と植民地統治、社会エリート階層と社会文化の変化、社会エリート階層と同化政策などの六つに分けている。本書はエリート理論をもって、台湾抗日運動に対して分析したはじめての論文である。本書に続くその後の研究として、陳明通の「権威政体下台湾地方政治菁英的流動———一九四五年～一九八六年」がある。陳明通の論文

は呉文星の論文を応用し、呉文星論文を応用し、解釈した戦後版である。

　研究アプローチ：歴史的研究アプローチ

　研究方法：文献分析法

　長所：エリート理論の立場から台湾抗日運動者のエリート階層について研究分析している。

　短所：欠点は台湾抗日運動を推進したエリート階層の定義がはっきりしていないところにある。

三、中国統一思想と関連する研究

　黄秀政、『台湾民報与近代台湾民族運動史』、彰化・現代潮出版社、一九八七年。

　内容：本書は台湾抗日運動と抗日団体について描いた著作である。本書は一九二〇年から一九三二年の雑誌、たとえば「台湾青年」、「台湾」、「台湾民報」と台湾民族運動に関して叙述している。本書は序論、発行の沿革、台湾人の言論の先駆、民衆の啓蒙と東西文明の伝播、台湾総督府政治の批判と地方自治の呼びかけ、祖国概況と文化の紹介と各民族運動の結集の六つの部分からなっている。

　研究アプローチ：歴史的研究アプローチ

　研究方法：文献分析法

　長所：本書の作者は「台湾民報」が台湾人の地位を高め、戦後台湾が祖国中華民国に回帰することをもって結論としている。本書ははじめての「台湾民報」と台湾民族運動に関して論述したものであり、一読に値する。

短所：本書はただ各種の史料を羅列するだけであり、史料批判が欠けている。このほか本書は中国人中心史観から論述し、客観性が欠けており、結論は多くの問題がある。

若林正丈、『台湾抗日運動史研究』、東京・研文出版、一九八八年。

内容：本書は台湾抗日思想と抗日運動について研究した著作であり、東京大学博士論文である。数編の雑誌論文を集め、一冊にしたものであり、その中に「黄呈聡における待機の意味」という論文も収録されている。本書の第一篇は政治史の研究アプローチをもって大正デモクラシーと台湾議会設置請願運動を叙述し、第二篇は政治思想史の研究アプローチをもって中国革命と台湾知識人を論述している。

研究アプローチ：歴史的研究アプローチ

研究方法：文献分析法

長所：台湾史研究者呉密察の評価は「現在までの最も重要な研究成果」である。

短所：台湾土着地主資産階級の定義に関してはっきりしていないところ、台湾抗日運動家の運動資金にも言及していないところ、台湾人意識と中国人意識の混乱しているところ、日本政治史の論述の不足しているところ、台湾解放イメージの類型学の改善不足のところ、これらすべては本書の欠点である。さらに、黄呈聡の思想を論述しているけれども、林献堂と蔡培火の思想を明確に述べていないし、請願運動、台湾共産党、台湾文化協会、台湾民衆党及び台湾地方自治連盟な

ども詳細に論述していない。

　王曉波、『台湾抗日五〇年』、台北・正中書局、一九九七年。
　内容：本書は台湾抗日思想と抗日運動について叙述した著
作である。まず台湾民族運動の過程を整理し、その次に研究
の資料をもって基礎とし、関連問題の解釈を行なっている。
本書は多くの抗日運動の人物の過程と思想を記録し、説明し、
たとえば林少猫、羅福星、蒋渭水、陳逢原、蔡培火、頼和、
呉新栄、楊逵、李友邦などである。
　研究アプローチ：歴史的研究アプローチ
　研究方法：文献分析法
　長所：本書は台湾五〇年の抗日運動の経過を記録し、過去
の長い間の関係史料の検討ともいえるし、関係資料は当時の
日本政府の警政資料、抗日人物が出版した刊行物、当時の関
係者の回想録を含んでいる。
　短所：本書の作者は中国史の観点からこの抗日運動に対し
て解釈を行なうが、惜しいことにこの文書の観点と評論は以
前の研究に比べて、新しい考えはなく、論文の説得力はあま
りない。このほか彼の観点は偏りすぎて、客観性に欠けてい
るという欠点がある。

　今までに多くの日本統治時代後期の台湾政治運動史に関す
る論文が発表されてきたが、台湾政治思想史に関する学術論
文は若林正丈の「黄呈聡における待機の意味」と呉叡人の「臺
灣非是臺灣人的臺灣不可」以外、他の人は書いていない。し

かし若林正丈の論文はただ黄呈聡一人のことを論述している
のであって、その他の多くの抗日運動者の政治思想について
論述していない。このため本論文は主な台湾抗日運動者の林
献堂、蔡培火、蒋渭水、蔡孝乾、謝南光、連温卿、王敏川、
謝雪紅らについて論述してみる。呉叡人の「臺灣非是臺灣人
的臺灣不可」は台湾独立思想の思想史的経過について描写し
ているが、欠点は台湾独立思想と関連する中国統一思想につ
いてほとんど言及せず、史料批判が不足し、分析が不十分で
ある。そのほかの政治思想たとえば民主主義思想、社会主義
思想、共産主義思想について叙述していない。さらに台湾抗
日運動者の立場を擁護しすぎて客観性に欠けている。筆者の
論文は以下の通りである。台湾抗日運動を始めた人々の中で、
林献堂、蔡培火、蒋渭水は自由主義思想と台湾独立思想をも
ち、謝南光は自由主義思想と中国統一思想をもち、謝雪紅と
王敏川は共産主義思想と台湾独立思想をもち、連温卿は社会
主義思想と台湾独立思想をもち、蔡孝乾は共産主義思想と中
国統一思想をもっていた。彼らの政治思想は戦後台湾の政治
思想に影響を与え、台湾民族主義、台湾独立思想、中国統一
思想、自由主義思想、民主主義思想などを生み出した。筆者
の論文はこれらのことについて研究しようとするものである。
　呉密察はかつてこう言った。「若林正丈の『黄呈聡における
待機の意味』以後の政治思想の論文に非常に期待する。」しか
しその後、若林正丈はもはや日本統治時代後期の台湾政治思
想に関する論文を書かなかった。しかもその他の研究者も台
湾政治思想に関する論文を書かなかった。たしかに呉叡人の

「臺灣非是臺灣人的臺灣不可」は台湾独立思想の思想史的経過について描写しているが、中国統一思想についてほとんど言及していない。筆者の論文は日本統治時代後期の台湾政治思想の研究であり、特に台湾抗日運動者の政治思想について論述したものである。政治思想の範囲は抗日思想より大きく、当時の台湾の政治思想は資本主義思想、地方自治思想、台湾独立思想、中国統一思想、社会主義思想、社会民主思想、労働組合思想、台湾議会思想、民族主義思想、自由主義思想、民主主義思想、共産主義思想、山川主義思想などであり、その中の資本主義思想と地方自治思想以外はすべて抗日思想と関連がある。そして抗日思想は台湾独立思想と中国統一思想からなっており、これらは抗日思想と政治思想の一部である。当時の台湾抗日運動者の抗日思想は台湾独立思想と中国統一思想に分けられる。筆者の論文が検討するのは以下の通りである。日本統治時代後期の台湾抗日運動者の政治思想の主な要素たる抗日思想、日本統治時代後期の台湾抗日運動者の抗日思想の形成原因、台湾独立あるいは中国統一を主張する抗日思想を生み出した理由について筆者の論文は研究しようとするものである。筆者の論文は日本統治時代後期の台湾抗日運動者の政治思想、特に台湾独立思想と中国統一思想について論じようとするものである。筆者の論文は台湾政治運動史に関してではなくて、台湾政治思想に関して特に台湾抗日思想に関して書かれた独創性をもった論文である。

参、研究アプローチ、研究構造、研究方法

一、研究アプローチ

　政治思想史の研究に関しては、方法はたくさんあり、一言でこれを極めることはできないが、だいたい二種類の主要な研究アプローチ、(一)外在研究アプローチ、(二)内在研究アプローチに帰納できる。いわゆる「外在研究アプローチ」は思想家と歴史状況の相互作用を特に重視し、政治思想史と社会経済史の相互影響において、政治思想の内容を解読することを強調することである。いわゆる「内在研究アプローチ」は政治思想体系の中において、単位観念の解析を特に重視し、「単位観念」の中に内在する関連性および政治理論の周延性あるいは有効性を分析することを重視する。この二種類の研究アプローチの区分は、ただ本文の論述の便宜のためであり、実際の研究過程の中で、両者は常に交互に使用され、お互いに理解しあって、はっきり分けられず、お互いに敵対しない(13)。

　「外在研究アプローチ」に関して以下の数点を指摘できる。(一)「外在研究アプローチ」は、「脈絡化」、つまり思想家およびその思想を歴史環境の中に入れて考察することを特徴としている。(二)その研究アプローチの理論的基礎は、人は「歴史人」であり、具体的に特殊な現実環境の中に存在していると仮定することにある。(三)その理論は本来、その理論的根拠

をもっているが、もし、もちすぎれば、「簡略論」の危険を免れない。つづけて、以上の論点を解釈してみる(14)。

　(一)「脈絡化」は「外在研究アプローチ」の最も核心的な研究アプローチである。このような研究アプローチは人を歴史状況の脈絡の中に入れて、観察し、分析することである。これを換言すれば「脈絡化」研究アプローチの操作の下で中国政治思想の人物は生き生きと歴史に参加し、日常生活に介入し、彼らの政治思想は歴史の脈絡の中でこそはじめて正確に解読されるべきである。「脈絡化」研究アプローチにおいて、研究者は以下の問題を問わなければならない。(a) 政治思想家はいかなる歴史環境 (脈絡)において、政治理論あるいは対策を提起するか。(b) 政治思想家が提起した政治理論あるいは対策は、当時と後世の歴史的背景と、いかなる相互関係にあるのか。(c) いかなる具体的で特殊な歴史的環境の下において、政治思想の伝統の中のある問題は、思想家に重要な問題とみなされ、時代の重要な議題となるか。(d) いかなる言語的背景において、政治思想家は政治的意見を提起するか。以上は「脈絡化」研究アプローチにおいて、多くの研究課題の中の四つの問題を提起しただけであり、たとえばこのような問題はつづけて列挙できる(15)。

　(二) このような研究アプローチの理論的基礎は次の通りである。人は「歴史人」であり、人の思想と行動は具体的な歴史的条件の制約を深く受ける。このような人性論の主張において、最も重要なのは、人の存在の具体性をつかむことであり、とりわけ人が複雑な社会経済と政治関係の網の中にいる

という事実である。人の存在という具体的事実の掌握によって、「外在研究アプローチ」は、政治思想の原因および政治思想と現実世界の相互関係に対して、比較的融合的に解釈できる(16)。

　(三)しかし「外在研究アプローチ」の理論的基礎はもし、やりすぎれば、思想家を完全に歴史的環境の産物とみなし、人の自主性を失わせ、ある種の形式的「簡略論」つまり人は歴史的環境の制約下に、自主性をもたない産物にすぎないととらえることを免れなくさせる。「外在研究アプローチ」の中に潜在する制限は、研究者に、政治思想の発展を分析する時、以下の問題に答えにくくさせることである。(a)なぜ同じ時代に生まれた思想家が、異なる政治思想をもつのか。(b)歴史的転換点において、なぜ同じ政治団体の思想家が異なる政治的見解をもつのか。上述の問題を深く理解するために、ふさわしい解答を提起し、研究者はいろいろな思想家が自主的な思考能力をもつ人であるという事実に注意すべきである。思想家はもともと歴史状況の中で、歴史状況によって作られるものであるが、彼らは独立した思考能力をもっており、「客観的な」歴史の奴隷にならない。西洋のことわざの、いわゆる「人は考える葦である」という言葉は非常に人の自主性と尊厳を表している(17)。

　いわゆる「内在研究アプローチ」は、(一)政治思想体系において、理論上の周延性および体系の中のたくさんの「単位観念」およびその相互間の複雑な関係を分析することを特に重視する。(二)このような研究アプローチの理論的基礎は、思想

あるいは概念がその自主性をもっていることを仮定し、歴史的環境の変遷の支配を受けることは比較的少ないとすることである。このような研究アプローチの長所は、政治思想の「内部構造」に対して、比較的、十分、解析できるが、思想の「発生あるいは歴史」の理解については明確化できない点にある。筆者は以上の二つの主要な論点を説明する(18)。

(一)まず「内在研究アプローチ」は、ある一人の政治家、あるいは一つの政治思想学派に注目することを重視し、あるいは一つの時代の政治思潮の「内部構造」を分析し、常に以下の問題が問われる。(a) ある一つの政治思想体系あるいは学派あるいは思潮は、これ以上、細分化できない「単位観念」を含むか。これらの「単位観念の構造性あるいは階層性の関係は、どのようか」。(b) ある一つの政治思想体系において、どのような「解明できない」「内容」あるいは「内部構造」を潜在させているか。(c) ある一つの政治思想体系の理論的周延性はどのようなものか(19)。

(二)「内在研究アプローチ」の理論上の仮定は、一つの政治思想あるいは思想が、いったん提起されれば、ある種の自主的生命をもち、公共領域において、自由発展的な一種の論述をなし、社会的政治的環境の変遷の支配を受けられないことである(20)。

筆者は政治思想史研究アプローチを使用し、台湾政治思想史を分析する。台湾政治思想史の研究アプローチは二種類に分けられ、外在研究アプローチと内在研究アプローチである。筆者は外在研究アプローチと内在研究アプローチを使用し、

台湾抗日運動者の政治思想を分析する。

　筆者は外在研究アプローチを使用し、台湾抗日運動者の政治思想を分析する。林献堂、蔡培火、蒋渭水、謝南光と歴史的背景 (日本統治)の相互関係。林献堂、蔡培火、蒋渭水の台湾政治思想と資本主義自由主義制度の関係は政治思想と社会経済制度の関係である。謝雪紅、連温卿、王敏川、蔡孝乾の政治思想と共産主義社会主義制度の関係は政治思想と社会経済制度の関係である。マルクスはヨーロッパの労働者が搾取されるのを見て、それゆえ共産主義社会主義制度を提起し、謝雪紅、連温卿、王敏川、蔡孝乾も類似の状況であった。林献堂、蔡培火、蒋渭水、謝南光は資本主義自由主義制度を支持していた。

　筆者は内在研究アプローチを使用し、台湾抗日運動者の政治思想を分析する。

(1)林献堂の単位観念	台湾独立思想(抗日思想)
	台湾議会思想(抗日思想関連)
	自由主義思想(抗日思想関連)
	資本主義思想
	地方自治思想

(2)蔡培火の単位観念	台湾独立思想(抗日思想)
	台湾議会思想(抗日思想関連)
	自由主義思想(抗日思想関連)
	資本主義思想
	地方自治思想

(3)蒋渭水の単位観念	台湾独立思想(抗日思想)
	台湾議会思想(抗日思想関連)
	自由主義思想(抗日思想関連)
	資本主義思想
	―

(4)謝南光の単位観念	中国統一思想(抗日思想)
	台湾議会思想(抗日思想関連)
	民主主義思想(抗日思想関連)
	民族主義思想(抗日思想関連)
	地方自治思想

(5)謝雪紅の単位観念	台湾独立思想(抗日思想)
	民族主義思想(抗日思想関連)
	共産主義思想(抗日思想関連)
	労働組合思想(抗日思想関連)
	―

(6)王敏川の単位観念	台湾独立思想(抗日思想)
	民族主義思想(抗日思想関連)
	共産主義思想(抗日思想関連)
	労働組合思想(抗日思想関連)
	―

(7)連温卿の単位観念	台湾独立思想(抗日思想)
	民族主義思想(抗日思想関連)
	山川主義思想(抗日思想関連)
	労働組合思想(抗日思想関連)
	社会民主思想(抗日思想関連)

(8)蔡孝乾の単位観念	中国統一思想(抗日思想)
	民族主義思想(抗日思想関連)
	共産主義思想(抗日思想関連)
	毛沢東思想(抗日思想関連)
	―

二、研究構造

　日本統治時代の台湾政治思想の要因は第一次世界大戦後の民族自決主義の影響、日本内地の自由主義と民主主義の影響、辛亥革命と五四運動の影響、マルクス主義の影響で、林献堂、蔡培火、蒋渭水は自由主義と台湾独立思想をもつようになり、謝南光は自由主義と中国統一思想をもつようになった。マルクス主義は連温卿に影響を与え、社会主義と台湾独立思想をもたせ、王敏川に影響を与え、社会主義と中国統一思想をもたせ、謝雪紅に影響を与え、共産主義と台湾独立思想をもたせた。さらに蔡孝乾に影響を与え、共産主義思想と中国統一思想をもたせた。彼らは当初、団結し、台湾文化協会を作り、台湾議会設置請願運動をはじめた。

　一九二〇年代にマルクス主義が台湾に流入すると、多くの台湾人はマルクス主義を信奉するようになった。台湾文化協会の中のマルクス主義者が増加し、これに対して不満を感じた林献堂、蔡培火、蒋渭水は脱退し、別に台湾民衆党を作った。しかし蒋渭水の左傾化によって、不満を感じた林献堂と蔡培火は別に台湾地方自治連盟を作った。彼らが脱退した後の台湾文化協会は台湾抗日運動左派の団体になった。

　その後、左翼団体になった文化協会内部で、社会民主派の連温卿と急進派の王敏川の対立が生まれ、その後、王敏川は連温卿を同協会から追い出した。謝雪紅は台湾文化協会を離れて、台湾共産党を作った。しかし抗日団体は一九三〇年代

後半にすべて日本政府に弾圧され消滅し、自ら解散した。しかしこれらの台湾抗日運動者の台湾政治思想は戦後の台湾政治に多くの影響を与え、台湾民族主義、台湾独立思想、中国統一思想、自由主義思想及び民主主義思想の遠因になった。

38

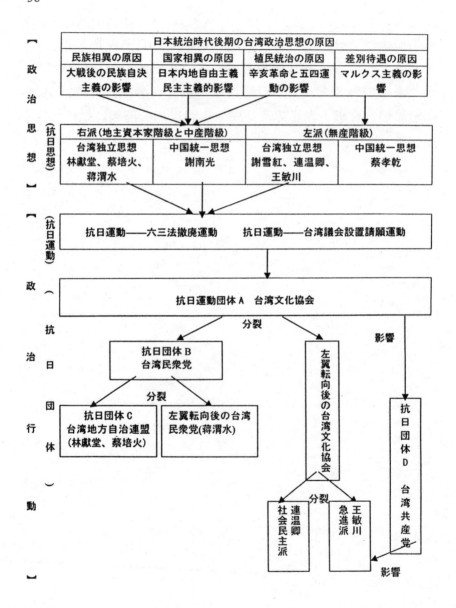

図 2　本論文の研究構造図

三、研究方法

　研究方法は一般に資料を収集し、処理する手段及びその行う手続きを指している。例えば、社会科学の研究方法はもしその研究設計の性質と資料収集の手続きによれば、実験をやるかやらないかから見れば「非実験的方法」、「準実験的方法」、実験的方法の三種類に分けることができる。本論文で採用するのは文献分析法と訪問調査法であり、それらによって研究する。主に非実験的方法を運用し、その方法には二種類あり、一つはケースメソッドともう一つは文献分析法である。文献分析法は主に主題と関連する資料、文書、文献、記録、伝記、自伝などを探し、それらをもって研究主題の資料の主要な源とする。本論文は日本統治時代後期の資料を主とし、その他の文献をもち、日本統治時代後期の台湾政治思想を分析研究する。

　あることについての態度や意見や信仰などの資料を得るために訪問を行い、若干のアンケートを作り、解答内容は態度に表れて表現される特定の問題以外に開放的な問題を含み、訪問者の自由解答がなされる。通常、訪問調査のアンケートの内容は特定の問題に対し、詳細に作られ、詳しく訪問を受ける人の誠意やる態度と信仰を謀ることができると期待されている。訪問調査は心理的レベルの問題に関することを主とし、たとえば政治的態度と政治的行為は使用者の定義によって作られ、はっきり定義されなければならず、定義が不明確で曖昧にしてはならない。調査される資料は整理され、分析

に用いられる。すべての訪問調査の過程は考慮されるべきで
あり、アンケートの内容と質量、訪問員の技術、記載と上述、
必要とされる経費と時間はその外の一般のアンケート調査ほ
ど多くない。サンプル、訓練、複査も訪問過程の中で考慮し
なければならない事項である(21)。

　現段階の訪問調査法の発展において以下の五つの問題があ
る。第一に言語の問題であり、台湾は異なる政権の統治を経
てきて、異なるエスニック・グループが異なる方言を使用し、
これらの方言でいかに訪問する資料の中に中国語で表現する
かということは非常に大きな問題である。第二に一九八八年
の戒厳令解除以前の訪問はもし敏感な問題に触れるならば、
訪問を受ける人は常に死んでからはじめて公開あるいは出版
するように要求し、十分に資料の効果を挙げることができず、
戒厳令解除後に出版業が盛んになり、敏感な話題はもはやタ
ブーでなくなり、その価値は相対的に低くなっている。第三
に訪問調査に従事する個人や団体は今まで所蔵するテープ資
料についてルールがなく、もとのテープ(録音テープ、録画テ
ープ)もわざと保護されず、かえって重要な仕事は録音整理す
ることであるが、作者によって一部を削除されて出版された
りすることがあり、このことは改められるべきである。第四
に、訪問者は大人物のところを訪問したがる傾向があり、中
下層の人々に対し、比較的関心が少なく、地方史や低レベル
層、エスニック・グループの歴史について書くことはできな
い。第五に、訪問者自身が訪問の能力をもたずに行うことで
ある。ある訪問者は質問するだけで、ノートをとる気がなく、

自分でノートをとらずに、もっと深く追求すべき手がかりを
みおとすおそれがある(22)。

肆、論文の重点説明

　本論文の全体構造は序論、本論、結論に分けられる。

　序論は研究動機、目的及び問題陳述、文献評論、研究アプ
ローチ、構造及び方法、論文構造の重点的説明である。

　本論は六章に分けられる。第一章は日本統治時代後期の台
湾政治思想の発生の原因であり、第一次世界大戦後の民族自
決主義、日本内地の民主主義と自由主義、辛亥革命と五四運
動、マルクス主義の影響をそれぞれ述べている。第二章は台
湾右派抗日運動者の政治思想であり、台湾独立論者の林献堂、
蔡培火、蒋渭水と中国統一論者の謝南光の政治思想をそれぞ
れ論じている。第三章は台湾左派抗日運動者の政治思想であ
り、台湾独立論者の謝雪紅、王敏川、連温卿と中国統一論者
の蔡孝乾の政治思想を説明している。第四章は台湾抗日団体
の政治思想であり、台湾文化協会、台湾民衆党、台湾地方自
治連盟、台湾共産党の政治思想について別々に論述している。
第五章は台湾抗日思想と抗日運動の関連であり、台湾抗日思
想の六三法撤廃運動と台湾議会設置請願運動について、それ
ぞれ叙述している。第六章は日本統治時代後期の台湾政治思
想の中で生まれた抗日思想の原因であり、台湾独立思想が生
まれた原因と中国統一思想が生まれた原因について検討して
いる。

　結論は主な研究上の発見、独創、貢献、研究上の検討、制限、建議である。

　日本統治時代の台湾政治思想に関して、これまでの資料の多くはウィルソンの民族自決主義思想、日本内地の大正デモクラシー思想、中国革命の三民主義思想及びマルクス主義思想の台湾民族運動に対する影響について論述しているが、これらの思想が影響した人物と程度を述べていない。筆者はウィルソンの民族自決主義思想あるいは日本内地の大正デモクラシー思想が林献堂、蔡培火、蒋渭水、謝南光に影響したと思う。このほか中国革命の三民主義思想が蒋渭水に影響したと思う。更に一歩進んで分かることはマルクス主義思想が謝雪紅、王敏川、連温卿、蔡孝乾の思想に影響したということである。このため先に上述の政治思想を論述した。

　社会階級の角度から分析すると、林献堂は地主資本家階級に属していたが、蔡培火、蒋渭水、謝南光は中産階級に属していた。謝雪紅、王敏川、連温卿、蔡孝乾は無産階級に属していた。このため台湾抗日運動者は階級の角度から地主資本家階級、中産階級、無産階級などの三種類に分けることができる。

　台湾抗日運動者は林献堂の呼びかけのもと、台湾文化協会を組織し、台湾議会設置請願運動を展開した。しかし一九二〇年年代後半にマルクス主義思想が台湾に入るに従って、台湾文化協会は左派と右派に分裂した。右派の林献堂、蔡培火、蒋渭水、謝南光をもって台湾民衆党を結成したが、左派の連温卿、王敏川などは台湾文化協会そのものを左派路線に転向

させ、台湾文化協会は左派団体になった。謝雪紅は台湾共産党を組織した。このため一歩進んで台湾文化協会、台湾議会設置請願運動、台湾民衆党に関して論述した。

注

(1) 林嘉誠、朱浤源編『政治学辞典』、台北・五南図書出版、一九九〇年、八六〜八七頁。

(2) 同上、五三頁。

(3) 原田鋼『現代政治学辞典』、東京・ブレーン出版、一九九一年、四一三頁。

(4) 前掲『政治学辞典』、一九六〜一九七頁。

(5) 同上、三四四頁。

(6) 同上、八八頁。

(7) 同上、二三二頁。

(8) 筆者自筆。

(9) 同上。

(10) 伊藤幹彦「台湾議会設置請願運動の意義」、『昭和大学教養部紀要』第二九巻、一九八八年、一七頁。

(11) 伊藤幹彦「台湾社会主義思想史」、『南島史学』、二〇〇二年、八五頁。

(12) 同上、八八頁。

(13) 黄俊傑、蔡明田「中国政治思想史研究方法試論」、国立中央大学文学院『人文学報』第一六期、一九八六年一二月、六頁。

(14) 同上、六頁。

(15) 同上、七頁。

(16) 同上、八頁。

(17) 同上、九〜一〇頁。

(18) 同上、二二頁。

(19) 同上、二二頁。

(20) 同上、一〇頁。

(21) 前掲『政治学辞典』, 九〇〜九一頁。

(22) Donald A. Ritchie, Doing Oral History, 中譯本、王芝芝譯、『大家來做口述歷史』、台北·遠流出版事業公司、一九九七年、一〇〜一一頁。

第　一　章
日本統治時代後期の
台湾政治思想の発生原因

　日本統治時代後期の台湾政治思想の発生原因は以下の四点であり、第一次世界大戦後の民族自決主義、日本内地の自由主義と民主主義、アイルランド独立運動、中国の五四運動、マルクス主義 (中国共産党と日本共産党) などの影響である。これらの運動は台湾独立思想、台湾議会思想、自由主義思想、民族主義思想、共産主義思想、労働組合思想に影響を与えた。

第一節　第一次世界大戦後の
民族自決主義の影響

　第一次世界大戦後にアメリカ大統領ウィルソンは一四ヶ条原則を発表した。この一四ヶ条原則は民族自決思想を含み、ヨーロッパの多くの民族国家を独立させた。日本統治下の台湾抗日運動者は民族自決思想の実現を希望した。明治大学教

授泉哲も台湾の民族自決を主張し、その民族自決思想は台湾抗日運動者に影響を与え、台湾抗日運動者も民族自決思想をもつようになった。

一、ウィルソンの一四ヶ条原則

第一次世界大戦 (一九一四年～一九一八年) の勃発の原因は、三国協商と三国同盟との対立、バルカン半島の民族問題にあったが、それは結果的に国際連盟を創設させ、そこで委任統治制度という新しい植民地制度を生み出した。この新制度の設立に大きな役割を果たしたのがアメリカ合衆国大統領ウッドロウ・ウィルソンであった。彼の政治思想の特徴は、アメリカ革命とフランス革命の根本精神である人民主権概念を民族自決権思想 (自決とは一般の用語で言うと、民族が独立国を構成し、自己の政府を自ら決定する権利であると定義できる(1)) に連結したことにある。そして彼は民族自決と国家主権のルールこそ国際平和の基礎であると考えた。しかし彼の自決思想には、二つの欠陥があった。第一の欠陥は、自決権の主体として考えられていたのがもっぱらヨーロッパの民族であって、第三世界の民族は除外されていたという点である(2)。彼が宣言した一四ヶ条原則は、パリ講和会議 (一九一九年～一九二〇年) の指導原則となり、ベルサイユ条約 (一九一九年) のおいてある程度、実現された。一四ヶ条原則のうち、民族自決思想と関係あるのは、第五条　植民地問題の適正な処理、第六条　ロシアの自決権の尊重、第七条　ベルギーの原状回復、第八条　フランスによるアルザス・ロレー

ヌの回復 (フランスとドイツの国境に位置している)、第九条
民族分布にもどづくイタリア国境の調整、第一〇条　オース
トリア・ハンガリー帝国内の諸民族への自治的発展の機会供
与、第一一条　バルカン諸国の原状回復、第一二条　トルコ
帝国のトルコ人地域の保全と他の民族への自治的発展の機会
供与、第一三条　ポーランドの独立、第一四条　新しい国際
秩序の構想であった(3)。しかしこれらによって第三世界の民
族が独立権を獲得したわけではなく、現実に自決権を行使し
えたのはヨーロッパの諸民族のみであった。第二の欠陥は、
自決概念の曖昧性である。すなわち彼は「民族」の内容を定
義せずに、「自治」および「民主主義」という概念を単純に自
決原則に連結させたにすぎなかったのである。

二、ウィルソンの民族自決権思想

　このようにウィルソンの自決権思想はヨーロッパ中心の偏
狭主義的残滓を払拭しきれないものであったが、その影響は
委任統治制度にも及ぶことになった。委任統治について規定
した連盟規約第二二条は、統治を離れた植民地については、
国際連盟にかわって受任国として後見するよう先進国に委任
することとしていた。それはすでにドイツ領植民地を軍事占
領し、それをそのまま併合することを望んだイギリス、フラ
ンス、日本などと、第一次世界大戦に遅れて参加し、その機
会がもてず、併合に反対し、これらの領土における機会均等
を要求するアメリカとの利害の調整の上に成立した。そのこ
とは戦敗国たる旧ドイツ領と旧トルコ領の植民地だけに適用

されたという事実にも示されているし、この制度は民族自決思想とも無縁であった。ウィルソンがベルサイユ会議に提出した初期の規約草案には自決権を認め、この制度の目的がその保護下にある人民の独立の達成にあることを明らかにする規定が存在したが、それらは討論の過程で削除された。A式委任統治地域 (旧トルコ領の中近東諸国) は独立の可能性が認められたが、B式 (旧ドイツ領のアフリカ) とC式 (旧ドイツ領の太平洋諸島) は併合と変わらなかった(4)。しかし委任統治制度を歴史的流れの中で把握するならば、それは自決権の法的確立にとって全く無意味であったとは言えず、むしろ次のように積極的な意義を認めることが可能ではなかろうか。すなわち委任統治制度の基礎たるベルサイユ体制は、ヨーロッパの少数民族の自決を現実のものとしたが、同時にそれは第三世界における自決を求める運動に火を放つ役割を果たすことになった。エジプト、パレスチナ等のアラブ世界およびインドでは自決権獲得のための暴力的ナショナリズム運動が高揚し、またフィリピン、ラテン・アメリカでもアメリカ合衆国の支配からの離脱闘争が開始された。ここにおいて自決のための改革運動が歴史上、未曾有の規模で敢行されることになったのである(5)。ウィルソンの民族自決思想は台湾人の抗日運動者たちに影響を与え、啓発会、新民会、東京台湾青年会を結成させ、台湾議会設置請願運動を開始させる要因の一つとなった。

三、民族自決主義と民主主義

　ウィルソンの民族自決思想は、マルクス・レーニン主義の
イデオロギーに対抗する民主主義のイデオロギーの形式とし
て輸出が可能とされるがゆえに、少数民族の自決として提案
されたものであった。彼は当初から、民主主義を輸出しよう
と思っていたのだが、戦後になってはじめて、うまく「市場
に入りこむ」ために、自決を盛りこむことを考えていた(6)。
彼の最初の国際連盟規約草案の第三条には、自決という用語
が使われている。すなわち「締約国は自決の原則にしたがっ
て、現在の社会条件および希求、あるいは現在の社会・政治
関係は、変更をみるがゆえに、将来において領土の再調整は
必要となると思われるので、領土の再調整を保持するために
統一行動をとる(7)。」彼の自決の概念で際立っている点は、
それが「それらの民族および領土の運命は、なんとかして解
決しなおされなければならない。なぜならばそれらは戦争に
よって解決されなかったからである(8)」ということに触れて
いるところである。この考え方によって、彼の自決の概念の
主たる特徴が強調された。つまりその自決とは、戦争の終結
にあたって限られた範囲の問題を解決する、選択の余地があ
る手段としてであったのである。これらの問題には、ヨーロ
ッパの将来の国境、ドイツの将来、ヨーロッパにおけるボル
シェビキの影響の脅威、諸国家間の平和を維持することがあ
った。彼はこれらの問題を解決する一手段として自決の方式
を提示したのであって普遍的に適用しうる基本的イデオロギ

ーとして、それを提示したのではなかった。このことは彼の
自決概念が信条とかイデオロギーに起源を有していなかった
ということを意味しているのではない。アルフレッド・コバ
ンが指摘するように、「彼の自決の概念を理解するにあたっ
て鍵となるのは、彼にとってそれがまったく民主主義理論の
一部をなしていたという事実である。彼の政治的考えは、ア
メリカ民主主義の伝統の中で、フランス革命とアメリカ革命
の民主主義的・民族的理想にこそ、その起源が求められた(9)。」
彼のいわゆる自決の基本は、民主主義であった。彼はこの理
想を自決の枠組みの中で広めようと思った。民主主義の概念
は、それ自体そしてそれだけでは、歴史的文脈の中で十分な
力とか魅力を有していたわけではなかった。人民が自分自身
の運命を選択する権利を有するという自決の概念が提唱され
たことで、民主主義の観念が覆い隠され、東ヨーロッパのエ
リートには、それが望ましいものとされたのである。そのこ
とによって、個人の自由という民主主義原理が呼び起こされ
ただけでなく、一八四八年の記憶、そして民族の自由が引き
出されたからである(10)。

　ウィルソンの民族自決は、初期の構想は「自治」と同意語
で、それは自決の能力をもつ民族の合意によって成立する民
主主義的政治形態を意味するものであったとするポメランス
の見解(11) が妥当である。「自治」と同義語と見る場合、彼独
自の「自治」＝「民族自決」の構想が具体的な例 (フィリピ
ン) によって示されてくる。米西戦争でフィリピンを取得し
た直後、彼は以下のように述べている。「我々は戦ってキュー

バに自治を与えた。フィリピンもまた、我々の任務が終って、彼らの受け入れ準備ができた時、自治を享受するであろう(12)」。このように彼は先進国の文明基準に達するまで、植民地住民を指導しようとした。この時点ですでに彼の民族自決構想の中には、民族自決権の即時適用地域 (ヨーロッパ)と一定の指導期間を要する地域 (非ヨーロッパ) とに分けることが考えられていた。そして彼はフィリピンの独立構想のように、やがてすべての植民地住民に、アメリカの指導または影響の下に自治権 (民族自決権と同じ意味) を供与して、独立 (後には、国際連盟への加盟資格供与) に導けるものと考えていた(13)。

四、明治大学教授泉哲

　一九二〇年代の大正デモクラシー時代において衆議院議員中野正剛、同議員植原悦二郎、同議員田川大吉郎、同議員神田正雄、同議員清瀬一郎、同議員土井権大、同議員清水留三郎、貴族院議員江原素六、同議員山脇玄、同議員渡辺暢、ジャーナリスト石橋湛山、明治大学教授泉哲、東京帝国大学教授吉野作造、京都帝国大学教授山本美越乃、同大学教授末広重雄らが台湾の抗日運動に協力した。中でも台湾人の抗日運動に最も協力した日本人は、明治大学教授の泉哲であった。泉の専門は国際法であり、同大学で植民政策学を講義しており、同大学には台湾人留学生が多かった。当時の台湾人の抗日運動の中心は、台湾議会設置請願運動と雑誌「台湾青年」であり、泉はこの両者と深い関係をもっていた。抗日運動を

行なった林呈禄は同大学で学んでおり、同運動の理論家とし
て帝国議会提出の請願書を起草し、同雑誌の編集発行に尽力
していた。同運動を行なった蔡式毅と鄭松筠も、同大学で学
んでいた。

　泉哲はいかなる政治思想をもっていたのであろうか。これ
が本節が追求する課題である。泉についての研究は少ないが、
これまでに二つの説がある。第一の説は、若林正丈『台湾抗
日運動史研究』が述べている説であり、「泉は台湾の自治を要
求していた台湾自治主義者である(14)」とする説である。第二
の説は、浅田喬二『日本植民地研究史論』が述べている説で
あり、「泉は台湾自治・独立運動容認者でなかった(15)」とす
る説である。しかし第一の説と第二の説は正しくないと思う。
ここで第三の説を主張する。第三の説は「泉は表面上、台湾
自治主義者に見えるが、実は台湾独立主義者である」とする
説である。本節では、まず泉の生涯について叙述し、次に泉
の政治思想の研究史について明らかにし、そして泉の民族自
決思想を論述し、最後に結論を述べてみよう。

五、泉哲の生涯

　泉哲 (一八七三年～一九四三年) は、北海道生まれで、札幌
農学校を中退してアメリカに渡り、ロスアンゼルス大学、ス
タンフォード大学、コロンビア大学などで学んだ。渡米は一
六年間におよび苦学し、最後にコロンビア大学で学んだ国際
法が泉の主専攻となった(16)。一九一三年、泉は帰国して東京
外国語学校 (東京外国語大学の前身) 教授となった。そして一

九一四年から一九一九年まで明治大学政治経済学科の講師と
なり、植民政策学を担当し、一九二〇年から一九二四年まで
同大学法学部の教授となり、植民政策学と国際法を講じた。
一九二五年、同大学政治経済学部創設とともに、同学部の教
授となり、国際法を講義した(17)。この間の一九二二年、「国
際警察権の設定」という論文で東京帝国大学から法学博士の
学位を授与された。一九二七年、明治大学を辞任し、京城帝
国大学法文学部教授となり、国際公法を担当した。一九三五
年、定年退職し、南満州鉄道株式会社 (満鉄) 調査部嘱託とな
ったが、一九四三年、病死した(18)。泉は終生、敬虔なクリス
チャンであった。泉の著作としては、『植民地統治論』(一九
二一年)、『増訂　植民地統治論』(一九二四年) などがある。
泉の論文としては、国際法についての論文が多く、雑誌「外
交時報」に一九一六年から一九三五年までに七〇編以上の論
文を発表している。また明治大学の雑誌「国家及国家学」に
も多くの論文を発表している。さらに泉は台湾人抗日運動家
たちの雑誌「台湾青年」、「台湾」、「台湾民報」にも多くの論
文を寄稿している。

　泉哲が台湾議会設置請願運動者とつながりをもつようになっ
たのは、泉が台湾人留学生の多かった明治大学で植民政策
学を講義していたからであった。台湾議会設置請願運動の理
論家で、帝国議会提出の請願書を起草した林呈禄は、一九一
四年、明治大学法学部卒業後、同大学高等研究所に入り、一
九一七年まで在学して植民政策の研究をした(19)。同運動の指
導的人物では、蔡式毅、鄭松筠が明治大学法学部で学んでい

た。泉は毎週月曜日、客のために家を開放し、明治大学学生
などでにぎやかであった。林呈禄もこうした機会を通じて、
泉との親交を深めた。林呈禄らは当時の在京台湾人学生の中
の積極分子であって、彼らを媒介として、泉と在京の台湾人
青年との交流は密接なものがあった。林呈禄が蔡培火ととも
に編集発行に力を尽くしていた「台湾青年」、「台湾」に泉は
日本人として最も頻繁に寄稿しており、また泉が東京帝国大
学から博士号を授与された時には、林呈禄が編集人、鄭松筠
が発行人をつとめていた台湾雑誌社が主催して、在京の台湾
青年四〇数名を集めて祝賀会を開いたほどであった。これを
報じた「台湾」の記事は、泉を「多年、本社の有力なる指導
者」と呼び、自分たちを、「平素、直接間接に泉博士の指導を
受けた在京台湾青年」と呼んでいる(20)。泉は台湾議会設置請
願運動開始後も、その趣旨を訴える記者会見などにに請われ
て、しばしば出席していた。

六、泉哲についての研究史

若林正丈『台湾抗日運動史研究』は、泉が「日本の植民政
策を批判し、自治主義方針に基づいた政策の実行を説くと同
時に、台湾住民に対しては、自治に向っての自覚と自助努力
を鼓舞する台湾住民に対して、発言を行なった(21)」がゆえに、
泉を自治主義容認者としている。若林はその根拠として、泉
が「台湾島民に告ぐ」の中で、「台湾は総督府の台湾に非らず
して、台湾島民の台湾たる事を自覚する事を要する。台湾島
民自ら台湾を治むるの域に進むを以て島民諸君の目的とせら

るる」という部分を引用している。若林は泉の「台湾は総督
府の台湾に非らずして台湾島民の台湾たる(22)」という言葉を
自治主義の表れと解釈しているが、そうであるとは思われな
い。泉の「総督府の台湾に非らずして」という言葉は、日本
の主権が台湾に及ばない (つまり台湾を日本から独立させる)
と解釈できる。それゆえ泉の言葉は、台湾自治主義を意味す
るのではなく、台湾独立主義を意味するということになる。
もし泉の言葉が自治主義を含意するならば、蔡培火が「我島
と我等」の中で述べたように、「台湾は帝国の台湾であると同
時に、我等台湾人の台湾である」という表現になるはずであ
る。もし蔡の「台湾は日本の台湾であると同時に台湾人の台
湾である」という表現ならば、日本の主権が台湾に及ぶとい
うことになる。それゆえ蔡の言葉は、台湾自治主義を意味す
ることになるが、泉の言葉は台湾独立主義を意味することに
なる。

　泉は漸進的台湾独立論を主張し、次のように言っている。
「台湾に至ては、少くとも自治植民地たらしむるを以て目的
としなければならぬ。台湾地方自治制の発布の如き、多大の
期待をなし得べきものでもないが、其の本旨は台湾人をして
先づ地方自治に慣れしむるにあると信ずる。次に選挙制に成
る市、街、庄の諮問機関を設け、一転して地方の立法機関と
なし、市、街、庄長選挙に及ぼすのみならず、総督を除きた
る官公職は何れも台湾人を以て、之に充てしめなければなら
なぬ。故に今日、採用すべき法律制度も亦、此の目的の達成
を助長せしむべきものでなければならぬ事は勿論である。」こ

のように泉は第一段階として台湾地方自治制を発布させ、第
二段階として市、街、庄の諮問機関を設けさせ、地方の立法
機関とさせ、第三段階として台湾独立を考えていた。第三段
階として泉が台湾独立を構想していたことは、泉の次の言葉
が例証となろう。「若し国際道徳と正義観念が発達し、人類の
移住は自然の権利であって、如何なる人も如何なる国も之を
禁止抑制する事が出来ぬ事となれば、人類の平和は愛に実現
せられ、全世界に互り人口の分配宜しきを得るに至るべしと
信ぜらるる。かかる時期が到来する時には植民地領有の必要
も亦存せざる事となるのである。植民地の領有は或地域に対
し独占的な利益を意味するものであって、局部的人民の幸福
の為に多数人類の幸福を犠牲にする惧れなしとも云ひ得ない。
余輩は一日も早く植民地領有不必要の時代の来らむ事を希望
して止まないのである(23)。」このように泉が植民地廃絶論を
主張している以上、泉が日本の植民地領有の放棄――台湾を
日本から独立させることを構想していたということになる。
それゆえ泉は台湾自治主義者ではなくして、台湾独立主義者
であったということになる。

　浅田喬二『日本植民地研究史論』は、「民族自決権とは、抑
圧民族から政治的に分離する自由――独自の民族国家をつく
るための政治的・民主主義的権利のことをいうのである(24)」
と述べ、レーニンの著作から以下の定義を引用して次のよう
に言っている。「民族自決とは、もっぱら政治的意味での独立
権を、抑圧民族から自由に政治的に分離する権利を意味する。
具体的には民族の人民投票によって分離問題を決定すること

を意味する(25)。」さらに浅田は、泉哲の論文の一文「民族自決とは高度の発達をなしたる民族は、内政上、他の干渉を受くべきものでなく、自ら治むる権利を有し、一民族の、他民族に対する統治を拒否するを意味し、民族自決は植民地独立運動には関連あるものではない(26)」を引用して以下のように述べている。「以上のことから泉は、民族自決権を植民地民族が、植民国から政治的に分離独立する権利、または独自の民族国家を自由に樹立する権利でもある、というふうには理解しておらず、植民地民族が内政権・政治的自治権を獲得する権利である、と理解していたようである。かくして彼は正しい意味の民族自決権の原理的容認者でもなければ、また民族独立運動の擁護者でもなかった(27)。」

　このように浅田説によれば、泉は民族自決権の原理的容認者でもなければ、民族独立運動の擁護者でもなかったとのことである。しかしそうであったとは思わない。泉は民族自決権の原理的容認者でもあり、民族独立運動の擁護者でもあったと思う。その根拠は以下の通りである。泉は「少数民族の保護と民族自決」の中で、「芬蘭、ポーランド、エストニヤ、ラートビヤ、ユーゴースラビヤ、チィックスロバキヤ、洪牙利、墺太利等は皆民族本位に建設せる国家である。米国大統領ウィルソンの民族自決主義の体現は之等の小国国家の出生となったのである(28)」と述べている。このように泉が東欧八カ国が植民国から分離独立した例を民族自決主義の体現としている以上、泉は民族自決権とは、植民地民族が植民国から政治的に分離独立する権利と理解していたことにある。

　さらに浅田説によれば、「民族自決は植民地独立運動には
関連あるものでないから、泉は民族解放運動の擁護者でもな
かった(29)」とのことである。しかしそうであったとは思われ
ない。泉は民族独立運動の擁護者であったと思う。その根拠
は以下の通りである。泉は以下のように述べている。「植民地
統治とは、国際政治の発達の現段階におけるやむをえざる現
象であって、国際道徳と正義観念が発達し、全世界に亘り人
口の分配宜しきを得るに至ればその必要は消滅していくべき
ものであった。そこで現時点にあっては、本国本位の政策を
去って植民地本位の政策をとり、植民地人の幸福を図り、植
民地の文化発達を指導することが統治者たる文明国の使命で
なければならなかった。換言すれば、今日においては植民地
に文化の普及を図り自治独立の訓練をなすを以て植民国の任
務となすのであり、その任務が首尾よくはたされて植民地の
文化が高まり独立を望んだなら独立を認めてかまわないので
あった(30)。」このことから泉は民族独立運動の擁護者であっ
たということになる。

七、泉哲の民族自決思想

　泉哲は「自治権の獲得」の中で次のように述べている。「嘗
て独立国家たりし植民地に対しては独立国民に等しき権利を
認める事が必要である。台湾議会設置運動は台湾人の自治権
要求である。台湾人は文化、教育、財力の点に於て参政権を
付与せられるる資格を有する。総督府協議会は選挙議員を以
て組織する決議機関となして数年の後、責任政府の制度に改

むるを可とする。責任政府の認容、即ち完全なる自治は進歩せる植民地の到達すべき目標である。植民地は早晩、自治の権利を許容せざれば、独立を強要するが如き態度に出づるであろう。今日は台湾議会の設置運動を阻止する時代ではない。寧ろ其の運動を援助し助長して一日も早く台湾人の希望を達せしめ、日本との関係を動かざる基礎に握へる事を望んで止まない(31)。」

　この中で泉哲が述べている「独立国家」とは、台湾民主国あるいは清朝を指していると解釈できる。しかし歴史的事実として一八九五年五月から同年一〇月まで台湾民主国は清朝から独立して存在していたのである。そうである以上、「独立国家」とは台湾民主国を意味するということになる。そして「独立国民」という言葉は、台湾人が日本の統治から離れて独立した国民として生きていけるともとれる。また「責任政府の認容、即ち完全なる自治は進歩せる植民地の到達すべき目標」というのは、台湾に責任政府をつくらせることである。これはイギリス帝国の統治下にあったカナダやオーストラリアやアイルランドが責任政府をつくることができたのと同様に、日本帝国の統治下にあった台湾も責任政府をつくることができるという意味になる。さらに台湾に「自治の権利を許容させざれば、独立を強要する」というのは、泉による、日本政府に対する脅迫である。つまり台湾に自治権を与えなければ、台湾は独立すると脅迫しているのである。とはいえ歴史的にすべての植民地であった国々は最終的には独立している。そうである以上、もし台湾が自治を達成した後は、台湾

は独立を要求することになる。それゆえ自治とは言いながらも、自治という言葉の中に独立という意味を含意させているということになる。

　泉哲は「植民地の立法機関に就て」の中で、以下のように述べている。「台湾議会設置の請願は台湾に自治を許せという叫である。之れは全世界を通じて進歩したる植民地の要求である。成長したる息女が父母の家庭を離れて独立したるが如く、発達したる植民地が内政上、母国の干渉を受けざる様になるのは自然の結果である。台湾は財政的に一銭たりとも母国の援助を仰ぐ必要なきに至った。経済的独立は政治的自治と伴ふ可ものである。植民地の自治は植民地議会の設置を以て始まるべきもので、行政部をして立法部に責任を有たしむる様にするのは終局である。加奈太、豪州等は何れも責任内閣制を採用して居る。台湾今日の要求は決議権を有する立法部の創設で、行政部は総督に一任するも差支ない。総督の立法に関する権は召集、停会、法律発布の一時的停止に限らるべきものである。今日の如く莫大なる立法権を総督に与るは危険なるを以て之れを立法部に移すべきである(32)。」

　泉哲がこの中で述べている「成長したる息女が父母の家庭を離れて独立したるが如く、発達したる植民地が内政上、母国の干渉を受けざる様になるのは自然の結果である」という表現は次のことを意味している。子供が成長すれば両親の元を離れて独立するように、台湾も日本の統治を離れて独立すべきであると解釈できる。とはいえ台湾独立ではなくて、台湾自治と解釈することもできるかもしれない。しかし「植民

地が内政上、母国の干渉を受けざる様になる」と述べている
ので、台湾独立と解釈することはできるが、台湾自治とは解
釈できないということになる。また「台湾今日の要求は決議
権を有する立法部の創設で、行政部は総督に一任するも差支
ない」というのは次のような意味であった。法三号によって
日本人たる台湾総督が立法権、行政権、司法権、軍事権の四
権を握っているのは不公平なので、その中の立法権のみを台
湾住民によって構成される台湾議会に与えて欲しいという意
味であった。とはいえ立法権、行政権、司法権、軍事権の中
で立法権が最も強い権利であると言える。なぜならば立法権
とは、法律を制定したり、廃止する権利であるからである。
たとえばもし台湾議会が設置され、台湾議会に立法権つまり
法律制定権が付与されるならば、法三号を廃止して、日本人
たる台湾総督がもっている行政権、司法権、軍事権の三権を
台湾議会に与えさせることも可能である。さらに台湾議会が
台湾独立を宣言してしまう危険もあった。これらのことから
台湾議会設置請願運動は表面上、立法権のみを要求する自治
要求運動であったが、実は行政権、司法権、軍事権をも求め、
台湾独立を達成しようとする台湾独立要求運動であった。

　泉哲は「民族自決の真意」の中で、次のように述べている。
「民族自決は大戦講和会議に於て、ウィルソン大統領が主張
した。而して此主義は全世界の各植民地に適用せんと欲した
るものではなくして、独逸の或地方に対し住民の自由意志に
よって其帰属を決定し得る事にあった。例へばザールベース
ンの住民は一般投票により独逸国に帰還するか仏蘭西に帰属

するかを決定する。此決定権は住民の全部が有し、其権利行
施の結果を民族自決といふ。之によって見ても民族自決は革
命の自由若くは植民地独立運動には関係ない。一民族が他の
民族を征服して之に対し隷属扱ひをなすことは許さるべき事
柄ではない。従って民族自決は或地方を隷属地となしたる国
に対して武器を執って反抗するの意味を持っては居ない。た
だ旧敵国の領土の一部分に対して其帰属を決定し得せしむる
ことを目的とする極めて穏健なる処置と見倣すべきものであ
る(33)。」

　泉哲がこの中で言っている「民族自決とはある地方の住民
が投票によって帰属を決定することであり、たとえばザール
ベースンの住民が投票によりドイツに属するかフランスに属
するか決定する意味である」という論理は、台湾にも適用し
ようとしているのではなかろうか。なぜならば泉は、「一民族
が他の民族を征服して之に対して隷属扱ひをなすことは許さ
るべき事柄ではない」という言葉によって、日本民族が台湾
民族を征服 (一八九五年の台湾攻防戦) し、台湾統治を開始し
たことは許されるべきではないということを暗に示している
からである。しかももし台湾が民族自決として台湾が中国に
帰属するか、台湾に帰属するか日本に帰属するかの住民投票
が行なわれるならば、一九二〇年代の台湾の状況を考えた場
合、中国人意識や日本人意識よりも、台湾人意識をもってい
た台湾人が多かったがゆえに、台湾は独立したであろう。も
っとも民族自決として投票するということは決定権が日本人
の手から台湾人の手に移るのであるから、台湾人の民族自決

とは台湾独立を意味することになる。

　泉哲は「少数民族の保護と民族自決」の中で、次のように述べている。「大戦以来の二大政治思潮は、国際主義と民族主義である。国際連盟の成立は国際主義の実現であり、多数独立国家の組織は民族主義の体現である。芬蘭、ポーランド、エストニヤ、ラートビヤ、ユーゴースラビヤ、チィックスロバキヤ、洪牙利、墺太利は、民族本位に建設せる国家である。ウィルソンの民族自決主義の体現は之等小国国家の出生となった。民族自決とは高度の発達をなしたる民族は、内政上、他の干渉を受くべきものでなく、自ら治むる権利を有し、一民族の、他の民族に対する統治を拒否するを意味する(34)。」泉哲がこの中で述べている「民族自決とは高度の発達をなしたる民族は、内政上、他の干渉を受くべきものでなく、自ら治むる権利を有し、他の民族に対する統治を拒否する」というのは、自治を意味しているのではなくて、独立を意味している。

　泉哲は『植民地統治論』の中で次のように述べている。「少なくとも自治植民地たらしむを以て目的としなければならぬ。台湾自治制の発布の如き多大の期待をなし得べきものでもないが、其の本旨は台湾人をして先づ地方自治に慣れしむるにある。次に選挙制に成る市、街、庄の諮問機関を設け一転して地方の立法機関となし、市、街、庄長の選挙に及ぼすのみならず、総督を除きたる官公職は何れも、台湾人を以て之に充てしめなければならぬ。植民地の領有は或地域に対し独占的利益を意味するものであって、局部的人民の幸福の為めに

多数人類の幸福を犠牲にする惧なしとも云ひ得ない。余輩は
一日も早く植民地領有不必要の時代の来らむ事を希望して止
まないのである(35)。」

　泉哲がこの中で述べている「台湾を少なくとも自治植民地
たらしむ」という言葉の中の「少なくとも」は、可能ならば
台湾を独立させたいという含みがある。また泉がこの中で言
っている「総督を除きたる官公職は、何れも台湾人を以て之
に充てしめなければならぬ」という言葉も、台湾独立の前段
階、少なくとも台湾自治を意味するということになる。さら
に泉がこの中で主張している「余輩は一日も早く植民地領有
不必要の時代の来らむ事を希望して止まないのである」とい
う言葉は、日本が台湾を植民地として領有する必要はない、
言い換えれば、台湾を独立させたいという意味になる。さら
に泉が「台湾島民に告ぐ」の中で、「台湾は総督府の台湾に非
らずして、台湾島民の台湾たる事を自覚するを要する(36)」と
述べている言葉は、台湾独立を意味するということになる。
なぜならばもし台湾自治を意味するならば、「台湾は総督府
の台湾でもあり、台湾島民の台湾でもある」と表現されるこ
とになるからである。

　第四四帝国議会の貴族院請願委員会での審議に政府委員と
して出席した田健治郎台湾総督は、「（台湾議会設置請願運
動を始めた）其学生ノ這入ッテ居ル所ノ私立大学ノ中デハ現
ニ、台湾ハ台湾人ノ台湾ナリ、是デナケレバナラヌト云フコ
トヲ教師ガ現ニ、講義ヲスルノミナラズ、筆ニ筆シテ之ヲ公
ケニシテ居ルノデス(37)」と泉を非難している。第二回請願を

前にして、台湾総督府でつくられた『台湾人ノ台湾議会設置運動ト其思想』は、「泉博士ノ滔々トシテ尽ササルノ民族自決論ハ如何ニモ痛切ニ本島人ノ幼稚ナル頭顱を昏乱セシヤ知ラス、其文意ハ危クハ危険的又ハ煽動的意味ヲ含マサラント雖モ一モ民族自決ニモ民族自決ト云々シタルハ縦令煽動ヲ為サルルモ一知半解ノ青年ハ之レカ為メニ誤ラルルナリ(38)」と述べている。これらのことからも、泉には台湾自決思想と台湾独立思想があったということになる。

八、おわりに

ウィルソンの政治思想の特徴は、アメリカ革命とフランス革命の根本精神である人民主権概念を民族の自決権思想（自決とは一般の用語で言うと、民族が独立国を構成し、自己の政府を自ら決定する権利であると定義できる）に連結したことにある。泉哲は『植民地統治論』の中で次のように述べている。「少なくとも自治植民地たらしむを以て目的としなければならぬ。台湾自治制の発布の如き多大の期待をなし得べきものでもないが、其の本旨は台湾人をして先づ地方自治に慣れしむるにある。次に選挙制に成る市、街、庄の諮問機関を設け一転して地方の立法機関となし、市、街、庄長の選挙に及ぼすのみならず、総督を除きたる官公職は何れも、台湾人を以て之に充てしめなければならぬ」植民地の領有は或地域に対し独占的利益を意味するものであって、局部的人民の幸福の為めに多数人類の幸福を犠牲にする惧なしとも云ひ得ない。余輩は一日も早く植民地領有不必要の時代の来らむ事を

希望して止まないのである。」泉哲が『植民地統治論』の中
で述べている「台湾を少なくとも自治植民地たらしむ」とい
う言葉の中の「少なくとも」は、可能ならば台湾を独立させ
たいという含みがある。また泉がこの中で言っている「総督
を除きたる官公職は、何れも台湾人を以て之に充てしめなけ
ればならぬ」という言葉も、台湾独立の前段階、少なくとも
台湾自治を意味するということになる。さらに泉がこの中で
主張している「余輩は一日も早く植民地領有不必要の時代の
来らむ事を希望して止まないのである」という言葉は、日本
が台湾を植民地として領有する必要はない、言い換えれば、
台湾を独立させたいという意味になる。さらに泉が「台湾島
民に告ぐ」の中で、「台湾は総督府の台湾に非らずして、台湾
島民の台湾たる事を自覚するを要する」と述べている言葉
は、台湾独立を意味するということになる。なぜならばもし
台湾自治を意味するならば、「台湾は総督府の台湾でもあり、
台湾島民の台湾でもある」と表現されることになるからであ
る。

第四四帝国議会の貴族院請願委員会での審議に政府委員と
して出席した田健治郎台湾総督は、「（台湾議会設置請願運
動を始めた）其学生ノ這入ッテ居ル所ノ私立大学ノ中デハ現
ニ、台湾ハ台湾人ノ台湾ナリ、是デナケレバナラヌト云フコ
トヲ教師ガ現ニ、講義ヲスルノミナラズ、筆ニ筆シテ之ヲ公
ケニシテ居ルノデス」と泉を非難している。さらに第二回請
願を前にして、台湾総督府でつくられた「台湾人ノ台湾議会
設置運動ト其思想」は、「泉博士ノ滔々トシテ尽ササルノ民族

自決論ハ如何ニモ痛切ニ本島人ノ幼稚ナル頭顱を昏乱セシヤ知ラス、其文意ハ危クハ危険的又ハ煽動的意味ヲ含マサラント雖モ一モ民族自決ニモ民族自決ト云々シタルハ縦令煽動ヲ為サルルモ一知半解ノ青年ハ之レカ為メニ誤ラルルナリ」と述べている。これらのことからも、泉には台湾自決思想と台湾独立思想があったということになる。

第二節　日本内地の民主主義、自由主義の影響

　大正デモクラシーとは、大正時代に高まった自由主義的・民主主義的風潮をさす。東京大学教授吉野作造は民本主義(国家の主権は法理上、人民にあり) を主張した。このため吉野作造の政治思想は台湾抗日運動者の政治思想に影響した。吉野作造の自由主義思想と民主主義思想は台湾独立思想、台湾議会思想、自由主義思想、民主主義思想に影響を与えた。

一、大正デモクラシー思想

　大正デモクラシーとは、第一次世界大戦とロシア革命後の世界的風潮を反映し、大正時代に高まった自由主義的・民主主義的風潮をさす。この風潮は多様な運動により生じたが、その中心は二次にわたる憲政擁護運動である。第一次護憲運動は、一九一二年から一九一三年にかけて、「憲政擁護」、「閥族打破」のスローガンの下に展開され、第三次桂太郎内閣を総辞職させた (大正政変)。そして清浦奎吾特権内閣打倒をめざした一九二四年の第二次護憲運動は、護憲三派内閣 (第一

次加藤高明内閣) を実現し、政党内閣時代を生み出した。大正デモクラシーは、政治史的には藩閥専制の明治国家の解体過程と政党政治の成立過程としてとらえられるが、この体制再編を促したのは、民衆の政治的覚醒と政治舞台への登場である。藩閥政治による国民統合の破綻を示したのは、一九一八年の「米騒動」である。米騒動で寺内正毅非立憲内閣が倒れ、原敬政友会内閣が成立し、政党政治への道を開いた。米騒動以後、ロシア革命や国際連盟成立など国際的な民主主義、平和主義の高揚に刺激され、国内でも政治的自由の獲得や社会的平等の実現をめざした運動が展開された。護憲運動、普選運動、労働運動、農民運動、社会主義運動、部落解放運動、婦人解放運動、学生運動などがそれである。これらの運動に理論的基礎を与えたのが「民本主義」の吉野作造、「天皇機関説」の美濃部達吉、大山郁夫、新渡戸稲造、福田徳三らであった。文化面でも白樺派や自然主義や人格主義が台頭し、大正文化を生み出した。大正デモクラシーは、政党政治や男子普通選挙制を実現させたが、普選法が治安維持法と抱き合わせで成立したことにみられるように、一定の限界をもっていた。これは主権の所在を問わないデモクラシー一論 (民本主義) に示されているように天皇制の枠内での運動であった。新しい体制の主役となった政党は、民主主義の確立よりも藩閥勢力と妥協して体制の安定につとめた。民衆のエネルギーは体制に制御され、弾圧された。こうして民主主義は根を張れず、一九三〇年代に入り、軍国主義やファシズムの支配を許すことになった。

　まず大正デモクラシーの指導理念である大正デモクラシー
思想を明らかにしてみよう。大正デモクラシー運動は、帝国
主義段階における「被抑圧諸階層」や諸民族の政治的・経済
的・社会的解放をめざす運動であった。被抑圧諸階層や諸民
族とは、労働者・農民・市民などの人民諸階層や植民地・半
植民地の民族である。大正デモクラシー運動は、都市知識人
や自由主義的ブルジョアジー指導下のブルジョア民主主義運
動として出発し、やがてその主導権が無産政党指導下のデモ
クラシー運動に移行していく運動であり、思想であった。し
かし大正デモクラットの運動がその後、消滅してしまったの
ではない。大正デモクラットの分化が進んだが、分散的な運
動が昭和ファシズム期においても展開された。反体制運動と
しての大正デモクラシー運動は無産諸政党が結成される一九
二五年から一九二六年にかけて反体制運動の主要な側面から
従属的な側面に転化していった。大正デモクラシーの時期
は、日露戦争後、大正末年までである(39)。

　大正デモクラシーを国内政治に対する人民の民主主義的な
改革運動として狭く限定してとらえる見解より、政治的・経
済的・社会的な諸領域にわたる改革運動として、広く解釈す
る見解が有力である。たしかに大正デモクラシー運動の主要
な課題の一つが国内政治の民主化という人民の政治的解放を
めざす政治的民主主義にあり、護憲運動や普選運動の全国的
な高揚は、その具体的なあらわれであった。けれども帝国主
義段階における被抑圧諸階層や諸民族の自己解放運動として
展開されたデモクラシー運動は、国内政治の民主化をめざす

運動にとどまらず、中小商工業者や学生・知識人などの中間層・労働者・農民・女性や被差別部落民などの諸階層の全国的運動として展開され、その要求は国内政治の民主化だけでなく、経済的・社会的・文化的な諸領域における民主的な解放をめざす運動でもあった(40)。

　大正デモクラシー運動の発展段階は第一段階 (一九〇五年〜一九一三年)、第二段階 (一九一四年〜一九一八年)、第三段階 (一九一九年〜一九二五年) の三段階に大別できる。大正デモクラシー思想を帝国主義思想対民主主義思想との統一体として把握するならば、日本帝国主義思想と大正デモクラシー思想を明らかにしなければならない。日本帝国主義思想とは、天皇制思想、殊にその核をなす家族国家観を意味するとされてきた。日本帝国主義思想は、立憲主義的な帝国主義思想と国家主義的な帝国主義思想との統一体であった。大正デモクラシー期の天皇制思想は、国家主義的・家族国家観的な天皇制思想と立憲主義的な天皇制思想との統一体だった。帝国主義段階におけるデモクラシー想は、国内における反動と他民族の抑圧を正当化する帝国主義思想と対決する被抑圧諸階層や諸民族の解放の思想の一形態として把握しなければならない(41)。

　大正デモクラシー運動は、第一段階 (一九〇五年〜一九一三年) の指導理念としては立憲主義、第二段階 (一九一四年〜一九一八年) の指導理念としては民本主義、第三段階 (一九一九年〜一九二五年) の指導理念としては社会的デモクラシーとして分けることができる。この三者の思想的な性格はブル

ジョア・デモクラシーに属していた。第一段階の立憲主義は、露骨な帝国主義イデオロギーとしての性格をもっていた。第二段階の民本主義は非帝国主義イデオロギーとしての性格を次第に強めていた。第三段階の社会的デモクラシーは、非帝国主義イデオロギーとしての性格をもっていた。第一段階の主要なイデオローグは、浮田和民、高田早苗、島田三郎、尾崎行雄などの旧改進党系政治家、都市知識人、ジャーナリストであった。第二段階の理論的指導者は、吉野作造、大山郁夫、長谷川如是閑などの小ブル・デモクラットであった。第三段階の理論的代弁者は、室伏高信、大山郁夫であった。殊に大山や新人会・建設社同盟系の学生などの小ブル・急進主義者は、大正デモクラシー運動から社会主義運動へ転換する先駆的な役割を果たした。第一段階の浮田和民らの立憲主義は、近代デモクラシーにその政治理念を求めながら、日本帝国主義の発展という国家目標の賛同者であったがゆえに、デモクラシーと帝国主義との結合を企図することになった。彼らの主張は、大正デモクラシー運動第一段階の民衆が日本帝国主義の軍事的な対外膨張政策の成功に歓喜しながら、軍拡財政の負担に耐えかねて藩閥官僚政府批判を強めるという矛盾に対応するものであった。立憲主義者が第一段階のイデオローグたりえたのは、民衆の不満を代弁したからであった。第二段階の民本主義者は、大正デモクラシー運動の指導層が非特権資本家階層から都市中間層に移行し、農民や労働者が運動の推進力となり始める時、登場した。この時期の民本主義者は、帝国主義の観念から解放されていなかったが、デモ

クラシーの世界的流行下における都市中間層や労働者・農民
の要求を反映して、その目標を国内政治の民主化においてい
た。吉野作造はそのイデオローグであり、吉野は運動の発展
に応じて民本主義を修正し、帝国主義を批判し始めていた。
第三段階の社会的デモクラシーは非帝国主義イデオロギーと
しての性格をもち、第一次世界大戦後の社会改造論の流行下
で、社会主義者の改造論や急進ファシストに対抗した大正デ
モクラットの改良主義的な改造論としての性格をもってい
た。第三段階において大正デモクラットは三分化していっ
た。大山郁夫、河上肇らの社会主義化路線、室伏高信、中野
正剛らのファシズム化路線、吉野作造、尾崎行雄、浮田和民
らの大正デモクラット化路線であった。第一段階の立憲主義
者も第二段階の民本主義者も第三段階になると、社会主義的
なデモクラシー論に同調し、三方向に分化していった(42)。

二、立憲主義

　大正デモクラシー思想は、デモクラシー思想と帝国主義思
想との統一体であり、日本帝国主義思想には、国家主義的な
帝国主義思想と立憲主義的な帝国主義思想との二潮流があ
り、この両者は対立しつつ補完しあっていた。大正デモクラ
シー運動第一段階の指導理論だった立憲主義の思想的な特質
は立憲主義的な帝国主義思想にあった(43)。高田早苗の「外に
向かっては帝国主義、内に存っては立憲主義(44)」という主張
は、帝国主義イデオロギーとしての立憲主義思想を表現して
いる。立憲主義と帝国主義との結合の論理は、浮田和民、尾

崎行雄、島田三郎らの思想と同じものであった。高田早苗ら
の立憲主義者は、日露戦争後の日本を発展させるために帝国
主義的なナショナリズム論を提唱した。日本帝国主義の発展
を図るためには、日本をイギリス型の近代的な帝国主義国に
する必要がある。そのためには欧米先進帝国主義国並みの資
本主義（独立資本主義）とその上部構造としての政治体制を
完成しなければならない。そのことによってすでにいきづま
っている従来の軍事的侵略を核にした日本帝国主義の武断的
な対外膨張政策（武断的帝国主義）から、移民や貿易を中心に
した平和的・経済的な対外膨張政策（実業上の帝国主義）への
転換が可能になると考えた(45)。

　したがって彼らが力説した立憲政治の完成とは、日本帝国
主義の国内体制の一環として主張されたものであった。それ
は日本帝国主義の対外侵略に対する国民の下からの自発的な
参加をひきだすための政治体制の完成を意味していた。内
政・立憲主義、外交・帝国主義との統一的な促進という主張
は、この考え方の集約的な表現だった。この意味で彼らの思
想は、立憲主義と帝国主義との矛盾を内包していたが、その
重点は帝国主義にあった。つまりそれは被抑圧諸階層や諸民
族の自己解放をかちとるためのイデオロギーというより、下
からの解放運動のエネルギーを帝国主義体制を確立のエネル
ギーに転化させる、帝国主義イデオロギーとしての性格をも
っていた。このような立憲主義思想は、内田良平や上杉慎吉
らの国家主義的な帝国主義と対立しながらも、一致する側面
をもっていた。なぜなら立憲主義者は、国家主義者と同様に

その関心が日本の帝国主義的な発展というナショナルな課題にあり、方法をめぐって国家主義者と対立していたからである。いいかえると前者は日本帝国主義の発展のためには、内政・立憲主義と産業発展策 (商工立国主義) 外交・貿易や移民を中心とする実業上の帝国主義政策の推進を主張したのに反して、国家主義者は、内政・天皇親政論に象徴される専制的な政治体制と軍国主義化、外交・軍事的な侵略に象徴される武断的な帝国主義政策の推進を主張したことからも明らかなように、両者は帝国主義的発展という大目的については一致していた。立憲主義者は、国家主義者と同様に天皇制護持という観点から立憲主義的な天皇制思想を提唱したからである。高田早苗、尾崎行雄、浮田和民らが立憲政治は君民一致の国体に合致し、皇室の尊栄と人民の幸福を確保すると力説して、国家主義者の専制的な天皇親政論や家族国家観的な天皇制思想に対して、自由民権右派の立憲君主制論の系譜をひく立憲主義的な天皇制思想を展開したところに、この間の事情があらわれている(46)。

　イギリス流の立憲君主制を理想的な政治体制とみなしていた立憲主義者にとって、立憲主義とは、浮田和民が「一、政府の権力を制限し、二、個人の自由を保障し、人民に参政の権を与ふることが立憲政治である(47)」とか、尾崎行雄が「立憲政治の本質は、その人民は生命財産の所有者である事を認め、之に対して法律制定に参与する権利を与へた事にある(48)」と主張して、立憲政体は、人民の生命財産を守り、個人の私的・公的領域における公正な自由競争を保障する制度だ

という観念を表明していたことからも明らかなように、国家
権力の法的制限ないし権力からの自由という、権力制限の原
理としての自由主義的な立憲主義の原理だけでなく、参政権
の拡大ないし普通選挙制の確立によるイギリス型議院内閣制
の実現をめざすという、権力への自由ないし政治へ参加する
という自由を核とする代議制民主主義の原理を内包するもの
であった。

　それと同時に彼らは明治憲法体制の枠内において自主独立
の精神や人格の尊重、人民の権利、自由の擁護、マス・デモ
クラシーへむかう参政権の拡大ないし普選による政党内閣制
の実現を企図する改良主義的な立場から、超然内閣反対、貴
族院・枢密院・軍部批判を行ない、立憲政体が皇室の尊栄と
人民の利福、日本の帝国主義的な発展を促進する国内体制だ
と主張した。日本の発展を確保するためには、内政・立憲主
義と外交・実業上の帝国主義との統一的促進をはかるべきで
あると主張した立憲主義者が第一次護憲運動に象徴される大
正デモクラシー運動の第一段階の理論的指導者としての役割
をはたした根拠の一つは、尾崎行雄や犬養毅が民衆から憲政
の神様と称えられたように、その立憲主義論にあった。尾崎
行雄が第一次護憲運動中、全国各地で力説しつづけたこと
は、藩閥専制勢力を打倒して立憲政治を完成すべきだという
点にあったことは、その例証である。彼らの立憲主義は天皇
制イデオロギーや帝国主義イデオロギーとしての性格をもっ
ていた(49)。

三、民本主義

　吉野作造は、「憲政の本義を説いて其有終の美を済すの途を論ず」という論文の中で、「民本主義」について論じた。吉野は以下のように言っている。「デモクラシーには二つの意味があり、『国家の主権は法理上、人民にあり』(民主主義) と『国家の主権の活動の基本的目標は政治上、人民にあるべし』(民本主義) である。民本主義は法理上、主権の何人ありやということは問わず、主権者は人民の利福を重んずべしという主義である。主権が法律上、君主に帰していることと君主が主権の行使に当って人民の利福を重んずることは両立し得る。民主主義と民本主義の区別を明かにし、民本主義の真義を明かにすることは、憲政有終の美を済すために重要である(50)」こう論じたあと、「民本主義は人民の利福を政治の目的とするのであって、貴族、富豪など少数者階級の利益のためではない」と一部特権階級の存在を指摘する。そして「民主主義は政権運用の決定を民衆の意向に置くべきことを要求する(51)」こと、つまり政策決定は民意に基づくことを主張した。

　吉野作造の民本主義の要求は、議会による政治の確立であるが、当時の日本の民選議会 (衆議院) は制限選挙に阻まれて人口五三〇〇万人中五四万人の有産者を代表するにすぎなかった。言いかえれば全人口中三％に満たない数の人間に政治参加が許されていたにすぎない。そのうえ明治憲法制度による超然内閣、枢密院、陸海軍、貴族院等の諸機関に制約されて、民選議会は政策決定機関としては不具化されていた。こ

うした実状を指摘しながら吉野は、憲政有終の美を済すに
は、民選議会である衆議院を民意をより広く代表するように
改める (普通選挙制) とともに、政策決定をできるだけ衆議院
に一元化するように内閣制、枢密院、軍部、貴族院にわたる
制度の改革と運用の改善をはかることが緊要事であると論じ
たのである(52)。

　吉野作造は、ウィルソン主義 (民主主義をキリスト教を前
提とした理想主義の立場から政治的最高善として捉える考え
方) の普遍主義的側面 (キリスト教理想主義と社会進化論に
よって根拠づけられた民主主義が普遍性を獲得すること) を
強調し、それが指示する 「世界の大勢」 に日本もまた順応す
べきことを説いた日本における典型的なウィルソン主義者で
あった。吉野によれば、アメリカは憲政の運用に最も成功し
た国家であり、民本主義の最良の範例であった。吉野によれ
ば、憲政が成功するためには多数者の意思が国家を支配しな
ければならないけれども、多数者意思の形成はすぐれた少数
者によって指導されねばならないとする。政治的民本主義は
精神的英雄主義と融和し、憲政を実現できるとする。ここに
吉野はアメリカに憲政を実現させている、「精神的英雄主義」
と 「政治的民本主義」 との結合をみる。憲政の原理を国際政
治に適用すべきことを主張したウィルソン主義は、このよう
な二つのものの結合を国際社会においても実現した。ウィル
ソンの 「精神的英雄主義」 が世界的規模における 「政治的民
本主義」 と結合することによって 「世界の大勢」 をつくった。
ウィルソンは力でなく理念によって国際社会を秩序づけよう

とした。ではウィルソン主義によって指示される「世界の大勢」とは何か。吉野によれば、内政にあっては民本主義の徹底であり、外政にあっては国際平等主義の確立であり、正義公平を国の内外に布かんとするものであるとする。つまりそれは各国の内政を民主主義化し、これを基礎として国際社会を改造することを要求し、国際政治と国内政治は、各国の国家利益を超えた普通的原理で貫徹されねばならないとした。吉野は「世界の大勢」に日本が順応 (普遍化) すべきことを説いた。しかしそれはアメリカへの政治的文化的追従を意味していなかった。吉野が順応すべく説いた「世界の大勢」とは、普通的理念的なものであり、特殊的現実的なもの (アメリカ国家の利益を民主主義の名において推進するもの) ではなかった(53)。

　吉野作造の中国革命運動に対する同情は、反日ナショナリズムの形をとって激発した後も変わらず、中国革命を認識していた。そのことは五四運動以後の中国ナショナリズムに対する吉野の評価にあらわれている。吉野は五四運動が排日運動以上のものであり、日本における「軍閥的対支外交」批判に呼応するものであると評価した。吉野によれば、五四運動は、国民運動であり、彼らの抽象的主張の中に彼我を貫く民本主義の必然性を認識した。そして民本主義論の光を通して反日的ナショナリズムの根底に潜む合理性を認識し、日本と中国の親善を実現させようとした。吉野が中国ナショナリズムを高く評価したのは、それが民本主義の理想によって方向づけられていると見たからであり、反日的ナショナリズム

も、その限りにおいて合理性をもつと考えたからであった。
吉野は中国革命思想の中でも孫文主義をナショナリズムを超
えた政治的社会的理想をもつものとして最も高く評価してい
た。吉野は民本主義のプリズムを通して、中国革命思想を評
価していた(54)。吉野作造の朝鮮論が本格的に展開されるのは
三一独立運動の前後からである。吉野は日本人自らの黄人種
に対する差別には目をつぶり、白人種には差別の撤廃を要求
するという日本人の道徳的二重基準を理義に徹底した立場か
ら批判した。吉野は日本人と朝鮮人との差別を廃絶すること
を主張した。さらに吉野はそれは究極において、朝鮮人に自
治を認めるということでなければならないとした。なぜなら
ば三一独立運動は、日本の統治能力の破産を示したからであ
った。こうして吉野は朝鮮人が日本の教育を受けながら、三
一独立運動を起こしたのは、ちょうど中国の留学生が日本の
教育を受けながら、五四運動を起こしたのと同様であるとい
う認識に立って中国ナショナリズムに対したのと同じ論理を
もって、三一独立運動を通してあらわれた朝鮮ナショナリズ
ムに対したのである。それが民本主義論の対外的適用を意味
したことは言うまでもない(55)。

四、社会的デモクラシー

　一九一八年から一九一九年にかけての日本は一九一七年の
アメリカの第一次世界大戦参戦とロシア革命の余波を受け、
国家からは、「すべての階級のデモクラシー」というウィルソ
ンの声が響きわたるとともに、「無産階級の解放」というレー

ニンの叫び声が聞こえてきた。そして国内においては、米騒動、原敬政党内閣の誕生、普選運動の高まりなどもあり、まさに複雑な様相を呈してきた。大正デモクラシー運動の第三段階は、従来唱えられてきた政治上のデモクラシー（狭義のデモクラシー）のほかに、デモクラシーは社会生活の各方面にわたって存在するというデモクラシー（広義のデモクラシー）が主張されるにいたったことである(56)。この時は労働者、農民、都市知識人などさまざまな階層の政治的・経済的・社会的領域における民主的解放を求める運動が高揚した時期でもある。大正デモクラシーがファシズム運動、社会主義運動、デモクラシー運動のいずれに分化していく過程でもあった(57)。

　浮田和民が「大観」一九一八年六月号に「新民主主義の提唱と国家問題」を発表し、「社会上の民主主義」を唱えてより、社会的デモクラシーが論議の中心となった。浮田は、はじめ国内政治上のデモクラシーを唱え、ついで国際上のデモクラシーを紹介し、そして社会上のデモクラシーを主張するにいたった。浮田は「広義の民主主義とは単に政治上の意義に止る民主主義でない。同時に社会的意義を有するものである」とし「社会上の民主主義といふのは他に非ず、社会の多数人民が従来貴族若しくは少数の富者に限られた文明の思沢に等しく参与せんと欲する大運勢を云ふのである。西洋では政治上の民主主義先づ起り次に社会上の民主主義が現はれ来ったが日本では之に反して政治上の民主主義未だ十分起らざるに早く既に社会上の民主主義が現はれ出でんとしつつあるので

ある」と論じた(58)。

　さらにこの時期には、労働運動の勃興とともに産業上、経済上のデモクラシー論が盛んになる。安部磯雄は、「官僚的社会政策と民本的社会的政策（「六合雑誌」一九一八年一一月号）で「労働者に平等の機会と憲法の保障する自由を与へて、彼等をして自助的にその生活に改善せしむることは目下の急務である。これ即ち民本的社会政策である」と主張し、安部は「労働者の台頭――民本思想に浸潤されて」（「新愛知」一九一九年一月七日）でも労働者の問題をとりあげている。また室伏高信は「デモクラシーの新理想」（「批評」一九一九年四月号）で「現代民主主義は、社会的、政治的、産業的の人間生活のあらゆる領域における自由、平等の要求であります。もっと具体的に言えば現代民主主義はそれ等の一切の領域においての被支配階級たる労働階級のためにその一切の領域においての自由と平等とを熱切に要求します」という。山川均は「デモクラシーの経済的基礎」（「改造」一九一九年五月号）で「現代のデモクラシーには安定がないとしたならば、其れは勢ひ政治上のデモクラシーを社会生活の上に拡大することであるが、さもなくば、現代のデモクラシーを一層縮小することでなければならぬ」と、マルクス主義の立場から経済上のデモクラシーを述べる(59)。

　このように社会的デモクラシーとして、各種のデモクラシーが提唱されたが、政治上のデモクラシーすらまだ実現出来ないため依然として政治上のデモクラシーが主張される。長谷川如是閑は「憲政と社会生活」（「我等」一九一九年二月一

一日号)において、「社会生活上の不安の初歩的解決は、今の
所先づ之を憲政上の手段に求めねばならぬ。殊に言論の自由
の更に確かなる保障、集会結社の自由眼目」を唱えた。今中
次麿「産業知識の改造と政治的デモクラシイの能力」(「新人」
一九一九年一二月号)がある。とくに今中はこの論文で、「政
治的デモクラシイは産業上に存在する非デモクラチックな制
度を廃止して、産業上にデモクラシイに基く政治を実現する
能力を持って居ないと云ふ」説があるが、「政治的デモクラシ
イと社会的デモクラシイは各々目的を異にしている。後者は
産業上にデモクラシイ即ち社会主義を実現せんとするもので
ある」といい、「政治的デモクラシイを解決することは可能で
ある」と主張した。この時期に目立つ特徴として、社会主義
とデモクラシーとの関係についての論争である。福田徳三は
「即ち資本的侵略主義に対抗、真正のデモクラシイを発揚し
(「中央公論」一九一九年一月号)において、デモクラシーを
分類し、資本主義的政治的民主主義と社会民主主義の二つと
し、資本的デモクラシーは真正のデモクラシーでないととも
に、他方においてソオシャル・デモクラシーもまた全体の人
民を「デモス」とみなさないのであって、ただ第四階級のみ
を人民とみなしているのであるからそれは「仮面的デモクラ
シー」であって「真正のデモクラシー」でないとした。これ
に対して室伏高信は「第三階級民主主義とソオシャル・デモ
クラシイ」(「日本評論」一九一九年二月号)を発表し、福田
の社会民主主義が単に「福田製」の社会民主主義で「真正の
社会民主主義」でないと批判した(60)。

　大山郁夫は、「国際生活上の紀元と日本の政治将来」(「中央公論」一九一九年一月号) において、参政権行使の機会均等主義という政治上のデモクラシーから、経済的・社会的・文化的デモクラシーを含めた真正のデモクラシーを唱えたが、さらにこの論文を進展させて「社会改造の根本精神」(「我等」一九一九年八月号) の中で真正のデモクラシーの終極目的は、「各個人の政治上・社会上、及び文化上の積極活動の機会を増大する」ことにあると述べ、資本家的自由と区別された真正のデモクラシーの目的を社会の各員が「人間らしく活きる」ことのできる社会を建設することにあると説いた。また室伏高信は「デモクラシーの制度を論ず」(「中央公論」一九二〇年一月号) で「議会主義がデモクラシーを代表した時代は既に過去の時代になった。」いまや「デモクラシーの発達に伴うデモクラシーの新制度を創造」しなければならない。「それへの道として私はギルド社会主義の制度とボルシェビィキの制度に着目せざるをえない」とさえ述べている。こうして大正デモクラシー運動は第三段階を抑え、その指導理念は「民本主義」から「社会的デモクラシー」に変化する。そして社会主義が中心問題となり、デモクラシー運動と社会主義運動の競合の時代となる(61)。

五、おわりに

　大正デモクラシーとは、第一次世界大戦とロシア革命後の世界的風潮を反映し、大正時代に高まった自由主義的・民主主義的風潮をさす。吉野作造は、「憲政の本義を説いて其有終

の美を済すの途を論ず」という論文の中で、「民本主義」について論じた。吉野は以下のように言っている。「デモクラシーには二つの意味があり、『国家の主権は法理上、人民にあり』(民主主義) と『国家の主権の活動の基本的目標は政治上、人民にあるべし』(民本主義) である。民本主義は法理上、主権の何人ありやということは問わず、主権者は人民の利福を重んずべしという主義である。主権が法律上、君主に帰していることと君主が主権の行使に当って人民の利福を重んずることは両立し得る。民主主義と民本主義の区別を明かにし、民本主義の真義を明かにすることは、憲政有終の美を済すために重要である。」こう論じたあと、「民本主義は人民の利福を政治の目的とするのであって、貴族、富豪など少数者階級の利益のためではない」と一部特権階級の存在を指摘する。そして「民主主義は政権運用の決定を民衆の意向に置くべきことを要求する」こと、つまり政策決定は民意に基づくことを主張した。吉野作造の中国革命運動に対する同情は、反日ナショナリズムの形をとって激発した後も変わらず、中国革命を認識していた。そのことは五四運動以後の中国ナショナリズムに対する吉野の評価にあらわれている。吉野は五四運動が排日運動以上のものであり、日本における「軍閥的対支外交」批判に呼応するものであると評価した。吉野によれば、五四運動は、国民運動であり、彼らの抽象的主張の中に彼我を貫く民本主義の必然性を認識した。そして民本主義論の光を通して反日的ナショナリズムの根底に潜む合理性を認識し、日本と中国の親善を実現させようとした。吉野が中国ナ

ショナリズムを高く評価したのは、それが民本主義の理想に
よって方向づけられていると見たからであり、反日的ナショ
ナリズムも、その限りにおいて合理性をもつと考えたからで
あった。吉野は中国革命思想の中でも孫文主義をナショナリ
ズムを超えた政治的社会的理想をもつものとして最も高く評
価していた。吉野は民本主義のプリズムを通して、中国革命
思想を評価していた。吉野作造の朝鮮論が本格的に展開され
るのは三一独立運動の前後からである。吉野は日本人自らの
黄人種に対する差別には目をつぶり、白人種には差別の撤廃
を要求するという日本人の道徳的二重基準を理義に徹底した
立場から批判した。吉野は日本人と朝鮮人との差別を廃絶す
ることを主張した。さらに吉野はそれは究極において、朝鮮
人に自治を認めるということでなければならないとした。な
ぜならば三一独立運動は、日本の統治能力の破産を示したか
らであった。こうして吉野は朝鮮人が日本の教育を受けなが
ら、三一独立運動を起こしたのは、ちょうど中国の留学生が
日本の教育を受けながら、五四運動を起こしたのと同様であ
るという認識に立って中国ナショナリズムに対したのと同じ
論理をもって、三一独立運動を通してあらわれた朝鮮ナショ
ナリズムに対したのである。それが民本主義論の対外的適用
を意味したことは言うまでもない。

第三節　辛亥革命と五四運動の影響

アイルランドの独立戦争後、イギリスはアイルランド自由

国という自治領の成立を認めた。第一次世界大戦後、朝鮮は
三一運動を推進し、朝鮮人は朝鮮独立を主張した。一九一九
年に中国人は五四運動を推進し、五四運動は中国建国の起点
になった。アイルランドの独立運動、韓国の三一運動、中国
の五四運動の影響は台湾抗日運動者に民族自決運動を行わせ
る要因になった。

一、アイルランド自治問題

　アイルランドは中世以来、イングランドに征服され、土地
を没収され、アイルランド人旧教徒は、新教徒たるイングラ
ンド人不在地主の小作人の地位に転落した。一七世紀から一
八世紀にかけて、彼らは反乱を起こしたが、鎮圧された。し
かし一八世紀からアイルランド自治を要求する声が高まり、
一七八二年、自治議会が認められた。一八〇〇年のアイルラ
ンド合同法により、アイルランドは翌年、イギリス王国に合
併された。一八七〇年、アイルランド自治獲得を目的とする
自治協会が設立され、一八七四年、約六〇人の議員をイギリ
ス議会に送り、その後パーネルがこれを指導してさかんに議
事妨害を試みた。一八八六年に成立した第三次グラッドスト
ン内閣は、アイルランド自治法案を提出したが、自由党の一
部が反対して自由統一党として分裂したため失敗した。一八
九三年の第二次自治法案は貴族院で否決され、一九一二年の
第三次自治法案は一九一四年に成立したが、第一次世界大戦
勃発のため実施を延期した。一九一九年から一九二一年にか
けて独立を叫ぶシン・フェイン（アイルランド語でわれらの

みの意) 党と IRA (アイルランド共和国軍) がイギリス軍と戦
い、イギリスは一九二二年、デ・ヴァレラ大統領のアイルラ
ンド自由国という自治領の成立を認めた。しかし同国は独立
をめざして一九三七年、国名をエールと改め、一九四九年、
イギリス連邦から離脱し、エール (ゲーリック語でアイルラ
ンドの意) となった(62)。

　第一次世界大戦が一九一四年に勃発すると、イギリスの危
機はアイルランドの好機であるとして、IRB (アイルランド共
和主義者同盟) は武装蜂起を決定した。一九一六年四月二四
日、イースター (復活祭) 蜂起が行なわれ、クラーク、ピアー
ス、コノリーらはイギリスとの関係を断絶し、アイルランド
共和国を樹立しようとしたが、鎮圧され、処刑された。その
後一九一八年に行なわれた総選挙はシン・フェイン党の圧勝
だった。この総選挙にあたって、シン・フェイン党は三か条
の選挙綱領を発表していた。一、アイルランドの代表をイギ
リス議会から引き上げる。二、国民議会を設立し、独立の完
全な主権を主張する。三、独立国としての承認をパリ平和会
議で訴える。これは独立宣言であり、国際的承認を受けて正
式な独立国になろうとするものであった。それゆえこの総選
挙でシシ・フェイン党が圧勝したことは、アイルランド・ナ
ショナリズムの大きな前進、独立への決定的な一歩となった
のである(63)。

　国民議会がまず力を入れたのは、国際的承認を得ることだ
った。国民議会が最も期待したのは、パリ講和会議とアメリ
カのウィルソン大統領だった。それはウィルソンがアイルラ

ンド系であり、また一九一八年には民族自決を含む一四ケ条原則を第一次世界大戦の講和原則として発表しており、これを各国がパリ講和会議の原則として了解しているように見えたからである。アメリカのアイルランド人の中には、アイルランド共和国を熱烈に支持する人々がいた。彼らは一九一九年、フィラデルフィアで五千人を集めて、アイルランド民族大会を開いた。同大会は「アイルランド民族自決権をパリ講和会議に提案し、他の民族の代表に許されているのと同じ地位を国民議会で選ばれた代表に保証すること」というウィルソンへの要請を決議した。しかしウィルソンは同大会の決議には賛成したが、決議によって行動を制約されたくないと返答し、アイルランド共和国の活動に協力することを拒んだ。同年五月二六日、「アイルランド独立の申し立て」が正式にパリ講和会議に提出されたが、同年六月一一日、ウィルソンが米英仏伊四巨頭会議の全会一致の承認がなければ、パリ講和会議への出席を認めることはできないと言明したことによって、パリ講和会議に対するアイルランドの期待は裏切られた。パリ講和会議に対する期待が無に帰した時、デ・ヴァレラは、アメリカ政府を動かしてアイルランド共和国の承認をとりつけるため、またアメリカの各種のアイルランド人団体の積極的な支援を得るためにアメリカに渡っていた。しかしアイルランド共和国の承認を得ることはできなかった。ただアメリカの世論を動かし、精神的物質的両面の援助を得ることには成功した(64)。

　一九一九年からアイルランド独立戦争 (シン・フェイン戦

争という対英独立戦争) が開始された。デ・ヴァレラは、ア
イルランド共和国の大統領として、対英独立戦争を戦った。
そして一九二一年、対英独立戦争の休戦が成立し、ただちに
イギリス首相のロイド・ジョージとデ・ヴァレラとの交渉が
始まった。イギリスは一九二〇年のアイルランド分離法 (ア
イルランドを南北に分割し、それぞれに議会を与えて自治領
にしようとするもの) にもとづいて、南二六州には、カナダ、
オーストラリア並みの自治領としての地位を与えようとし
た。具体的には、一、アイルランド共和国を認めない (ダブ
リンにイギリスの総督府が存在すること)、二、自由な統一ア
イルランドを保証しない (南北アイルランドの分割)、三、イ
ギリス国王に対する忠誠の誓い、であった。この三つはナシ
ョナリストには受け入れがたいことではあったが、イギリス
はこの提案を南二六州が呑まねば、イギリスが直接統治する
かもしれないと脅かした。一度は国民議会もこのイギリスの
提案を拒否したが、イギリスは戦争再開をほのめかし、アイ
ルランド民衆も戦争に疲れていた。そしてデ・ヴァレラは北
六州 (アルスター地方つまり北アイルランド) の解決には、武
力を使わないと言明した。一九二二年、南部二六州は、アイ
ルランド自由国という名のイギリスの自治領となった(65)。

　帝国主義諸国間の最初の激突であった第一次世界大戦は、
帝国主義の危機であり、危機の始まりだった。帝国主義に抑
圧された諸民族にとっては、解放闘争を始める機会であり、
ここから二〇世紀の諸民族の解放闘争が本格的に始まったと
言ってよい。また一九一七年のロシア革命の成功は、諸民族

の大きな刺激となり、解放闘争の新しい展開を促した。東ヨーロッパでは、ハンガリー、ポーランドなど抑圧されていた民族の解放闘争が行なわれた。アジアでは中国の五四運動が学生を主体に商人や労働者が加わって展開され、朝鮮の三一運動は日本の植民地支配に対して独立を宣言し、インドでは総督に刑事上の非常大権を強めるローラット法が出ると、急速に反対運動が強まった。対英戦争はこのように全世界で民族運動が燃え上がっている時に戦われたのである。それだけにアイルランドの国民議会がイギリスの提案を受け入れ、条約を承認したことは、さまざまな意味をもつものだった。イギリスがアイルランドにカナダ同様の地位を与えたことは、明らかにイギリスの譲歩である。そしてそれはたんにアイルランド人民の力だけでなく、直接にはアメリカ市民の援助が、間接には中国や朝鮮やインドの、世界各地の民族運動の高まりによることは明らかであった(66)。

二、朝鮮三一独立運動

一九一〇年、朝鮮は日本に併合されて植民地となった。一九一九年の三一運動は、天道教やキリスト教の教団、愛国啓蒙運動の遺産としての私立学校を媒介とした民族主義思想の内的蓄積を土台として、ロシアの一〇月革命、第一次世界大戦後の民族解放運動の高揚、日本によって軟禁状態にあった高宗の急死 (毒殺説の流布) に触発された全人民的反日蜂起であった。三一運動は国内の全地域、階層別には、農民を基本として労働者、学生、インテリ、小市民、民族資本家、一

部の中小地主まで包括し、ロシア領沿海州、中国、日本、ア
メリカなど朝鮮人のいるすべての地域に波及した反日独立運
動であった。闘争形態においても、非暴力的抵抗から暴力的
へ、東満州の間島地方における独立軍の武装闘争へと発展し
た(67)。

　三一運動は、五四運動前夜の中国でも大きな反響を呼びお
こした。青年たちに大きな影響力をもっていた新文化運動の
旗手たる陳独秀は、「毎週評論」第一四号（一九一九年三月二
三日）に寄せた「朝鮮独立運動之感想」の中で、「世界革命史
の新紀元」とたたえ、一万数千部の発行部数を誇っていた北
京大学学生の同人誌「新潮」第一巻第四期（一九一九年四月
一日）に、傅斯年が「朝鮮独立運動中之新教訓」を寄せ、三
一運動は将来すべての革命運動にとっての三つの教訓がある
と分析している。このようにして三一運動は、中国の五四運
動と結びついていた(68)。

　三一運動はある特定の指導思想を掲げた政治結社によっ
て、全国的に組織され、指導された運動ではない。一切の言
論、出版、集会、結社の自由が奪われていた武断政治のもと
で、それは困難であった。したがって三一運動は独立宣言書
の発表に呼応した各界の民衆が自分自身の動機と思想と闘争
方法をもって参加した運動の総体である。二月二八日と三月
一日にわたってソウルをはじめ全国的に配布した三一独立宣
言書およびそれを解説した「朝鮮独立の書」、さらには国内運
動との連携の中で一九一九年四月に起草された上海臨時政府
の憲章に依拠して、三一運動の思想的性格を考えてみたい。

　その結論を先に言えば、三一運動の指導思想は、対外的には民族自決主義、対内的には民主共和主義を内実とする近代的民族主義であったと言えよう(69)。

　まず民族自決主義は、第一次世界大戦を契機とする世界史的転換に対応した思想である。そして三一独立宣言をした孫秉熙は、その動機を次のように述べている。「朝鮮独立宣言をしたことは以前より計画していたのではなく今回巴里に於ける講和会議に提唱された米国大統領の民族自決の問題に依り新しき世界が造られる事で民心が動いて居るのを観取された故私は此朝鮮も民族自決の趣旨に依り独立させたいとの希望を抱き夫れに就ては力を以て争はずして日本政府に対し其趣旨の建義を為し一面其の事を宣言する事にしたが良かろうと思っていた。本年一月民族自決といふことが新聞に出ていたのを見て独立宣言の考へに懐いたのであります(70)。」

　三一運動を行なった仏教徒代表の韓龍雲は、獄中で書いた「朝鮮独立の書」で独立宣言の動機を述べている。これは朝鮮における民族主義思想を最も体系的に叙述したものと言えよう。この中の朝鮮独立宣言の動機の部分においては、第一に朝鮮民族の実力は充分に独立を実現できる精神的準備を具備しているとし、朝鮮人は堂々たる独立国民の歴史と伝統をもっているだけでなく、現在の文明に貢献するだけの実力をもっており、第二に世界の時代潮流が過去の軍国主義の侵略行為を容認しないとし、その例として欧州戦争、ロシア革命をあげ、侵略主義の滅亡、独立自存的平和主義の勝利を述べ、日本の敗戦を予言し、第三にウィルソンの民族主義について

言及し、それはウィルソン一人の私案でなく、世界の公言であり、希望の条件ではなく、既成の条件であるとしている。民族主義者がウィルソンの民族自決宣言から大きな影響を受けていることは、裁判所の法廷で多くの者が述べている通りであるが、それをただ盲目的に信じていたわけではなかった。朝鮮民族に何よりも民族独立の能力と伝統があり、独立は民族として当然の権利であると考えられていたのであった(71)。

　被圧迫民族問題解決のための普遍的原理は、民族自決主義である。日本に民族自決を要求した三一運動は、被圧迫民族問題を解決するためにウィルソンが提唱した民族自決の原則を民族問題解決の普遍的原理として主張した。「朝鮮独立の書」は「民族自決は世界平和の根本的解決である。民族自決主義が解決しなければ、国際連盟をつくって平和を保障しようとしても、水泡に帰すだろう。なぜか。民族自決が成立しなれれば、いつまでも戦争が連綿と続くだろうからである。だから朝鮮民族の独立自決は世界平和のためでもある(72)」と言う。すなわち第一次世界大戦後の世界平和は国際連盟によって保障されるものではなく、民族自決の普遍化によって実現されるべきものである。民族自決の時代を普遍化するための民族的責任を果たすべく、三一運動は起った。

　三一運動はウィルソンの民族自決宣言が原因の一つになっていたことは、当時の史料にも次のように述べられている。「国民大会の名を以て発表せる檄文中には、『米国大統領ウィルソン氏十四箇条ノ声明ヲ為シタル以来民族自決ノ声一世ヲ

動シ波蘭、愛爾蘭、捷克等十二国ハ共ニ独立ヲ為シタリ、我韓民族タル者ハ豈此ノ機会ヲ失ハムヤ』崔麟が第一公審判廷にて陳述したものに『欧州戦争ハ各国民ノ思想ニ非常ニ変動ヲ与ヘタ。此際米国大統領ノ提唱セル十四箇条中民族自決主義若クハ大小国家ノ政治的独立、ソレヲ保障スル国際連盟ハ各国代表、各国政府及人民皆之ヲ歓迎シナイモノガナイ。日本政府モ之ヲ構成シタ。ダカラ此際朝鮮民族モ平和的手段ニヨリテ独立ノ意思ヲ発表シ、講和会議ノ結果ヲ待ツ考デアッタ。各国委員若クハウィルソンニモ、コノ意見ヲ発表スルト共ニ実状ヲ訴ヘテ同情ヲ需メル算心デッタ。』朴煕道も、『自分ガ希望スル自由自決ヲ教ヘ、強国力圧伏セラレテ居ル小弱国ニ自決スルコトヲ教ヘタ大統領ノ教書ニハ非常ニ刺激サレマシタ。』欧州戦争に於て最も国力を増したものは米国である。さらに宣教師を通じて米国が朝鮮に甚大の同情ありと確信して居た朝鮮人が世界の盟主とも見られる米国大統領の提唱を機会逸すべからずとなし、強大なる米国の威力を背景として日本の冶下を脱せむとし、又ウィルソン自ら提唱した民族自決主義を利用して米国大統領に独立の尽力と声援を求めた事などは、それが依他性の発現なりとは云へ、余程巧みなる方策と云はねばならぬ(73)。」

　三一運動は、民族固有の権利としての民族主義のために闘うことを対外的に宣言した。と同時に対外的にはお三一運動の政治理念を上海臨時政府の憲章の中に具現した。そこで注目すべき従来の君主専制はもちろん、独立教会や愛国啓蒙運動など開化思想の中で形成された立憲君主制をも止揚して、

民主共和制に前進したことである。上海臨時政府をたんなる
海外亡命者の集団とみる見解があるが、それはそうではなく
て、国内運動との密接な関連の中で樹立され、憲章の中にも、
その精神が具現されている。すなわち民族代表によって派遣
された玄楯が中心となって上海に独立臨時事務所を設置し、
呂運亨、金奎植ら現地の新韓青年党および各国から上海に集
まってきた亡命者らと協議しながら、一九一九年四月一〇～
一一日の会合で、国号を大韓民国とし、立法府としての臨時
議政院と行政府としての臨時政務院を組織した。その基礎と
なったのが国内から派遣された姜大鉉が四月八日に伝達した
臨時政府の部署、閣員名簿、臨時憲法草案である(74)。

　一九一九年四月一一日に決議された大韓民国臨時憲章は、
その第一条で、「大韓民国は民主共和制とす」とうたい、旧皇
室に対しては第八条で「一公民として優遇す」と規定してい
る。また九月一一日に決議された大韓民国臨時憲法でも、第
一条では「大韓民国は大韓人民によって組織す」、第二条では
「大韓民国の主権は大韓人民全体にある」と明記し、旧皇室
に対しては第七条で「一公民として優遇す」と規定している。
このようにして日韓併合までの君主専制下にあった大韓帝国
とは訣別して、将来、樹立されるべき独立政府の政治理念は
民主共和主義であることをここにはじめて宣言した。たしか
に三一運動は、従来のいろいろな思想的遺産に対する継承と
止揚によって思想史的にも新しい局面を切り開いた。しかし
その後の運動の発展は、近代的民族主義思想がすべての運動
を包括した指導思想として定着することを許さなかった。と

いうのは運動の一部に社会主義思想が浸透し始めたからである。沿海州および北間島の大衆基盤を背景として、臨時政府創立当初は軍務総長、九月の臨時政府改造では国務総理となった李東輝は、すでに四月二五日にロシア領で韓人社会党を結成し、朴鎮淳をモスクワに派遣し、朝鮮独立運動に対するコミンテルンの支援を要請した。朝鮮民族運動は一九二〇年代にその指導思想として、民族主義と社会主義とが拮抗する新しい思想史的課題に立ち向かわなければならない時代を迎えたのである(75)。

三、五四運動

　五四運動とは、一九一九年五月四日、日本による山東半島侵略政策に反対する北京の学生デモを発端として、中国全土に広がった民衆愛国運動であった。広義には、この運動を準備した一九一五年以来の新文化運動をも含めて言うことが多い。辛亥革命 (一九一一年～一九一二年) 後の中国は、袁世凱の帝政復活運動をはじめとする封建軍閥の支配が続いていた。また第一次世界大戦を契機として日本が中国侵略政策を強化し、一九一五年、山東省のドイツ利権を日本に移譲することを主な内容とする二一ヶ条要求を中国につきつけ、最後通牒で脅迫してこれを承認させた。さらに一九一八年にはシベリア出兵と関連して秘密の日中共同防敵協定を押しつけた。このような圧迫に対して、若い知識人たちは、「民主と科学」をスローガンに掲げ、反動支配の根源として儒教倫理を否定して個性解放・文学革命を唱える啓蒙運動 (新文化運動)

を開始した。また二一ヶ条反対運動、秘密軍事協定反対運動などナショナリズムの動きも活発になっていた。ロシア一〇月革命をはじめとする世界の革命運動、植民地解放運動、民族自決運動も、中国民衆に刺激を与えた。一九一九年一月から開かれたパリ講和会議は、中国の要求を無視して日本の要求を通し、二一ヶ条要求を追認した。この会議の過程で軍閥政府の売国的外交も明らかにされた。同年五月四日、北京の学生数千人が「二一ヶ条廃棄」のスローガンを掲げデモをし、警官隊と衝突し、三二人が逮捕されたのをきっかけに、全国で集会、演説、日本商品ボイコットなどの民衆運動が展開された。同年六月三日、北京の学生に弾圧が加えられると、上海で全市を麻痺させる商人、労働者、学生の一斉ストが行なわれ、反日反軍閥政府の民衆運動が各地に波及した。このため北京政府は講和条約調印拒否、親日三高官罷免を声明して屈伏した。この運動の中で、各界連合会など民衆の自立的組織が広まれ、自覚的労働運動も始まり、知識人の間に社会主義思想が普及した。これらはやがて中国共産党の結成、国民革命を生み出した。中国では五四運動を民主主義革命から新民主主義革命への転換点と評価している。

　五四運動の時期に勇敢に運動の先頭に現れたのは、数一〇万の学生であった。中国の民主主義革命の運動で、まず最初に目覚める者は知識層である。知識人が身につけた西欧近代精神（民主主義と科学）と中国の現実（半封建半植民地社会）とは懸絶しており、彼らはこの矛盾を最も鋭く意識する。「個我の確立」、「個性の解放」の叫び（新文化運動）が彼らを旧き

ものに対する非妥協的な戦闘にかりたてたのはこのためである。五四運動を通じて学生は民衆と一体となり、自ら労働しなければならないと考えるようになった。これは知識階級と労働階級の連合であった。「人民の中へ」、「労働は神聖なり」がスローガンとなった。一九一九年から一九二〇年にかけて工読互助運動 (労働しながら学ぶ運動) が流行した。そして全国に青年の結社が生まれ、雑誌を刊行し、それらの多くは社会主義思想で占められていた。ベルサイユ会議は西欧的民族自決政策の欺瞞性を暴露して西欧的民主主義に対する幻滅を生み、ロシア一〇月革命が青年たちをとらえた。五四運動、反帝国主義・民族解放の理論を体験を通じて教えた。過去の「新青年」の主調 (西欧近代文明をモデルとした新文化創造の呼びかけ) は色あせてみえた。李大釗はマルクス主義的な論文を発表し始めた。一九二〇年、陳独秀を中心に中国共産党の準備組織である共産主義小組と社会主義青年団が結成され始めた。一九二一年、中国共産党が結成された(76)。

　日本帝国主義の侵略は、知識人としての存立の基盤である中国の存亡の問題であった。天下国家を救済することが中国知識人に与えられた使命である。この理念は近代知識人の倫理として継承されていた。日本の侵略＝中国の滅亡は、知識人としての彼らの存在の根拠を失わしめるものとして、危機感をもって受けとめられた。彼らは「反帝反封建」の課題を自分の問題として、どの階層よりも自覚せざるを得なかった。学生は行動においても先頭に立った。知識人のあり方の理念から、彼らは小ブルジョアという特殊一階級としてではな

く、社会の全体的要求の代表者としての意識をもち、社会も
また彼ら知識層にそれを期待していた。彼らの危機感が全国
民に伝播して行動に立ち上がらせる可能性がそこにあった。
知識人の要求が広範な民衆と結びついた時、はじめて可能性
が現実となる。そのことをも含めて、知識人が自己の階級的
立場を認識するのは五四運動を通じてであった(77)。

　学生によって開始された五四運動は、民衆の抵抗の意識を
呼び覚まし、六三運動を経て空前の民衆運動となった。それ
は過去の少数の「志士仁人」の革命運動や政客・軍閥の勢力
争いとは異質の政治運動であり、飢餓や貧困に追いたてられ
た暴動と区別される自覚的民衆運動であった。権力から阻害
されていた民衆が立ち上がり、政治を動かしたのであった。
これ以後、中国の歴史はこの民衆運動を基軸として展開する
ことになる。すべての思想・言論・政策・運動は、この民衆
運動と、いかにかかわるかによって評価されなければならな
い。生起する個々の事柄が歴史に対していかなる意味をもつ
かを評価する場合の基準を変革したという意味で、五四運動
は新たな歴史的段階を画したと言えるのである(78)。

　五四運動は反帝国主義の運動であり、また反封建の運動で
もあった。五四運動の歴史的意義は、帝国主義と封建主義に
反対することであった。五四運動がこのような性質をもって
いた理由は、中国の資本主義経済がすでに一層の発展をみた
こと、またすでにロシア、ドイツ、オーストリアの三大帝国
主義が崩れ、イギリス、フランスの二大帝国主義が傷つき、
ロシアのプロレタリア階級が社会主義をうちたて、ドイツ、

オーストリア、イタリア三国のプロレタリア階級が革命を行なっているのを見て、中国の革命的知識人が中国の民族解放に新しい希望を抱いたことにある。五四運動は世界革命の呼びかけ、ロシア革命の呼びかけのもとで起こったものである。五四運動はプロレタリア世界革命の一部分であった。五四運動の時期には、中国共産党はまだなかったが、ロシア革命に賛成し、初歩的な共産主義思想をもった知識人はすでにたくさんいた。五四運動はそのはじめのうち、共産主義的知識人、革命的小ブルジョア知識人およびブルジョア知識人の三つの部分からなる統一戦線の革命運動であった。その弱点は労働者、農民の参加がなく、知識人に限られていたことである。しかしそれが六三運動にまで発展した時には、たんに知識層ばかりでなく、広範なプロレタリア階級、小ブルジョア階級およびブルジョア階級も参加し、全国的な革命運動になった。五四運動で行なわれた文化革命は、封建的文化に反対する運動であり、中国の歴史はじまって以来これほど徹底した文化革命はなかった。旧道徳に反対して新道徳を提唱し、旧文学に反対して新文学を提唱することを文化革命の二つの大きな旗印とした。この文化運動は当時はまだ労農大衆の中まで普及していく可能性はなかった。この文化運動は「平民文学」というスローガンを提起したが、当時の「平民」というのは、実際には、まだ都市の小ブルジョア階級の知識人つまり市民階級の知識人に限られていた。五四運動は思想の面でも、幹部の面でも、一九二一年の中国共産党の創立、五三〇運動、北伐戦争を準備した(79)。

　辛亥革命による皇帝権力の崩壊は、民主主義という希望を彼らに与えた。その後の中国政治は、旧勢力の復活、革命勢力の軍事投機と壊滅、復古の風潮、教育の反動化など、この希望を消し去る方向へと進んだ。五四運動はこうして形骸化されたが、それは民主主義を問い直す運動でもあった。しかしその時には、形式的議会制民主主義にかわって、「多数の平民 (学問団体、商業団体、農民団体、労働団体) が力によって守る民主政治」がめざされたのであった。五四運動は中国新民主主義革命の出発点であり、中華人民共和国建国への起点であったが、それを誘発したのは日本帝国主義の侵略であった。中国は日本に滅ぼされるという危機感が広く民衆の中に存在していたことが五四運動を国民的規模で戦わせた原因であった(80)。

四、おわりに

　一九一九年からアイルランド独立戦争が開始された。デ・ヴァレラはアイルランド共和国の大統領として対英独立戦争を戦った。一九二一年、対英独立戦争の休戦が成立し、イギリス首相のロイド・ジョージとデ・ヴァレラとの交渉が始まった。イギリスは一九二〇年のアイルランド分離法にもとづいて、南二六州には、カナダ、オーストラリア並みの自治領としての地位を与えようとした。具体的には、一、アイルランド共和国を認めない、二、自由な統一アイルランドを保証しない、三、イギリス国王に対する忠誠の誓い、であった。この三つはナショナリストには受け入れがたいことではあっ

たが、イギリスはこの提案を南二六州が呑まねば、イギリス
が直接統治するかもしれないと脅かした。一度は国民議会も
このイギリスの提案を拒否したが、イギリスは戦争再開をほ
のめかし、アイルランド民衆も戦争に疲れていた。そしてデ
・ヴァレラは北六州（アルスター地方つまり北アイルランド）
の解決には、武力を使わないと言明した。そして一九二二年、
南部二六州はアイルランド自由国という名のイギリスの自治
領となった。

　一九一〇年、朝鮮は日本に併合されて植民地となった。一
九一九年の三一運動は、天道教やキリスト教の教団、愛国啓
蒙運動の遺産としての私立学校を媒介とした民族主義思想の
内的蓄積を土台として、ロシアの一〇月革命、第一次世界大
戦後の民族解放運動の高揚、日本によって軟禁状態にあった
高宗の急死に触発された全人民的反日蜂起であった。三一運
動は国内の全地域、階層別には、農民を基本として労働者、
学生、インテリ、小市民、民族資本家、一部の中小地主まで
包括し、ロシア領沿海州、中国、日本、アメリカなど朝鮮人
のいるすべての地域に波及した反日独立運動である。闘争形
態においても、非暴力的抵抗から暴力的へ、東満州の間島地
方における独立軍の武装闘争へと発展した。

　辛亥革命による皇帝権力の崩壊は、民主主義という希望を
彼らに与えた。その後の中国政治は、旧勢力の復活、革命勢
力の軍事投機と壊滅、復古の風潮、教育の反動化など、この
希望を消し去る方向へと進んだ。五四運動はこうして形骸化
されたが、それは民主主義を問い直す運動でもあった。しか

しその時には、形式的議会制民主主義にかわって、「多数の平民が力によって守る民主政治」がめざされたのであった。五四運動は中国新民主主義革命の出発点であり、中華人民共和国建国への起点であったが、それを誘発したのは日本帝国主義の侵略であった。中国は日本に滅ぼされるという危機感が広く民衆の中に存在していたことが五四運動を国民的規模で戦わせた原因であった。

第四節　マルクス主義の影響

一九一九年にモスクワでコミンテルンが結成され、国外の民族解放運動を援助し始めた。コミンテルンは中国共産党と日本共産党の設立を助けた。中国共産党と日本共産党は台湾共産党に影響を与えた。中国共産党、日本共産党、台湾共産党の共通の目標は日本帝国主義を打倒し、台湾を植民地統治から離脱させ、独立国をつくらせようとするものだった。

一、中国共産党の濫觴

一九一〇年代後半の中国において、列強は段祺瑞・呉佩孚・馮玉祥らの軍閥 (軍人の私的集団) を支援し、軍閥は自己が中国の統一者となることをめざして内戦を続けていた。このような軍閥や地主たちが孔子崇拝運動を行っているのに対抗し、新知識人たちは、孔子打倒と前面欧化を主張した。その中心となったのが北京大学教授陳独秀であり、一九一五年、雑誌「新青年」を発行し、新文化運動を開始した。そして一

　九一七年のロシア革命の成功をみて、中国の知識人は、マルクス・レーニン主義に注目するようになっていった。それゆえ翌年、北京大学教授李大釗は、北京大学マルクス主義研究会を発足させた。そして一九一七年のアメリカ大統領ウィルソンの民族自決の提唱は、中国人の民族意識を刺激した。さらに一九一九年のパリ講和会議で、山東半島が返還されず、二一ケ条要求に同意したことに怒った学生たちはデモを行った。この五四運動は、当初インテリゲンチャを中心とした反帝国主義・反封建主義の運動であったが、たちまちプロレタリアート・小ブルジョアジー・ブルジョアジーなどの全国的な革命運動に発展した。特に労働者階級が最初の政治的ストライキを行い、政治の舞台に登場した。こうして五四運動は、マルクス・レーニン主義と労働運動を結合させ、共産党誕生のための素地を作った。

　一九一九年三月にモスクワで結成されたコミンテルン（第三インターナショナル）は、中国における民族解放運動を推進するため、一九二〇年四月、二人の代表ヴォイチンスキーと楊明斎を中国に派遣した。ヴォイチンスキーは北京で李大釗と、ついで上海で陳独秀と会見した。その結果、同年九月、中国共産党創立準備会が上海で開かれ、北京・湖南・湖北の各地にも共産主義者の小グループが誕生し、一九二一年七月一五日、第一回全国代表大会が召集されて中国共産党の成立をみた。同大会には、代表一三人とコミンテルン代表ヴォイチンスキーとマーリンが出席し、最初の党規則を作成し、陳独秀を指導者とする中央機関を選出した(81)。代表一三人は、

張国燾・劉仁静・李漢俊・李達・陳公博・包恵僧・董必武・陳譚秋・毛沢東・何叔衡・鄧恩銘・王燼美・周仏海らであった(82)。この時の党綱は「労働者階級による国家の建設」、「プロレタリアート独裁」、「私有財産の没収」、「コミンテルンとの連携」、「エセ知識階級との断絶」、「わが綱領に反対する政党との関係の断絶」であった。大会には出席していなかった陳独秀が総書記に選ばれた(83)。同大会はプロレタリアートを指導してプロレタリア革命を行い、プロレタリア独裁を樹立し、共産主義社会を建設することを基本的任務とする党規則を採択した。同大会はプロレタリア党創立の役割をはたすとともに、さしあたり全力をあげて労働運動を展開することを決定し、党の指導の下に中国労働組合書記部が設けられ、一九二二年から一九二三年に至る激烈なストライキ闘争の高潮を呼び起こした(84)。

　一九二二年七月、中国共産党は、上海で第二回全国代表大会を召集し、コミンテルンへの加入を決議するとともに、大会宣言を採択した。この宣言は中国共産党の本質とその当面の任務とを明確にしたものであって、特に重要な点は一、中国共産党がマルクス・レーニン主義を基礎とするボルシェビィキの党であることを明らかにし、党に参加していた雑多な社会主義者に対して党の性格を明確に指示したこと、二、当面の基本的任務が反帝反封建闘争を主要内容とするブルジョア民主主義革命の達成であり、その手段として労働者・小ブルジョア階級などの革命的諸階級の統一戦線の結成を提起したことであった(85)。このとき決定された宣言には、「中国共

産党は無産階級の政党である。その目的は無産階級を組織し、階級闘争の手段を用いて労農独裁政治を建立し、私有財産制度を廃止して、漸次、共産主義社会に到達せんとするにある。中国共産党は労働者および貧農の利益を図り、彼らを領導して民主主義的革命運動を幇助し、かつ労働者・貧農および小資産階級を糾合して民主主義的連合戦線を結成せしめる。」といい、帝国主義の排除・軍閥の打倒・ストライキの自由・労働立法など、運動の具体的目標を掲げている。それは中国共産党がたんなる集団的存在より、いよいよ政治闘争を開始し、労働者・農民階級の指導へと乗り出してきたことを示すものであった(86)。

二、中国共産党の発展

百名あまりの中国共産党は、コミンテルンの期待からいうと、あまりにも小さ過ぎた。ここでコミンテルンは、陳独秀らに孫文の率いる中国国民党と提携することを指示した。当面の主敵である軍閥と帝国主義の力は巨大であったから、これは当然のことであった。コミンテルンは共産党員に国民党加入を指示した。そして中国共産党員の相当部分は、これに強く反発した。しかしコミンテルンは強引に中国共産党員を説得した。その際、中国共産党員がマルクス・レーニン主義に忠誠を誓っている点が百パーセント利用された(87)。国共合作の方針は、中国共産党によって採択され、一九二三年六月、広東で開かれた第三回全国代表大会において正式に採択されることになった。共産党は一方においてその独立性を維持す

るとともに、他方において国民党に加入し、これを労働者・農民・民族ブルジョアジー・小ブルジョアジーの革命的連盟に発展させていく方針を決定した。孫文もソ連の好意的な態度に影響され、大衆的基礎の上に国民革命を推進することを決意し、一九二三年一月、ソ連大使ヨッフェと、孫文ヨッフェ共同宣言を発表し、ボロディンを国民党顧問にむかえ、一九二四年一月、広東で国民党全国代表大会を開いて、共産党員の個人の資格による入党を認め、連ソ・容共・扶助工農の三大政策にもとづく革命的三民主義を掲げ、党組織の改造を行なった。第一次国共合作は、正式に成立し、共産党員はボロディンを背景に国民党の要職につくことになった(88)。

　中国共産党の第三回全国代表大会は次のように呼びかけた。「我々は国民党に加入するが、我々自身の組織はなお保持する。さらに我々には労働者の組織および国民党左派の中から、真に階級意識を有する革命的分子を吸収し、しだいに我々の組織を拡大し、党紀を固くし、強力な大衆的共産党の基礎を固めるために努力しつづける(89)。」

　一九二五年一月、中国共産党第四回全国代表大会は、上海において開かれた。同大会では、理論的に左翼主義の傾向が強かった。この時期の中共中央は、中国のブルジョアジーの反革命的性格を重視し、革命の推進力として、労働者・農民・小ブルジョアジー(小手工業者・小商人・インテリゲンチャ)しか考えていなかった。民族ブルジョアジーは除外された。またコミンテルンが提起した「労働者階級の党の指導的役割」という言葉は、「労働者階級(プロレアタリアート)の

指導」という概念におきかえられている(90)。同大会は高まり
つつある革命的大衆運動に対する指導の強化とそのための組
織的な準備について討議し、民族革命運動・労働運動・農民
運動・青年運動・婦人運動についての決議を行なった。同大
会は特に全国にわたって党組織を作り、党を大衆と結びつい
た大政党に成長させることを決議した。同大会の決議は、革
命におけるプロレタリアートの指導権の問題と同盟軍として
の農民の問題を考慮したが、陳独秀らの「右翼日和見主義者」
の影響のもとに、労農連盟の中心的問題である農民の土地問
題や武装闘争の問題に注意しなかった(91)。

　一九二五年五月、五三〇事件が勃発した。日本人紡績工場
の労働者射殺にはじまる反英反日のこのストライキは、労働
者・学生・商人などの支持を得て、全国主要都市に拡大した。
そして一九二六年七月、左派と右派が合同して蒋介石を国民
革命軍総司令に任じ、革命当面の目標たる北方軍閥打倒の道
に上らしめた。左派と共産派は、一九二七年一月、武漢への
遷都を強行し、急速に革命のヘゲモニーを掌握しようとした。
この情勢はこれまで統一戦線を形成してきた民族資産階級に
不安を与え、労農運動の反帝国主義的性格は、資本主義列強
にも対策を講じる必要を感じさせた。それゆえ蒋は同年四月
一二日、上海で共産党に対するクーデターを断行し、共産党
員の粛清を行なうとともに南京に大地主や大ブルジョアジー
を代表する国民政府を樹立させた(92)。こうして第一次国共合
作は崩壊した。そして同年四月、第五回全国代表大会が開か
れ、農村の土地革命を行ない、農民を武装させて、農村に革

命政権を樹立させることを主張した毛沢東は、指導部から追われ、陳独秀がひきつづき、党中央委員会総書記の地位を保持し、その右翼日和見主義路線を執行した。

　コミンテルンはソ連の革命の経験から、重点的な都市を占領することを考えた。これが一九二七年八月から一二月にかけて行なわれた武装蜂起であった。この武装蜂起を指導するためにコミンテルンは、ロミナーゼとノイマンを派遣した。共産党は南昌で暴動を起こしたが、国民政府によって鎮圧された(93)。同年八月、八七緊急会議を開き、陳独秀路線は、階級闘争と国民革命とを対立させた右翼日和見主義者であり、労働者階級の指導の下に労働運動の発展と武装化を図り、土地革命を実行し、武漢政府の大衆化を行なうことが中国革命の課題を解決し、統一戦線を強化する基本的条件でもあったにもかかわらず、党中央はこれを国共合作を破壊するものと考え、譲歩政策をとったので、これは中国革命における労働者階級のヘゲモニーを無視し、革命的武装と土地革命の意義を正しく評価しなかったものであるとして陳独秀路線の破棄を宣言し、都市と農村における武装暴動政策の採用と土地革命の実行とを決定し、瞿秋白を総書記とする新中央を選出した(94)。

　この方針はただちに実践された。一九二七年八月、賀龍や葉挺らの軍隊によって起こされた南昌暴動、湖州と汕頭の占領・湖南・湖北・広東・江西の四省を中心に秋の収穫時の階級闘争の激化をねらって行なわれた四省秋収暴動などはその主なものであった。これは同年一一月、広東省海陸豊ソビエ

トの樹立に成功しただけで、その他はすべて失敗したが、党中央は同年一一月、中央拡大会議を開いて、一切の土地没収を含む土地革命の徹底・武装暴動の継続・ソビエト政権の樹立を決定し、その態度をさらに急進的なものとした。その結果、同年一二月、広東に共産党の指導する武装暴動を発生させ、ソビエト政権たる広東コミューンを樹立させたが、結局、失敗に終わった(95)。

この時期の革命運動は、ロミナーゼとノイマンの指導の下に、都市を奪取し、国民党政権と対決しようとする積極的な性格をもつものであった。これは党中央が革命情勢が退潮期に入っていたのに革命が高揚しつつあると判断していたことと、都市を中国革命における決定的要素と考え、都市労働運動を重視していたことによるものであった。毛沢東は土地革命・遊撃戦・革命根拠地建設・紅軍建軍を中心とする農村活動に党活動の重点を移し、武装した革命的農村をもって都市を包囲する方針をとらなければならないとしているが、党中央はこの方針と対立した。それは正確な認識の欠如を示すものであり、これはコミンテルンの指導にも見出された。この時期の革命運動は、いずれも失敗に終わったが、暴動失敗後、井岡山に集結した部隊は毛沢東の指導の下、農村に革命根拠地と紅軍をつくり、土地革命を実行することによって、しだいにソビエト運動を発展させていった(96)。この瞿秋白路線は第一次左傾路線と呼ばれた(97)。

三、対日宣戦

　一九二七年七月、中国共産党は、コミンテルン第六回大会と前後して、モスクワで第六回全国代表大会を召集した。同大会は瞿秋白の指導を左翼日和見主義として批判し、中国革命の性質は依然、ブルジョア民主主義革命であり、その任務は反帝反封建の労農民主専制の樹立にあること、現在の情勢は革命の二つの高潮期にはさまれた谷であり、当面の任務は、労農大衆の獲得にあることなどを指摘するとともに、対農村工作の重要性をも強調した。しかしこのことは、同大会が党活動の重点を都市労働運動から都市工作に移したということを意味するものではなく、従来、党中央の認めていなかった毛沢東指導下の農村革命運動を承認したにすぎなかった。同大会は労働者階級のヘゲモニーを農業革命成功への前提と考え、労働者階級のヘゲモニーは、都市労働運動のヘゲモニーを都市労働運動の発展によって実践されるとして、都市工作重点主義の方針を変えていなかったからである。この事実は同大会が革命運動発展の不均等性を指摘しながら、しかもそれに対して徹底した認識をもっていなかったことを示すものであり、それは中国におけるブルジョア民主主義革命の長期性について正しい評価が行われていなかったこと、選出された新中央が向忠発総書記や李立三宣伝部長などの急進派に握られていたことなどと相まって、李立三路線の誤りを生むこととなった(98)。

　毛沢東の指導する農村ソビエトの建設は、湖南・湖北・江

西の諸省を中心に中心に発展し、一九三〇年には、九地区の
ソビエトが建設され、同年五月には、上海で全国ソビエト区
域代表大会が開かれた。李立三は同年六月の党中央政治拡大
会議をして「新たな革命の高潮と一省または数省の勝利」と
いう決議を採択させ、革命情勢は、全国的に高揚しており、
一省または数省の勝利はただちに革命の全国的勝利に発展す
るものであるとして、主要都市における武装蜂起を主張し、
同年七月、彭徳懐の紅軍に長沙占領を強行させた。しかし長
沙は占領後わずか一〇日で奪回された。李立三路線のこの失
敗は、コミンテルンの代表ミフを背景とした王明 (陳昭禹) に
よって指導されたロシア留学生派によって批判された。かく
て一九三一年一月、第六期中央委員会第四回総会が開かれ、
李立三路線は破棄され (李立三の失脚によって総書記には、
向忠発がなったが、彼が一九三一年六月、上海フランス租界
で逮捕・処刑されたので、陳昭禹がその後任となった(99))、
党権はロシア留学生派に握られることになった。同年一一月、
江西省瑞金で中華ソビエト第一回全国代表大会が開かれ、憲
法・労働法・土地法などが採択されるとともに、毛沢東を主
席とする中華ソビエト共和国臨時政府が樹立された。党中央
はロシア留学生派指導の下に上海にあって、中心都市の奪取
を要求していたが、国民党の弾圧を受けて政策に行詰まりを
きたし、江西ソビエト地区に引き上げるに至った。しかしソ
ビエト地区の発展は、蒋介石に脅威を感じさせた。そこで蒋
はソビエト地区に対し、一九三〇年一一月から一九三四年一
一月まで五回にわたる攻撃を行なった。紅軍はそのつど攻撃

を撃退することに成功したが、第五次攻撃の際、一九三四年
一一月、瑞金は陥落し、紅軍は西方に移動することになった。
紅軍は一九三五年一〇月、陝西省北部に到達した。二万五千
里の長征と呼ばれるものがこれであった(100)。

　この間、一九三一年の満州事変にはじまる日本の中国侵入
は、中国の政治情勢を転換し、抗日があらゆる階層を含む全
民族的課題として登場するようになった。中国共産党はすで
に一九三二年四月の中華ソビエト共和国臨時政府の対日宣戦
以来、抗日運動を展開していたが、一九三五年一月、長征の
途中、貴州省の遵義で開かれた中央政治局拡大会議 (ロシア
留学生派の発言力が強かったが、毛沢東は兵士たちの人望を
背景に勝利を得た(101)) で、ロシア留学生派にかわってソビ
エト運動以後、その実力を強化してきた毛沢東の指導権が完
全に確立され、さらに張国燾の反中央的行動が克服されるに
いたって、抗日民族統一戦線結成への動きは、しだいに党の
中心的課題になってきた。コミンテルン第七回大会の反ファ
シズム人民戦線結成の主張に応じて一九三五年八月一日、中
国共産党が発表した「抗日救国のために全国同胞に告ぐる書」
つまり八一宣言は、日本一国を目標とする反帝国主義運動に
中国の反日的全階級全民族を結集し、日本と利害の相対立す
る諸外国も含めて広範な抗日民族統一戦線を結成することを
正式に呼びかけたものであり、党の任務をソビエト革命から
抗日民族統一戦線の結成へと転換する重大な転機をなすもの
であった(102)。

四、中華人民共和国の誕生

このような情勢にもかかわらず、国民党は共産党攻撃の方針を変えなかった。しかし一九三六年十二月、国民党の張学良と楊虎城が西安滞在中の蒋介石を監禁して内戦の停止と共同抗日の実行とを要求した西安事件が発生し、蒋が中国共産党代表の周恩来の斡旋によって、この要求を受け入れ、さらに一九三七年七月七日、盧溝橋事件が発生するにおよんで、国共合作にもとづく抗日民族統一戦線の結成をみることになった。かくて共産党は、一、三民主義実現のために奮闘する、二、国民党政権転覆のための一切の暴動・赤化政策を停止し、地主の土地没収政策を停止する、三、ソビエト政府の解消と民主制の実施、四、紅軍の改編 (八路軍に改編し、国民政府の指導下に入れる) など、統一戦線結成に必要な政策転換を行うことによって、国民党と合作し、抗日戦争に突入した。同年八月、党中央が洛川会議で決定した抗日一〇大綱領は、抗日戦争に対する共産党の立場を明示したものであった。抗日戦争は日本軍の急激な進出と国民党の敗北をもって開始された。中国共産党は陳昭禹を中心とする右翼日和見主義 (陳は抗日戦争の勝利を国民党に依存し、国民党を指導者と認めて、妥協・譲歩政策をとり、統一戦線における共産党の自主性を否定する考え方をした) を否定しつつ、一九三八年一〇月、第六期中央委員会第六回総会を開いて、「全党が独自自主の立場から、人民の抗日武装闘争を組織する方針をとり、党の主要な活動部門を戦区と敵の後方におく」ことを決

定した。この決定は抗日戦争が必然的に持久戦とならざるを
えず、それを三つの段階、すなわち「敵の戦略的侵略と我方
の戦略的防御の時期」、「敵の戦略的防衛と我方の反抗準備の
時期」、「我方の戦略的反抗と敵の戦略的退却の時期」を経て
発展することを指摘した毛沢東の論文「持久戦論」(同年五月)
とともに、共産党の活動に明確な指針を与えることになった
(103)。日本軍は広大な地域を占領したが、占領地確保にあた
らざるをえなくなり、一九三九年から持久戦となった。

　一九四〇年一月、毛沢東は「新民主主義論」を発表し、「中
国革命は中国社会のもつ特殊性のゆえに、新民主主義革命と
社会主義革命の二つの過程を経て行なわれること、労働者階
級の指導する新民主主義は、必然的に社会主義に向かうこ
と、現在は新民主主義革命の段階に属し、新民主主義革命の
政治経済文化綱領を有すべきこと、建設さるべき新民主主義
国家の国体は、革命的緒階級の連合独裁であり、政体は民主
集中制でなければならないこと」を指摘した。これは共産党
の思想を統一し、その運動を発展させるうえで大きな役割を
はたした。一九四五年四月、中国共産党は、延安で第七回全
国代表大会を召集した。毛はこの大会で「連合政府論」と名
づけられた報告を行い、来るべき全面的勝利と民主連合政府
樹立のために闘うことを要求するとともに、新しい党規則を
採択した。民主連合政府樹立の要求は (その理論的根拠は、
「新民主主義論」に明示されている)、抗日民族統一戦線結成
以来、つねに主張されながら、国民党が一党専制の方針を捨
てなかったため、ついに実現されなかったものであるが、こ

の時期には国民党支配の腐敗と一党専制に不満をもつ人々、特に知識人の支持するところとなり、戦後における中国民主化の運動に大きな影響を与えることになった(104)。一九四五年八月、日本は無条件降伏したが、まもなく国共内戦が始まり、一九四九年一〇月、中華人民共和国が誕生した。

五、日本共産党の起源

　日本人の間にマルクス主義思想を受けて入れる人たちがあらわれたのは、日清戦争 (一八九四年～一八九五年) 後にはじまった社会主義運動の中においてであった。一八九八年、安部磯雄らは、社会主義研究会をつくり、これは一九〇〇年、社会主義協会と改称し、さらに翌年、日本初の社会主義政党を結成した。しかし普選実施などの民主主義的綱領を理由に、治安警察法によって同党は禁止させられた。そして一九一〇年、幸徳秋水らが天皇暗殺を企てたとする大逆事件が起こり、その後、社会主義思想は弾圧され、冬の時代が続いた。

　日本の社会主義運動は、第一次世界大戦 (一九一四年～一九一八年) を機に復活し始めた。同大戦は全世界の階級戦争の激化＝労働者階級の力の増大をもたらした。工業の発展にともなって労働者数が激増し (一九一三年の九一万人から一九一八年の一四七万人へ)、特に重工業労働者が増えて労働者階級に筋金が入った。そして戦争に伴う物価騰貴・労働強化・賃金低下に反抗して、ストライキを起こした。そしてロシア革命は、世界の情勢に根本的な変化を引き起こした。一九一七年二月のブルジョア民主主義革命によって、専制的なツ

ァーリズムが打倒された。同年一〇月のプロレタリア社会主義革命によって、ソビエト基礎とするプロレタリアート独裁が実現した。労働者・農民が政治権力を握ったことによって世界は資本主義と社会主義との二つの体制に分裂した。そして社会主義運動は高揚し、ロシア革命の影響を受けてマルクス主義の方向に向かい始めた。そしてロシア革命 (ボルシェビィキの下に、プロレタリアートが指導権を握ってブルジョア民主主義革命を達成し、それをプロレタリア社会主義革命に転化させた革命) の本質は日本の社会主義者にすぐには理解されなかった。社会主義者はロシア革命を支持し、マルクス主義的傾向が社会主義者をとらえるようになった。そして一九一九年、堺利彦と山川均は雑誌「社会主義研究」を創刊し、マルクス主義を紹介し始めた。一九二〇年、日本社会主義同盟が結成されたが、翌年、治安警察法によって禁止された。だが当時のマルクス主義の思想団体としては、堺利彦らのＭＬ会・山川均らの水曜会・近藤栄蔵らの暁民会・市川正一らの無産社・荒畑寒村らのＬＬ会などがあった(105)。

　日本国内の階級闘争の発展がプロレタリア前衛党を必要とするにいたり、その準備が進行していた機運を促進し、それを国際プロレタリアートの戦列にむすびつけ、日本共産党の結成を指導・援助したのは、コミンテルン (共産主義インターナショナルつまり第三インターナショナル) からの働きかけであった。コミンテルンは一九一九年、モスクワで結成された。各国の共産党はコミンテルンの支部として結びついた。コミンテルンはこれまで社会主義運動の遅れていたアジ

アの階級闘争と民族解放闘争を指導・援助することにした。一九二二年一月から二月にかけてコミンテルンの主催の下、モスクワで初の極東民族大会が開催され、東洋諸民族の革命家が一堂に会した。日本からも徳田球一・鈴木茂三郎・片山潜らが出席した。極東民族大会で片山は「日本の政治経済情勢および労働運動」について報告し、マルクス主義の原則を日本に適用する先例を開いた。そして日本にも共産党の結成を急ぐことが決定され、代表はそれを実現する責任を負って帰国した(106)。

　一九二二年七月十五日、東京で日本共産党の結成大会が開かれた。大会の参加者は堺利彦・山川均・近藤栄蔵・吉川守国・橋浦時雄・浦田武雄・渡辺満三・高瀬清の八人であり、堺が委員長となった。大会は党の暫定規則二四ヶ条を採択した。またコミンテルンへの党の加盟を決定し、コミンテルン規則ならびに二一ヶ条の加盟条件を満場一致で承認した。コミンテルンは同年一一月から一二月までの第四回大会で日本共産党をコミンテルンの一支部として正式に承認した。コミンテルンは片山潜の参加の下、「日本共産党綱領草案」を起草して、日本共産党に審議させたが、審議未了におわって正式に綱領として決定されなかった。しかしそれはマルクス・レーニン主義を日本の具体的条件に適用した最初の革命的綱領であり、日本のプロレタリアートが長年にわたって闘争してきた成果が集約されていた(107)。

　一九二二年の「日本共産党綱領草案」は、次のように述べている。「日本資本主義は、今なお封建的関係にあり、土地の

大部分は大地主の手中にあり、その最大なるものは天皇であ
る。大地主の所有する耕地の大部分は、小作農に賃借されて
いる。国家機関は商工ブルジョアジーと大地主に握られてい
る。日本共産党は過渡的スローガンとして、天皇の政府の転
覆と君主制の廃止を掲げ、普通選挙獲得の闘争を指導しなけ
ればならぬ。日本共産党はプロレタリアと農民の組織をつく
り、その統一と拡大・プロレタリアートの武装促進への努力
によって革命を強化し、労働者と農民のソビエトによる政権
獲得に努力しなければならぬ。日本の労働階級は現政府の転
覆方針としての、プロレタリアート独裁のための闘争におい
て勝利するためには、統一的な指導部をもたなければならぬ。
日本共産党の当面の任務は、労働組合を獲得し、労働者階級
の組織に対する共産党の影響を確保するにある。日本共産党
はコミンテルンの一支部として、プロレタリア独裁のための
革命的闘争においてその義務をはたすであろう。そしてその
プロレタリアート独裁こそ、インターナショナルの旗の下に
勝利する国際プロレタリアートの世界革命に向かって進行し
つつあるものである。政治的分野における要求として『君主
制の廃止』、『一八歳以上の男女の普通選挙権』、経済的分野に
おける要求として『工場委員会による生産の管理』、農業分野
における要求として『天皇や大地主の土地の没収と国有化』、
国際的分野における要求として『朝鮮、中国、台湾、樺太か
らの軍隊の撤退』である(108)」。

　日本共産党創立の意義は、以下の三点である。第一に被搾
取の日本の労働者階級と勤労人民が日本の歴史上はじめてみ

ずからの国家権力をうちたてることを目的とする組織をもったことを意味した。日本共産党は、その「綱領」が示しているように、権力をプロレタリアートを中心とする日本人民が握り、天皇制・地主制・資本主義を打倒し、いっさいの搾取と専制を廃止するためにつくられた党であった。第二にそれは日本の労働者階級の闘争が生みだしたものであった、明治以来の労働者階級の成長、特にロシア革命と米騒動後の闘争の歴史は、このことを示している。それは特に治警法第一七条によって、労働組合の結成が非合法とされているにもかかわらず、労働組合を実際に結成し、団結権を実力でかちとっていった労働者階級の階級的成長を基礎にして結成されたものであった。第三にそれは日本の革命運動がプロレタリアートの世界的革命運動の一部となることによって、日本のプロレタリアートの国際主義が思想的にだけでなく組織的にも確立されたことを意味した(109)。

六、山川主義

日本共産党の成立によって、労働者階級の闘争は、全国にわたる全労働者階級であることを自覚し、資本家階級全体と政府に対して闘争を開始する時にはじめて労働者の闘争は階級闘争になるという段階、真の階級闘争の初歩的段階に達した(110)。そして日本共産党は大衆闘争との結合と、その戦闘化のために全力をあげて努力した。日本共産党の第一の任務は、労働者の小ブルジョア的な思想つまり古いサンディカリズムの思想と新しい議会主義的な思想に対して闘争し、これ

を克服することであった。すなわち労働者が階級的な政治闘
争をすることであった。第二の任務は労働組合運動の中にお
いて、分派組織があったので、これを清算し、労働者を階級
的な軍隊に編成することであった。こうしてこの時期に進ん
だ総同盟を中心とする労働組合の戦闘化、日本農民組合の戦
闘化、新人会や建設者同盟を中心とする学生運動の発展、過
激社会運動的取締案など三大悪法反対の大衆闘争、シベリア
干渉戦争反対、ロシア飢饉救済、労農ロシア承認の大衆運動
の高揚、水平社運動の発展などの中心には、つねに共産主義
者の活動があった(111)。

　このような当時のマルクス主義陣営の指導理論は、山川主
義であった。山川主義は方向転換論と共同戦線党の組織理論
からなっていた。山川均が党機関誌「前衛」一九二二年八月
号に執筆した論文「無産階級運動の方向転換」は、大きな影
響を与えた。それはコミンテルン第三回世界大会 (一九二一
年六月～七月) で決定されたスローガン「大衆の中へ」を日
本に具体化する意図をもち、日本の無産階級運動を大衆化さ
せ、前進させた。山川は次のように主張した。「日本の無産者
階級運動 (社会主義運動と労働組合運動) の第一歩は、前衛た
る少数者が自己の思想を純化し、徹底することであった。少
数者は本隊たる大衆を後に残して進出したが、今や本隊から
切り離される危険がある。そこで第二歩は少数者が大衆の中
に引き返してくることでなければならぬ。『大衆の中へ』は、
新しい標語でなければならぬ」。このように山川は「大衆の
へ」というスローガンで、これまでの運動に方向転換を要請

する方向転換論を主張した。これはこれまで日本の無産階級運動がもっていた欠陥、すなわち大衆から遊離した高踏的なセクト主義、アナーキズム・サンディカリズムの影響による非現実的な政治否認を批判した点で、積極的な意義をもった。しかしこの論文は日本のマルクス主義者＝共産党にとっての課題「天皇制の廃止」を任務とする革命の党を建設する課題を不明確なままにしていた。ここには「大衆の中へ」という真理は語られていたが、政治闘争一般を主張するにとどまり、大衆を革命に向かって組織し、思想的に高める基本的任務が無視されていた。それはコミンテルン第三回大会の趣旨からはずれており、「日本共産党綱領草案」の精神からもはずれていた。それは共産党の独自性、マルクス・レーニン主義の党を労働者大衆の中に建設任務を明確にしなかった点で、社会民主主義・合法主義に道を開く右翼日和見主義・大衆追随主義の欠陥を含んでいた。そして山川は無産階級のあらゆる要素を包含し、ブルジョアの影響から独立した共同戦線党を結成せよとする共同戦線党の組織理論を主張した。そしてその実践として一九二六年三月、労働農民党が結成された(112)。

　一九二三年六月、日本共産党に対する最初の大検挙があり、二九名が起訴された。同年九月の関東大震災の混乱の中で、大杉栄・川合義虎ら一二名が虐殺された。日本共産党もこれらの弾圧から影響を受けた。反動攻勢下にある日本の条件と労働者階級の自覚が不十分な現状の下では、非合法の共産党は、時期尚早であるとする解党主義が党指導者の間に発生し、一九二四年三月、山川均から解党が提案され、徳田球一・市

川正一・野坂参三・佐野丈夫・荒畑寒村の五名の協議によっ
て解党が決定された。荒畑を除く四名が解党に賛成し、荒畑
の主張で残務整理委員会（ビューロー）が残された。解党主義
の思想的根拠は、山川の自然成長性理論（前衛党が自然成長
するまで待機すること）と共同戦線党論（労働者・農民諸階
級を混合した合法政党の結成）であった。しかし渡辺政之輔
・市川・徳田らは残務整理委員会のもと、再建活動に着手し
た(113)。コミンテルンは日本共産党の解党に反対し、第五回
世界大会（同年六月～七月）で日本共産党解党を批判し、再建
に着手するように指示を発した。これによる再建運動は一九
二五年一月、上海会議（ボイチンスキー・佐野学・佐野文・
荒畑・徳田らが参加）を機に本格化した(114)。

七、福本主義

　一九二六年一二月、山形県五色温泉で行なわれた日本共産
党第三回大会は、党を再建し、佐野文夫・佐野学・徳田球一
・市川正一・渡辺政之輔・福本和夫・鍋山貞親からなる党中
央委員会を選出し、佐野文夫が委員長に選ばれた(115)。再建
された日本共産党の指導理念となったのは福本主義であった。
すなわち山川主義の批判者として出現した福本の理論が共産
党をはじめとする左翼陣営を風靡した。山川主義の右翼日和
見主義・合法主義は、マルクス主義をたんに思想的に宣伝す
るだけで、戦闘的労働者を政治闘争に向かって指導する力を
失っていた。福本主義の中心内容は、分離・結合論であった。
福本はレーニンが「何をなすべきか」（一九〇二年）で展開し

た原則をよりどころに、マルクス主義による労働者の政治闘
争の結合すなわちプロレダリアートの政党を結成するために
は、「結合する前にまず分離しなければならない」と主張した。
すなわち福本は山川主義が前衛党の独自性を明らかにしない
大衆追従主義・日和見解党論・無原則的共同戦線党論をもっ
てマルクス主義の原則を逸脱した折衷主義であると批判した。
福本はマルクス的要素を分離し、結晶させるために、「当分、
理論的闘争に局限せざるを得ない」と説いた。福本はレーニ
ンが「何をなすべきか」を執筆した当時のロシアとちがった
情勢にある日本で、すなわちいったん結成されて解党した共
産党を再建し、大衆闘争との結合とその指導を通じて、革命
的労働者の間に党を拡大強化することを当面の課題としてい
る情勢の下で、マルクス主義者の活動を理論闘争に限定し、
党をたんなる思想団体に矮小化しようとした。その結果、分
離・結合論が労働組合などの大衆団体内にもちこまれ、党と
大衆団体とが混合され、統一を必要とする大衆団体を思想的
対立によって分裂させることが正当化された。このように福
本主義は山川主義の右翼日和見主義をうらがえした、左翼の
セクト主義であり、マルクス主義から逸脱している点で共通
していた。福本によれば、理論闘争を指導するのは革命的イ
ンテリゲンチャの任務であり、革命的インテリゲンチャが全
無産階級的政治闘争意識を闘いとり、しかるのちにこれを労
働者・農民その他の全無産階級に注入するとした。こうして
理論闘争が得意な革命的インテリゲンチャが党や大衆団体の
指導権を握るようになった。福下主義は革命的インテリゲン

チャから支持され、山川主義にかわって、再建された共産党の指導理論となった。そして一九二五年三月、治安維持法（共産主義運動の取締を目的とする法律）が制定され、男子普通選挙法が通過した(116)。

八、二七年テーゼ

一九二七年七月、コミンテルンは日本問題に関するテーゼ（二七年テーゼ）を起草した。二七年テーゼの起草には、日本共産党を代表して、福本和夫・徳田球一・渡辺政之輔・鍋山貞親らも加わった。二七年テーゼは二二年綱領草案の内容を発展させたものであり、福本主義・山川主義の左右両翼の偏向を批判し、再建された日本共産党をマルクス・レーニン主義の正しい方向に向かわせようとした(117)。二七年テーゼは、以下のように述べている。「日本帝国主義は中国革命に対するもっとも危険な敵として、中国で戦略地点を獲得せんとしている。アメリカ、イギリス、日本は、中国革命に対し、共同闘争をし、ソ連に対し、共同戦争を準備し、同時に太平洋の帝国主義分割のための戦争の準備をしている。一八六八年の革命は、日本資本主義の発展に道を開いた。しかし政治権力は封建的要素たる大地主・軍閥・皇室の手中にあった。天皇は巨大な自己所有の土地を支配し、多くの株式会社の大株主であり、自分の銀行をもっている。日本国の民主主義化・君主制の清算・現存支配閥の権力からの駆遂のための闘争は、資本が高度にトラスト化した国においては、封建的残存物に対する闘争より資本主義それ自体に対する闘争に転化する。

F ・ ・ ・のブルジョア民主主義革命は、社会主義革命に転化する。日本においては、ブルジョア民主主義革命の客観的前提条件(国家権力における封建的残存物・農民問題の深刻さ) も備わっており、それの社会主義革命への急速なる転化の客観的前提条件 (資本の集中・コンツェルン化・国家とトラストの融合・国家資本主義体系の進展・ブルジョアジーと封建的大地主との結合) も備わっている。かくのごとく日本の経済状態は、革命への道を示しているのであるが、イデオロギーつまり主観的革命的情勢がおくれていることは障害となっている。労働者・農民の組織は少ない。階級意識・階級闘争の理解は、大衆の愛国主義的迷妄によって圧殺されている。プロレタリアート (農民はしばらくおく) の階級意識・革命組織は胎生的状態を脱し始めたばかりである。ゆえに日本共産主義者をしてこの方面に最大の注意を向けさせなければならない。現代日本は資本家と大地主とのブロックによって支配されている。それゆえブルジョアジーはブルジョア民主主義革命の第一段階においてすら、革命的要因として利用できない。日本資本主義は高度に発展しているので、ブルジョア民主主義革命が直接に社会主義革命に発展する日本革命の推進力は、プロレタリアートと農民である。プロレタリアートと農民との同盟は不可欠である。しかしこの同盟は労働者階級が覇権を握る時にのみ、勝利を得ることができる。プロレタリアートこそは、唯一の革命的階級である。すでに農民の一割二分は、農民組合に組織されている。共産主義者はこれらの組合を労働者と農民の政党に結びつけなければならぬ。地主と資本家

との反動的ブロックは、労働者と農民との革命的ブロックに
よって対抗せしめなければならぬ。労働者階級は共産党の指
導下においてのみ、勝利できる。共産党は全階級の利益のた
めに闘争するプロレタリアートの前衛である。共産党なくし
てプロレタリア独裁のための闘争はありえない。プロレタリ
アートの階級闘争は、主要なる使命 (資本主義の否認・社会
革命の遂行) に従属せしめなければならぬ。プロレタリアー
トの全階級組織は、共産党の指導下に立たなければならぬ。
日本共産党指導部の誤謬は、共産党の役割と労働運動の重要
性を過小評価したことにあった。共産党が労働組合の左翼フ
ラクションが労働者農民政党によって代置され得るという考
え方は誤謬であり、日和見主義的である。大衆的共産党なく
んば、革命運動の勝利はありえない。ゆえに清算主義的傾向
(山川一派) に対する闘争は、日本共産党によって指導されね
ばならぬ。日本共産党は大衆党としてのみ、その歴史的任務
を果たせる。革命的大衆闘争なくば、大衆との結合なくんば、
理論はなににもならない。日本共産党は労働者の党とならな
ければならぬ。共産党を労働組合の左翼に解消せしめること
が誤謬であれば、党をプロレタリアートの大衆的組織から遊
離させることも誤謬である。福本一派の分離・結合の理論は、
レーニン主義と異なっている。党と大衆との遊離を起こさせ
る福本の見解は、大衆党としての共産党を瓦解させる。分離
・結合の理論は、意識的方面を強調し、経済的政治的組織的
方面を無視した。これはインテリゲンチャの過大評価・労働
者大衆からの遊離・セクト主義に至らしめ、党を労働者階級

の闘争組織でなくて、知識階級に属する、マルクス主義的に思惟する人々の集団であるという考えを生み出させた。共産党は福本もすでに放棄したこのレーニン主義の偽物と手を切らねばならぬ。共産党は日本の植民地の解放運動と密接な連絡を保ち、これに思想的組織的支持を与えねばならぬ。日本共産党は次の如きスローガンを発しなければならぬ。『中国からの撤退』、『植民地の完全なる独立』、『君主制の廃止』、『一八歳以上の男女への普通選挙権付与』、『皇室・寺社・大地主の土地の没収』。これらのスローガンは、労働者農民の政府のスローガンならびにプロレタリア独裁のスローガンと結びつかねばならぬ。これらのスローガンの組織的な宣伝によってのみ、労働者大衆の政治的啓蒙・労働者と農民のブロックの形成・革命的大衆闘争の準備は進む。これらの要求に対する闘争は、プロレタリア独裁への道である。しかしこの闘争はそこにレーニン主義的な大衆共産党が存在し、かつ世界の共産党と共に闘争し、全コミュニスト・インターナショナルと歩調を共にする時のみ成功するであろう(118)。」

　二七年テーゼの最大の歴史的意義は、君主制の廃止による民主主義革命を強調するとともに、日本帝国主義の中国への侵略を予見し、これを糾弾したことであった。二七年テーゼは創立時の綱領草案の見解を堅持し、日本国の民主主義化・君主制の廃止を提起し、行動綱領の中でも定式化した。二七年テーゼは当面する日本の革命がブルジョア民主主義革命であることを明らかにした。そしてブルジョア民主主義革命から社会主義革命への転化の展望を示した。二七年テーゼは行

動綱領の第一に帝国主義戦争の危険に対する闘争をあげて帝
国主義戦争反対をよびかけた(119)。コミンテルンによる日本
マルクス主義 (山川主義・福本主義) 批判が含む思想史的意
義は、コミンテルン権威主義とテーゼ至上主義の形成であっ
た。テーゼによる日本マルクス主義の全一的否定のあとは、
テーゼが至上の原則となり、その一句一句は、批判も修正も
許されない不可侵の規定となった。コミンテルン権威主義と
テーゼ至上主義とは、共産党マルクス主義を根本的に制約づ
け、その創造的発展に作用した。テーゼを絶対不動のもの
として、その規定を基準に生きた現実とわりきっていこう
とする思考方法は、日本のマルクス主義の創造的発展を抑
圧した(120)。

　二七年テーゼは日本共産党が正式に採択した最初の綱領的
文書であり、そこに定式化された戦略方針・戦術・党建設の
方針は、日本に前衛党を建設し、革命運動を前進させるうえ
で、重要な指針であった。日本共産党は二七年テーゼにもと
づき、「日本共産党組織再建についてのテーゼ」である「組織
テーゼ」をつくった。「組織テーゼ」は「それなくしては革命
運動を遂行できない、プロレタリアートの党すなわち共産党
が独立的大衆党として再建されることが急務である」ことを
強調し、それは「大衆の日常闘争の団体の中から自然発生的
に生まれ出るものではない」ことを指摘するとともに、日本
の大衆闘争と大衆組織の中に党組織再建の条件があることを
明らかにした。そして日本共産党組織再建、党組織、党活動
のあり方についての方針を具体的に示した。その中で「党の

組織再建にあたっての基本的任務の一つは、党の機関紙の発行である」と述べた(121)。

　二七年テーゼを指針として、日本共産党ははじめて本格的な活動にのりだした。工場を基礎とする細胞組織の上に党が築かれはじめ、これまでの合法機関紙「無産者新聞」のほかに非合法機関紙「赤旗」が創刊された。二七年テーゼはマルクス・レーニン主義を日本の現実に適用する理論的研究を刺激した。これ以後、日本のマルクス主義理論は発展し、日本の歴史と現実を具体的に分析し、革命の戦略・戦術を科学的に基礎づけようとする研究がさかんに行なわれるようになった。このように日本のマルクス主義は、急速に発展し始めたが、マルクス主義理論戦線に分裂が起ってきた。つまり労農派が結成されたのであった。山川主義は福本主義の批判を受けて共産党の指導理論の地位を失ったが、二七年テーゼによって福本主義が (山川主義とともに) 批判されたのを機に、福本主義反対の堺利彦・山川均・荒畑寒村らは、一九二七年一二月、雑誌「労農」を創刊した。その立場は二七年テーゼに対立して、当面の日本革命の戦略を「帝国主義ブルジョアジーの打倒を目標とする社会主義革命」と規定する点にあった。労農派は共産党の政策にことごとく反対した。ここに共産党と労農派の戦略論争が始まった。それは絶対主義天皇制と正面から対決するか、これを回避するかの問題であった(122)。

九、「政治テーゼ草案」と「三二年テーゼ」

　非合法下の日本共産党は、一九二八年二月の第一回の普通

選挙の際、労農党を通して一一名の推薦候補を立て、公然た
る宣伝活動を行ない、八名を当選させた(123)。しかし同年三
月一五日、千名以上の共産党員・労働組合員・農民組合員が
検挙された。そして八二八名が起訴された。さらに一九二九
年四月一六日に大弾圧が行なわれ、三百名以上の共産党員が
検挙された。こうして日本共産党は指導者をことごとく獄中
に奪われた。しかし「政治テーゼ草案」は一九三一年一月、
風間丈吉を中心に再建された日本共産党中央指導部の手で起
草された(124)。この「政治テーゼ草案」は、ブルジョア・地
主・天皇の権力の打倒とプロレタリア独裁樹立、銀行・工業
・鉱業・交通のプロレタリア国有化、天皇・大地主・官公有
地・寺社領の土地没収、朝鮮・台湾などの植民地の完全独立、
帝国主義戦争反対などのスローガンを掲げていた(125)。「政治
テーゼ草案」はコミンテルンの影響を受けたモスクワ帰りの
風間丈吉によって起草された。しかしコミンテルンは「政治
テーゼ草案」を承認しなかった。そしてコミンテルンは「政
治テーゼ草案」にかわる「三二年テーゼ」を作成した。コミ
ンテルンでは片山潜・野坂参三など在モスクワの日本代表の
参加の下に、「政治テーゼ草案」の誤りを明らかにして、新し
いテーゼを作成した。一九三二年五月、コミンテルンによっ
て、「日本の情勢と日本共産党に関する任務に関するテーゼ
(三二年テーゼ)」が起草された。日本共産党中央委員会は、こ
の三二年テーゼを無条件承認した(126)。

　三二年テーゼの内容は以下の通りである。「日本帝国主義
によって始められた侵略戦争は、人民大衆を歴史的危機に陥

らせつつある。満州の占領・上海および他の地方の諸事件・日本帝国主義のくわだてた全軍事行動は、軍事的侵略である。戦争は日本共産党に戦争反対の闘争を労働者農民の日常利益のための闘争と結びつけ、帝国主義戦争を内乱に転化し、ブルジョア・地主的天皇制の革命的転覆をさせる任務を課している。日本における支配体制の第一は天皇制である。日本において一八六八年以後成立した絶対君主制は、絶対権をその掌中に、労働者階級に対する抑圧と専制支配のための官僚的機構をつくりあげた。その第二は土地所有つまり日本農村の生産力の発展を阻害し、農民を窮乏化させる半封建的支配である。日本における地主は農業を営まないが、全耕地面積の四割をもっている。その第三は強奪的独占資本主義である。少数の金融王の手中への資本の異常集中を助けた資本主義的コンツェルンは、日本の国富の大部分を独占した。有力なコンツェルンたる三井・三菱・安田などは、日本の資本主義的経済において支配的地位を獲得した。日本のブルジョアジーは、日本の労働者に対する強盗的搾取・農民に対する略奪・戦争の利得・国家財産の横領・植民地民族に対する略奪によって成長してきた。日本における情勢は帝国主義戦争・天皇制の支配体制・労働者の賃金の低さとその政治的権利剥奪・農村における封建的隷属に反対するための闘争に革命運動をかりたてるであろう。社会主義革命を主要目標とする日本共産党は、今日の日本における諸関係の下では、プロレタリアート独裁への道は、ブルジョア民主主義革命をこえてのみ、すなわち天皇制の転覆・地主の収奪・プロレタリアートと農

民の独裁の樹立をこえてのみ達せられる。労働者・農民・兵
士のソビエトの権力は、プロレタリアートと農民の独裁の形
態であり、ブルジョア民主主義革命の社会主義革命への転化
の形態であろう。したがって主要任務は次の如くである。『天
皇制の転覆』、『大土地所有の廃止』、『生産に対する労働者・
農民・兵士のソビエトによる統制』。行動スローガンは次の如
くである。『帝国主義戦争反対』、『ブルジョア・地主的天皇
制の転覆』、『地主・天皇・寺社の土地の没収』、『七時間労働
制』、『日本帝国主義からの植民地 (朝鮮・満州・台湾) の解
放』、『ソビエト同盟と中国革命の擁護』。日本における情勢は
共産主義者にとって労働者と農民を革命運動に引き入れるこ
とになる可能性があり、これらの大衆が闘争において、大衆
的ストライキ・農民の諸行動・大衆的デモなどを展開するこ
とによって急速に革命化するがごとき形をとっている。その
結果として、近い将来、革命的諸事件が起こり得る。すでに
戦争の事実は、近い将来において大衆的抗議と大衆的闘争の
大規模な自然発生的爆発が起こる可能性を示している。党の
緊急の任務は、次の如くである。『労働者階級と党の結合の拡
大』、『革命的労働組合運動の強化』、『地主に対する農民の闘
争の激発と組織化』、『人民大衆の抗議を戦争と天皇制に対す
る政治闘争に導き入れる』である(127)。」

　日本共産党は三二年テーゼにもとづいて党結成以来の伝統
である反戦闘争をいっそう強めた。あらゆる機会に侵略戦争
反対が宣伝され、各地に反戦デモが組織され、軍需工場にス
トライキが起こされ、労働争議は反戦闘争と結合するように

134

なった。党員数が増加し、合法機関紙「第二無産者新聞」を
「赤旗」に合併した。この時期に日本共産党は戦前における
活動の最盛を現出した。しかし共産党創立以来、指導的幹部
として活動してきた佐野学と鍋山貞親は、一九三三年六月、
転向声明書を発表した。日本共産党中央委員会は両名を除名
した。しかし両名に続いて獄内で転向を声明書を発表した。
日本共産党中央委員会は両名を除名した。しかし両名に続い
て獄内で転回を声明する者が続出した。同年七月の司法省統
計によれば全国の共産党事件関係者のうち、未決一三七〇名
のうち四一五名の、既決三九二名のうち一三三名の転向者が
出た。一九三五年三月、残留した唯一の中央委員袴田里見が
検挙されたことによって、共産党中央委員会は壊滅した。「赤
旗」も同年二月に停刊となった。その後、各地の共産主義者
の再建活動にもかかわらず、ついに敗戦後の一九四五年まで
の一〇年間、日本共産党は全国的指導部を擁立することがで
きなかった(128)。

十、おわりに

一九一九年にモスクワで結成されたコミンテルンは、中国
における民族解放運動を推進するため、一九二〇年、二人の
代表ヴォイチンスキーと楊明斎を中国に派遣した。一九二一
年、第一回全国代表大会が召集されて中国共産党の成立をみ
た。この時の党綱は「労働者階級による国家の建設」、「プロ
レタリアート独裁の採択」、「私有財産の没収」、「コミンテル
ンとの連携」、「エセ知識階級との断絶」、「わが綱領に反対す

る政党との関係の断絶」であった。同大会はプロレタリアートを指導してプロレタリア革命を行い、プロレタリア独裁を樹立し、共産主義社会を建設することを基本的任務とする党規則を採択した。同大会はプロレタリア党創立の役割をはたすとともに、さしあたり全力をあげて労働運動を展開することを決定し、党の指導の下に中国労働組合書記部が設けられ、一九二二年から一九二三年に至る激烈なストライキ闘争の高潮を呼び起こした。一九三一年、江西省瑞金で中華ソビエト第一回全国代表大会が開かれ、憲法・労働法・土地法などが採択されるとともに、毛沢東を主席とする中華ソビエト共和国臨時政府が樹立された。一九四〇年一月、毛沢東は「新民主主義論」を発表し、「中国革命は中国社会のもつ特殊性のゆえに、新民主主義革命と社会主義革命の二つの過程を経て行なわれること、労働者階級の指導する新民主主義は、必然的に社会主義に向かうこと、現在は新民主主義革命の段階に属し、新民主主義革命の政治経済文化綱領を有すべきこと、建設さるべき新民主主義国家の国体は、革命的緒階級の連合独裁であり、政体は民主集中制でなければならないこと」を指摘した。一九四九年、中華人民共和国が誕生した。コミンテルンは一九一九年、モスクワで結成された。各国の共産党はコミンテルンの支部として結びついた。コミンテルンはこれまで社会主義運動の遅れていたアジアの階級闘争と民族解放闘争を指導・援助することにした。一九二二年にコミンテルンの主催の下、モスクワで初の極東民族大会が開催され、東洋諸民族の革命家が一堂に会した。一九二二年、東京で日

本共産党の結成大会が開かれた。堺利彦が委員長となった。大会は党の暫定規則二四ヶ条を採択し、コミンテルンへの党の加盟を決定し、コミンテルン規則ならびに二一ヶ条の加盟条件を満場一致で承認した。コミンテルンは同年の第四回大会で日本共産党をコミンテルンの一支部として正式に承認した。コミンテルンは片山潜の参加の下、「日本共産党綱領草案」を起草して、日本共産党に審議させたが、審議未了におわって正式に綱領として決定されなかった。しかしそれはマルクス・レーニン主義を日本の具体的条件に適用した最初の革命的綱領であり、日本のプロレタリアートが長年にわたって闘争してきた成果が集約されていた。一九二二年の「日本共産党綱領草案」は、次のように述べている。「日本資本主義は、今なお封建的関係にあり、土地の大部分は大地主の手中にあり、その最大なるものは天皇である。大地主の所有する耕地の大部分は、小作農に賃借されている。国家機関は商工ブルジョアジーと大地主に握られている。日本共産党は過渡的スローガンとして、天皇の政府の転覆と君主制の廃止を掲げ、普通選挙獲得の闘争を指導しなければならぬ。日本共産党はプロレタリアと農民の組織をつくり、その統一と拡大・プロレタリアートの武装促進への努力によって革命を強化し、労働者と農民のソビエトによる政権獲得に努力しなければならぬ。日本の労働階級は現政府の転覆方針としての、プロレタリアート独裁のための闘争において勝利するためには、統一的な指導部をもたなければならぬ。日本共産党の当面の任務は、労働組合を獲得し、労働者階級の組織に対する共産党

の影響を確保するにある。日本共産党はコミンテルンの一支
部として、プロレタリア独裁のための革命的闘争においてそ
の義務をはたすであろう。そしてそのプロレタリアート独裁
こそ、インターナショナルの旗の下に勝利する国際プロレタ
リアートの世界革命に向かって進行しつつあるものである。
政治的分野における要求として『君主制の廃止』、『一八歳以
上の男女の普通選挙権』、経済的分野における要求として『工
場委員会による生産の管理』、農業分野における要求として
『天皇や大地主の土地の没収と国有化』、国際的分野における
要求として『朝鮮、中国、台湾、樺太からの軍隊の撤退』で
ある」。日本共産党創立の意義は、以下の三点である。第一に
被搾取の日本の労働者階級と勤労人民が日本の歴史上はじめ
てみずからの国家権力をうちたてることを目的とする組織を
もったことを意味した。日本共産党は、その「綱領」が示し
ているように、権力をプロレタリアートを中心とする日本人
民が握り、天皇制・地主制・資本主義を打倒し、いっさいの
搾取と専制を廃止するためにつくられた党であった。第二に
それは日本の労働者階級の闘争が生みだしたものであった、
明治以来の労働者階級の成長、特にロシア革命と米騒動後の
闘争の歴史は、このことを示している。それは特に治警法第
一七条によって、労働組合の結成が非合法とされているにも
かかわらず、労働組合を実際に結成し、団結権を実力でかち
とっていった労働者階級の階級的成長を基礎にして結成され
たものであった。第三にそれは日本の革命運動がプロレタリ
アートの世界的革命運動の一部となることによって、日本の

プロレタリアートの国際主義が思想的にだけでなく組織的にも確立されたことを意味した。一九三五年、残留した唯一の中央委員袴田里見が検挙されたことによって、共産党中央委員会は壊滅した。「赤旗」も同年に停刊となった。

注

(1) Alfred Coban, The Nation State and National Self-Determination, London,William Collins Sons and co. P. 104.

(2) 曽我英雄『自決権の理論と現実』、東京・敬文堂、一九八七年、三〇頁。

(3) 外務省編『日本外交文書』大正七年第三冊、東京・外務省、四七七～四七八頁。

(4) 岡倉古志郎、長谷川正安『民族の基本的権利』、京都・法律文化社、一九七三年、一七一～一七二頁。

(5) 前掲『自決権の理論と現実』、三一頁。

(6) Dov Ronene, The Quest for Self-Determination, Yale University Press, 1988, P.31.

(7) A, Rigo Sureda, The Evolution of the Right to Self-Determination, Leiden, A. W. Sijthoff, 1973, P. 28.

(8) Ibid, P. 95.

(9) Alfred Coban, op. cit. P.63.

(10) Dov, Ronen, op. cit. P.32.

(11) Michla Pomerance, "The United States and Self-Determination" American Journal of International Law, Vol. 70, 1976, P. 19.

(12) A. S. Link ed, The Papers of Woodrow Wilson, Vol. 12. P.217.

(13) 草間秀三郎『ウィルソンの国際社会政策構想』、名古屋・名古屋大学出版会、一九九〇年、六九〜七一頁。

(14) 若林正丈『台湾抗日運動史研究』、東京・研文出版、一九八三年、八八頁。

(15) 浅田喬二『日本植民地研究史論』、東京・未来社、一九九〇年、二〇九頁。

(16) 泉貴美子『泉靖一とともに』、芙蓉書房、一九七二年、四〇頁。

(17) 明治大学政治経済学部編『学部創立七十年史』、一九七八年、四七〜四九頁。

(18) 前掲『泉靖一とともに』、三二三頁。

(19) 台湾総督府警務局編『台湾総督府警察沿革誌』第二編中巻、社会運動史、台北、一九三九年。

(20) 「雑録」『台湾』第三年第二号、(一九二二年五月二日)、七〇頁。

(21) 前掲『台湾抗日運動史研究』、九九頁。

(22) 泉哲「台湾島民に告ぐ」、『台湾青年』第一巻第一号 (一九二〇年七月一六日)、七頁。

(23) 泉哲『植民地統治論』、東京・有斐閣、一九二一年、三七六頁〜三七八頁。

(24) 前掲『日本植民地研究史論』、二〇八頁。

(25) レーニン『レーニン全集』第二二巻、一九一六年、一六八頁。

(26) 泉哲「少数民族の保護と民族自決」、『台湾』第三年第九号、　(一九二二年一二月一日)、三頁。

(27) 前掲『日本植民地研究史論』、二〇九頁。

(28) 前掲「少数民族の保護と民族自決」、三頁。

(29) 前掲『日本植民地研究史論』、二〇九頁。

(30) 泉哲「植民地の将来　(二)」、『南洋協会雑誌』第五巻第三号、　(一九一九年三月三一日)、一八頁。

(31) 泉哲「自治権の獲得」、『台湾民報』第一九二号、　(一九二八年一月二一日)、二〇頁。

(32) 泉哲「植民地の立法機関に就て」、『台湾』第四年第四号、(一九二三年四月一〇日)、四〜五頁。

(33) 泉哲「民族自決の真意」、『台湾』第三年第九号、　(一九二二年一二月一日)、二〜三頁。

(34) 同上、二〜三頁。

(35) 前掲『植民地統治論』三七六〜三七八頁。

(36) 前掲「台湾島民に告ぐ」、七頁。

(37) 「第四四帝国議会貴族院請願委員会第三分科会速記録第四回　一九二一年二月二八日」、八頁。

(38) 『台湾人ノ台湾議会設置請願運動ト其思想、後編』、四頁。

(39) 栄沢幸二『大正デモクラシー期の政治思想』、東京・研文出版、一九八一年、三〜四頁。」

(40) 同上、四頁。

(41) 同上、五〜八頁。

(42) 同上、九〜一〇頁。

(43) 同上、一二頁。

(44) 高田早苗「帝国主義を採用するの得失何如」、『太陽』第八巻第七号、（一九〇二年六月五日）、二〇〜二一頁。

(45) 前掲『大正デモクラシー期の政治思想』、一三頁。

(46) 同上、一三〜一四頁。

(47) 浮田和民「立憲政治の根本義」、『太陽』第一九巻第五号（一九一三年四月一日）、五頁。

(48) 尾崎行雄『尾崎咢堂全集　第七巻』、二〇頁。

(49) 前掲『大正デモクラシー期の思想』、三四頁。

(50) 三谷太一太郎編『吉野作造』、東京・中央公論社、一九八四年、一一一〜一一二頁。

(51) 同上、一二九頁。

(52) 井出武三郎『吉野作造とその時代』、東京・日本評論社、一九八八年、二四〜二五頁。

(53) 三谷太一郎『新版　大正デモクラシー論』、東京・東大出版会、一九九五年、七二〜八一頁。

(54) 同上、一五八〜一五九頁。

(55) 同上、一六一〜一六二頁。

(56) 太田雅夫『増補　大正デモクラシー研究』、東京・新泉社、一九九〇年、四四頁。

(57) 前掲『大正デモクラシー期の政治思想』、六四頁。

(58) 前掲『増補　大正デモクラシー研究』、四五頁。

(59) 同上、四七頁。

(60) 同上、四八頁。

(61) 同上、五〇頁。

(62) 現在、独立国であるアイルランド共和国においては、ケルト系アイルランド人がほとんどでカトリックが九五％、プロテスタントが五％である。イギリスの一部である北アイルランドは、アイルランド全島の六分の一を占めている。イギリスはなぜ北アイルランドを完全に統合できないのか。北アイルランドのプロテスタントのロイヤリスト (イギリス忠誠派) の完全統合を求める要望にもかかわらず、イギリスはいまだに北六州を完全に統合しないで北議会などをもたせたりして、半独立国の状態にしている。もし北アイルランドを完全統合すれば、イギリスは北六州にイギリス下院議員の割り当てを増やさねばならない。そして北六州選出の下院議員がイギリスで保守党と労働党の伝統の中で、キャスティング・ボートを握る第三勢力になることを恐れていたからであった。事実、そのような歴史があって、一九世紀末の保守党と自由党の並立時代に、アイルランド自治法案成立のために奮闘したパーネル率いるアイルランド党は、キャスティング・ボートを握っていたのである。北アイルランドはアルスター地方九州のうち、カトリックの多い西部三州を除外して、プロテスタントの多い六州が一九二一年にアイルランド共和国から分離した。北アイルランドには、スコットランド系住民やケルト系住民がおり、カトリックは三七％であり、プロテスタントは五三％である。

(63) 掘越智『アイルランドの反乱』、東京・三省堂、一九七

○年、一四三～一七六頁。

(64) 同上、一八〇～一八三頁。

(65) 鈴木良二『IRA (アイルランド共和国軍)』東京・彩流社、一九八五年、八〇～八三頁。

(66) 前掲『アイルランドの反乱』、一九〇～一九三頁。

(67) 姜在彦『近代朝鮮の思想』、東京・未来社、一九八四年、二八三頁。

(68) 同上、二八五頁。

(69) 同上、二八七頁。

(70) 市川正明編『三一独立運動』第一巻、東京・原書房、一九八三年、二〇一～二二十頁。

(71) 朴慶植『朝鮮三一独立運動』、東京・平凡社、一九七六年、七八～八二頁。

(72) 前掲『近代朝鮮の思想』、二八九頁。

(73) 朝鮮憲兵隊司令部編『朝鮮三一独立騒擾事件』、東京・厳南堂書店、一九五九年、三五四～三五六頁。

(74) 前掲『近代朝鮮の思想』、二九〇～二九一頁。

(75) 同上、二九一～二九二頁。

(76) 丸山松幸『五四運動』、東京・紀伊国屋書店、九頁、一八五～一九七頁。

(77) 同上、一一〇頁。

(78) 同上、一一頁。

(79) 毛沢東『毛沢東選集』第四巻、東京・三一書房、一九五二年、二七一～二七二頁。

(80) 前掲『五四運動』、一三～一四頁。

(81) 石川忠雄『中国共産党史研究』、東京・慶応通信、一九五九年、四頁。

(82) 宇野重昭『中国共産党』、東京・日本実業出版社、一九八一年、六二～六五頁。

(83) 宇野重昭『中国共産党史序説 (上)』、東京・日本放送出版協会、一九七四年、四八頁。

(84) 岡崎次郎『現代マルクス＝レーニン主義事典 (上)』東京・社会思想社、一九八一年、一二八二頁。

(85) 前掲『中国共産党史研究』、四～五頁。

(86) 小島祐馬『中国の革命思想』、東京・筑摩書房、一九六七年、一七二頁。

(87) 前掲『中国共産党』、六六～六七頁。

(88) 前掲『中国共産党史研究』、五～六頁。

(89) 前掲『中国共産党』、六四頁。

(90) 前掲『中国共産党史序説 (上)』、七三～七四頁。

(91) 前掲『現代マルクス＝レーニン主義事典 (上)』、一二八二頁。

(92) 前掲『中国共産党史研究』、六～七頁。

(93) 前掲『中国共産党』、八二～八四頁。

(94) 前掲『中国共産党史研究』、八頁。

(95) 同上、八～九頁。

(96) 同上、九～一〇頁。

(97) 前掲『中国共産党』、八四頁。

(98) 前掲『中国共産党史研究』、一〇頁。

(99) 前掲『中国の革命思想』、一八七頁。

(100) 前掲『中国共産党史研究』、一〇〜一二頁。

(101) 前掲『中国共産党』、九〇頁。

(102) 前掲『中国共産党史研究』、一二〜一三頁。

(103) 前掲『中国共産党史研究』、一三〜一四頁。

(104) 同上、一五〜一六頁。

(105) 遠山茂樹、山崎正一、大井正『近代日本思想史』第三巻、東京・青木書店、一九五六年、五二三〜五三三頁。

(106) 同上、五三四〜五三五頁。

(107) 犬丸義一『日本共産党の創立』、東京・青木書店、一九八二年、一八〇〜一八三頁。

(108) コミンテルン『日本にかんするテーゼ集』、東京・青木書店、一九六一年、五〜九頁。

(109) 前掲『日本共産党の創立』、一八四〜一八六頁。

(110) 同上、一八七頁。

(111) 前掲『近代日本思想史』第三巻、五三九〜五四〇頁。

(112) 同上、五四〇〜五四二頁。

(113) 竹内良知『マルキシズムⅡ』、東京・筑摩書房、一九六五年、二〇〜二一頁。

(114) 住谷悦二、山口光朔、小山仁示、浅田光輝、小山弘健『昭和の反体制思想』、東京・芳賀書店、一九六七年、九四頁。

(115) 日本共産党中央委員会『日本共産党の七〇年（上）』、東京・新日本出版社、五〇頁。

(116) 前掲『近代日本思想史』第三巻、五四五〜五四九頁。

(117) 同上、五五一頁。

(118) 前掲『日本にかんするテーゼ集』、二八〜四五頁。

(119) 前掲『日本共産党の七〇年 (上)』、五四頁。

(120) 前掲『昭和の反体制思想』、一三八〜一四五頁。

(121) 前掲『日本共産党の七〇年 (上)』、五五〜五六頁。

(122) 前掲『近代日本思想史』第三巻、五五六〜五五九頁。

(123) 前掲『日本共産党の七〇年 (上)』、六〇〜六一頁。

(124) 前掲『近代日本思想史』第三巻、五五九〜五六三頁。

(125) 前掲『日本にかんするテーゼ集』、四〇〜七五頁。

(126) 前掲『近代日本思想史』第三巻、五六三〜五六七頁。

(127) 前掲『日本にかんするテーゼ集』、七六〜一〇一頁。

(128) 前掲『近代日本思想史』第三巻、五六九〜五七七頁。

第 二 章
台湾右派抗日運動者の
政治思想

　台湾右派抗日運動者の政治思想に関してそれぞれ述べてみ
よう。林献堂の政治思想は台湾独立思想、台湾議会思想、自
由主義思想、地方自治思想である。蔡培火の政治思想は台湾
独立思想、台湾議会思想、自由主義思想、地方自治思想であ
る。蒋渭水の政治思想は台湾独立思想、台湾議会思想、自由
主義思想、地方自治思想である。謝南光の政治思想は中国統
一思想、台湾議会思想、民主主義思想、民族主義思想、地方
自治思想である。

　　筆者は外在研究アプローチを使用し、台湾抗日運動者の
政治思想を分析する。林献堂、蔡培火、蒋渭水、謝南光と歴
史的背景（日本統治）の相互関係。林献堂、蔡培火、蒋渭水、
謝南光の台湾政治思想と資本主義自由主義制度の関係は政治
思想と社会経済制度の関係である。謝雪紅、連温卿、王敏川、
蔡孝乾の政治思想と共産主義社会主義制度の関係は政治思想
と社会経済制度の関係である。マルクスはヨーロッパの労働

　者が搾取されるのを見て、それゆえ共産主義社会主義制度を提起し、謝雪紅、連温卿、王敏川、蔡孝乾も類似の状況であった。林献堂、蔡培火、蒋渭水、謝南光は資本主義自由主義制度を支持していた。

　日本統治時代の台湾政治思想の要因は以下の四点であり、第一次世界大戦後の民族自決主義の影響、日本内地の自由主義と民主主義の影響、辛亥革命と五四運動の影響、マルクス主義の影響である。林献堂、蔡培火、蒋渭水は自由主義と台湾独立思想をもつようになり、謝南光は自由主義と中国統一思想をもつようになった。マルクス主義思想は連温卿に影響を与え、社会主義と台湾独立思想をもたせ、王敏川と謝雪紅に影響を与え、共産主義と台湾独立思想をもたせ、蔡孝乾に影響を与え、共産主義と中国統一思想をもたせるようになった。

　台湾抗日運動者の政治思想は二種類に分けられ、一つは台湾独立思想であり、もう一つは中国統一思想である。台湾独立思想をもつ台湾抗日運動者は林献堂、蔡培火、蒋渭水、謝雪紅、連温卿、王敏川などであり、中国統一思想をもつ台湾抗日運動者は謝南光、蔡孝乾などである。彼らの台湾民族主義思想、台湾独立思想、中国統一思想、自由主義思想、民主主義思想などの政治思想は戦後の台湾政治思想に影響を与えた。台湾抗日運動者は林献堂の呼びかけによって台湾文化協会を組織し、台湾議会設置請願運動を行なった。しかし一九二〇年代後半にマルクス主義が台湾に入ると、台湾文化協会は左派と右派に分裂した。

　右派の林献堂、蔡培火、蒋渭水、謝南光は台湾民衆党を結成したが、左派の王敏川、連温卿は台湾文化協会そのものを左派団体に変えさせ、台湾文化協会は左派団体になった。このほか謝雪紅は台湾共産党を組織した。多くの台湾抗日運動者は台湾独立思想あるいは中国統一思想をもち、戦後の台湾政治思想家もこのため台湾独立思想あるいは中国統一思想をもつようになった。

　筆者は内在研究アプローチを使用し、台湾抗日運動者の政治思想を分析する。

150

(1) 林献堂の単位観念	台湾独立思想(抗日思想)
	台湾議会思想(抗日思想関連)
	自由主義思想(抗日思想関連)
	資本主義思想
	地方自治思想

(2) 蔡培火の単位観念	台湾独立思想(抗日思想)
	台湾議会思想(抗日思想関連)
	自由主義思想(抗日思想関連)
	資本主義思想
	地方自治思想

(3) 蒋渭水の単位観念	台湾独立思想(抗日思想)
	台湾議会思想(抗日思想関連)
	自由主義思想(抗日思想関連)
	資本主義思想
	―

(4) 謝南光の単位観念	中国統一思想(抗日思想)
	台湾議会思想(抗日思想関連)
	民主主義思想(抗日思想関連)
	民族主義思想(抗日思想関連)
	地方自治思想

(5) 謝雪紅の単位観念	台湾独立思想(抗日思想)
	民族主義思想(抗日思想関連)
	共産主義思想(抗日思想関連)
	労働組合思想(抗日思想関連)
	―

(6) 王敏川の単位観念	台湾独立思想(抗日思想)
	民族主義思想(抗日思想関連)
	共産主義思想(抗日思想関連)
	労働組合思想(抗日思想関連)
	―

(7) 連温卿の単位観念	台湾独立思想(抗日思想)
	民族主義思想(抗日思想関連)
	山川主義思想(抗日思想関連)
	労働組合思想(抗日思想関連)
	社会民主思想(抗日思想関連)

(8) 蔡孝乾の単位観念	中国統一思想(抗日思想)
	民族主義思想(抗日思想関連)
	共産主義思想(抗日思想関連)
	毛沢東思想(抗日思想関連)
	―

第一節 台湾独立論者林献堂の政治思想

　林献堂は台湾文化協会、台湾民衆党、台湾地方自治連盟を作った。林献堂の政治思想は台湾独立思想、台湾議会思想、自由主義思想、地方自治思想であった。林献堂は日本統治時代後期の台湾抗日団体の指導者であり、台湾抗日運動の代表的人物であった。林献堂の台湾独立思想に関しては、一九四五年八月一五日の台湾独立事件が有力な証明となるであろう。

一、林献堂に関する研究史

　林献堂は名を朝琛と言い、号は灌園で、献堂は字であった。林献堂は一八八一年、台中州の阿罩霧庄 (現在の台中県霧峰郷) に生まれたが、一九五六年、東京の久我山で、七六歳で病死した。林献堂は清朝時代の儒教的伝統社会に生まれ、日本統治時代の植民地社会を生き抜き、中華民国時代の現代社会に死亡した。林献堂は、三つの政権の統治を経験し、三つの文化の洗礼を受けてきた。しかし林献堂は日本人化せず、中国人化することもなく、台湾人としての、また漢民族としての伝統的生活方式を堅持した。林献堂は一生を通して、台湾人意識と漢民族意識を保持し続けた。

　これまでの林献堂に関する研究としては、わずかに張正昌の『林献堂と台湾民族運動』と王暁波の『台湾史と台湾人』

があるにすぎない。張正昌の『林献堂と台湾民族運動』は、林献堂に関するはじめての研究論文であり、すぐれた作品である。しかし同書は政治史的叙述に流れ、政治思想史的分析が不十分である。張正昌は「林献堂の濃厚な漢民族意識は疑いえないが、林献堂が台湾を日本の統治から離脱させるべきと考えていたかどうかは、今後なおいっそうの史料の考証をまたなければならない」と述べている。

　たしかに林献堂は漢民族意識をもっていたが、それだけだろうか。林献堂は、漢民族としての意識をもちながらも、台湾人としての意識をももっていたのではなかろうか。漢民族意識とともに、台湾人意識をももつという二重意識 (デュアル．アイデンティティ) をもっていたのではなかろうか。張正昌の『林献堂と台湾民族運動』は、林献堂が、台湾を日本の統治下から離脱させようとする台湾独立思想をもっていたかどうか、明確な結論を下していない(1)。しかし林献堂はたしかに台湾独立思想をもっていたのではなかろうか。林献堂は、台湾独立思想をもっていたからこそ、三〇年に及ぶ抗日運動を行ったのではなかろうか。王暁波の『台湾史と台湾人』は、「林献堂は中国人意識をもっており、穏健な民族運動を行った」と述べている。すなわち王暁波の『台湾史と台湾人』は、林献堂は「台湾人意識ではなく、中国人意識をもっていた(2)」と言っている。しかし林献堂は中国人意識(3) をもっていたのだろうか。

　たしかに林献堂が中国人と協力しようとしたのは事実であったし、漢民族としての意識ももっていた。しかし中国人と

協力しようとしたことをもって中国人意識をもっていたとは
言えない。また林献堂は漢民族文化を保存しようとしたが、
それは中国文化ではなく、台湾文化であった。たしかに林献
堂は「台湾の自治」を要求する運動を行ったが、その究極の
目的は、「台湾の独立」にあったのではなかろうか。総督政治
の圧政下にあり、言論の自由が圧殺されている当時の台湾に
あっては、「独立」と言う自由がなかった。そのため「自治」
と言うしかなかったのではなかろうか。林献堂は決して中国
人意識をもつことはなく、台湾人意識をもっていたのではな
かろうか。本節で解明したいのは林献堂の政治思想であり、
民族意識について明らかにしたいと思う。

二、林献堂の生涯

　台湾中部の霧峰林家は近代台湾で勃興した豪族の典型であ
り、中部の大里を開墾し、商業によって富みを得て、阿罩霧
の土地を買って開墾し、一地方の豪族になった。林文欽は科
挙に合格したことによって、一八八四年に生員になり一八九
三年に中部の樟脳の専売権を獲得し、林朝棟と「林合会社」
をつくり、樟脳事業に従事し、莫大な財産を得て、地主兼大
資本家になった。一八八一年一〇月二二日、林献堂は生まれ、
当時林家はまさに絶頂期にあり、「台湾で勃興しつつある家
庭環境の中で、発展しつつある状況は彼の性格形成に相当程
度影響し」、彼は少年時代の生活をこのような環境の下で送っ
た。林献堂は七歳で林家の中に設置された塾に入ったが、蓉
鏡斎で何趣庭から啓蒙教育を受け、国学の教養において益が

多かった。一七歳の時、白煥圃にしたがって経史を学び、民
族文化に対するアイデンティティを強めた。彼は一八歳の時、
彰化の豪族楊晏然の娘水心と結婚し、二年後、その父林文欽
は香港で病死し、環境の変化と天賦の才は彼を林家の中心人
物にした。一九〇二年、林献堂は霧峰区長に任命されたが、
翌年辞職し、後に再びその任を受けなければならなかった。
一九〇五年、台湾製麻株式会社の取締役になった。この時期、
林献堂は多くの思想に触れ、「万国公報」、「新民叢報」、「民
報」などの雑誌を読み、親戚の林幼春の紹介によって梁啓超
の提唱した民族、民主主義に心酔し、その後の出会いによっ
て民族主義の方向を決定づけた(4)。

　一九〇七年、林献堂ははじめて日本を旅行し、奈良で梁啓
超に会った。一九一三年、林献堂の秘書甘得中は板垣退助の
紹介で戴傳賢と会い、台湾人の苦境を訴えたが、戴傳賢は国
内では袁世凱が政権を掌握し、一〇年以内に台湾人を助ける
ことはできず、日本は革命運動を危険なものと考え、まず方
法を探し、日本の中央の権力者と結び、朝野の同情を得て、
その力で総督府を牽制し、台湾人の苦痛を少なくさせたかっ
た。梁啓超と戴傳賢の二人の倦怠は一致し、林献堂の性格と
この二人が述べたことと日本統治の現実の環境が彼に民族運
動に従事させ、始終、温和で理性的な路線を取る原因にさせ
た。一九〇一年に林献堂のいとこ林俊堂は「櫟社」をつくり、
中部の士紳の資産階級が民族意識を狂言するところにし、林
献堂は漢学を提唱し、積極的に「櫟社」をもって民族運動の
団体とすることを考え、一九一〇年に櫟社に加入し、中心人

物になった。台湾は植民地統治の下の教育政策は主に日本語を伝授し、基本的な実業教育をし、台湾人と日本人の教育の機会は不平等であり、一九一五年になっても台湾人が学ぶことができる中学校はなく、林献堂は極力、教育権を勝ち取ろうとした。一九一三年にいとこの紀堂と烈堂と連絡し、中部の士紳の辜顕栄と林熊徴らが総督府に請願し、台中中学を創設させようとした。総督府はもし許可しなければ、学生たちは中国大陸に留学するし、非常にそのことを憂いたが、台湾人が自分の学校を作ることを許可するならば、コントロールは容易でないので、設立に同意したが、公立にかえさせ、林献堂が五年生の中学校を設置することを許可し、台湾人の子弟を受け入れることを条件に一九一五年に正式に開校した。台中中学は中部の士紳が中心になって発起したけれども、全島の紳士、富豪を結びつけ、台湾人のために教育権を勝ち取り、民族主義の色彩を帯び、民族運動の第一声となった。一九一五年創立された台中中学は現在の台中一中である(5)。

　一九一三年に林献堂は北京に行き、梁啓超の紹介で多くの政治家と知り合い、その後、日本に行き、明治維新の功臣であり、自由民権運動の領袖板垣退助と知り合った。林献堂は日本国内の要人と結び、総督府を牽制し、板垣退助も台湾を日華親善の橋渡しにできると思った。一九一四年、板垣退助は来台し、何回も講演し、「日台人和睦説」を強調し、台湾人を媒介にして日華親善を促進させ、南進北守政策を実現させようとした。台湾人の反応は激しく彼は「台湾同化会」をつくることを決め、台湾人を平等に見なすようにさせ、林献堂

も民心がその方向に向かっていると考え、板垣退助と協力し、台湾で民衆に会員見なるように進めた。一九一四年に同化会が台北で成立し、その後台中と台南で分会が成立し、会員は三〇〇〇人に達し、文化の名をかりて、平等の待遇をかちとろうとしたため、総督府は官民合同で板垣退助を攻撃した。一九一五年、公安を妨害する名目で解散させられた。林献堂は同化会の運動の中で民衆を組織激励する方法、講演会の運用、合法的に権力を獲得する観念、交際機関を作る方法、「日華親善論」、台湾人の歴史的使命の基礎を学び、この運動の中で、全島の士紳、富豪、知識人を結合させ、彼は抗日運動者の領袖になった(6)。

留日留学生は民族自決主義、民本主義、辛亥革命、朝鮮独立運動の影響を受けて、民族的自覚を強め、一九一九年、留学生は啓発会を成立させ、林献堂は会長に選ばれた。啓発会の下で、六三法撤廃期成同盟が設置され、総督の専制権をかちとろうとしたが、メンバーの思想背景が異なり、ある者は内地延長主義即ち六三法撤廃を主張し、ある者は台湾の特殊性を標榜し、議会設置を主張し、自治をかちとることを主張したが、感情的対立と経費乱用によって、あまり活動せずに解散した。林呈祿は民族運動を行なう組織がないのを鑑みて、蔡恵如と一緒に一九二〇年に、新民会を成立させ、林献堂に会長になるように頼んだ。新民会と台湾青年会は東京で六三法撤廃運動を討論し、数回の討論を経て、最後、林献堂は六三法撤廃運動を行なわないことを決め、自治を標榜せず、台湾議会請願方式で行動し、いろいろな意見を折衷し、留学生

を団結させ、台湾議会設置請願運動を行なわせた。林献堂指導下の台湾議会設置請願運動は一九二一年から一九三四年までの一四年間、日本帝国議会に一五回の請願を行ない、一九二七年から民族運動は分裂し、環境の変化によって、一九三四年に台湾議会設置請願運動は中止された。一九二一年から一九二七年まで八回の請願運動は台湾で文化協会を中心に行なわれ、日本で台湾青年会を中心に行われ、蔡惠如は北京、天津、上海、広州に行き、台湾人を団結させ、林献堂は運動全体の唯一の領袖になった(7)。

　一九二一年の第一次請願運動の後、政治意識は日増しに高まり、第二次請願運動を経て、一九二二年に総督府は弾圧手段を通り、参加者の公務員に辞職を迫り、専売局員の専売許可書を取り上げた。一九二二年に台中州知事の常吉徳寿は林献堂、林幼春、楊吉臣、甘得中、李崇礼、洪元煌、林月汀、王学潜ら八人を勧誘し、田総督に合わせ、議会設置の問題を討論させ、この八人が総督(伯楽)の賞賛を受けたと誤報され、これが「八駿馬事件」であった。米価下落によって、生み出された、林献堂の台湾銀行に対する負債は十数万に達し、請願運動から抜けるように発力を欠けられ、デマ飛ばされ、次第に運動は分化され、こんなに陥り、しばらく中国に避難する考えが生まれた。請願運動は弾圧を受けたが、蒋渭水、蔡培火は台湾議会期成同盟会をつくった。一九二三年、石煥長は北警察署に結社申請書を提出し、禁止命令を受け、再び東京で結社申請書を提出し、結局、一九二三年、警務局は大検挙を行ない、これが治警事件であり、逮捕者は一四人に達し、

蒋渭水、蔡培火、蔡惠如らも下獄した。林献堂は拘留された
とした時に食料品を提供し、家族を慰め、同時に新聞の封鎖
を突破し、東京朝日新聞に事件の結果を掲載させ、同志の入
獄によって彼は再び請願運動を指導するようになった。議会
設置請願運動は文化協会の活動を全島に広め、「台湾文化協
会」は一九二一年に成立し、蒋渭水が創立したけれども、林
献堂が大いに支持したため、総理になった。一九二三年から
一九二七年まで、彼は積極的に文化協会の活動に参加し、各
自に読報社を設置し、講習会を行ない、民衆に対し思想的啓
蒙を行なった。一九二四年に連続して莱園で夏期学校を開き、
青年の民族精神を啓発し、文化協会が各地で行う文化講演会
は啓蒙運動の中心になった。文化協会がまさに活躍している
時、総督府は圧力を加え、辜顕栄と林熊徴に一九二三年に「公
益会」を組織させ、文化協会に対抗させた。一九二四年に「全
島有力者大会」が開かれ、議会請願運動に反対することを声
明し、文化協会は林献堂の指導下に台北、台中、台南で「全
島無力者大会」を挙行し、公益会の活動に反対し、公益会を
消滅させた。台湾総督府は台湾人士紳を篭絡し、一九二一年
に林献堂を第一回総督府評議会員に任命したが、一九二三年
に議会設置請願運動を弾圧することによって評議会員を辞任
させた。同年、台湾雑誌社は株式会社の組織に変わり、さら
に「台湾民報」となり、創刊号を発行し、林献堂は社長にな
った(8)。

　一九二〇年代に農民運動は非常に発展し、日本本土と中国
大陸の思想の衝撃、共産主義、無政府主義などは次第に運動

者の思想と行動に影響し、労働者、学生、農民運動の次第に発展し、民族運動陣営は分裂した。一九二七年、文化協会は台中で臨時大会を行ない、中央委員を選挙し、社会主義派の連温卿は優勢になり、林献堂、蒋渭水、蔡培火などが辞職し、文化協会は正式に分裂し、新文化協会（左派）と台湾民衆党（右派）が相互に対立する局面になった。その影響を受けて、日本の留学生団体は完全に分裂し、林献堂は左派が奪権し、右派が抵抗できずに分裂していくことをみて深く苦しみ、それゆえ、両派の活動に参加しなかった。一九二七年に出国し、一年間旅行し、東京に八ヶ月滞在し、一九二八年に台湾に帰った。林献堂は欧米に旅行し、欧米先進諸国の民主的な議会、政治、文物史跡に対して、非常に感銘を受け、林献堂はその後、民主政治の基本的工作に関心をもつようになり、「台湾地方自治連盟」の抗争を行った。林献堂が出国してから、蔡培火と蒋渭水は組党工作を行い、「台湾民党」を誕生させたが、ただちに禁止された。一九二七年、台湾民衆党が創立されたが、台北で第二次中央委員会が開かれ、林献堂、林幼春、蔡式穀、蔡培火ら四人が顧問になったが、民衆党は蒋渭水の指導下に階級運動に走り、林献堂の温和路線と対立し、一九三〇年、台湾地方自治連盟が成立してから、彼らは顧問の職を辞した(9)。

　一九三〇年に林献堂、林柏寿、蔡培火らは地方自治制度を実施させるための政治結社を作り、民族運動の成果を定着させ、台湾人の参政の機会を得させようとした。林献堂は東京で新民会を主催していた、楊肇嘉を台湾に帰らせ、主催させ、

楊肇嘉は地方自治に対し、すこぶる研究しており、台湾に帰ってから林献堂と討論してから、計画し、その間、穏健派の民衆党の代表は懇談したが、合意に達しなかった。一九三〇年、林献堂、蔡培火、楊肇嘉は台湾地方自治連盟を成立させ、メンバーは資本家と知識人が主だったし、ある人はそれが資本家が権利を勝ち取る組織であると思い、その構成員は「搾取的社会主義者」であると嘲笑った。一九三一年、民衆党は禁止され、林献堂は顧問だったが、積極的に活動せず、個人の名義で日本に対して「台湾新民報」の日刊発行権をかちとった(10)。

　文化協会が分裂してから林献堂は外国旅行 (一九二七年～一九二八年) をし、次第に政治活動の中から背後の支援者の役割に変わり、ただ議会設置請願運動だけは忘れられないことであった。一九二八年に蔡培火と続けて請願運動を行った。第九次請願運動の時 (一九二八年)、請願運動陣営は分裂し、新文化協会と青年会は反対の態度を取るようになった。第一〇次請願運動の時文化協会は公に反対し、請願者の人数は減少していき、第一一次請願運動から第一五次請願運動に至って次第に衰えていき、一九三四年に請願運動を中止することを決議し、一九二一年から一九三四年の議会設置請願運動は幕を閉じた。一九三〇年代の農民組合、台湾共産党、新文化協会、台湾工友総連盟、台湾議会設置請願運動の衰退にしたがって、一九三五年、台湾の政治社会運動は終結をつげ、日中関係は日増しに緊張していき、日本国内の軍国主義の風潮が高まり、林献堂は政治運動から引退したけれども、影響を

受けた(11)。

　一九三六年、彼は次男の猶龍を連れて「台湾新民報」が組織した華南考察団に参加し、廈門、福州、汕頭、香港、広東、上海などを旅し、上海で華僑団体に対する講演会の時に「林献堂が祖国に帰った」という言葉を述べ、日本のスパイが台湾軍に報告し、「台湾日々新報」にそのことが掲載された。台湾軍参謀長萩州立兵の力は総督府より強くなり、かってに政治に干渉し、命令し、林献堂が台中公園で始政記念日の園遊会の時に、ヤクザの売間善兵衛を買収し、林献堂を殴らせ、台湾人に警告を与え、これが祖国事件であった。萩州立兵は「台湾新民報」が漢文版を廃止するように強要し、林献堂の家族は逮捕逃れ、親日士紳郭廷俊が彼に神社に参拝するように強制し、特務警察は何度も脅迫し、彼は台湾を離れ、避難することを決めた。一九四〇年、林献堂は台湾に帰ってから、台湾は皇民化の時期に入り、日本は台湾人を日本化させ、日本に協力し、戦争に参加するようにさせ、政治運動の指導者の篭絡するために、一九四一年、林献堂を総督府評議員に任命し、一九四四年、皇民奉公会台中支部は彼を大屯郡事務長に任命し、一九四五年、彼は貴族院勅撰議員に任命され、八月、戦争が終わり、五〇年前に清廷が日本に割譲した台湾は中国の一部になった。日本軍が降伏する際、軍の主戦はの日本人は策を練り、許丙、辜振甫、徐坤泉などの地主、資本家は草山会議を行ない、接収を阻止しようとしたため、一九四六年、長官公署は十数人の台湾人紳士を逮捕し、林献堂が許丙、辜振甫などと連絡していたため、逮捕者名簿に入ってお

り、丘念台が中央と台湾省当局に説明し、台湾人の漢民族の裏切り者の容疑者の問題は解決した(12)。

三、林献堂の政治思想

葉栄鐘は、『日本占拠下の台湾政治社会運動史 (上)』の中で以下のように述べている。

一九〇七年に林献堂が日本内地を観光した際、奈良市で中国から亡命してきた政客梁啓超と会い、その意見を聞いて啓発を受けた。林献堂は次のように言った。「我々は異民族の統治下にあり、政治的差別を受け、経済的に搾取され、法律的に不平等であり、最も苦しいのは、とりわけ愚民化教育を受けていることであり、このような環境にあって、どうすればいいのか。」梁啓超は次のように答えた。「三〇年以内に中国は諸君を助ける能力は絶対に持ち得ないし、最もよいのはアイルランド人のイギリス抵抗運動に習うことであり、初期のアイルランド人の、たとえば暴動は、小さいのは警察をもって、大きいのは軍隊をもって、鎮圧され、みなごろしにされ、のちに計を変じ、イギリス朝野と結び、しだいに圧力を弱めさせ、のちに参政権を獲得し、イギリス人と平等の地位にさせた。例を挙げて言えば、イギリスの漫画家が描いているのは二人のアイルランド人が一本の縄の両はじをもって、イギリスの首相を絞殺しようとしており、これが意味しているのは、アイルランド人の議員はイギリス国会の議席は多くないけれども、二大政党の間で重要であり、イギリスの内閣の運命を左右し、諸君らはなぜそれを習わないのか(13)。」

　林献堂は梁啓超の啓発を最も深く受け、最も影響を受けたのは台湾民族運動の方法問題に関してである。つまり彼はアイルランド人のイギリス抵抗運動を習い、日本の中央と結び、総督府の台湾人に対する圧政を牽制させようとした。林献堂は当時まさに壮年の時であり、総督府が台湾人同胞を圧迫虐待し、満腔悲憤慷慨の熱情を抱いていたが、いかに解決すればいいか分からなかった。過去の武力蜂起はまさに梁啓超が言ったように、アイルランド人の初期の反英暴動は、小さいのは警察をもって、大きいのは軍隊をもって、鎮圧され、みなごろしにされ、この道を歩むべきではないことは台湾人はよく分かっていた。ましてや林献堂は頑固な革命家ではなく、彼の資産、地位、声望も彼の行動に一定の制限を加えていた。彼の思想形態はせいぜい改良主義を超えることはなく、これは今日においておかしくないけれども、あるいは時代遅れであったが、まだ啓蒙されていない当時においては、貴重なことであった。我々がもし一歩進んで当時の環境を検討するならば、彼の同族の大部分の人々が酔生夢死の生活をしていたが、彼は独立独歩で飄然とそれらの人々と付き合わず、それが彼の偉大なところであった。彼は梁啓超の指摘を受けて、ひらめきを感じ、甘得中が以下のように言ったわけである。「我々はこれを聞いて、本当にすばらしいことであり、みずから心に刻みつけられた。」これはたしかに心の中からの実感である。梁啓超は「林献堂の祖母の誕生祝いの序文」の中で次のように言った。「林献堂は温和であり、物静かであり、意志が強い。」この言葉は非常に正しかった。林献堂はたしかに

温厚な性質をもっており、それゆえ梁啓超が指示した方法について彼はこれが唯一の可能な道であると思い、彼はまず板垣退助と同化会を提唱し、梁啓超の指示によって開始した(14)。

林献堂は梁啓超の忠告を受けてから、すべて梁啓超の指示にしたがって行動した。梁啓超が「三〇年以内に中国は諸君(台湾人)を助ける能力は絶対に持ち得ない」というのを聞いて、林献堂はもはや中国の助けに期待せず、台湾人自身の力によって、台湾独立を図ろうとした。梁啓超が林献堂に告げたことは、アイルランド人がイギリスの政治家と結ぶやり方に習い、林献堂が内地日本の政治家と結び、台湾独立を実現させようとしたということである。

台湾文化協会は、一九二一年一〇月一七日、台北市の静修女学校において、創立大会を挙行した。台湾文化協会の会員総数は、一〇三二名に達した。林献堂が台湾文化協会の総理となった。台湾総督府の『台湾総督府警察沿革誌』は以下のように述べている。「台湾文化協会は、会則の表面においては、『台湾文化の発達を助長す』との抽象的目的を掲げたるに過ぎざるも、前述設立の動機及目的に照し、島民の民族自覚を計り其の地位と任務を訓へ、当面の対策として台湾特別議会の設置を要求し、之を第一段の運動として次第に民族自決、台湾民衆の解放に向ふべきを其進路とせること明らかなり(15)。」「民族自決」という言葉があらわしているのは、台湾人の民族自決という意味であり、「台湾民衆の解放」という言葉があらわしているのは、台湾独立という意味である。台

湾総督府当局も見ぬいているように、台湾文化協会は、台湾
文化の発達を標榜しつつも、最終的には、台湾人の民族自決
と台湾独立を目的とする団体であった。そうである以上、台
湾文化協会の指導者の林献堂が、台湾独立思想をもっていた
ことは明らかである。

　台湾文化協会の一九二五年八月六日の夏期講習会の茶話会
において、林献堂は、「台湾人青年の行くべき道」と題して、
次のように述べた。「現在より美しい台湾、新しい台湾を建設
する方法を講じなければならぬ。それには不撓不屈の努力が
必要である。依頼心を棄て、独立独歩の裡に団結を強固にし、
事に当たることを忘れてはならぬ(16)。」「新しい台湾」や「独
立独歩」という言葉が意味しているのは、台湾独立というこ
とである。もし台湾が日本人か中国人のものと思っているな
らば、このような表現はしない。台湾は台湾人のものである
と思っているからこそ、このような表現になるのである。こ
の演説には、林献堂の台湾人意識と台湾独立思想が現れてい
る。

　台湾文化協会の影響に関しては、台湾総督府の『台湾総督
府警察沿革誌』は次のように述べている。「文化協会の常に宣
伝せる要旨は、究極する所『漢民族は光栄ある五千年の文化
を保有する先進文明人にして、異民族の統治下に屈伏すべき
ものにあらず。日本の統治方針は漢民族のあらゆる文化と伝
統を抹殺し、之を経済的搾取の対象として完全に日本の隷属
民族となし、或は被圧迫民族として圧迫拘束せんとするもの
なり。吾人は漢民族たる民族的自覚を喚起し、台湾を吾人の

台湾として自ら統治し、屈辱を排すべく起って団結せんとす』と謂ふにあり(17)。」このように台湾人は台湾の漢民族としての自覚をもち、台湾議会設置請願運動の開始とともに、台湾人意識を覚醒させた。台湾文化協会の啓蒙運動によって、台湾人は漢民族であり、台湾は台湾人が統治すべきであるという台湾独立思想が発現するようになったことは明らかである。「台湾を吾人の台湾として自ら統治し……」という言葉は、台湾人意識と台湾独立思想の現れであり、台湾文化協会が台湾独立を目的としていたことは明白である。そうである以上、台湾文化協会の指導者の林献堂に、台湾人意識と台湾独立思想があったことは明らかである。

　さらに台湾文化協会の意義について、抗日運動家の黄旺成は、次のように述べている。「台湾文化協会の目的は、表面上、台湾文化の発達を促進させることであったが、真の目的は、台湾人の民族意識を覚醒させ、民族自決の気運を醸成させ、台湾を日本の統治から離脱させることにあった(18)。」すなわち台湾文化協会の目的は、台湾の民族自決と台湾の独立にあったというのである。このことは、台湾人意識と台湾独立思想の高揚を意味している。それゆえ台湾文化協会の創立者林献堂が、台湾人意識と台湾独立思想をもっていたことは明らかである。

　台湾文化協会の政治思想は以下のとおりである。

　台湾文化協会は一九二一年に成立し、一九三一年に解散し、主要なメンバーには、林献堂、蔡培火、蒋渭水、黄旺成、謝南光、連温卿、王敏川、謝雪紅などがいて、その一貫した政

治思想は台湾独立思想であった。たとえば台湾文化協会が台湾議会設置請願運動 (請願運動は立法権を要求する台湾独立運動であった) を支持する決議を出し、そして台湾共産党支部指導下の台湾文化協会と台湾共産党 (台湾共産党は台湾独立を主張した) は同じ政治的主張をもっており、すべて台湾独立思想の具体的表現であった。しかし黄旺成と謝南光はその後、中国へ行き、中国統一思想の影響を受けて、その立場を変えた。台湾文化協会は指導階層の変遷にしたがって、その政治思想も三回変わった。第一の時期 (一九二一年～一九二七年) 民族主義思想の時期であり、指導階層は林献堂、蔡培火、蒋渭水であり、彼等は地主資本家階級と中産階級をもって中心とし、民族的自覚と台湾人民の解放を主張し、第二の時期 (一九二七年～一九二九年) は社会民主主義思想の時期であり、指導階層は連温卿などであり、彼等は農民、労働者、小商人とプチブル階級をもって中心とし、台湾人の地位を高めようとし、第三の時期 (一九二九年～一九三一年) は共産主義思想の時期であり、指導階層は王敏川などであり、彼等は台湾文化協会を台湾共産党の外郭組織とし、日本帝国主義を打倒することを主張した。台湾文化協会は一九二七年以前、ほとんどすべての抗日運動に参加した団体であり、民族自決主義思想をもって基礎とし、台湾を解放する目標をもっていた。しかし一九二七年、連温卿と王敏川などの多くの社会主義思想の傾向をもつ青年が台湾文化協会に加入した。自由主義思想と民主主義思想をもつ林献堂、蔡培火、蒋渭水などは社会主義思想に反対し、台湾文化協会を脱退した。一九

二七年から一九二九年まで、台湾文化協会は社会主義思想の傾向をもつ抗日団体になった。一九二九年に、台湾共産党の影響を受けて、共産主義思想をもつ人が増加しはじめた。共産主義思想をもつ王敏川は社会民主主義をもつ連温卿を台湾文化協会から追放した。その後、一九三一年、日本の警察が台湾共産党員と台湾文化協会会員を逮捕するにしたがって、台湾文化協会は解散した。林献堂は台湾文化協会の指導者であり、このことから彼には台湾独立思想があったということが分かる。

　一九二一年一月に台湾議会設置請願書が第四四帝国議会に提出された。これは台湾総督の立法権 (律令制定権) と台湾予算への協賛権をもつ台湾議会の創設を求める請願であった。以後一九三四年の第六五議会まで一四年間、一五回にわたって行なわれた台湾人の政治運動であった。この台湾議会設置請願運動は、林献堂を中心とし、植民地政治に対して参政権を要求する政治運動であった。一般に台湾議会設置請願運動とは、台湾の自治を要求する運動であったと解されているが、実は台湾独立を要求する運動ではなかっただろうか。たしかに表面上、自治を要求しているが、まず自治を達成し、その後に独立を達成したかったのではなかったろうか。台湾議会設置請願運動の中心的指導者であった林献堂は、台湾独立思想をもっていた。それは林献堂と台湾総督田健治郎との会談から例証できる。田健治郎は次のように述べた。「今、君の言葉の中に民族自決云々とか申して、若し議会設置の請願といふことでも採用されないと独立の気運が漲って来るというこ

とを君は申した(19)。」すなわち林献堂は田健治郎に台湾議会を設置しなければ、台湾独立をすると脅迫したのである。しかしもし台湾議会が設置されれば、それは自治を意味することになり、独立の前段階ということになる。林献堂が梁啓超の勧めたアイルランド方式を考えていた以上、まず自治を獲得し、次に独立を要求しようと考えていたことは明らかである。林献堂ははじめに台湾議会を設置させ、台湾の自治を達成し、最終的には、台湾の独立を実現したかったのである。

　台湾総督府は『台湾総督府警察沿革誌』の中で、以下のように述べている。

　本運動 (台湾議会設置請願運動) に従事しつつある者の中、其の幹部と目すべき者は比較的穏健にして、今直ちに本島の独立、支那への復帰を企画するが如きものなしと雖も、現在の総督政治に不満を抱き、之が根本的改善は本島人自身の手に依るに非ざれは期待すること能はずとなし、少くとも植民地自治を要望する者なる点に於て一なり。唯茲に注意を要する点は彼等の多くが支那に対する観念を中心として動き、其の見解の異なるに従ひ、其の思想及運動の傾向を異にすることなり。此の見解よりして幹部の思想言動を観察する時は大様之を二つに分つことを得べし。一は支那の将来に多大の望みを嘱し、支那は近く国情恢復と共に世界に雄飛し、必ず台湾を回復し得るものとの見解に立脚し、夫れ迄は民族的特性を失はず。実力を涵養して時期を待つべしとなすなり。従って民族意識極めて強く支那を追慕し、口を開けば支那四千年の文化を高調して民族的自負心を唆り、動もすれば反日的言

動を弄し、行動常に過激に亘るの虞あり。之に対して他の一は支那の将来に多大の期待を有せず、本島人独立の生存に重きを置き、仮令支那へ復帰するも今日以上の苛政に遇へば得る処なしとなすなり。従って敢て日本を排斥せず、台湾は台湾人の台湾として専ら其の利益幸福の増進を計らざるべからずとなすなり。然れども、之等の者と雖も、支那の現状に失望せる結果斯くの如き思想を抱くに至れるものにして、他日支那の隆盛を見ることあらば、前者と同様の見解に復すべきこと想像に難からず、前者の代表的人物としては蒋渭水、王敏川等にして、後者に属する者としては蔡培火、林呈禄を以て主たるものとす。林献堂、林幼春以下其他の幹部は旗幟甚だ不鮮明なるも大勢は後者に向って傾かんとしつつあり。幹部以外の運動者に至っては其の思想甚だ区々にして、或は本島の独立、支那への復帰を夢みつつある者もあるべく、亦主義的傾向を有し、現在の国家、社会組織自体に反対なる主張を有する者もあり。単に本島の自治を希望する者もあり、亦一種の感情に発したるものあり、到底之を尽すこと能はずと雖も、其の根底に於て日本の統治を快しとせず、少くとも実質上日本の羈絆を脱せんとするものなること皆同じ、之等の一団は相集って茲に宛然総督政治に対する反抗団体をなせるもの之れ台湾議会設置請願運動者なりと言ふも過言にあらざるなり(20)。

　『灌園先生の日記』一九三四年七月二一日は次のように述べている。

　「九時十五分に中川総督に会い、わざわざ君に来てもらっ

たのは台湾議会請願のことであるといい、煙草を勧めながら
懇談した。そもそも台湾議会の設置はけだし将来の独立を図
ることなり。台湾の統治方針は二つあり、一つは同化であり、
一つは自治であり、現在、行なっている方針は同化であり、
フィリピン、インドのように、先に自治を要求し、続けて独
立を図るようなことを真似しないでほしい。もし日本が滅亡
するのでなければ、台湾を放棄する理が断じてなく、請願中
止を強く望む。余これに答えていわく。台湾の地理、歴史、
人口、経済は、独立の資格はなく、愚かながらも、余等が台
湾議会を要求することは、けだし台湾が日本の南方の重鎮で
あり、総督政治は永遠に廃止できず、総督の監督の下、台湾
議会を建設し、予算を協賛し、特別立法を改正することは、
総督政治を廃止し、中央に郡県選出の代議士を置くことより
まさるのではないか。総督いわく。君らの最初の考えは独立
を図るではないけれども、その結果、独立しなければならな
くなり、子供の火遊びのように、家を燃やすつもりはなくて
も、その結果、家を燃やすことになり、ましてや実現が難し
い台湾議会は人に口実にされ、実現されようとする地方自治
制度に反対し、君が言うごとく、予算と特別立法を台湾議会
の協賛に帰すということは妥当ではないところもある。余は
その論に反駁し、お互いに多くの時間を費やした。結局、そ
の意味を同志に伝え、その後、中止するかどうかを決定する
ことにした(21)。」

　筆者が思うに台湾議会設置請願運動は、台湾独立要求運動
である。そう言えるのは、以下の五つの理由からである。第

一に台湾議会設置請願運動は、法律制定権と予算議決権から
なる立法権を要求する運動であった。それゆえに立法権をも
つ台湾議会は、立法権をもつ帝国議会と同等の権限をもつこ
とになる。立法権をもたず、条例制定権しかもたない府県会
と台湾議会とは明らかに異なっている。第二に次のことが言
える。民族的にみて日本民族と漢族系台湾人は異なってお
り、一八九五年以前は別の国 (清国) によって統治されてい
た。日本側の同化主義といった台湾人を日本人化させようと
する理論に台湾側は、請願運動といった台湾人と日本人は異
なるとする理論で対抗した。このように「同化」ではなく「異
化」をめざす請願運動者が「自治」程度で満足できるとは思
われない。第三に以下のことが言える。請願運動は、アイル
ランド方式をモデルにしていたがゆえ、第一段階として「自
治」を獲得し、第二段階として「独立」を得ようとしていた。
しかし当時の状況から考えて、一気に「独立」に向かうのは
困難であるがゆえに、まず「自治」を得ようとした。すなわ
ち請願運動者にとって、「自治」は目的ではなく過程であり、
「独立」が目的であった。第四に次のことが言える。請願運
動者は、台湾憲法制定を構想していた。本来、憲法とは国家
が制定するものであって、地方自治体が制定するものではな
い。地方自治体には条例制定権はあっても、憲法制定権はな
い。もし憲法を制定できる団体があれば、それは地方自治体
ではなくて、国家である。独立した国家のみが制定しうる憲
法を台湾議会が制定しうると構想していたがゆえに、台湾議
会設置請願運動は、台湾自治要求運動ではなく、台湾独立要

求運動を意味することになる。第五に以下のことが言える。
もし日本側が請願運動を台湾自治運動 (官選による「地方自
治」か、民選による「植民地自治」かを問わず) であると思
っていたならば、台湾議会の設置を認めるはずである。たと
え台湾に「自治」を与えたところで、台湾は日本の支配下に
あり続ける。しかし日本は台湾議会の設置を認めなかった。
その理由は日本が請願運動を自治要求運動ではなくて独立要
求運動であると考えていたからである。これらのことから、
台湾議会設置請願運動は、自治要求運動ではなくて、独立要
求運動ということになる。それゆえ台湾議会設置請願運動
は、台湾自治要求運動を意味するのではなくて、台湾独立要
求運動を意味するということになる。林献堂は台湾議会設置
請願運動を推進した中心人物であり、ゆえに彼には台湾独立
思想があったということになる(22)。

　林献堂は約一年間の世界一周旅行の後、一九二八年、「台湾
民報」第二三六号に、「欧州視察感想談」という文章を書き、
その中で次のように述べている。「私が欧州旅行で得た最大
の教訓は、自治能力の訓練ということである。一つの国家に
おいて、自治能力の訓練が行なわれなければ、最終目的に達
することはできない。そのほかに犠牲精神を育てることも必
要である。カタコンベ (地下礼拝室) を見て、犠牲精神養成の
必要性を感じた。台湾人には自治能力の訓練と犠牲精神の養
成が不足している。もし台湾人が解放を求め、幸福を願うな
らば、自治能力を訓練し、犠牲的精神を育てなければならな
い(23)。」ここで林献堂が言っている「自治能力の訓練」とい

うのは、台湾自治運動を行なうということであり、「最終目的
に達する」というのは、台湾独立を達成するということを意
味している。つまり林献堂は台湾人が台湾自治運動を行ない、
台湾独立という最終目的を達するように、台湾人に呼びかけ
ているのである。それゆえ林献堂は台湾人意識をもち、台湾
独立思想をもっていたということになる。

　一九四五年、台湾は日本統治から離脱した。中華民国政府
の台湾接収に対して、台湾人は草山会議 (草山は現在の陽明
山) を開き、台湾独立を計画した (台湾独立事件)。台湾独立
事件を引き起こした台湾人士紳は林献堂 (貴族院議員・大地
主)、許丙 (貴族院議員・資本家)、簡朗山 (貴族院議員)、辜振
甫 (皇民奉公会実践部長・資本家) ら三〇人だった。同年八月
二二日、台湾総督安藤利吉は、抗戦派の中宮悟郎少佐と牧沢
義夫少佐を説得し、中止を命令し、台湾独立運動を禁止した。
そのため、台湾独立運動は中止された。林献堂が台湾独立運
動を行ない、台湾独立事件を起こしたことは、林献堂の台湾
人意識と台湾独立思想の強さを証明している。台湾独立事件
を起こしたことからもわかるように、林献堂の台湾人意識と
台湾独立思想は強烈であった。それゆえ台湾独立事件の首謀
者だった林献堂に、台湾人意識と台湾独立思想があったこと
は明らかである。

　丘念台は『山海の微風』という本の中で以下のように述べ
ている。

　台湾に帰ってからはじめて聞いたおかしな知らせは、長官
公署が十余人の台湾省の紳士をとらえ、さらに百数十人のと

らえる予定の名簿があり、林献堂もその中に含めているということであった。私が思うに、林献堂は日本統治下で反日を提唱した紳士であり、日本の貴族院議員に任命されたけれども、終始、会議に出席したことはなく、また日本軍が降伏する前に、彼を誘って台湾独立を密談させたことも、彼が日本のために奔走するためではなくて、当時、国軍がまだ到着していなかったので、彼は日本人に強引に誘われたので、斡旋せざるをえなかった。もし昔のことをほじくりかえすならば、必ず全省の各階層の人士を巻き込むことになり、民心に対して影響する。そこで私は勇気を出して長官公署にいわゆる「台湾漢民族の裏切り者」を勝手にとらえないようにお願いし、社会を安定させ、政治発展を図ろうとした。私の観点を支持するために、特にすぐに重慶中央に向かって、台湾省の身分と地位に関する経過を伝え、そして日本人に徴用されている台湾人は、道徳的に間違っているけれども、法律的に漢民族の裏切り者の罪は成立しないという論点が新聞に発表され、それ以後、長官公署は再び人をとらえることをやめた。一般の読者の反応は「人がまだ言っていないことを言ったり、言えないことを言ったりする」と考えていた。実際、これもそれほど高尚な理論でないが、ただ台湾の前後の状況をはっきりさせ、全国家民族の利益を顧みて、冷静に円満な解決の方法を考えるだけだった(24)。

　一九四九年九月二三日、林献堂は病気静養に名を借りて日本に亡命した。林献堂が病気静養以外に日本へ亡命したもう一つの理由は、光復後の政治社会の激変があったからであり、

当時の政治状況は林献堂の期待に沿うものではなく、経済制度改革によって大きな打撃を受けたからであった。たしかに彼の亡命は中華民国政府による食糧調達と三七五減租を含む対地主政策への無言の抵抗であった。林献堂は中華民国政府の帰台説得に応じようとせず、在日台湾人の台湾独立運動の陰の支援者を努めた。林献堂は日本へ亡命してからの数年間、新世代のリーダーシップの下で行なわれる台湾独立運動を構想していた。

　一九五六年九月八日、林献堂は東京の久我山で、老衰症併発肺炎で死亡した。享年七六歳であった。林献堂は中華民国の帰台勧告を受け入れず、邱永漢らの台湾独立運動を支援した。このことから林献堂には台湾人意識と台湾独立思想があったということがわかる。林献堂の晩年に特に日本に亡命してから林献堂と最も近かったのは邱永漢であった。邱永漢は小説「客死」の中で林献堂をモデルとして主人公謝老人のことを描いている。「客死」の中で以下のように述べられている。「謝老人がこの運動 (台湾独立運動) の中心であることは公然の秘密である。」彼は日本時代には日本と戦いながら貴族院議員に封ぜられ、国民党時代には国民党の牛耳る省参議会に名を連ねながら国民党と決裂し、東京の片隅で不遇な生涯を閉じるとすれば……。表面しか見なければ彼 (謝老人) いくつもの朝廷に使える重臣であるか一旦裏を引っくり返せば、反抗の歴史の連続である(25)。」この中で述べられている「謝老人が台湾独立運動の中心である」という言葉は、明らかに林献堂が台湾人意識と台湾独立思想をもっていることを意味し

ている。また「反抗の歴史の連続である」という言葉は、日本の植民地統治に対する面従腹背の林献堂の態度を現している。小説「客死」は以下のように述べている。『葵君、今度生まれて来るなら決して植民地に生まれて来るな。どんなに貧乏で小っぽけな国であってもいいから、自分達の政府をもった国に生まれて来ることだ。そうすれば君は政治のことなど心配しないでもいい。政治は政治家に任せておいて、放蕩三昧でもして暮らしてくれ。そういう姿の君が見たい(26)。』焼香をする時、老人は心のなかでそう呟いた。この中で述べられている「植民地」というのは、中華民国の植民地をなっている台湾ということであり、「自分達の政府をもった国」というのは、中華民国から独立した、台湾人の国を意味している。これらのことから、林献堂は中華民国から独立し、台湾人の国を建国をしようと考えていたということになる。これらの言葉からも、林献堂に台湾意識と台湾独立思想があったと言えるのである。

四、おわりに

　林献堂が行なった抗日運動である台湾議会設置請願運動も、台湾同化会、新民会、啓発会、台湾文化協会、台湾地方自治連盟を設立したことも、すべて台湾人の地位向上のためであった。林献堂の視野に入っていたのは、台湾という地域であり、中国という地域はその視野に入っていなかった。林献堂は台湾の自治、あるいは、台湾の独立を目ざしていたのであり、中国との統一を目標にしていたのではなかった。

　林献堂は自らを台湾人あるいは漢民族と呼ぶことはあっても、中国人と呼ぶことはなかった。その理由は林献堂には台湾人意識や漢民族意識はあったが、中国人意識はなかったからである。

　林献堂は「夷をもって、夷を制する」という政治的レトリックを用いることが多かった。たとえば板垣退助に台湾同化会を設立させ、台湾人の地位向上を計ろうとしたり、田川大吉郎らの政治家に台湾議会の設置請願の協力を求めたりしたのであった。祖国事件が発生した一九三六年は、日中間の対立が激しくなり始めていた時であった。当時、台湾地方自治連盟は力が弱く、林献堂にとって台湾人の地位向上を求める方法はなかった。そのため林献堂は台湾人の地位向上のため、中国という夷をもって日本という夷を制しようとしたのである。林献堂が中国を祖国と呼んだのは中国人の力を利用しようとしたにすぎない。その理由は林献堂に台湾人意識や漢民族意識はあったが、中国人意識はなかったからである。

　もし林献堂に中国人意識があったならば、なぜ二二八事件後に日本に亡命する必要があっただろうか。その当時は台湾における中国の建設のための重要な時期であったにもかかわらず、林献堂は中華民国を去って日本へ亡命したのである。林献堂は日本に亡命して後、蒋介石の帰台説得に応じようとせず、死ぬまで中華民国に帰国することはなかった。その理由は林献堂には台湾人意識や漢民族意識があったが、中国人意識はなかったからである。林献堂には台湾人意識と台湾独立思想があったのである。

　林献堂は、漢民族意識をもつとともに、台湾人意識をもつという二重意識 (デュアル・アイデンティティ) をもっていた。林献堂は、台湾人の苦痛を軽くするために、中国人と協力することはあったが、中国人意識をもつことはなかった。日本文化の侵入に対して、林献堂が守ろうとしたものは、中国文化ではなく、台湾人によって改変された漢民族文化、すなわち台湾文化であった。林献堂は表面上、台湾自治を主張したが、その真の目的は、台湾独立にあった。林献堂は中国統一思想をもっていたのではなく、台湾独立思想をもっていたのである。林献堂の視野に入っていたのは、台湾島であり、中国大陸はその視野に入っていなかった。すなわち林献堂のアイデンティティは、台湾島にしか及んでいなかったのである。林献堂の政治思想は、台湾人意識を基礎にしたものであり、台湾島に住む漢民族 (すなわち台湾人) が、民族自決を行ない台湾独立を達成しようとするものであった。

第二節　　台湾独立論者蔡培火の政治思想

　蔡培火は林献堂に協力し、台湾文化協会、台湾民衆党、台湾地方自治連盟を作った。蔡培火の政治思想は台湾独立思想、台湾議会思想、自由主義思想、地方自治思想であった。蔡培火は泉哲の民族自決と台湾独立思想の影響を受け (台湾は台湾人の台湾でなければならない)、民族自決と台湾独立思想を生み出し、台湾抗日運動を行なった。

一、蔡培火に関する研究史

　近年、台湾抗日運動史に関する研究が発表されつつある。しかし台湾抗日思想史についての研究は、伊東昭雄「蔡培火と台湾議会設置運動」、近藤純子「蔡培火のローマ字運動」、若林正丈「黄呈聡における待機の意味」があるにすぎない。伊東昭雄「蔡培火と台湾議会設置運動」は、蔡培火自身の書いた史料を十分に使っていず、本格的な研究とは言えない。また近藤純子「蔡培火のローマ字運動」は、概説的であり、思想史的分析が不十分である。さらに若林正丈「黄呈聡における待機の意味」は、黄呈聡の抗日思想についての本格的な研究と言えるが、蔡培火についてはほとんど触れられていない。それゆえ本論文は、これまで十分研究されてこなかった蔡培火の抗日思想に焦点を絞り、検討していこうとするものである。

　本節で明らかにしようとする点は、以下の通りである。蔡培火はいかなる抗日思想をもっていたのか。また彼の改良主義とは、どのような意味をもつのであろうか。さらに蔡培火は、台湾の将来に対していかなるビジョンをもっていたのか。これらが本論文において、明らかにしようとする点である。

二、台湾文化改良論

　蔡培火は同化を自然的同化と物質的同化の二つに分けて論じるという二元論を用いている。彼は、吾人の同化観」の中で、以下のように述べている。「同化の標準は、真善美それで

あって、その同化を促す力は各人各民族の心底に存するところの自発的の真善美に対する要求熱烈なる自由の意志そのものである(27)。」このように彼にとって自然的同化は、好ましいものである。

　人為的同化について次のように述べている。「人為的同化とは意志と個性と理性を無視し、強制的に行なわれる同化である。それゆえ人為的同化は何うも行はれさうもない(28)。」このように蔡培火は人為的同化の実現が困難であると述べている。

　以上、述べたように蔡培火は自然的同化による台湾文化の改変は、受け入れるが、人為的同化による台湾文化の改変は、拒否するのである。つまり台湾文化の部分的変革は容認するが、全面的変革は認めないという考え方である。これこそ台湾文化を守ろうとする思想の現れであった。この改良主義による姿勢が蔡培火の抗日思想であった。

　蔡培火は日本文化を物質文化と精神文化の二つに分けて、次のように言っている。「本島に於ける物質上の施設は幾分世界の大勢に添ひ相当の発達を遂げた、これに反して精神界に関しては萎靡不振雑混沌の状態である(29)。」すなわち彼は日本文化のうち、物質文化は好ましいが、精神文化は好ましくないとしているのである。蔡培火は物質的な日本文化は受け入れるが、精神的な日本文化は拒否するのである。それによって、物質的な台湾文化を改良しつつ、精神的な台湾文化を守ろうとしたのであった。

　なぜ蔡培火は文化を物質文化と精神文化に分けるという二

分法を用いて、前者を受け入れ、後者を拒否するのか。その
理由について、以下、述べてみよう。日本は台湾において、
鉄道を敷き、道路を作り、工場を建て、電線を引き、橋を架
けた。これらの物質文化はかっての台湾には、存在しないか、
存在しても不十分なものだった。日本の物質文化の台湾流入
は、台湾人にとって生活を便利にするものであるゆえ、好ま
しいものだった。それゆえ蔡培火も含めて、多くの台湾人が
日本の物質文化を受け入れたのである。

　しかし精神文化となると、事情は違ってくる。日本語の強
制や日本式の地名変更や日本式の衣食住の奨励が行なわれる
ようになった。これらの精神文化は、台湾には不要のもので
あった。なぜならばすでに台湾には、台湾文化 (厳密に言う
ならば、漢族系台湾人の文化) が存在していたからである。
すでに台湾語や漢文や儒教や台湾式の衣食住が存在している
以上、日本文化は必要でなかった。実際の台湾文化 (ここで
は漢族系台湾人の文化を指す) は、四〇〇年の歴史をもつに
すぎなかったが、蔡培火も含め、一般の抗日運動家は、しば
しば「我々漢民族には、四〇〇〇年の歴史がある」という表
現をして、高い文化をもっていることを宣揚した。中華思想
に示されるようなエスノセントリズム (自民族中心主義) の
思想を蔡培火も含めて多くの抗日運動家がもっている以上、
日本の精神文化を受け入れることはありえない。

　日本の精神文化の台湾流入は、台湾人にとって好ましいも
のではなかった。とはいえ台湾総督府の統治が武力を背景に
行なわれる以上、多くの台湾人にとって、日本の精神文化を

受け入れざるを得なかった。しかし一部の台湾人は、日本の精神文化の台湾流入に抵抗した。その一人が蔡培火であった。彼は日本の精神文化に抵抗した。彼は日本の精神文化を拒否するがゆえに、抗日思想をもち、抗日運動を行なう。彼の抗日思想とは、次の通りである。日本の物質文化を受け入れることによって、台湾の物質文化を改良する。しかし日本の精神文化は拒否することによって、台湾の精神文化を守る。これはまさに台湾文化改良論とも言うべきものである。蔡培火の抗日思想とは、このような台湾文化改良論に裏うちされたものであった。

三、台湾議会設置論

　台湾議会とは何か。蔡培火が帝国議会に提出した『台湾議会設置請願理由書』は、次のように言っている。「台湾住民ヨリ公選セラレタル議員ヲ以テ組織スル台湾議会ヲ設置シ而シテ之ニ台湾ニ施行スヘキ特別法律及台湾予算ノ協賛権ヲ附与スル(30)」

　つまり台湾議会は、台湾に施行される法律の制定権と台湾予算の議決権をもつということを意味する。それゆえ台湾議会は、帝国議会と同等の力をもつということである。その結果、帝国議会を中心とする日本政府とは別に、台湾議会を中心とする台湾政府が誕生することになる。まさに台湾議会は、台湾自決を含意することになる。それゆえ台湾議会を要求する蔡培火に、台湾自決思想があるということになる。一般に台湾自決思想は、台湾独立思想を意味するととられがちであ

る。とはいえ台湾自決は、台湾独立を意味するのではない。台湾自決とは、台湾の運命を台湾の住民が決定するということである。それゆえ台湾自決の結果、台湾が日本や中国から独立する場合もあれば、日本か中国と統一する場合もあるということである。彼のこのような民族自決思想は、非常にユニークである。一気に独立や統一にもっていこうとする急進的な方法は取らず、第一段階として自決を意味する台湾議会設置を目標としたのである。

　蔡培火は、状況に応じて行動する穏健な現実主義者と言える。蔡培火が台湾議会設置請願運動を始めたのは、いかなる思想がもとになっているのだろうか。『台湾人ノ台湾議会設置運動ト其思想』は、「台湾議会請願ノ出現セシト同時ニ台湾人ノ人格ガ生レタリ(31)」と言っている。この中で述べられている「人格」とは、台湾人の自己発見を意味する。つまり「人格」とは台湾自決思想を意味するのである。台湾議会設置請願運動によって、台湾自決思想が明確化してきたのである。つまり思想としての台湾自決主義が運動としての台湾議会設置請願運動となって現われてきたのである。

　台湾自決思想の勃興原因として、『台湾総督府警察沿革誌』は次のように言っている。「本島人は、民主主義、自由主義、ウィルソンの民族自決主義に刺激を受け、民族意識を喚起させられた(32)。」つまり欧米のデモクラシー思想の台湾流入が台湾自決思想を発達させ、台湾議会設置請願運動を生みだした一因となっていると言うのである。台湾議会設置請願運動とは、台湾自決思想に裏打ちされたものである。それゆえ台

湾議会設置請願運動を行なう蔡培火には台湾自決思想があっ
たということになる。彼の、台湾議会設置請願運動は、台湾
自決思想がもとになっている。台湾議会設置請願運動とは、
蔡培火の民族自決思想の具体化という意義をもつものである。

四、民族運動論

　蔡培火は民族意識と民族運動の発生理由について、以下の
ごとく言っている。「中国本土の漢民族は、世界列強から侵害
侮辱を受けて来た。其の当然の反動とし、中国の国民運動が
起きたのだ。台湾に於ける民族運動の起りも、略々中国のそ
れと類似したものであらう。台湾本島人はもう依然のような
白紙状態ではない。民族意識は既に彼等の胸衷を浸潤し、政
府の同化政策と、在台内地人の侵略的行動との為に、可なり
の程度まで彼等の心は不純にせられ、民族的結束を堅めて、
実際運動に入らうとしている。政府従来の搾取政策と在台母
国人の優越観念に対する不満不服が禍の基を築いたことに帰
着する(33)。」つまり中国が列強から侵略された結果、中国人
が民族運動を始めるようになったのと同様に、台湾が日本か
ら侵略された結果、台湾人も民族運動を始めるようになった
と言うのである。日本の台湾侵略によって、台湾人の民族意
識が形成され、民族運動が行なわれるようになったと言うの
である。台湾人の民族意識と民族運動の発展は、台湾総督府
の台湾人に対する搾取政策に帰因すると言うのである。この
ことから次のことが言える。日本から侵略された台湾人は、
民族意識をもつようになる。そして民族意識をもった台湾人

は、民族運動を行なうようになる。しかし台湾総督府は台湾
人を搾取する。そのため台湾人は民族意識を強め、民族運動
を盛んに行なうようになる。彼は台湾人であり、台湾の民族
運動の指導者の一人である。それゆえ彼には強い民族意識が
あったということになる。蔡培火の抗日思想とは、強い民族
意識に裏うちされたものであった。

　蔡培火は「我島と我等」という論文の中で「我が台湾島」
と「我ら台湾人」という言葉をさかんに使っている。彼は「台
湾は我等台湾人の台湾である(34)」と言っている。この言葉は
我々意識を示しており、民族自決思想をも表わしている。そ
れゆえこの論文は問題とされ、「台湾青年」は内務省によって
発禁とされた。これらのことからも、蔡培火には民族自決思
想があったことがわかる。

　一九二三年七月の彰化の講演会で、「現在思想の基調」と題
し、蔡培火は以下のように述べた。「現在思想ノ中心点ハ我デ
アル……我ト云フコトヲ知ラネバナラヌ……吾々ニハ自由ガ
アル……他人カラ押ヘラルルコトモ押ヘツケラルルコトモナ
イ(35)。」この中の「我」とは、「自分自身」を意味し、アイ
デンティティを指している。「我ト云フコトヲ知ラネバナラ
ヌ」というのは、「自分自身を台湾人と自覚せよ」と台湾人に、
民族意識の覚醒を求めている。「吾々ニハ自由ガアル」という
のは、「台湾人には、自己の運命を決定できる自由がある」と
いう意味であり、民族自決を意味している。それゆえ蔡培火
には、民族自決思想があったということになる。

　では、なぜ蔡培火は、民族自決思想をもつようになったの

か。それは蔡培火らの『台湾民族運動史』によれば、ウィルソン米大統領の民族自決主義と吉野作造東大教授らの民本主義の影響を受けたからである(36)。中でも、彼が最大の影響を受けたのは、泉哲明治大学教授の民族自決思想であった。台湾総督府の史料は言う。「泉博士の民族自決論は危険的または煽動的意味を含まざらしと雖も一も民族自決、二も民族自決と云々たるは、縦令煽動を為さざるも一知半解の青年は之れが為めに誤らるるなり(37)。」泉は、「台湾青年」に寄稿し、台湾人の民族自決を公然と主張し、蔡培火らの民族運動を援助していた。蔡培火は泉哲の民族自決思想の影響を受け、民族運動を推進したのであった。

五、ローマ字普及論

　蔡培火は一生を通してローマ字普及運動を行なった。彼はなぜローマ字普及運動を推進したのか。また彼のローマ字普及運動は、日本統治時代の台湾において、いかなる意義をもつのであろうか。

　蔡培火は次のように述べている。「羅馬字の普及は台湾文化の基礎工事である(38)。」この言葉は蔡培火がローマ字普及によって、台湾文化を向上させようとしていたことを意味している。さらに彼は日本人に台湾語学習を求めている。これは何を意味しているだろうか。これまで日本語は支配者の言葉であり、台湾語は被支配者の言葉であった。それゆえ日本語は台湾語より高い地位にあった。しかし日本人が台湾語を学ぶことで、台湾語も支配者の言葉となる。そうなれば台湾

語、日本語と同等の地位を獲得してしまうことになるのである。これこそ蔡培火が推進する、改良による抗日運動であった。蔡培火はなぜローマ字普及運動を行なったのだろうか。近藤純子「蔡培火のローマ字運動」は言う。「蔡は視野が狭かったと言えよう。問題は植民地体制にあったのであって同化政策の手直しではすまないのである。その意味で、ローマ字普及が認可されていてもどれだけ一般台湾人の力になり得たか疑問が残る(39)。」つまり近藤純子はローマ字普及運動は、同化政策の手直しであるとし、その有効性を疑問視している。しかしそうではない。彼のローマ字普及運動は、台湾語をローマ字で書き表わすための運動である。

　ではなぜ台湾語をローマ字にして表現する必要があるのか。その理由は台湾語によって表現される台湾人の思想を後世に伝えるためである。つまり台湾語で表わされたものを保存するためである。もし台湾語が口語として使われるだけで文字として残らなければ、台湾文化は後世に伝わらない。もし台湾文化が文字をもたない文化ならば、高砂族の文化のごとく脆弱なものになる。蔡培火も「文字をもたない社会に、すぐれた文化は存在しえない(40)」と言っている。日本文化という外来の文化が入りこんでくる時、高砂族が日本文化をほとんど抵抗なく受容したのは高砂族の文化が文字をもたない脆弱な文化であったからである。台湾文化は、中国文化に根をもっており、非常に似ている。しかし台湾文化と中国文化の異なっている点は、台湾文化は台湾語を含んでいることである。つまり台湾語は台湾文化の中心的位置を占めているのである。

日本語教育が台湾人に強制される時、多くの台湾人はそれに従うしかなかった。だが蔡培火は日本語教育の強制に抵抗した。それこそ彼の抗日の表現であった。日本語教育の強制に対し、彼は台湾語のローマ字普及運動によって、これに対抗する。まさにローマ字普及運動は、台湾語の保衛運動と同一の意味をもっていた。彼のローマ字普及運動は、一方で台湾への日本文化の侵入に抵抗しつつも、もう一方で台湾語を保存し、台湾文化を保衛するという二重の意義をもっていたのである。つまり蔡培火のローマ字普及運動とは、台湾への日本文化の侵入に抵抗しようとする意義と、台湾語を保存し、台湾文化を守ろうとする意義をもっていたのである。

六、教育改革論

　蔡培火は台湾総督府の同化主義に基いた日本語中心主義の教育を批判し、以下のように言う。「台湾総督府の同化主義に基いた日本語教育は、台湾人を能力なきものにしている。公学校入学後、台湾人の児童は、幼児の時に覚えた台湾語を禁じられ、公学校の六年間は、日本語を学ばねばならない。しかも日本流の漢文は、台湾人にとって役に立たない。そして台湾総督府の同化教育はただ台湾人を奴隷化させるだけである(41)。」と言うのである。このように蔡培火は、台湾総督府の同化教育を批判しているのである。そして彼は台湾の教育を改革せねばならないと考えるようになるのである。蔡培火は台湾における普通教育学制案として、次の通りの教育改革を主張している。「台湾教育は台湾の特質に立脚すべし。台湾

教育の教授用語は台湾語を並用すべし。漢文科を必須科目と
なし初等教育より授くべし(42)。」

　まず「台湾教育は台湾の特質に立脚すべし」という主張が
されるのは、「本島人は立派なる漢民族の分れであって、固有
の文字あり歴史あり古色蒼然たるの文明を有する大民族の一
分派である……本島人は其の長い社会生活によって一種の独
特の民族性を構成している(43)」からである。蔡培火の教育論
で最も重要な点は、台湾の教育は、台湾文化の独自性を尊重
しつつ行なわなければならないということである。このこと
は彼が台湾文化に誇りと自信をもっていることを意味してい
る。「固有の文字あり歴史あり古色蒼然たるの文明を有する
大民族の一分派である」という言葉には、彼の中華思想が表
われている。それゆえ彼は日本文化の台湾進入 (特に日本語
教育の強制) には断固として抵抗するのである。これは彼の
抗日姿勢を意味している。

　また「台湾教育の教授用語は台湾語を並用すべし」という
要求がなされる理由は、次の通りである。「三十幾年来の台湾
教育は、同化主義の教育方針から割出した国語 (日本語) 本位
主義で強行されて来た。其の為めに三百五十万本島人中の老
壮年は、盲唖に化して青少年は鸚鵡となって了った(44)。」つ
まり日本語のみを強制する教育は、有害無益であるから、台
湾語による教育を並用すべきであるというのである。これは
台湾語の保存を意味しており、台湾文化を守ろうとする目的
をもっていた。

　さらに「漢文科を必須科目となし初等教育より授くべし」

という主張がなされる理由は、以下の通りである。「漢文は本島人に取って唯一の思想表現の符牒であったけれど、例の同化的教育方針の徹底を期する為か、漢文普及の途を塞がれたばかりでなく、日本流の訓読を強ひられる怪現象さへ生じた。台湾人は漢文を放棄せしめられて其の思想を表現する術がないならば只労力を給ふる機械となるばかりではないか(45)。」それゆえ蔡培火は漢文的漢文の復興を主張するのである。彼は言う。「一体漢文の廃止を日本で云々することは甚だ僭越の次第である。一国の文化の精粋を表わすべき符牒即ち文章は、その国の人々によってのみ創造し改廃せらるべきもので他国人の容喙を許さぬ性質のものである(46)。」この言葉からも、彼が漢文をいかに重視しているか、台湾文化をどれほど尊重しているかがわかる。

　このような蔡培火の教育改革論の目的は、日本統治下での漢族系台湾人への教育水準の向上であった。この教育改革論は日本統治下の枠内で教育に関する改良を行なおうとする彼の抗日運動の一環であった。蔡培火の教育改革論は教育を改良し、抗日を行なっていこうとするものであった。

七、中日親善論

　蔡培火は、中国と日本の間の親善が必要として、以下のように述べている。「日華が親善提携すれば、我が東方諸民族に始めて更生向上の見込みがつき、大英帝国は、帝国主義的圧制を我が東方被圧制諸民族の上から取消す(47)。」蔡培火は、中国と日本が提携することによって、東洋諸民族の力が強ま

ると述べている。そうなれば西欧列強の、東洋の国々に対する帝国主義的圧制もなくすことができると言っている。これはまさに、日中提携論、東洋諸民族団結論である。とはいえ彼は世界情勢を十分に認識していない。当時の世界は、日本を中心とするアジア、アメリカを中心とする北アメリカ、ソ連を中心とするユーラシア、ドイツを中心とするヨーロッパに分かれ、ブロック化していたのである。しかも世界がパワーポリテックス状況にある以上、戦争勃発の可能性は高かったが、平和実現の可能性は低かった。

蔡培火は東アジアの諸民族の団結を呼びかけ、次のように述べている。

「日本帝国と中華民国との関係は収拾の道を知らないやうであります。台湾のことをくよくよ言って居る暇があれば、今にも落ちて来さうな我が東亜の天を細腕二本でも差出して支へよう、是が第一の喫緊事だ。かくして私は二十年来空拳赤手で奔走した処の母国台湾間の内政改革の要求を放棄し、私の細腕二本を差伸べて、我が東亜の兄弟達と協力して大勢挽回を策しようと思立った。東亜は宛ら、噴火山上に置かれてあります。今日の日本は完全に東亜なる大家族の長兄となったのだ。長兄に力あり、また徳も備へて始めて、此の東亜の大家族が破滅から救はれます(48)。」

この中の「私は母国台湾間の内政改革の要求を放棄し……」というのは、蔡培火の転向を意味すると思われがちである。しかしそうではなくて、これは彼の視野が台湾だけでなく、東アジア全域に広がったということである。これは地域主義

のあらわれである。またこの文の中で述べられている「日本
は東亜なる大家族の長兄となった」というのは、日本が東ア
ジアの中心となったということを意味している。これは日本
を中心として、東アジアの諸民族が団結していこうとする地
域主義である。一九三〇年代は地域主義の必要性が叫ばれて
いた。それゆえ蔡培火は東アジアの諸民族の団結という地域
主義を唱えることによって、日中間の全面衝突を回避させよ
うとしたのである。

　ではなぜ日中間の全面衝突を回避させたいのか。その理由
は日中戦争が台湾を微妙な立場に追い込むからである。中国
は漢民族が多数を占め、台湾は漢族系台湾人が多数を占めて
いる。すなわち中国人と台湾人は、漢民族という点で同根で
ある。また中国文化と台湾文化は、近似している。さらに明
朝、清朝の台湾統治という同一の歴史的経験をもっている。
それゆえ中国と台湾は、民族的に文化的に歴史的に深い関係
をもっている。しかし当時、台湾は日本の植民地下にあった。
つまり台湾は日本の領土となっている。それゆえに台湾人は
日本国民となっている。そして台湾に日本文化が流入しつつ
ある。しかも台湾が日本の植民地となって、すでに約四〇年
たっている。それゆえ台湾人も日本人であるという意識をも
つ台湾人が増加しつつある。これらの状況から考えるならば、
台湾人は中国と日本の、いずれか一方に与するわけにはいか
ない。中国人も台湾人も同じ漢民族に属している。しかし当
時、台湾人は日本国民であった。もし日中間の戦争が勃発す
るならば、台湾に徴兵制が施行されるだろう。そうなれば、

台湾人は日本軍の一員となって、中国軍と戦わなければならなくなる。しかし同じ漢民族と戦うことは、望ましくない。それゆえ蔡培火は日中間の衝突を避けるように主張するのである。さらにもし日中間の戦争が始まるならば、日本の一部となっている台湾に、中国からの攻撃が加えられることもありうる。そうなれば、日中間の戦争は台湾の破滅をもたらす可能性がある。当時、中国も日本も東アジアの大国であり、その戦争の影響は、東アジア全域に波及する恐れがある。それゆえ蔡培火は日中間の戦争を回避させたいのである。

八、おわりに

　蔡培火の抗日思想とは、改良主義に裏うちされた抗日運動を行ないながら、台湾の民族自決を目ざしていこうとするものだった。改良主義とは、日本植民地の枠組での、台湾人の地位の向上を意味していた。体制を部分的に変えていく改良主義は、体制を全面的に変革していく革命主義とは異なっていた。彼は台湾の民族自決を目ざしていた。台湾の民族自決とは、台湾住民が台湾の運命を決めるということであった。台湾の民族自決とは、台湾の独立を意味しているわけではないし、中国との統一を意味しているわけでもない。台湾の民族自決とは、単に台湾住民に台湾の運命を決める決定権があるということを意味しているにすぎない。台湾の民族自決の結果、台湾が独立する可能性もあれば中国と統一する可能性もあるということである。彼の思想と行動から、彼が台湾の独立を目ざしていたのか、中国との統一を目ざしていたのか

は、断定できない。しかし既述のごとく、彼が台湾の民族自
決を目ざしていたということは確かである。彼は台湾総督府
が台湾人を直接、搾取するために、民族運動論や教育改革論
によって、台湾総督府を非難する。しかし日本政府は、台湾
人を直接、搾取するわけではないし、日本国内に多くの台湾
人協力者もいるため、台湾議会設置論にみられるごとく請願
という形をとる。このように蔡培火の台湾総督府への態度と
日本政府への態度は、異なっていた。

　蔡培火の抗日思想とは、革命主義的民族自決思想ではなく、
改良主義的民族自決思想であった。そして彼の抗日思想は、
改良主義的色彩が濃いものであった。つまり彼の改良主義と
は、日本統治下における台湾人の地位の向上を目的としてい
た。また彼は最終的には、台湾人の民族自決を考えていた。
すなわち蔡培火の抗日思想とは、改良主義による抗日運動を
行ないつつ、台湾人の民族自決を目ざしていこうとするもの
だった。

第三節　台湾独立論者蒋渭水の政治思想

　蒋渭水は林献堂を助け、台湾文化協会を台湾民衆党を成立
させた。しかし台湾文化協会は社会民主主義的な連温卿に支
配され、林献堂、蔡培火、蒋渭水は文化協会を脱退し、台湾
民衆党を作った。その後、蒋渭水の主導する台湾民衆党は次
第に左翼思想をもつようになり、林献堂と蔡培火は脱退し、
地方自治連盟を作った。蒋渭水の政治思想とは台湾独立思想、

台湾議会思想、自由主義思想、地方自治思想であった。

一、蒋渭水に関する研究史

　一九二〇年代は台湾において多くの政治運動家や政治思想家が各団体を作り、抗日運動(49) を行う時代であった。中でもその中心は、台湾文化協会であり、その指導者は抗日運動家の林献堂、蔡培火、蒋渭水であった。しかしやがて文化協会内では共産主義の連温卿派、辛亥革命の影響を受けた蒋渭水派、合法的台湾民族運動の蔡培火派に分かれた。そしてしばらくして文化協会は、左派と右派に分裂した。勝利した連派が文化協会の主導権を握り、蒋派と蔡派は台政革新会を作り、さらに台湾民党を結成した。しかし台湾民党はまもなく台湾総督府によって禁止された。そこで蒋と蔡とは名称を台湾民衆党に変え、綱領も変えたため、台湾総督府から結社許可を得ることができた。こうして民衆党は、三年半後に禁止されるまで台湾で唯一の合法政党となった。文化協会と民衆党との対立は、左派と右派との対立ばかりでなく双方とも大衆運動に密接な関わりをもち、前者は農民運動、後者は労働運動と深く結びついていたことにあった。その後、文化協会はやがて路線の対立から、再度分裂し、民衆党も右派が新たに台湾地方自治連盟を設立したため、事実上、分裂した。そして民衆党の創設者であった蒋はまもなく病死した。

　それでは蒋渭水はいかなる政治思想をもっていたのであろうか。本節においては、この点を解明したいと思う。蒋の政治思想は「台湾青年」、「台湾」、「台湾民報」などの雑誌や蒋

の文章を集めた『蔣渭水遺集』(50) などの著作に表れている。また抗日運動側の史料として、蔡培火、陳逢源、林柏寿、呉三連、葉栄鐘『台湾民族運動史』(51) が刊行されている。さらに台湾総督府側の史料として、『台湾総督府警察沿革誌』(52) が出版されている。それゆえ蔣の政治思想を論じる客観的条件は整えられている。これまでの蔣についての研究業績については、黄煌雄『蔣渭水伝』(53)、簡炯仁『台湾民衆党』(54)、伊東昭雄「蔣渭水と台湾抗日民族運動」(55)、「蔣渭水と台湾民衆党」(56)、「台湾文化協会と台湾民衆党」(57) などがある。だがこれらの論文は蔣の抗日運動そのものを論じたものであり、蔣の政治思想についての叙述が不十分である。それゆえ本節では、蔣の政治運動ばかりではなく、その政治思想を中心に論じていきたい。本節においては、まず蔣の政治運動について概観し、次にその政治思想について論述し、その内容に分析を加え、検討し、最後にその政治思想史上の意義について述べることにする。

二、蔣渭水の生涯

　蔣渭水は一八九一年、台湾北部の宜蘭で生まれ、雪谷と号した。父は蔣鴻章といい、宜蘭で占いを業としており、宜蘭一帯で有名であった。祖先は中国の福建省漳州府龍渓県であった。父は息子に日本の教育を受けさせるのを潔よしとせず、宜蘭の儒者であった張茂才の塾に学ばせた。こうして九歳から一六歳まで七年間、蔣は張の塾で学んだ。張は日本植民地時代の初期に、政治を批判する文章を書き、一度、投獄され

たことがあった。それゆえ蒋は張から漢民族主義の影響を受けた。この時代に蒋の、漢民族文化に対するアイデンティティの原型ができた(58)。

　蒋渭水はその後、勧める人があって、一六歳の時に初めて、宜蘭公学校に入学し、六年間の課程を三年間で卒業し、二〇歳の時に台北の台湾総督府立医学専門学校に入学した。この学校は当時、台湾人が台湾で学びうる唯一の高等教育機関であり、多くの台湾人子弟がここに学び、多数の医師を送り出したばかりでなく、抗日運動に従事する人材を少なからず生み出した。蒋はこの学校ですぐれた成績をおさめたばかりでなく、学生たちの指導者として人気があった。蒋が医専に在学していた一九一一年に医者であった孫中山が中国で辛亥革命を起こした。この辛亥革命の成功は、医専の学生たちの民族意識を高め、中でも蒋は大きな影響を受けた。同年に蒋は孫中山らの革命運動から強い影響を受けて、医専内で民族運動を鼓吹し、袁世凱暗殺計画を練るなど、中華民国の革命運動を支援しようとした。この時から、蒋の、孫中山への傾倒が始まったのである(59)。

　一九一四年、板垣退助ら日本人と林献堂ら台湾人は、台湾同化会（のちに台湾総督府によって解散させられた）を結成した。その後まもなく蒋渭水ら七、八名の学生が林の台北の宿舎に押しかけ、林に面会を求めた。林は甘得中に対応させたが、蒋らは甘に対して、同化会は、日本の、台湾に対する同化政策を強め、これに協力するものにほかならないと批判した。だが甘は「同化できるか否かは知るところでないし、

同化会は台湾人の地位を高め、中央につながり、束縛をゆる
めさせることができる」と言った(60)。そのため蒋らは納得し、
翌日、医専の学生総数二〇〇人中、一七〇人が同化会に加入
した。

　蒋渭水は在学中から商業を営み、氷屋などを経営していた。
一九一五年、医専を二番の成績で卒業した。そして卒業後は
宜蘭医院に一年間、務め、その後は台北で大安医院を開業し
た。診療科目は内科、小児科、性病別などであった。この大
安医院は、後のさまざまな運動の根拠地となった。蒋はこの
医院のほか、学生時代からの氷屋の経営を続け、さらに居酒
屋・春風得意楼を開き、ここもその後、政治運動の集会場所
として利用された。蒋は医者として、また商業経営を通じて、
日本植民地下の台湾人のさまざまな苦しみを感じていた(61)。

　一九一九年、朝鮮の三一運動や中国の五四運動の中に民族
自決要求の高まりをみた日本政府は、事態を収拾するため
に、朝鮮に武断政治に代わる文化政治を施行し、台湾でも文
官の田健治郎を総督に任命し、台湾民衆への政治的圧力をわ
ずかに緩和した。同年、林献堂は東京で台湾人留学生蔡培火
らを結集して、六三法 (行政権をもつ台湾総督に立法権を付
与したもの) 撤廃を目的とする啓発会を結成した。のちに啓
発会は新民会と改称され、林がその会長となった。そして新
民会は学生部として台湾青年会を設立し、両会の共同機関誌
「台湾青年」 (のちに「台湾」、「台湾民報」、さらに「台湾
新民報」と改称) を東京で発刊した。しかし六三法撤廃運動
は矛盾があるという批判がおこり、新民会は台湾議会設置請

願運動へ方向を転換し、一九二一年に第一回請願を行った。この第一回請願をみて、かねてから文化活動を行っていた蒋渭水らは組織の必要性を痛感し、林らと協議した(62)。

　こうして台湾文化協会が設立され、林献堂が総理、蒋渭水と蔡培火が専務理事に就任した。そして会員総数は一〇三二名に達した。文化協会は台湾文化の発達を助長することを目的とし、各地で講演会を開き、台湾議会設置請願運動を支援していた。一九二二年、蒋は連温卿と共同して新台湾連盟 (政治運動は行わなかった) を結成した。同年、蒋は文化義塾を設置したが、台湾総督府によって禁止された。請願運動は第一回請願 (一九二一年) から第一五回請願 (一九三四年) まで、前後一五回にわたって行なわれたが、その第一回請願には蒋は参加しなかった。しかし蔡と蒋は台湾議会設置請願を直接の目的とする台湾議会期成同盟会を組織した。蒋は第三回請願 (一九二三年) には代表委員に選ばれて東京へ赴いた。さらに同年、治警事件が発生し、九九人の請願運動者らが逮捕され、蒋も蔡も禁固四ヵ月の刑を宣告された。その後、第八回請願 (一九二八年) の時には、文化協会は左右に分裂しており、左派はこの運動から手を引いた。蒋の、請願運動への参加はこの後も続いた。第一〇回請願 (一九二九年) の際の請願代表を送る壮行会が台北で開催されたが、警察によって禁止を命ぜられ、主催者の蒋は逮捕された。しかし台湾民衆党の請願運動は、その後も民衆党が台湾総督府によって結社を禁止されるまで続いた(63)。

　一九二〇年代は、世界各地でさまざまな思想が広まった時

代であり、社会主義思想や共産主義思想が台湾にも流入した。
その結果、これまで台湾文化協会を中心にまとまっていた台
湾の政治運動は分裂することになった。一九二六年に、台湾
文化協会の会則改正のために、会則改正起草委員会が開かれ
て、蔡培火、蒋渭水、連温卿はそれぞれ改正案を提出した。
審議の結果、蔡・蒋案を折衷して委員会案とし、連案は保留
されることとなった。一九二七年、理事会が開かれ、連案が
審議されたが、蒋は自らの原案を参考のためと称して各理事
に配り、連案を蒋案によって修正する形で審議を進めた。そ
のため蒋は憤り、理事としての決議と発言権を拒否した。こ
うして蔡は文化協会から離脱した。そして連案の委員長制と
蒋案の総理制との主張が衝突し、結局、委員長制が通過した。
こうして蒋も文化協会から脱退した。すなわちこの時の文化
協会においては三つの流れがあった。蔡は旧来の文化協会の
活動方針を変えようとは欲しない流れを代表し、蒋は中国国
民党流の全民運動を欲し、連は無産階級運動を欲する流れを
代表していた。そして蒋と連は変革という観点から、この理
事会で手を結んで保守派に対抗したのである。もともと連は
文化協会の主導権掌握を画策しようとしたのであった。連は
文化協会の主導権は掌握したものの、蔡と蒋を引きとめるこ
とができず、その右派の団体内で左派が活動を行なうという
目論見ははずれ、文化協会は分裂し、それ自体が左翼的団体
となった(64)。
　一九二七年、台湾文化協会から離脱した蔡培火や蒋渭水ら
は新しい政治組織を作ろうとした。蔡と蒋は台湾自治会を組

織し、自治主義を主張し、「台湾人全体の利益、特に合法的手段をもって無産階級の利益を擁護する」としたため、台湾総督府に反対された。そのため後に結社名を台湾同盟会と変えたが、綱領が同じであったので、再び禁止された。そして結社の名称を解放協会に改め、さらに台政革新会に改め、綱領を「台湾人全体の政治的経済的社会解放の実現を期す」とした。だが台湾総督府は、「台湾人全体」と「解放」という文字が不穏当とした。そのためさらに結社の名称を台湾民党と改めた。だが台湾総督府はこの結社も「民族自決主義を懐包するものである」として禁止した。そして蔡と蒋は台湾民衆党と結成した。「本党ハ民本政治ノ確立合理的経済組織ノ建設及社会制度ノ欠陥ヲ改除スルヲ以テ綱領ト為ス」という綱領が採択された。結党時における党員数は一九七人であり、主幹は謝春木であった。台湾総督府は、民衆党の主導権がまだ蒋にあるとみていたが、綱領の上では民族主義が緩和されていること、再び禁止した場合はかえって地下に潜り、取締りが困難になること、右翼として左翼の文化協会と対峙する作用があることなどの理由によって、一応、許可することとした(65)。そして民衆党は民族解放運動の中核をなすべき大衆政党として、しだいにその民族主義的要求をあらわにしていた。また民衆党は全民運動を目指していたが、これは中国国民党が提唱していた全民政治にヒントを得たものであり、労農大衆を中心に広範な民衆に基礎をおいた民族解放の運動を意味していた。つまり台湾民衆党は、労働者・農民を中心とする大衆的組織を志向していた。こうして民衆党は労働運動・農

民運動を中心とする大衆運動に基礎をおく統一的組織として、闘争の矛先を台湾総督府の台湾支配と御用紳士とに向けていたのである。だが民衆党内の林や蔡らの右派は、民衆党の活動をブルジョア民主主義の枠内にとどめようとしており、民衆党内の蒋らの主流派と対立していった。一九二八年、蒋は労働運動を強化するため、二九の労働団体を糾合して台湾工友総連盟を設立した。民衆党の主導権は蒋ら左派によって掌握され、第三回大会宣言（一九二九年）では、「本党の階級闘争に対する態度は労働者・農民階級をもって、中心勢力とする」とされた。林や蔡らの右派は、このような大衆政党をめざす左派の方針に反対し、一九三〇年、台湾地方自治連盟を結成し、民衆党は分裂することになった。一九三一年の第四回大会で綱領がブルジョアジーからのプロレタリアートの解放を意味するものに修正された。台湾総督府は民衆党を「階級闘争ヲ加味シタル民族運動ヲ目的トセル結社」であるとし、禁止した。このとき蒋ら一六人は逮捕されたが、翌日、釈放された。同年、蒋は腸チフスにかかり、病死した。享年四〇歳であった(66)。

三、蒋渭水の政治思想

　蒋渭水は台湾総督府に召喚された際、次のように述べていた。「植民地自治主義の問題は今や世界植民政策の趨勢に順応したるまでにして、台湾当局と雖も早晩同化主義より自治主義への推移を余儀なくせらるべし。現に朝鮮に於ても総督府の御用紙たる京城日報が副島伯の署名を以て植民地自治論

を掲載し、又植民地自治論者たる大阪毎日新聞松岡経済部長
を聘して副社長とせり。朝鮮の民衆は現在自治主義を排斥し
つつありと聞くも我等は之を要望するものなり。台湾当局が
此の趨勢に逆行し、圧迫的態度を以て、之に望むは誠に了解
に苦しむ所なり、我等は自治主義を標榜すと雖も是れ一つの
目標とし理想として掲ぐるに過ぎず、自治主義の採用される
や否やは日本国民全般の世論が之を決する所にして我等独力
之を達成し得る所にあらず。我等の主張を表現するに当り用
語、字句の変更に就れば研究考慮するも、自己の信念まで枉
ぐる能はず玉砕主義も止むを得ず(67) 。」

　この中で、蒋渭水は朝鮮人が自治主義ではなくて独立主義
であるのに対して、台湾人が独立主義どころか、たんに自治
主義だけ求めてるにすぎないと言っている。また多くの研究
者は蒋が自治主義思想をもち、台湾自治を要求していたと述
べている(68)。しかしそうであったとは思われない。蒋は台湾
自治思想ではなくして、台湾独立思想をもっていたのではな
かろうか。そう言える根拠は、以下の通りである。蒋は林献
堂や蔡培火らと台湾議会設置請願運動を行なった。台湾総督
は、立法・行政・司法の三権をもっていたが、そのうちの立
法権のみを台湾議会に与えるように求めたのであった。すな
わち台湾議会は、法律制定権と予算議決権からなる立法権を
要求するものであった。それゆえ立法権をもつ台湾議会は、
立法権をもつ帝国議会と同等の権限をもつことになる。立法
権をもたず、条例制定権しかもたない府県会と明らかに異な
っている。請願運動が法律制定権と予算議決権からなる立法

権を要求している以上、請願運動は台湾自治運動ではなくて、台湾独立運動ということになる。すなわち蒋らは請願運動とは表面上、台湾自治要求運動であると言っているが、実は自治という言葉の中に独立という意味を含意させているのである。本来、自治という言葉は多義的な言葉である。日本側は地方自治という意味の自治は認めるが、アイルランドと同じ程度の台湾独立という意味の自治は認めないのであった。台湾側は自治という言葉を表面上、府県会と同じ程度の地方自治という意味で使っていると言っていたが、内心ではアイルランドと同じ程度の台湾独立を考えていた。台湾側としても台湾議会は、府県会と同程度のものであると言っていたが、そうではあるまい。もし台湾人が府県会と同程度の台湾議会を求めるならば、台湾議会設置請願運動ではなく、台湾地方自治要求運動を行なえば十分である (現に府県会と同程度の自治を要求する台湾地方自治連盟の運動は実行された)(69)。これらのことから、法律制定権と予算議決権からなる立法権を要求する台湾議会設置請願運動を行なった蒋には、台湾自治思想ではなくて台湾独立思想があったということである。

蒋渭水が孫文にアイデンティティを感じ、三民主義を信奉していたことは、「孫文は孔子の弟子か」という文章からもわかる。「孫先生の指導原理は三民主義であり、三民主義の中心は民生主義にある。それゆえ孫先生の思想の結晶は民生主義にあり、彼の民生主義と社会主義の議論を読めば、彼の思想の本質がわかる(70)。」また蒋は孫文が「共産主義は左へ行き、三民主義は右へ行く」という文章の中で次のように言ってい

る。「孫文はこう言っている。『民生主義は共産主義の実行で
あり、共産主義は民生主義の理想であり、民生主義は将来の
共産主義であり、民生主義は一切の社会主義の包含する。そ
れゆえ共産主義は民生主義の一部分であり、社会進化は社会
上の大多数の経済利益において相調和し、大多数の経済利益
によって相衝突するものでもない。』ソ連は共産主義から新経
済政策へ転換したのであり、新経済政策は最小限の私有財産
制を認めることであり、これが民生主義である。三民主義は
急進的ではないので、百年後には中国は世界で最も自由で平
等な国となるだろう。このようにみると共産主義は左へ、三
民主義は右へむかうことがわかる(71)。」

　このように蒋渭水は孫文にアイデンティティを感じ、三民
主義を信奉していた。中でも民生主義がその中心であると考
えていた。そして民生主義は社会主義や共産主義とは相容れ
ないものではないと考えていた。とはいえ蒋の「共産主義は
左へ、三民主義は右へむかう(72)」という言葉が表している
ように、共産主義と三民主義は似て非なるものと思っていた。
蒋はこのように孫にアイデンティティを感じ、その三民主義
思想に共鳴していた。

　『台湾総督府警察沿革誌』は以下のように言っている。「支
那の将来に多大の望みを託し、支那は近く国情回復とともに
世界に雄飛し、必ず台湾を回復し得るものとの見解に立脚し、
夫れ迄は民族的特性を失はず。実力を涵養して時期を待つべ
しとなすなり。従って民族主義極めて強く支那を追慕し、口
を開けば支那四千年の文化を高調して民族的自負心を唆り、

動もすれば反日的言動を弄し、行動常に過激に亙るの虞あり。代表的人物としては蒋渭水らを以て主たるものとする(73)。」

この中で、「支那は必ず台湾を回復し得るものとの見解をもち、支那は追慕しているのが蒋渭水である」と述べられている。それゆえ蒋は中国台湾統一論者であるという解釈がなりたつ。しかしそうであったとは思えない。そう言える根拠は以下の通りである。まず蒋の生まれ育ったところは台湾であり、常に台湾で政治運動を行なっていたことである。たとえば蒋は中国大陸に行ったこともなかったし、中国大陸の台湾人とも連絡をとっていなかった。また蒋は中国に行って中国台湾統一を主張する台湾人留学生と協力することもなかった。次に個人崇拝と国家統一は別の問題であるということである。たしかに蒋は孫文を崇拝していたが、中華民国と台湾とは統一させようとは思っていなかった。なぜならば当時、中国大陸は分裂状態であり、中華民国は弱体であり、台湾を日本の支配から離脱させ、統一させようとする力はなかったからである。さらに蒋は次のように述べた。「私は今日、新高山の頂上に立って、北は富貴角、南は鵞鑾鼻、西は澎湖島、東は紅頭嶼に囲まれた台湾の三百六十万の同胞に目覚めよ呼びかけた(74)。」このことが意味するのは、蒋は視野は台湾島内に及ぶのみであって、中国大陸全体にまで及んでいなかったということである。つまり蒋の視野は台湾人全体には及んでいたが、中国大陸を含めた中国人全体にまで及ぶものではなかったのである。このようなわけで蒋は中国と台湾を統一させようと構想していたわけではないということになる。つ

まり蒋は中国台湾統一論者ではなかった。

　台湾民党が民族自決主義的であるとして台湾総督府によって禁止されたので綱領を穏健なものに変え、蒋渭水らは台湾民衆党を設立した。その綱領は次のようなものだった。「本党ハ民本政治ノ確立合理的経済組織ノ建設及社会制度ノ欠陥ヲ改除スルヲ以テ綱領ト為ス(75)。」しかしこの綱領は妥協の産物であって蒋の本当の政治思想が表われているとは考えにくい。結局、中央委員会は蒋案を採用せず、彭華英案を採用したのではあるけれど、むしろ蒋の本当の政治思想は民衆党第二回大会で出された蒋の綱領解釈案にあると思われる。この蒋の綱領解釈案は以下のように述べている。「民本政治ヲ確立ス。立憲政治ノ実現ヲ期ス。台湾憲法ノ制定ヲ要求ス。三権ヲ一手ニ権握ル総督専制政治ニ反対ス。台湾憲法ヲ根拠シ、司法、立法、行政ノ三権ヲ分立セシメ台湾人ニ立法部ノ協賛権ヲ有セシムベシ(76)。」

　この蒋案に表れている主張は台湾議会設置請願運動とまったく同じ主張である。すなわち請願運動は大正デモクラシー時代の在日台湾人留学生ら知識階級と林献堂ら土着地主資本家階級が結びついて始めたもので、法律制定権と予算議決権からなる立法権を要求するものであった。そして蒋渭水はこの請願運動に第三回から第一五回まで参加したのであった。また蒋は民本政治の確立と立憲政治の実現を求めていた。このように蒋はデモクシー (民主主義) の実現をめざすデモクラット (民主主義者) であった。すなわち政治思想的には、蒋は林献堂や蔡培火と同じく、吉野作造東大教授や泉哲明大教

授ら大正デモクラットの影響を受けていた。

　蒋は以下のように言った。「政治的自由とは民本政治を主な内容とし、選挙権の拡大を意味する。すなわち一八歳以上の男女すべてに選挙権を付与するということである。それゆえ政治的自由と民本政治はすべてデモクラシーの意味である(77)。」つまり蒋は民本主義と民主主義 (デモクラシー) を同じ意味であると考えたのであり、その内容は一八歳以上の男女に選挙権を付与することである考えたのであった。当時の日本では一九二五年に二五歳以上の男子に選挙権を付与する男子普通選挙法が成立したばかりであったが、女子には選挙権は付与されなかった。この点、蒋の、一八歳以上の男女に対する選挙権付与の要求は欧米流のデモクラシーを意味していた。しかも吉野が主権在君下での民主主義を意味する民本主義を主張したのに比べ、蒋は主権在民下での民主主義を意味する、欧米流のデモクラシーを主張したのであった。それゆえ蒋には、民主主義思想があったということになる。さらに蒋が台湾憲法の制定を要求していたことは重要である。というのは雑誌「台湾民報」(一九二七年) の社説も、「台湾憲法を制定しようとする声と台湾議会を要求しようとする声は程度の差はあっても、目的は完全に一致し、名を異にしていても実質は同じものである(78) 」と述べているからである。

　蒋渭水は「私の主張」の中で、以下のように言っている。「台湾人の八割は福建人、二割は広東人である。この両省の原住民は何れも漢朝時代から、支那の文化に同化されて来たのである。最も盛んなのは唐朝時代で、日本が一番、支那の

文化を吸収し、同化されたのであるが、福建、広東もさうで
あった。両者の原住民は勿論、支那の所謂漢族と混血したの
と共にその文化を吸収したのである。台湾人も日本人と同じ
く殆ど同時代に、支那の血統を混じ支那の文化を吸収したの
であった。第一、基礎工事として教育を授けねばならない。
即ち文化を高めねばならない。第二、内地人と平等的、国民
的資格を付与せねばならない。台湾人自身も内容を充実し、
文化を向上せしめなければならない。其の文化向上の機関と
して台湾文化協会を設立したのである。そして私を始め旧幹
部が文化協会を脱退して台湾民衆党を組織したのである。其
の根本的精神は、即ち旧文化の精神を継承したのである。民
衆党即ち旧文化である(79)。」

　この中で蒋渭水が述べていることは、台湾人は福建、広東
の原住民と漢民族が混血してできたものであるということ、
つまり台湾人は漢民族に属しているということである。この
ことは台湾人は漢民族に属しているとは言えるが、中国民族
に属するという意味ではない。すなわち台湾人は漢民族であ
ると言えるが、中国民族であると言っていない。このように
蒋は自己を台湾人でもあり、漢民族でもあると意識していた
が、自己を中国人であるとは意識していなかった。また蒋は
「わが台湾の四百万人の同胞が覚醒し、団結すれば、大きな
力となり、われら四百万人の同胞がこの団結力を利用して、
幸福を追求しなければ、我々台湾人の恥となるだろう(80)　」
と言っている。蒋のこの言葉からも、蒋が自己を台湾人と認
識し、自己を中国人と認識していたわけではなかったという

ことがわかる。すなわち蒋には、我々台湾人という意識はあったが、我々中国人という意識はなかったということである。

また蒋渭水がこの中で述べていることは台湾文化の向上ということであった。たしかに台湾文化協会の目的は台湾議会設置請願運動の推進といった政治的な目標の実現にあったが、さまざまな文化的活動も実践していた。たとえば文化協会は会報の発行、新聞、雑誌閲覧所の開設、各種講演会の開催、各種講演会の実施、映画の上映、新劇の上演、書籍・新聞・雑誌の取次購売を行った。これらの活動はすべて、台湾文化の向上の目的のために行なわれた。それゆえ蒋が文化協会を設立することによって台湾文化の向上を意図していたことはまちがいない。また蒋が「台湾民衆党の根本的精神は即ち旧文化の精神を継承したものであり、民衆党即ち旧文化である」と述べていることから言えるのは、蒋が漢民族文化を基礎にした台湾文化を継承発展させ、さらに向上させようとしていたことである。すなわち蒋は台湾人意識をもち、台湾文化を発展させようとする政治思想をもっていたのであった。

四、おわりに

第一に蒋渭水は台湾独立思想をもっていたということである。蒋らは台湾独立を含意する台湾議会設置請願運動を行なった。台湾総督府は立法、司法、行政の三権をもっていたが、そのうちの立法権のみを台湾議会に与えるように蒋らは求めたのであった。つまり台湾議会は法律制定権と予算議決権からなる立法権を要求するものであった。それゆえ立法権をも

つ台湾議会は、立法権をもつ帝国議会と同等の権限をもつことになる。請願運動が立法権を要求している以上、請願運動は、台湾自治要求運動ではなくて、台湾独立要求運動ということになる。それゆえ請願運動を行なう蒋には台湾独立思想があったということになる。

　第二に蒋渭水は三民主義思想をもっていたということである。すなわち蒋は孫文にアイデンティティを感じ、三民主義を信奉していた。中でも民生主義がその中心であると考えていた。そして民生主義は社会主義や共産主義とは似て非なるものと思っていた。ただし蒋が孫文と三民主義を信奉していたことは、蒋が中国台湾統一論者であったことを意味しない。なぜならば蒋が設立した政治組織の綱領には、「台湾人全体の利益を擁護する」という表現がみられるからである。このことが意味するのは、蒋の視野は台湾島のみに及んでいたが、中国全体には及んでいなかったということである。蒋は三民主義思想をもっていた。

　第三に蒋渭水は三民主義思想をもっていたということである。蒋が設立した台湾民衆党の第二回大会で出された蒋の綱領解釈案は「民本支持を確立し、立憲政治の実現を期し、台湾憲法の制定を要求」している。大正デモクラシー時代の民主主義思想は日本から台湾に流入したのであった。それゆえ蒋はデモクラシー (民生主義者) の実現を目指すデモクラット (民主主義者) となった。蒋は林献堂や蔡培火と同じく、吉野作造東大教授や泉哲明大教授の影響を受けていた。このように蒋が民本政治を確立し、立憲政治の確立を期し、台湾憲

法の制定を要求している以上、蒋には民主主義思想があった
ということになる。

　第四に蒋渭水は台湾人意識をもち、台湾文化を発展させよ
うとする政治思想をもっていたということである。台湾人は
福建、広東の原住民と漢民族が混血してできたものであると
いうこと、つまり台湾人は漢民族に属しているということで
あると蒋は言っている。このことは台湾人は漢民族に属して
いるとは言えるが、中華民族に属するという意味ではない。
つまり台湾人は漢民族であるとは言えるが、中華民族である
とは言っていない。このように蒋は自己を台湾人でもあり、
漢民族でもあると意識していたが、自己を中国人であるとは
認識していなかった。また蒋は台湾文化協会を設立し、台湾
文化を向上させようとした。たとえば文化協会は会報の発行、
新聞・雑誌覧所の開設、各種講習会の開催、各種講演会の実
施、映画の上映、新劇の上演、書籍・新聞雑誌の取次購売を
行なった。これらのことから蒋は台湾人意識をもち、台湾文
化を発展させようとする政治思想をもっていたということに
なる。

第四節　中国統一論者謝南光の政治思想

　謝南光の政治思想は中国統一思想、台湾議会思想、民主主
義思想、民族主義思想、地方自治思想であった。謝南光は台
湾議会期成同盟会、東京台湾青年会、台湾民衆党に参加し、
林献堂の「台湾民報」に協力したことがあったが、その後、

中国に渡り、台湾革命同盟会の執行常務委員になり、中国国民党に協力した。

一、謝南光に関する研究史

　謝南光 (春木) は一九〇二年に彰化県北斗鎮の地主の家庭に生まれた。一九二三年に東京で台湾議会期成同盟会に参加し、東京台湾青年会を創設し、東京台湾青年会の総幹事に選ばれた。一九二五年に「台湾民報」 (週刊) の編集者になり、台北分社の記者兼営業部主任に任じられた。一九二七年に台中市で台湾民衆党が作られ、蒋渭水が出席になり、登記申請をし、中央常務委員及び政治部主任に当選した。その後、民衆党と民報社が分離したことによって、党主幹と政治部主任を辞職した。 (ただ党常務委員に任じられた)。一九三二年に日本当局が謝春木が本社に駐留することを許さなかったので、「台湾新民報」が日刊紙として発行されることを条件として、上海駐在通信員に任命された。一九三三年に反日帝の福建人民政府に参加し、その後、上海南洋華僑聯誼会で書記になり、「謝南光」と改名した。一九三七年に蘆溝橋事件、第二次上海事件が発生し、第二次国共合作は抗日民族統一戦線を成立させた。一九三八年に国民政府は重慶に移転し、軍事委員会国際問題研究所秘書長に任じられた。一九四一年に李友邦が推進した「台湾革命同盟会」が重慶で成立し、執行常務委員は李友邦と謝南光がなった。一九四五年、駐日中国代表団第二組副組長に任じられた。

　謝南光はどのような政治思想をもっていたのか。本節にお

いて、この点を解明したい。謝南光の政治思想は「台湾」雑誌の二編の論文、「台湾先鋒」雑誌の中の二編の論文、三冊の書籍『台湾人は斯く見る』、『台湾人の要求』、『新興中国見聞記』に現れている。さらに台湾総督府警務局が出版した『台湾総督府警察沿革誌』もあり、謝南光の政治思想を論じる客観的条件は整えられている。これまで謝南光に関する学術論文はほとんど存在していない。このため本節において、謝南光の政治思想に対して説明を加え、これが本節の主な課題である。まず、謝南光の政治思想を概観し、さらにその政治思想を論述し、その内容に分析検討を加え、最後にその政治史上の意義に対して述べてみる。

二、謝南光の生涯

　謝南光は一九〇二年に彰化県北斗鎮の地主の家庭に生まれた。一九一九年に台北師範学校に入り、卒業後、奨学金を得て、東京高等師範学校に留学した。一九二一年に台湾文化協会が成立した。一九二三年に東京で台湾議会期成同盟会に参加した。「台湾」雑誌に投稿し、題名は「私が理解する人格主義」と「前川女学校長の論文を読んだ感想」だった。東京台湾青年会を創設し、文化講演団を組織し、台湾に帰り、各地を巡回講演し、台湾文化協会に協力した。台湾青年会総幹事に選ばれた。夏休みを利用して講演団を組織し、台湾に帰って、各地を巡回講演し、講演の演題は「立憲政治と新聞」などであった。一九二五年、東京高等師範学校を卒業し、「台湾民報」（週刊）の編集者になり、台北分社の記者兼営業部主任

に任じられた。一九二六年に政治結社準備起草委員になった。「始政記念日」に反対する講演会を行ない、議題は「百鬼夜行の台湾」であった。一九二七年に台中市で台湾民衆党を成立させ、蒋渭水にかわって謝南光が主席になり、登記申請をし、中央常務委員兼政治部主任に当選した。台北民衆講座で孫中山追悼大会を挙行し、「レーニンと孫中山」という講演をした。上山総督に会って、「地方自治改革建議書」を提出した。民衆党第二回大会決議で労農委員会出席に選ばれた。台北市電敷設反対闘争で党幹部と民報社員の多くは逮捕された。一九二九年に工友総連盟主任会議に招請されて顧問になり、台湾民衆党を代表して南京の中山陵の争議に参加した。「台湾民報」で「新興中国見聞記」を発表した。第三次大会宣言を発表し、世界無産階級と植民地民衆との連帯を強調した。国際連盟に電報を打ち、総督府がこれ以上アヘン吸引患者二万五千名に許可を与えることを反対し、石井警務局長に抗議書を提出した。一九三〇年に「台湾民報」を「台湾新民報」に改題した (第三〇六号から始まった。「台湾新民報」は一〇周年記念号を発刊した。日本の貴族院と全国大衆党と労農党に電報を打ち、調査員を台湾に派遣し、霧社毒ガス事件を調査するように要求した。一九三二年に民衆党は政治結社禁止命令を受けて労農組織化を強めることを主張し、再び組織されなかった。福州から上海を経て蒋渭水の葬式を行なってから台湾に帰った。謝春木は上海駐在通信員に任命された。一九三三年に日本帝国主義に反対する福建人民政府に参加し、その後、上海南洋華僑連誼会の仕事をし、書記になり、「謝南光」

と改名した。一九三八年に国民政府は重慶に移転し、軍事委員会国際問題研究所秘書長に任じられた。一九四一年に李友邦が主導する「台湾革命同盟会」が重慶で成立し、執行常務委員は李友邦、謝南光、宋斐如がなった。一九四三年に『台湾問題言論集』の序文——「台湾を回収し、祖国を防衛する」、「台湾民族運動」を書いた。一九四五年に駐日中国代表団第二組副組長に任じられた(81)。

三、謝南光の政治思想

謝南光は「台湾反帝運動の新段階」の中で以下のように述べている。

「六一七は日本帝国主義が台湾を統治する起点であり、中華民族が積極的に日本帝国主義に反抗する嚆矢である。日清戦争で清国が敗北してから利害関係がわからず、台湾を日本に割譲し、三〇〇万の台民は日本帝国主義の奴隷になった。三〇〇万の遺棄された台民は自然と腐敗した清国に頼らず、自由を勝ち取り、奴隷の地位を逃れ、自分の力によって闘争し、我々台湾人の悲惨な運命を克服しようとした。四〇年前に我々の祖先はこのような悲運に遭っても落胆せず、責任を放棄せず、台湾民主国を組織し、義軍を編成し、単独で新興の日本帝国主義と存亡の闘争を展開し、力の差があり、誰でも分かる事だが、民族の栄光と民族の人格を保つために、勝敗を問わず、毅然と戦い始め、官軍は唐巡撫が命令を受けて中国に渡ることによって、戦わずに逃げ、台北はついに敵の手に落ちた。六月一七日に敵は台北で首都を置き、統治し始

め台湾の奴隷的政治はこの日から始められ、敵は『台湾始政記念日』と称し、帝国主義政治の開幕は同時にさらに積極的な『反帝闘争』の発端となり、この日は台湾反帝闘争の記念日になり、このため九一八 (柳条湖事件) と七七 (盧溝橋事件) の抗戦は六一七の連続であると言える。しかし七七の抗戦は中華民族の日本帝国主義に対する総決算の日々であり、ある基本的な性質においても区別できず、ただ我々が記念するに値し台湾の反帝運動は七七以後、全中華民族を反帝運動の一部になり、四〇年来の分裂は今から再び協力し合い、民族戦線において共に奮闘し、中華民族の勝利は台湾民族の勝利であり、我々はここで強い興奮を感じる。四〇年来台湾における反帝抗争は日本帝国主義の圧力が大きすぎたため、いつも失敗し、無数の同胞を犠牲にしてきたし、これは我々が充分に気にかけることであった。七七以後から祖国の英雄の抗戦は我々の敵を疲れさせ、今年の正月に阿部内閣は国内の経済恐慌によって支持されず、総辞職し、米内内閣が成立してからもその状況は進展しなかった。世界大戦が短期戦に終わるか長期戦に終わるかに関わらず、もし短期戦に終わることが事実ならば、戦後の国際情勢は日本帝国主義の瓦解をもたらし、世界大戦の長期化は日本帝国主義に大きな困難を与え、参戦問題は国内の激変をもたらし、参戦は日本帝国主義の墳墓になる。現在の日本帝国主義の主観的条件と客観的条件について言えば日本帝国主義は最後の関頭にある。此れを言い換えれば我々の反抗の時期にまもなく来ようとしている。日本帝国主義の最後が訪れることは台湾解放運動の成功であり、

台湾同胞が四〇年繋がれている鉄の鎖を断ち切る機会になる。我々は我々の客観的情勢を認識するべきであり、我々の主観的な力を強め我々が総反抗をする準備をするべきである。我々の切迫している任務は以下の通りである。1・我々は積極的に日本の百万の負傷兵の反戦運動と千百万の農民の反戦反帝運動を支持すべきである。2・我々は日本民衆の『参戦に反対し、停戦を要求する』革命闘争を支持し、とりわけ現在進行中の『新党運動を反対する』革命闘争を支持すべきである。3・我々は台湾軍夫農民義勇隊の反戦運動を推進すべきであり、彼らの運動を通して前線の日本兵の『停戦運動』を行なうべきである。4・我々は台湾義勇隊を拡大すべきだあり、一方で祖国の抗戦に参加し一方で台湾同胞に呼びかけ、軍事訓練に参加させ、武力放棄を準備し、日本帝国主義の統治権を覆し、台湾の民衆独立政権を作る。台湾同胞は一致団結して日本帝国主義を打倒し六一七の国恥記念日を日本帝国主義を葬る栄光の記念日にする(82)。」

　謝南光はこの論文の中で四回、「中華民族」という語彙を使用し、二回、「祖国」という語彙を使用している。しかも日清戦争後に台湾が日本に割譲されたけれども、台湾人は日本帝国主義に抵抗するために台湾民主国を建国した。一八九五年六月一七日日本帝国主義は台北を占領し台湾総督府を設立した日であり、一九三一年九月一八日と一九三七年七月七日の中国軍と日本軍の衝突は一八九五年六月一七日の台湾総督府の成立の日と関連性がある。この関連性は台湾人が中華民族の中に含まれ、つまり台湾人が中華民族の一部分であると考

えられているということである。しかも「祖国」という言葉を使用していることから見れば、台湾人としての謝南光が中国に対してアイデンティティをもち、日本帝国主義を打倒することを主張していたことを現している。このことから謝南光には中国統一思想民族主義思想があったということが分かる。

　謝南光は「台湾民主国の成立とその意義」の中で以下のように述べている。

　「日清戦争は敵が韓国を併合し、我々が韓国の独立を保障し公理の正義を貫徹し、日本帝国主義の侵略の迷いを撃破し、それゆえあえて出兵し、戦いに応じ当時の清朝政府は非常に腐敗しており、恐怖心をもち、講和条約を結び、遼東半島と台湾と日本に割譲し、遼東半島はロシア、ドイツ、フランスの干渉によって深刻に返還されたが、台湾は日本帝国主義に占領された。清国は犠牲になり、属国になることを気にせず、まさか我々台人が奴隷に甘んじて我々の国を放棄させたいのか。それゆえ丘逢甲が憲法を起草し、議院をもって立法機関とし、官制を定め、内外軍三部に分け、巡撫の唐景崧を総統に推し、丘逢甲を副総統にし、李秉瑞を軍部大臣にし、俞明震を内務大臣にし、陳季同を外務大臣にし、姚為棟を遊説使にし、劉永福を大将軍にした。当時の台湾の人口を考えてみると、ただ二四〇万人であり、倭寇は四〇〇〇万人であり、全国で勝利を収めた日本軍は台湾を攻撃し、勝負ははっきりしていたが、我々の祖先は勝敗に構わずに衆寡敵せず、五〇万の台湾人が犠牲になり、中華民族の人格を保持するため、

倭寇の奴隷になることを願わず、それゆえ我々は失敗したけれども、輝かしことであると言える。我々がいかなる失敗をしても、これは我々が検討するに値することであった。第一に我々の政治機構封建制度の遺物であり、抗戦を指導する中心的な力は清朝の官僚であり、若干の勇敢な英雄はいたけれども、革命的な中心的な組織を欠き、正しい革命理論を持たずに指導したことが最大の弱点であった。第二に南北当局の非協力と官民の非協力であった。第三に清朝は協力して倭寇を消滅させる抗戦力がなかった。第四にイギリスとフランスは日本を援助し、我々の抗戦に同情しなかった。第五に華僑の援助は唐景崧の内渡と清朝の妨害のために成功せず、これらは我々が失敗した原因である。現在我々が台湾の独立の解放のために、我々はこれらの教訓をいつも心にかけ、有利な環境を勝ち取り、これはそれぞれの同志は台湾民主国を記念する時に記憶して忘れるべきではない(83)。

　謝南光が度々投稿した李友邦の雑誌「台湾先鋒」のことから李友邦と同様の政治思想をもっていたことを知ることができる。李友邦は台湾を日本帝国主義の統治下から独立させ、台湾と祖国中国を統一させたかった。このことは上述の文章の中で論じている台湾民主国攻防戦の時に犠牲になった五〇万名の台湾人を中華民族の一部分と見なしていたことから分かる。謝南光はここで我々が台湾を独立させ、解放させたいと提起しているが、これは一般に定義されている台湾独立とは異なり、謝南光はまず台湾を日本の統治下から独立させ、祖国中国の懐に抱かせたかった。つまり謝南光の主旨は台湾

と中国を統一させたかったということであり、それゆえ謝南光には中国統一思想と民族主義思想があったということである。しかも謝南光がここで台湾民主国を建国し、日本に抵抗することをもって犠牲になった五〇万人には中華民国の人格があり、つまり謝南光は台湾人を中国人の中に含めると考えており、それゆえ謝南光には中国統一思想と民族主義思想があったということになる。

謝南光は『台湾人は斯く観る』の中で以下のように述べている。

「ただ義務を負うだけで享受する権利をもたない者は奴隷である。三五年の奴隷生活を続けてきた台湾民衆はいつ奴隷の牢獄を抜け出ることができるのか。このような状況は我慢できない！決して我慢できない！民権を奪われた民衆は必ず自己の権利を奪回すべきであり、民権を奪回するために闘争すべきであり、激しい闘争をすべきである。志ある同胞たちよ、必ず立ち上がるべきだ！見よ、世界の民衆はすでに納税の制限——普通選挙——を撤廃し、国家を支持するものは国家に対して自己の意志を表明している。ドイツ人は七九年前に普通選挙権を獲得し、日本の内地でも普通選挙法案を通過させ、今年、施行し、正式に実行しようとしている。台湾では制限選挙さえも承認されず、御用機関を保甲さえも遠慮なく官憲——警察官憲に利用され、一方的に法律上の民選が破壊されている。以下の外国や日本の民権はどのくらい承認されているのか。ロシアでは地方政治が農民や労働者の意志によって行なわれているばかりではなく、国家政治も工農の意

志によって行なわれ、工農をもって核心としている。さらに
米国の知事や警察署長が全て民衆によって選挙されるように、
自分の職務を果たさない人は投票によって罷免される。ドイ
ツやオーストリヤでは一〇〇〇人の国民の中で有権者は五八
九人であり、スウェーデンは五一三人であり、イギリスとオ
ランダは四八四人であり、日本でさえも三二五人である。さ
らに一人の議員の背後にどのくらいの国民投票がされるか考
えてみると、最も多いのは米国の二五万人であり、その次は
日本であり、ドイツは一二万七千人であり、最も少ないのは
スイスの一万八千人である。各国の参政権と性別はさらに明
らかであり、つまり青年男女全ては参政権をもっている。だ
が日本の内地で人口の半数を占める女性には参政権がなく公
民権さえも与えられていない。男子は普通選挙を経て始めて
参政の機会を得る。しかし内地人がもし台湾に来れば、公民
権と参政権を奪われるけれども、住民は政府が当然と考えて
いるので不思議と思わず、これは確かに人を敬服させる立憲
的な国民の精神である。たとえ参政権を与えられなくても、
統治階級として概念上、内地人を満足させ、悪くないと感じ
させる。だがこれは内地人に従う台湾人にとっては迷惑なこ
とである。上述の事実は我等台湾人が民権を奪われ、奮闘し
なければならないということを表している(84)。」

　謝南光は外国で全て十分な選挙権を施行しているのに台湾
人にはこれを享受する権利がないし、それゆえ民権つまり選
挙権を奪回することを指摘しておりこのことから謝南光には
民主主義思想があったことがわかる。謝南光がここで提起し

ているのは日本内地で普通選挙法案が通過し、今年、正式に
普通選挙が実施されたが、台湾では普通選挙は実施されず、
それゆえ謝南光は台湾でも普通選挙を実行すべきであること
を要求している。ドイツ、オーストリア、スイス、イギリス、
オランダなどの国の青年男女は皆で参政権をもち、それゆえ
謝南光は台湾人に参政権をもつように提起している。以上の
ことから謝南光には民主主義思想があったということが分か
る。

　謝南光は『台湾人の要求』の中で次のように述べている。

　「新民会の幹部たちは『ただ台湾議会ありさえすれば台湾
人の苦痛を取り除くことができる』という結論を出している。
たとえこの時であっても明治大学のある派閥は『六三法撤廃
論』を宣伝し、『台湾議会論』に反対している。だが林呈禄の
説明を聞いてから明治大学の反対派は非常に早く本来の主張
を放棄し、一九二〇年の冬に富士見町教会で開いた大会で意
見の一致をみた。『六三法撤廃運動』を行なう人々は一九二一
年三月一五日に法律第三号が出てから議論の余地はないとし
て台湾人の解放運動はただ台湾議会という一つの運動に集中
させることにした。台湾議会運動は六三法の存在をもって前
提としており、この前提の下に田総督の考え方と一致してい
る。だが要求しているのはただ総督の律令権、予算の審議権、
協賛権だけである。この要求は遥かにオーストリヤ、カナダ
に及ばず、ただ植民地統治下で民主主義を実施することを要
求しているだけあり、ゆえに本土の実力者の賛意を得ている。
なぜならば平和協会のいわゆる『もし日本の主権を承認する

ならばどのような大改革運動であれ支持を与える』心情と合っているからである。だが台湾人が熱中し、宣伝しているのは『独立運動』、『反日本運動』、『日本の主権を否認する非国民運動』であり、非常に煽動的で本土人と敵対する情勢であり、このことをよく知っている人から見れば、これは非常におかしいことである。忘れるべきでないことはこのような力を費やし効果がない宣伝はかえって台湾人意識を喚起させる作用をもたらしたということである。台湾人について言えば『台湾議会』は重大な問題になった。このような状況下で台湾議会請願書は一九二一年一〇月二日に帝国議会に提出され、林献堂が筆頭署名人になり、台湾の官方は非常に驚愕した。非常に早く御用新聞は耐えられないほどの暴言で罵り台湾人に非常に大きな影響に与えた。この時から林献堂はこれまでの方法を放棄し、完全に留学生と協力し、次第に彼らの領袖になっていた。台湾の官方はなぜ驚愕したのか。なぜならば総督府はずっと土着資産階級を懐柔させることをもって土着人民の政策の基礎にしてきたからであったが、土着資産階級は態度を変え、新興知識階級と結びついたからであった。この時の無産階級は運動を始めていなかったが、無産階級の勃興は台湾議会運動に重大な変化をもたらした(85)。」

　謝南光が上述の文章の中で説明しているのは台湾議会設置請願運動が「ただ植民地統治下で民主主義を実施することを要求しているだけであり、このことから謝南光に民主主義思想があったということがわかる。ここで謝南光が台湾議会設置請願運動について提起しているか、台湾総督府は台湾議会

設置請願運動に対して驚いた。なぜならば総督府はずっと土着資産階級を懐柔することをもって土着人民に対する政策の偽装としていたのに土着資産階級が態度を変え、新興知識階級と結びついたからであった。謝南光は台湾民報の記者であり、新興知識人であった。しかも謝南光本人も台湾議会設置請願運動に参加していたが、当時の日本人は台湾議会設置請願運動を「独立運動」、「反日本運動」、「日本の主権を否認する非国民運動」であると考えており、台湾議会設置請願運動は表面上台湾自治を要求する運動であったが、実際は台湾独立を要求する運動であった。それゆえ謝南光には台湾議会思想があったということになる。

謝南光は『台湾人の要求』の中で次のように述べている。

「一九二三年二月二一日に『台湾議会期成同盟会』が東京に誕生し、台湾の同志に入会を呼びかけ、責任者を選び、新結社の主幹は林呈禄がなり、主な責任者は以下の通りであり、常務理事五名は蔡惠如、林呈禄、蒋渭水、蔡培火、林幼春であった。当時の政治運動に従事していた最も勇敢な社会人士の大部分を網羅しており、一人の学生もいなかった。台湾の官方はこれに対し非常に怒り、方法を考え、制限を加えたが、行政地域が異なっていたため効果がなかった。賀来長官が来るのを待って御用紳士を集めて台湾議会撲滅運動を行なおうとしたが、民衆の敵である『利権党』(公益会) は何もできずに雲散霧消した。最終的に『公益会』は一人か二人の幹部が納税未払いによって民衆の怒りを引き起こした運動以外に効果がなかった。その後、三好検察官が大いに策を練って『指

導者は本行政地域に属していないけれども、会員の大部分は
結社の構成員であり、会名も同じであり、台湾島内で活動し
ている』ことを口実にして非合法であると認定し、一九二三
年一二月一六日に全島で大逮捕劇を演じ、全部の台湾議会関
係者を逮捕し、もちろん政治的な戦略的意味をもった逮捕で
あった。厳しい予審の後に公判で有罪となったのは以下の
人々であった。蔡惠如、林呈祿、蒋渭水、蔡培火、林幼春で
あった。公判の結果、全員が『有罪』になった。政治と法律
の手段はまだ官方には充分ではなかったが、怒りが見られ、
まず時期を伺うという状況であった。このことは結局、何を
残したのか。最高四ヶ月の懲役は四百万の同胞を目覚めさせ、
彼らを積極的に奮起させ、国内外の同情を博し、「台湾民報」
を急速に発展させ、発行部数を一万部にさせた。このことか
ら見れば、これは非常に廉価な宣伝であった。この事件が一
〇年の社会運動史の最初を山場であり、山場を越えて平原は
自然と眼前に広がることになった(86)。」

　謝南光は台湾議会期成同盟会に参加し、台湾議会設置請願
運動を行なった。一九二三年に発生した治警事件において相
当多数の台湾議会設置請願者を逮捕され、治警事件は台湾議
会設置請願運動の強弱の一面を現しており、四〇〇万の台湾
人を目覚めさせ、「台湾民報」の発行部数を一万部にさせた。
謝南光が台湾議会設置請願運動をこのように肯定的な評価を
し、台湾議会設置請願運動と台湾議会期成同盟会に参加した
ことから謝南光には台湾議会思想があったということが分か
る。

謝南光は『台湾人の要求』の中で、次のように述べている。

「台湾民衆党は一九二九年九月一九日にこれまで主張を書いた建議書を石塚総督に提出し、同時にその副本を武富参事官に渡した。これと同時に主張を実現させる目的のために一九日に数名幹部が鉄道旅館に参事官を尋ねて、台湾政治問題と民衆党の主張について、懇談した。建議書の内容は以下の通りであった。我々の島民が熱望している時下の開拓の要点は次の通りである。1・地方自治を完成させる。2・言論自由にさせる。3・行政裁判法を実施する。4・新産業政策を更新させる。5・悪法と社会立法を廃止する。6・中国旅行用旅券制度を廃止する。7・官吏の加棒を廃止する。8・司法制度を廃止する。9・アヘンを厳禁する。10・保甲制度を廃止する。11・義務教育を実施する。

一・地方自治を完成させる

普選実施の結果、台湾人は内地に居住して一年以上になって帝国議会の議員を選挙する権利を得る。台湾島内の地方団体が参政の機会を与えていないことを比べて非常に矛盾している。世界各国の植民地の統治状況をみていると民意を尊重し、政治能力を養成し、人民に地方行政の自治機関を作らせて参加させないものはない。違うのはただ組織権限の形式によって英国のインド、フランスのベトナム、米国のフィリピンはそうである。いわんや同じ帝国主義植民地の朝鮮では早くも一九二〇年に部分的な民選の地方自治制度を施行した。我々の台湾は一九二〇年一〇月一日に州制、市制、街村制を

施行し、協議会員と官吏は官選であり、州市街村の各協議会は諮問機関である。その名は自治行政であり、実際官治行政変形である。仮に、自治制を九年実施しても、その間、官権は横行し、民意は調達できない台湾の初等教育の比率はまた本土に及ばないが、法制は次第に管理し交通、衛生、通信などの文化施設は内地のいかなる地方に比べても遜色がなく民智の進歩はいまは昔と比べようもなく、産業は日増しに発展し、財政は明らかに発達し、総督府の年間予算は一億二千万日本円を突破し、国民が果たすべき義務は内地に劣らない。このため時勢の変化からみれば、立憲国家の原則からみれば、内台融合からみれば、即時、完全な自治制度を実施することは必要であり、切迫している(87)。」

　謝南光が「地方自治を完成させる」建議書の始めに述べていることから台湾民衆党のもっとも主要な要求は台湾地方自治を実現させることにあることがわかる。謝南光は以下のように述べている。「台湾の初等教育の比率はまた本土に及ばないが、法制は次第に完備し、交通、衛生、通信などの文化施設は内地のいかなる地方に比べても遜色がなく民智の進歩はいまは昔と比べようもなく、産業は日増しに発展し、財政は明らかに発達し、総督府の年間予算は一億二千万日本円を突破し、国民が果たすべき義務は内地に劣らない。」つまり台湾は政治、経済、文化が高度に発展しているので、台湾人に地方自治権利を与えるべきであると言っている。このことから謝南光には地方自治思想があったということがわかる。謝南光はかつて台湾民衆党に加入し、州市街村の協会員と官吏

は官選であるべきではなくて、民選によって選ばれるべきである。このため謝南光地方自治思想があったということがわかる。

謝南光は『台湾人の要求』の中で、次のように述べている。

自治制度改革建議書 (民衆党)

世界各国の植民地統治は民意を尊重し、人民政治的の能力、人民に地方行政の自治機構を設置させ、参加させるべきであり、ただ組織、権限、形式はことなっているが、英国のインド、フランスのベトナム、米国のフィリピンはそうである。同様に帝国の植民地の朝鮮は一九二二年に民選議員をもって組織し、民意を暢達する道府なども機構を組織し、地方自治制度を施行した。我々の台湾は一九二〇年一〇月一日に州制、市制、街村制を施行したが、協議員と官吏は官選であり、州市街村の各協議会は諮問機関であり、これはもっとも典型的な名は「自治行政」であるが、実際は「官治行政」であるこの自治制が施行された九年来、官権が横行し、民意は暢達されていない。さらに日本内地の状況をみれば、普通選挙制は実施されず、本国の人民は言うまでもなく、台湾、朝鮮などの人民が内地に居住して一年以上の時に同様の権利を与えられ、国政に参加する機会を得る。しかも、我々の台湾の初等教育の程度はまた内地よりも高く、法制は次第に完備し、交通、衛生、通信などの文化施設は内地のいかなる地方に比べても遜色がなく民智の進歩はいまは昔と比べようもなくなっている。産業は日増しに発展し、財政は明らかに発達し、総督府の年間予算は一億二千万日本円を突破し、完全な

自治を施行する条件は充分に備わっている。このときもし有
名無実な地方自治制度に対して大改革を行なわなければ、時
代の要求に順応できないばかりでなく、人民の信頼も失う。
このため当局は立憲政治の精神をもって、自治行政の基礎を
確立し、来るべき九月の協議員と官吏の改選の時期を別々に
記載して、断乎として現行の台湾自治に対して、大改革を行
ない、帝国台湾統治新紀元を開く。

　　　　　　　　　一九二八年四月二三日　　　台湾民衆党

台湾総督上山満之進閣下

別項

　　——州、市、街、村は公益法人であることを明確化する。

　　——州、市、街、村協議会は州、市、街、村会に改称す
　　　　る。

　　——州、市、街、村会議員を民選にし、普通選挙制を採
　　　　用する。

　　——州、市、街、村をもって議決機関とする。

　　——州、市、街、村が決議した事項を拡大し、範囲は府、
　　　　県、市、町、村制を根拠とする。

　　——州、市、街、村会条例が規定した事項を拡大し、範
　　　　囲は府、県、市、町、村制と根拠とする。

　　——州、市、街、村会議員数は内台人に関わらず、人口
　　　　比率によるものとする。

　　——市尹を市長に改称し、市、街、村長は市、街、村会
　　　　が選挙する。

　　——州、市、街、村会議員は名誉職とする(88)。

　謝南光は以下の九項目の要求を提起していた。「州、市、街、村は公益法人であることを明確化する。州、市、街、村協議会は州、市、街、村会に改称する。州、市、街、村会議員を民選にし、普通選挙制を採用する。州、市、街、村をもって議決機関とする。州、市、街、村が決議した事項を拡大し、範囲は府、県、市、町、村制を根拠とする。州、市、街、村会条例が規定した事項を拡大し、範囲は府、県、市、町、村制と根拠とする。州、市、街、村会議員数は内台人に関わらず、人口比率によるものとする。市尹を市長に改称し、市、街、村長は市、街、村会が選挙する。州、市、街、村会議員は名誉職とする。」

　この九項目の要求はすべて地方自治に属していた要求であり、当時台湾にはまだ普通選挙が施行されていなかったし、協議員は皆、台湾総督が決定しており、このような不公平な状況に対して、謝南光は官選を民選に改め、当時の台湾が官治行政であるのを鑑みて、自治行政を施行することを主張し、このことから謝南光には地方自治思想があったということが分かる。

　謝南光は『台湾人は斯く観る』の中で以下のように述べている。

　「町、村長各級協議会員は今年一〇月に全部改選され、現在まさに改選活動の白熱化の段階にある。この運動は日本内地の県議会議員、国会議員の選挙と同じように問題を含んでいる。これはもちろん制度のせいである。日本内地の選挙活動が普通の民衆について言えば、予想外のことであり、台湾

の改選も官憲あるいはその同調者の予想外のことであった。
この町、村長の選挙の時に、我々は以前の足跡を振り返って
みる必要がある。我々の同胞はもちろん、記憶になお新しい
この制度は改革前に台北、台中、台南とすべて区長と称され
ることになった。その時の区 (すなわち現在の市、街、村) は
すべて本島人が管理し、区長はほとんどすべてが本島人だっ
た。区が廃止されてから後、市に変わり、町、村に変わった。
二回の改選を経て、現制度が確立してきた。総督府の職員録
によれば、市、町、村、区の人数を計算することができる。
つまり第一次選挙の内地人は二九人であり、本島人は二五三
人であった。しかも第二次選挙で指定任命によって内地人は
四三人になり、本島人は二三九名に減少した。このことから
今回の改選の結果を知ることができる。将来の運命はまさか
最も基本的な行政的な地位さえも保持できなくなるのか。た
だこの点から見れば、我々の同胞は必ず改めていわゆる『一
視同仁』の政策を重視すべきである。市協議会の比率を考え
てみよう。第一次選挙は内地人が七八人であり、本島人が三
六人だった。第二次選挙は内地人が七七人であり、本島人が
三七人だった。たとえ現在の制度が決議機関に変えられても、
もし現在の比率によるならば、台湾人はいかなる実益もない。
人口比率によって自治体に関して、本島人は少なくとも平等
な発言権をもつべきである。さもなければ、ただ名前を変え
るだけであるばかりでなく、台湾人を騙し、彼らの負担を重
くさせるだけである。この二つのことは共学制の施行と同じ
ように台湾人が中等以上の教育から排除され、市、町、村制

も台湾人を政治の世界の外に排除させる。もしこのようでな
ければ、幸いである。これについて運命に逆らえるのか。そ
れともこれが不当な圧迫であると意識し、正当な権益を回復
させることを要求するのか。これは完全に同胞の覚悟が強い
か弱いかによって決まる。町、村長の改選の時に我々の同胞
はこの似て非なる自治を認識し、このような偽自治に断乎と
して反対する。真の自治を獲得するために奮闘する(89)。」

　謝南光は総督府の職員が人口比率から見ると、台湾人の代
表が次第に減少して来ることを鑑みて、これは一種の似て非
なる自治であり、それゆえに真の自治を主張した。これは謝
南光が地方自治をもっていたということを説明している。こ
こで謝南光は次のように提起している。「その時の区 (すな
わち現在の市、街、村) はすべて本島人が管理し、区長はほ
とんどすべてが本島人だった。区が廃止されてから後、市に
変わり、町、村に変わった。」本来の区は台湾人が管理してい
たが、区が市、街、村に変えられ、台湾総督が管理するよう
になったことに謝南光は相当、不満を感じていた。謝南光は
以下のように述べている。「たとえ現在の制度が決議機関に
変えられても、もし現在の比率によるならば、台湾人はいか
なる実益もない。人口比率によって自治体に関して、本島人
は少なくとも平等な発言権をもつべきである。さもなければ、
ただ名前を変えるだけであるばかりでなく、台湾人を騙し、
彼らの負担を重くさせるだけである。」つまり人口比率から言
えば、総督府は人事上、台湾人を少なくしており、謝南光は
相当、不満であり、謝南光はこのようなみせかけの地方自治

に反対し、本当の地方自治を主張している。それゆえ謝南光には地方自治思想があったということになる。

四、おわりに

謝南光は論文の中で「中華民族」という語彙を使用し、「祖国」という語彙も使用している。しかも日清戦争後に台湾は日本に割譲されたが、台湾人は日本帝国主義に抵抗するために台湾民主国を成立させた。一八九五年六月一七日日本帝国主義が台北を占領し、台湾総督府を設立させた日であり、一九三一年九月一八日と一九三七年七月七日の中国軍と日本軍の衝突は一八九五年六月一七日の台湾総督府の成立の日と関連性がある。この関連性は台湾人が中華民族の中に含まれているということを示している。しかも、「祖国」という語彙も使用していることから見れば、台湾人としても謝南光が中国に対してアイデンティティをもち、日本帝国主義を打倒することを主張していたということがわかる。謝南光が李友邦の雑誌「台湾先鋒」にたびたび投稿していたことから、李友邦と同じ政治思想をもっていたことがわかる。李友邦は台湾を日本帝国主義の統治下から独立させ、台湾と祖国中国を統一させたかった。謝南光は台湾民主攻防戦の時に犠牲になった五〇万名の台湾人を中華民族の一部分と見なしていた。謝南光はここで我々が台湾を独立させ、解放させたいと提起しているが、これは一般に定義されている台湾独立とは異なり、謝南光はまず台湾を日本の統治下から独立させ、祖国中国の懐に抱かせたかった。つまり謝南光の主旨は台湾と中国

を統一させたかったということであり、それゆえ謝南光には中国統一思想と民族主義思想があったということである。しかも謝南光がここで台湾民主国を建国し、日本に抵抗することをもって犠牲になった五〇万人には中華民国の人格があり、つまり謝南光は台湾人を中国人の中に含めると考えており、それゆえ謝南光には中国統一思想と民族主義思想があったということになる。

　謝南光は外国には充分な選挙権を施行しているのに、台湾人はこのような権利を享受していず、それゆえ民権つまり選挙権を奪回することを主張しており、このことから謝南光には民主主義思想があったということがわかる。謝南光がここで提起しているのは日本内地で普通選挙法案が通過し、今年、正式に普通選挙が実施されたが、台湾では普通選挙は実施されず、それゆえ謝南光は台湾でも普通選挙を実行すべきであることを要求している。ドイツ、オーストリア、スイス、イギリス、オランダなどの国の青年男女は皆で参政権をもち、それゆえ謝南光は台湾人に参政権をもつように提起している。以上のことから謝南光には民主主義思想があったということがわかる。

　謝南光は台湾議会設置請願運動について言及しているが、台湾総督府は台湾議会設置請願運動に対して驚いた。なぜならば総督府はずっと土着資産階級を懐柔することをもって土着人民に対する政策の基礎としていたのに土着資産階級が態度を変え、新興知識階級と結びついたからであった。謝南光は台湾民報の記者であり、新興知識人であった。しかも謝南

光本人も台湾議会設置請願運動に参加していたが、当時の日本人は台湾議会設置請願運動を「独立運動」、「反日本運動」、「日本の主権を否認する非国民運動」であると考えており、台湾議会設置請願運動は表面上台湾自治を要求する運動であったが、実際は台湾独立を要求する運動であった。謝南光は台湾議会期成同盟会に参加した。一九二三年に発生した治警事件において、相当多数の台湾議会設置請願運動者が逮捕され、治警事件が台湾議会設置請願運動の強さと弱さの一面を示しており、四〇〇万の台湾人を目覚めさせ、台湾民報の発行量を一万部以上に増大させた。謝南光が台湾議会設置請願運動に対して、このように肯定的に評価していたことから謝南光には台湾議会思想があったということになる。

謝南光が「地方自治を完成させる」建議書のはじめに述べていることから台湾民衆党の最も主要な要求は台湾地方自治を実現させることにあることがわかる。謝南光は以下のように述べている。「台湾は政治、経済、文化が高度に発展しているので、台湾人に地方自治権利を与えるべきである」と言っている。謝南光はかつて台湾民衆党に加入し、州市街村の協会員と官吏は官選であるべきではなくて、民選によって選ばれることを要求した。謝南光はここで九項目の要求を提起した。この九項目の要求はすべて地方自治に属するものだった。当時、台湾では普通選挙がまだ施行されず、協議員は皆台湾総督が決定し、このような不公平な状況に対して、謝南光は官選を民選に改めるべきであると考えた。謝南光は総督府の職員が人口比率から見れば、台湾人が次第に減少しつつある

ことを鑑みて、これは一種の似て非なる自治であり、それゆ
え真の自治を主張した。本来の区は台湾人が管理していたが、
後に区は市、街、村に改制され、台湾総督が管理したことに
謝南光は相当不満だった。謝南光は人口比率から言えば、総
督府は人事上、台湾人を少なくさせ、謝南光は非常に不公平
と感じ、謝南光はこのようなみせかけの地方自治に反対し、
本当の地方自治を主張していた。このため謝南光地方自治思
想があったということがわかる。

注

(1) 張正昌『林献堂与台湾民族運動』、台北・著者発行、一
九八一年、五～六頁。

(2) 王暁波『台湾史与台湾人』、台北、東大股份有限公司、
一九八八年、二八頁。

(3) 林献堂の『灌園先生日記』(三) 一九三〇年七月一五日の
中で、以下の記載がある。正午、次兄は盧廷機、王楠、
張元章を来させ、王楠は中国人の画商だった。

(4) 張炎憲、李筱峰、荘永明『台湾近代名人誌』第四冊、台
北・自立晩報社文化出版部、一九八七年、五二～五四頁。

(5) 同上、五四～五六頁。

(6) 同上、五六～五七頁。

(7) 同上、五七～五八頁。

(8) 同上、五八～六〇頁。

(9) 同上、六一～六二頁。

(10) 同上、六二〜六三頁。

(11) 同上、六三〜六四頁。

(12) 同上、六四〜六七頁。

(13) 葉栄鐘『日拠下台湾政治社会運動史（上）』、台北・晨星
出版株式会社、二〇〇〇年、二五頁。

(14) 同上、三一〜三二頁。

(15) 台湾総督府警務局編『台湾総督府警察沿革誌』第二編中
巻、社会運動史、台北、一九三九年、一四六頁。

(16) 同上、一五二〜一五四頁。

(17) 同上、一六八〜一六九頁。

(18) 王世慶「黄旺成先生訪問記録」、黄富三、陳俐甫『近現
代台湾口述歴史』、台北・林本源中華文化教育基金会、
一九九一年、八八頁。

(19) 田健治郎『田健治郎伝』、一九三二年、六二三頁。

(20) 前掲『台湾総督府警察沿革誌』、三一八〜三一九頁。

(21) 林献堂『灌園先生日記』、台北・中央研究院台湾史研究
所籌備処、二〇〇四年、二八五頁。

(22) 伊藤幹彦「台湾議会設置請願運動の意義——台湾自治論
と台湾独立論」、『昭和大学教養部紀要』第二九巻、一九
八八年。

(23) 『台湾民報』第二三六号、一九二八年一〇月二五日、五
頁。

(24) 丘念台『嶺海微颷』、台北・海峡学術出版社、二〇〇二
年、二四一〜二四二頁。

(25) 邱永漢「客死」、『密入国者の手記』、東京・現代社、一

九五六年、一五九頁。

(26) 同上、二一四頁。

(27) 蔡培火「吾人の同化観」、『台湾青年』第一巻第二号（一九二〇年八月一五日）、七一～七三頁。

(28) 同上、七四頁。

(29) 蔡培火「二ヶ年ぶりの帰台」、『台湾青年』第三巻第一号（一九二一年七月一五日）、七七頁。

(30) 台湾議会期成同盟会『台湾議会設置請願理由書』、一九二三年、三～四頁。

(31) 『台湾人ノ台湾議会設置運動ト其思想』、二五頁。

(32) 前掲『台湾総督府警察沿革誌』、五頁。

(33) 蔡培火『日本々国民に与ふ』、東京・岩波書店、一九二八年、三八～四〇頁。

(34) 「我島と我等」、『台湾青年』第一巻第四号（一九二〇年一〇月一五日）、一九頁。

(35) 「文化講演会及文化講習会ノ状況並島民思想悪化ノ象徴」、『内田嘉吉関係文書』、四～五頁。

(36) 蔡培火、陳逢源、林柏寿、呉三連、葉栄鐘『台湾民族運動史』、台北・自立晩報社、一九七一年、七六～七七頁。

(37) 『台湾人ノ台湾議会設置運動ト其思想』、四頁。

(38) 蔡培火「新台湾建設と羅馬字」、『台湾』第三年第六号（一九二二年九月八日）、四六～四七頁。

(39) 近藤純子「蔡培火のローマ字運動」、『アジアの友』第二三九号（一九八六年一月）、一五～一六頁。

(40) 蔡培火「我在文化運動所定的目標」、『台湾民報』第一三

八号 (一九二七年一月二日)、一〇頁。

(41) 前掲『日本々国民に与ふ』、四六〜五〇頁。

(42) 蔡培火「台湾教育に関する根本主張」、『台湾青年』第三巻第三号 (一九二一年九月一五日)、五九〜六〇頁。

(43) 同上、四二頁。

(44) 同上、四四〜四五頁。

(45) 同上、四六〜四七頁。

(46) 前掲「吾人の同化観」、八一頁。

(47) 蔡培火『東亜の子かく思ふ』、東京・岩波書店、一九三七年、一八四頁。

(48) 同上、一〇〜一七頁。

(49) 台湾抗日運動については、筆者は二〇編の論文を「アジア文化研究」や「昭和大学教養学部紀要) などに発表しているので、それらを参照していただきたい。

(50) 蒋渭水『蒋渭水遺集』、台北・蒋先烈遺集刊行委員会、一九五〇年。

(51) 前掲『台湾民族運動史』。

(52) 前掲『台湾総督府警察沿革誌』。

(53) 黄煌雄『蒋渭水伝』、台北・前衛出版社、一九九二年。

(54) 簡炯仁『台湾民衆党』、台北・稲郷出版社、一九九一年。

(55) 伊東昭雄「蒋渭水と台湾抗日民族運動」、『横浜市立大学論叢人文科学系列』第三〇巻第二、三合併号、(一九七九年三月)。

(56) 伊東昭雄「蒋渭水と台湾民衆党」、『一橋論叢』第八三巻第三号、(一九八〇年三月)。

(57) 伊東昭雄「台湾文化協会と台湾民衆党」、『横浜市立大学論叢人文科学系列』第三巻第二・三合併号 (一九八〇年三月)。

(58) 前掲『蒋渭水伝』、一六頁。

(59) 前掲『台湾近代名人誌』第三冊、九四頁。

(60) 林献堂先生記念集編纂委員会『林献堂先生記念集』巻三『追思碌』、台北・文海出版社、一九七四年、三五～三六頁。

(61) 前掲『台湾近代名人誌』第三冊、九四頁。

(62) 同上、九四～九五頁。

(63) 前掲『台湾民族運動史』、一〇七～三五三頁。

(64) 前掲『台湾近代名人誌』第三冊、九八頁。

(65) 前掲『台湾総督府警察沿革誌』、四〇八～四二八頁。

(66) 前掲『台湾近代名人誌』第三冊、一〇四～一〇五頁。

(67) 同上、四一三～四一四頁。

(68) 若林正丈『台湾抗日運動史研究』東京・研文出版、一九八三年、四五頁。

(69) 拙稿「台湾議会設置請願運動の意義」、「昭和大学教養部紀要」第二九巻、(一九九八年一二月)。

(70) 前掲『蒋渭水遺集』、七八頁。

(71) 同上、四六～四七頁。

(72) 同上、四六頁。

(73) 前掲、『台湾総督府警察沿革誌』、三一八頁。

(74) 蒋渭水「晨鐘暮鼓」、「台湾民報」第三巻第一号、(一九二五年一月一日)、二四頁。

(75) 前掲、『台湾総督府警察沿革誌』、四二九頁。

(76) 同上、四三三頁。

(77)　蒋渭水「台湾民衆党的特質」、『台湾民報』第二三一号、(一九二八年一〇月二八日)。

(78) 社説「台湾議会與台湾憲法」、『台湾民報』第一四二号、(一九二七年一月三〇日)、一頁

(79) 前掲『台湾総督府警察沿革誌』、四一五～四一六頁。

(80) 蒋渭水「今年之口号同胞須団結・団結真有力」、『台湾民報』第一三八号、(一九二七年一月二日)、一二頁。

(81) 謝南光『謝南光著作選』(上下冊)、台北・海峡学術出版社、一九九九年、五六一～五六四頁。

(82) 同上、五五一～五五四頁。

(83) 謝南光「台湾民主国的成立及其意義」、『謝南光著作選』、五六一～五六四頁。

(84) 謝南光『台湾人如是観』、同上、七三～七七頁。

(85) 謝南光『台湾人的要求』、同上、二八八～二八九頁。

(86) 同上、二九四～二九五頁。

(87) 同上、三六一～三六四頁。

(88) 同上、四八五～四八七頁。

(89) 同上、『台湾人如是観』、六六～六八頁。

244

第 三 章
台湾左派抗日運動者の
政治思想

　台湾左派抗日運動者の政治思想に関して以下、述べてみよう。謝雪紅の政治思想は台湾独立思想、民族主義思想、共産主義思想、労働組合思想である。王敏川の政治思想は台湾独立思想、民族主義思想、共産主義思想、労働組合思想である。連温卿の政治思想は台湾独立思想、民族主義思想、山川主義思想、労働組合思想、社会民主思想である。蔡孝乾の政治思想は中国統一思想、民族主義思想、共産主義思想、毛沢東思想である。

第一節　台湾独立論者謝雪紅の政治思想

　謝雪紅は台湾共産党を作り、台湾独立と台湾共和国建国を主張した。謝雪紅の政治思想は台湾独立思想、民族主義思想、共産主義思想、労働組合思想である。台湾共産党は台湾文化協会と台湾農民組合を左翼団体に変えることに成功したが、

一般の台湾民衆に影響力を与えることはできず、最終的に失敗した。

一、謝雪紅に関する研究史

　一九二八年から一九三一年まで日本統治時代の台湾において、小規模だが共産主義運動が存在した。この共産主義運動の中心は台湾共産党であり、その指導者は謝雪紅 (女性革命家) であった。台共は「日本帝国主義打倒」、「台湾共和国建設」、「(台湾における) 工農民主独裁のソビエト政権の樹立」をスローガンとし、後期抗日運動の中では日本支配に対する最も徹底した対決姿勢をとったのであった。台共は左派の大衆団体 (台湾文化協会と台湾農民組合) を掌握したにもかかわらず、同党は植民地大衆の中に根をおろすことはできず、警察の弾圧によって文化協会と農民組合とともに崩壊した。前期抗日運動弾圧の過程で形成されていった台湾総督府の警察網、日本本国の社会運動取り締まりの経験を取り入れた効率的な監視網、コミンテルンの極左路線の機械的な方針が災いしたのであった。

　植民地における抵抗運動については、これを弾圧した支配者側の史料が重要な研究材料となることが多いが、これと同時に抵抗運動に参加した当事者の回想などが同様の重みをもつ史料となる。前者に属する史料としては、台湾総督府『台湾総督府警察沿革誌』(1) や日本高等法院検察局思想部『台湾ニ於ケル社会思想運動ノ概況』(2) が公表されているし、後者に属する史料としては、蘇新『帰らざる台共の闘魂』(3)、古

瑞雲『台中の風雷』(4) が出版されている。また黄師樵『台湾共産党秘史』(5) が出ている。さらに陳芳明『謝雪紅評伝』(6)、盧修一『日本統治時代の台湾共産党史』(7)、簡炯仁『台湾共産主義運動史』(8)、若林正丈『台湾抗日運動史研究』(9)、Hsiao Frank and Sullivan Lawrence "A Political History of the Taiwanese Communist Party, 1928～1931"(10) などが出版されている。しかしこれらの研究業績は台湾共産党史、あるいは台湾共産主義運動史の記述が中心であって、謝雪紅の共産主義思想について十分述べていない。

　それゆえ本節においては、謝雪紅の共産主義思想はいかなるものであったのかという点を解明したいと思う。これが本節が追求する課題である。謝は戦後の二二八事件 (一九四七年) の台中における指導者となったし、中国大陸における台湾民主自治同盟の主席となったが、本節においては日本植民地時代の謝の共産主義思想に限定して論じることにする。

二、謝雪紅の生涯

　謝雪紅は一九〇一年、台中州彰化街で生まれ、戸籍に記載された正式な名前は謝阿女だった。その父も母も手工業労働者だった。その兄弟姉妹は謝を含めて八人 (五男三女) であった。それゆえ非常に貧しかった。そのため謝は六歳の時から台中の露店でバナナを売って家計を助けた。だが一二歳の時に父母は病死した。そのため大金持ちの家から多額の葬儀費を借り、借財がかさんだ。そして謝は一〇〇円で台中の商人だった洪喜の息子・洪春栄の妾になった。一六歳になった謝

はそこを逃げ出し、精糖工場で女工になり、そこで甘蔗委員
だった張樹敏と知り合い、結婚した。一九一七年に謝と張は
日本の神戸に行き、麦藁帽子の取次販売を始めた。謝は神戸
にいた三年間に、日本語と中国語の習得に取り組んだ。この
時の日本は大正デモクラシー時代にあたっており、言論は自
由であり、思想は開放され、共産主義思想が広まりつつあっ
た。この時、謝ははじめて共産主義思想に触れたのであった。
張の麦藁帽子店は営業不振に陥ったため、一九二〇年に台湾
に戻った。そして謝は台中のミシン商会の外交員となり、二
年後には台中で洋服店を経営するようになった。一九二一年、
二〇歳の謝は台湾文化協会に入り、はじめて政治運動を始め
ることになった。しかしこの時の謝はまだ本格的な政治運動
を始めていなかった(11)。

　一九二四年、商売に失敗した張樹敏と謝雪紅は、中国の上
海に行った。上海に行ってから謝の思想は全面的に左傾化す
るようになった。上海で謝は上海台湾自治協会の活動を始め、
中国共産党の支配下にあった上海総工会に参加し、反日スト
ライキを行なった。上海の一九二五年の五三〇運動に謝が積
極的に参加したことは中共の指導者に注目されて、仲間に加
わることになった。この時、謝は身を守るために謝飛英とい
う仮名を使用していた。同年、謝は中共が創設した上海大学
に入学し、のちに左翼運動や台湾共産党のメンバーとなった
許乃昌、翁沢生、蔡孝乾、洪朝宗、李暁芳、荘泗川、陳玉瑛、
潘欽信（上大派）らと知りあった。謝が上海大学に学んだ期間
は四ヵ月間だったが、謝ははじめて正規な教育を受けたので

あった。一九二五年、謝雪紅は中共の推薦によってソ連のモスクワにあった東方勤労者共産主義大学（クートベ）に留学した。本来、コミンテルン（一九一九年成立、一九四三年解散）は共産主義インターナショナルの略であり、ロシア革命を受けて世界革命をめざす国際組織として結成されていた。このコミンテルンが中国共産党と日本共産党を指導するようになった。しかし当時まだ台湾には共産党が存在していなかったので、謝がロシアに赴いたのは台湾に共産党組織を結成するという問題を解決するためだった。そして謝が東方大学に留学していた二年間は謝の、共産主義思想に対する知識を飛躍的に高めることになった(12)。

　謝雪紅は一九二七年、東方大学を卒業し、台湾における共産党設立の使命を帯びて上海に再び赴いた。同年の「二七年テーゼ」は、日本共産党が掲げるべき行動綱領の一つとして「植民地の完全なる独立」をあげ、加えて「日本共産党は日本の植民地の解放運動と密接な連絡を保ち、これにあらゆる思想的組織的支持を与えねばならぬ」と規定していた。同年、謝は林木順と共に日本の東京に赴き、日共の組織部長渡辺政之輔から「政治テーゼ」と「組織テーゼ」を受け取った。そして渡辺は「台湾共産党ヲ、仮リニ日本共産党ニ付属スル民族支部トシテ組織スル事ニナッタ」と報告した。また渡辺は謝に「日本共産党は、普選による第一回の選挙闘争で多忙の故にこれ以上の援助はできないから、結党については中国共産党の援助を受けること」という指示をした(13)。

　一九二八年、林木順と共に上海に戻った謝雪紅は「政治テ

ーゼ」と「組織テーゼ」について、翁沢生を加えて、三人で
審議した。これらの三人は、労働運動、農民運動、青年運動、
婦人運動、赤色救援会などの行動方針を検討し、林に方針案
の起草を委任した。同年には、中国共産党の提案に基づいて
台湾共産主義者積極分子大会が翁沢生の家で開かれた。出席
者は謝雪紅、林木順、翁沢生、謝玉葉、陳来旺、林日高、潘
欽信、張茂良、劉守鴻、楊金泉、中共代表の彭栄であった。
そして同年、上海のフランス租界の写真館において、台湾共
産党の創立大会が開かれた。出席者は謝雪紅、林木順、陳来
旺、林日高、潘欽信、張茂良、中共代表の彭栄、朝鮮共産主
義者代表の呂運亨であった。この会議の主席は謝雪紅であり、
「台湾共産党は日本共産党台湾民族支部である」と位置づけ
た。この大会においては、「一、総督専制政治打倒——日本帝
国主義打倒、二、台湾人民独立万歳、三、台湾共和国建国」
などの政治テーゼが採択された。そして会議が終了すると、
林木順 (書記長)、林日高、蔡孝乾 (欠席)、荘春火 (欠席)、洪
朝宗 (欠席) の五名が中央常任委員、謝雪紅と翁沢生の二名が
中央常任委員候補、陳来旺が党員に選出された。三名の欠席
者が中央常任委員に当選できたのは奇妙であった。また謝が
議長であったのに、中央常任委員候補にしかなれなかったの
も不自然であった。そして台共の中で日共を最も熟知してい
た謝が東京に派遣され、日共とのパイプ役になることが決め
られた(14)。

　台湾共産党が成立する前年、謝雪紅らは上海台湾読書会を
結成していた。この読書会のメンバーは、逮捕された朝鮮共

産党員に声援を送るため、「全台湾総督独裁政治打倒大会」の
名義で、朝鮮人が決起することを訴えるビラを配った。その.
ため台共結成直後、謝は逮捕されたが、証拠不十分で釈放さ
れ、警察によって台湾に強制送還された。この上海読書会事
件の結果、大部分の党員は逃亡し、台共は有名無実化するこ
とになった。こうして林木順をトップにおく布陣は崩れ、謝
が中央常任委員に昇格し、台共の実権を掌握することになっ
た。そして謝は台湾文化協会や台湾農民組合を訪れ、一部の
台共党員と連絡を取り始めた。そして一九二八年、謝は台湾
文化協会、台湾農民組合、台湾民衆党、台湾総工会、台中店
員会、台中土木工友会の代表を集め、統一戦線として台湾解
放運動団体台中協議会を設立することに同意した。しかしコ
ミンテルンの「各国の支部は必ず共産党を唯一のプロレタリ
アートの党としなければならない」という指示によって、こ
の統一戦線の試みは失敗した。しかし謝は農民組合の中央委
員会に出席し、謝が起草した青年部、婦人部、救済部の三つ
の組織大綱が採択された。この三つの組織大綱は台共の建党
綱領を実際に運用したものだった。謝は台共の勢力を農民組
合の中に浸透させ、その指導権を掌握した(15)。
　一九二八年、台北の李国献宅で第一回台湾共産党中央会議
が開かれたが、出席者は謝雪紅、林日高、荘春火の三名だっ
た。この会議で次の決議が採択された。「一、謝が中央委員と
なる。二、上海事件の際、逃亡した蔡孝乾、洪朝宗、潘欽信、
謝玉葉は日和見主義者として党籍を剥奪する。三、楊克培、
楊春松が党員となる。林日高は書記長兼組織部長となり、荘

春火は労働部長兼宣伝部長となる。五、台北で国際書局を開設する。」そして同年、謝は台湾農民組合第二回全島大会を開催して、「農民に共産主義を教える、日本帝国主義を打倒する、自衛団組織を結成する」などの政策を提起した。そして一九二九年に謝は台北で国際書局という書店を開設し、左翼的書籍を販売し、台共の秘密の連絡所とした。そして同年、出版法規違反によって農民組合の一三名が懲役に処せられるという二一二事件が起こった。その後、同年の台北における台共の中央委員会議で、上海に赴いて中国共産党に加入してから帰台した王万得が謝の漸進主義的方法 (政治団体を左傾化させるため、内部に勢力を浸透させてから主導権を握る方法) を批判し、極左冒険主義の李立三路線を主張した(16)。

　一九三〇年、台北で台湾共産党の拡大中央委員会 (松山会議) が開かれ、謝雪紅が議長を務めたが、林日高と荘春火の党籍が剥奪され、王万得や蘇新と路線についての意見が対立した。それゆえ王は謝を除外して一九三一年、台共改革同盟を成立させ、「謝は組織面で閉鎖主義の誤りを犯し、政治面で不動主義の誤りを犯した」と批判した。そして同年、台共臨時代表大会を八里観音山で開き、謝を党主席の地位から解任し、謝の党籍を剥奪した。そして同年、台共改革同盟が過激な反戦ビラをまくなど極左路線に走り始めると、台共党員は台湾全島で一斉検挙され、台共は壊滅させられた。治安維持法違反で逮捕・起訴された者は謝も含めて五二名に達した。謝は一三年の懲役に処せられたが、一九三九年に肺病を患ったため、保釈された。そして謝は山根美子と名を変えて、台

中で百貨店を経営し、一九四五年の終戦を迎えた。一九七〇年、肺癌で世を去った。享年六九歳だった(17)。

三、謝雪紅の政治思想

　台湾共産党の一九二八年テーゼつまり政治大綱は日本共産党幹部の佐野学と渡辺政之輔が起草したものだが、謝雪紅と林木順から台湾の事情を聴取して作成したものである(18) ので、その中に謝の政治思想が反映していると言える。この政治大綱は「台湾民族の発展」として、「台湾民族形成論」ともいうべき議論を行なっている。この政治大綱は次のように言っている。「台湾最初の住民は野蛮人たる生蕃であった。其の後生蕃は漸次圧迫を受け土地は漸次剥奪せられ、竟に完全に漢人の為に深山に追入められて了った。随って土地は却て鄭氏一族及其の部下の大農戸等が分割占有して了ったのである。之より後中国南部より台湾に移住し来った漢人は非常に増加して来たのであって、所謂台湾民族とは是等南方移民が渡台し結成したものである(19)。」

　この政治大綱が述べているのはこういうことである。台湾の最初の原住民は高砂族であったが、中国大陸南部から漢民族が次第に移住し始め、高砂族は深山に追われるようになっていった。そして明朝と清朝の時代に、台湾海峡を船に乗って移民することは危険であり、その多くは漢民族の男性であった。これらの漢民族の男性らが高砂族の女性らと結婚することによって成立したのが台湾民族であるというのである。なぜならば漢民族はシナ・チベット系に属するが、高砂族は

マレー・ポリネシア系に属するからである。

　しかしこの点に関して台湾研究者若林正丈は以下のように批判している。「この台湾民族形成論にどうも形式主義的で性急である。華南よりの漢人移民の後裔が台湾民族たりうるのだったら、ここでいう漢人とはいかなる概念でありうるのか(20)。」若林は漢人と台湾民族のの相違を理解していない。漢人とは漢民族を意味し、台湾民族とは漢民族男性と高砂族女性が結婚を繰り返した結果、成立した民族を意味する。それゆえ台湾在住の漢民族と中国大陸在住の漢民族との相違は、台湾在住の漢民族にマレー・ポリネシア系の高砂族の血が入っているが、中国大陸在住の漢民族にはマレー・ポリネシア系の高砂族の血は入っていないという点にある。そして台湾民族は漢族系台湾人と言いかえてもよい。大漢民族主義者や中国台湾統一論者は台湾民族形成論を認めないが、台湾民族が成立していることは歴史的文化人類学的事実である(21)。

　本来、民族とは共通の文化とアイデンティティをもつ人々の集団を意味する。たしかに台湾文化と中国文化は共通点もあるが、台湾文化には高砂族文化や日本文化の影響があるので相違点も多い。アイデンティティについて言うと、すでに一九一二年に中華民国が中国大陸で成立し、中国民族が形成されつつあったにもかかわらず、この政治大綱は台湾民族形成論を主張しているということである。このことは中国民族とは異なる台湾民族としてのアイデンティティが生じ始めたということを意味する。それゆえ謝雪紅が中国民族とは異なる台湾民族が形成されつつあるという台湾民族形成論を主張

していたことがわかる。

　台湾共産党結成時の諸文書にみられるその台湾革命論の特色の一つ目は、植民地解放の戦略が中国革命の一部あるいは日本革命の一部としてではなくて、台湾革命として構想されている点にある。台共の組織大綱は「台湾共産党は相当の期間中は第三国際の一支部たる日本共産党の民族支部を組織する(22)」と述べている。そして台湾共産党結党宣言は「台湾共産党はマルクス・レーニン主義を以て武装せる行動的革命政党であり、又世界各国の共産党と同様に第三国際の支部であって其の他の何の政党とも完全に異なるものである(23)」と述べている。これらが意味するのは台共は当初、コミンテルンの支部の一つである日共の支部となるが、組織活動に一定の成果がみられて後にコミンテルンの一個の独立した支部に昇格するということである。現に警察によって日共が壊滅させられてからは、台共はほぼ独力で（中国共産党の多少の援助はあったにせよ）台湾革命運動を行なった。それゆえ台湾革命が達成された後にできるのは台湾人の独立国であって、台湾と中国が統一する可能性はありえないということになる。

　台湾革命論の特色の二つ目は、無産階級からなる台湾共産党が階級闘争を行ない、労働者・農民階級の力を強め、資産階級を倒し、台湾革命を達成するという点にあった。台共の政治大綱は、以下のように言っている。「台湾共産党は無産階級を以て基礎となして建築したものである。彼共産党の工作は階級闘争を激発して工農の革命勢力を展開せしむるにある。階級闘争は工農階級を推動し、民族革命を主要武器として之

に参加せしめるものであり、是れ工農群集の革命理論なのである。階級闘争は民族革命を幇助し民族革命を発展せしむるものである。台湾民族革命にして工農の参加と工人階級の領導がなければ目的を達成することは不可能である。台湾の資産階級は階級闘争に反対し、階級闘争は全民運動の共同戦線を破壊するものであり、民族革命に対する甚大な矛盾だ(24)。」このように台湾革命論とは無産階級からなる台湾共産党が階級闘争を行ない、労働者・農民階級の力を強めて、資産階級を倒し、台湾革命を達成しようとすることであった。

　台湾革命の特色の三つ目は、台湾共産党が台湾における工農民主独裁のソビエト政権を樹立しようとしていた点にある。台共の政治大綱は以下のように言っている。「我等が革命を為しソヴエートを建築するには実に工人農民を結合し、啓蒙し、訓練するのでなければ又共産主義的組織でなければならないのである(25)。」すなわち台共はロシア革命をモデルとして台湾革命を行ない、ソ連をモデルとして台湾共和国を建国し、労働者・農民による独裁政権たるソビエト政権、すなわち台湾共産党政権を樹立しようとしたのであった。そしてソビエト流の民主集中制による民主主義を実現させようとした。この背景にあるのは共産主義思想、とりわけマルクス・レーニン主義であった。このように台湾革命論とは、台湾共産党が台湾において工農民主独裁のソビエト政権を樹立しようとするものであった。

　台湾共産党の一九二八年テーゼつまり政治大綱は以下のように述べている。「台湾民衆が日本帝国主義に反抗する革命運

動、此の種の民族革命運動は必然的に発生すべきものであっ
て、一八九五年国民革命運動に伴ふて発生したる台湾民主共
和国が、日本帝国主義に圧倒されて後民族革命運動は継続的
に暴発した。一九〇七年代の主たる革命運動は原始的突発暴
動であった。一九一二年及一九一五年両次継続して起った大
暴動は参加人員数万に達した。一八九五年の民主革命が中途
にして日本帝国主義に推倒せられて以来、台湾資本主義の発
展は日本資産階級の経営に由って発展し来った。これが為、
台湾の資産階級の政治的結成は極めて幼稚で、今日に至って
漸く一階級を結成し、この階級団結の過程中甚だ容易に帝国
主義の為に同化された。この事実こそは過去に於ける台湾民
主独立運動をして展開し得ざらしめたる所の強力にして重要
なる原因である(26)。」

　この中で述べられているのはこういうことである。一八九
五年の台湾民主国樹立と台湾抗日運動、一九〇七年の北埔事
件、一九一二年の土庫事件、一九一五年の西来庵事件が次々
と起った。これらの事件の本質は台湾抗日運動であり、台湾
独立運動であるという点にある。その連続性として、中国民
族とは異なる台湾民族による台湾独立運動と中華民国から独
立した台湾共和国の建設が構想されていた。そして台湾民主
国が内実はどうであれ、一応、共和制であったということは、
台湾共和国の共和制モデルとなりえるのである。また林献堂
ら台湾土着地主資産階級が自治主義要求運動を行なっている
ことは、台湾共産党の台湾独立要求運動の阻害要因となって
いると言っている。しかし実は林ら台湾土着地主資産階級は

自治主義要求運動を行なったのではなくて、台湾独立要求運動を行なったのであり、この点についてはすでに筆者はいくつかの論文で論証しているので(27)、ここではくりかえさない。たしかに台共は台湾独立運動を行ない、台湾共和国の建設を求めていた。

　台湾研究者黄昭堂は以下のように述べている。「なぜ台湾共産党が敢えて台湾民族主義を掲げたのか。合衆国大統領ウィルソンが掲げた民族自決の原則はアイルランドが一九二一年に自由国になったことと共に、漢族系台湾人政治運動者に大きな激励を与えた。民族主義は解放につながり、独立につながるとのイメージがかれらにもたらされたことは明らかである。そのなかで台湾共産党は従来の台湾の政治運動を資産階級の指導下にあって、その革命行為は極めて制限的だとしているので、台湾民族主義こそ、労働者、農民を連合する手段たりうると確信したからではなかろうか(28)。」この指摘は正しい。民族主義はある地域の人々を団結させる作用がある。たしかに台共が主張した台湾民族主義は労働者・農民を団結させる作用があった。しかも台湾民族主義は、中国民族主義や日本民族主義に対抗しうる力をもっていたし、台湾民族の国づくり (台湾共和国の建国) をめざしていたのであった。

　台湾共産党の一九二八年テーゼつまり政治大綱は以下のように言っている。「政治的自由を獲得するための一切の運動は我党に於いて大衆運動に大衆を動員することに依らなければならぬ。台湾共産党当面の口号は次の通りである。一、総督専制政治の打倒——日本帝国主義の打倒、二、台湾民衆独立

万歳、三、台湾共和国の建設(29)。」ここで台湾民族の独立と台湾共和国の建設を主張していることはきわめて重要である。なぜならば当時、台湾島内にあった抗日団体の中で、台湾民族の独立と台湾共和国の建設を主張する抗日団体は存在しなかったからである。また台共が日本共産党と中国共産党の両方から指導と援助を受けていたとはいえ、台湾民族の独立と台湾共和国の建設を主張していたことは特筆に値する。なぜならば中国民族の対立概念としての台湾民族形成、さらに中華民国の対立概念としての台湾共和国建国を主張しているからである。すなわち中国民族とは異なる台湾民族が形成されたので、中華民国とは別の国家・台湾共和国を建設したいと言っているのである。

　台湾研究者シャオとサリバンは次のように述べている。「儒教に深淵する中国文化を伝達された時、人は中国人となる。逆に中国の教化の圏内から離れれば、人は非中国化される。台湾人は日本による日本化によって、台湾民族の特質をもつに至り、台湾人は中国人と違う民族となった(30)。」だが若林はこの説を批判し、「日本統治下に入って台湾人がただちに非中国化していったなら、同じことは台湾に遅れることわずか一〇年で日本統治下に入った遼東半島の住民におこったのか、そこに遼東人の民族性が生まれつつあったのか(31)。」だが若林説は妥当性を欠いている。その原因は台湾人が中国人の一部であり、台湾人も中国人も同じ中国人であるという先入観をもっている点にある。それゆえ台湾人と遼東人を同列に論じるという過ちを犯しているのである。なぜならば台湾

人は一八九五年に台湾民主国という独立国を建国したし、一
九二八年に、台湾共産党が台湾共和国の建国を主張している
のに、遼東人は独立国を建国しようとする運動を行なわなか
ったからである。それゆえ台湾人は中国から独立した国家を
作ろうとしたが、中国人の一部である遼東人は中国から独立
した国家を作ろうとしなかったという点で異っているのであ
る。

　この政治大綱の中で述べられている台湾民衆の独立と台湾
共和国の建設という言葉は、日本の植民地支配に対する挑戦
を意味していた。政治制度として日本は立憲君主制（憲法に
よって権力を制限された君主が政治を行なう体制）に対し
て、台湾共和国は共和制（民主主義的な選挙によって選ばれ
た大統領が政治を行なう体制）を主張したのであった。この
ように台共が共和制を主張するようになったのは謝雪紅が日
本にいる間に大正デモクラシー思想、とりわけ民主主義思想
の影響を受けたことに原因があると思われる。またロシア留
学中にもロシア流の民主主義思想を学んできたのである。こ
れらのことから謝は台湾民族の独立と台湾共和国の建設を主
張するようになったというのである。

五、おわりに

　第一に謝雪紅の政治思想とは台湾民族形成論であった。台
湾の原住民はマレー・ポリネシア系の高砂族であった。明朝
と清朝の時代に台湾海峡の航海は危険であり、中国大陸から
台湾に移民したシナ・チベット系の漢民族の大部分は男性で

あった。これらの漢民族の男性らが高砂族の女性らと結婚することによって形成されてきたのが台湾民族であった。すなわち中国民族と異なる、マレー・ポリネシア系の高砂族の血が入った台湾民族が成立した。謝の政治思想とは中国民族とは異なる台湾民族が形成されつつあるという台湾民族論であった。

　第二に謝雪紅の政治思想とは台湾革命論であった。その特色の一つ目は植民地解放の戦略が中国革命や日本革命の一部としてではなく台湾革命として構想されていた点にあった。二つ目は無産階級からなる台湾共産党が階級闘争を行ない、労働者・農民階級の力を強め、資産階級を倒し、台湾革命を達成しようとしていた点にあった。三つ目は台湾共産党が台湾における工農民主独裁のソビエト政権を樹立する台湾革命を達成しようとしていた点にあった。謝の政治思想とは一国革命論であり、無産階級の台湾共産党が階級闘争を行ない、労働者・農民階級の力を強め、資産階級を倒し、工農民主独裁のソビエト政権を樹立しようとする台湾革命論であった。

　第三に謝雪紅の政治思想とは台湾独立運動論であった。一八九五年の台湾民主国樹立と台湾抗日運動、一九〇七年の北埔事件、一九一二年の土庫事件、一九一五年の西来庵事件が次々と起こった。これらの事件の本質は台湾抗日運動であり、台湾独立運動であるという点にあった。その連続性として中国民族とは異なる台湾民族による台湾独立運動と中華民国から独立した台湾共和国の建設が構想されていた。台湾民主国が共和制であったということは台湾共和国の共和制のモ

デルとなりえるのである。謝の政治思想とは台湾民主国樹立とその後の抗日運動、その連続性として中国民族とは異なる台湾民族による台湾独立運動を行なっていこうとするものだった。

第四に謝雪紅の政治思想とは台湾共和国建設論であった。謝は台湾民族の独立と台湾共和国の建設を主張した。当時、台湾島内に存在した抗日団体の中で、台湾共産党がはじめて台湾民族の独立と台湾共和国の建設を主張する抗日団体となった。台共が日本共産党と中国共産党の両方から指導と援助を受けていたとはいえ、台湾民族の独立と台湾共和国の建設を主張していたことは特筆に値する。なぜならば中国民族の対立概念としての台湾民族形成、さらに中華民国の対立概念としての台湾共和国建設を主張しているからである。謝の政治思想とは中国民族とは異なる台湾民族が形成されたので、中華民国とは別の国家である台湾共和国を建設しようとするものだった。

第二節　台湾独立論者王敏川の政治思想

王敏川は共産主義者であり、台湾文化協会を共産主義の団体に変え、社会民主主義の連温卿派を文化協会から排除し、文化協会の最後の中央委員長となった。王敏川の政治思想は台湾独立思想、民族主義思想、共産主義思想、労働組合思想である。

一、王敏川に関する研究史

　王敏川は一九二〇年代の台湾(32) において、政治運動や社会運動を行った抗日運動家であった。王は「台湾青年」、「台湾」、「台湾民報」、「台湾大衆時報」などの雑誌記者として健筆を振るいつつ、抗日運動を展開したのであった。また台湾議会設置請願運動にも王は参加した。さらに台湾文化協会にも加入し、最後の中央委員長となった。かつては地主資本家階級と知識階級の右派の団体であった台湾文化協会を王や連温卿らが無産階級の左派の団体に変えたのであった。左翼団体となった台湾文化協会は、蒋渭水らの台湾民衆党 (右派の団体) や林献堂や蔡培火らの台湾地方自治連盟 (右派の団体)などと対決姿勢をとるようになった。その後、王は連を台湾文化協会から除名した。そして王は台湾赤色救援会事件で検挙され、入獄し、六年後に出獄したが、まもなくして病死した。

　それでは王敏川はいかなる政治思想をもっていたのであろうか。本節においては、この点を解明したいと思う。王の政治思想は「台湾青年」、「台湾」、「台湾民報」、「台湾大衆時報」などの雑誌や王の文章を集めた『王敏川選集』(33) などの著作に表れている。さらに抗日運動側の史料として、謝春木の『台湾人の要求』(34)、蘇新の『帰らざる台共の闘魂』(35)、蕭友山の『台湾解放運動の回顧』(36) などが出版されている。台湾総督府側の史料として、『台湾総督府警察沿革誌』(37) が出版されている。それゆえ王の政治思想を論じる客観的条件

は整えられている。これまでの王についての学術論文はほとんど存在していない。

二、王敏川の生涯

王敏川は字が錫舟であり、一八八七年に台湾の彰化市で生まれた。王の父は王廷陵といい、私塾の教師であり、幼少時より、王に対して漢文による教育を行った。一九〇九年、王は台湾総督府立国語学校を卒業し、彰化第一公学校の教師となった。王は幼少年期は孔孟思想の影響を受けたが、成長するにつれて西欧の思想の影響を受けるようになった。一九一九年、王は東京に赴き、早稲田大学政治経済学部に入学し、四年後に卒業したが、その時すでに三四歳の壮年になっており、同じ年の卒業生には抗日運動家の黄呈聡や黄朝琴などがいた。王が留学したときは、東京の台湾留学生の民族的自学が高揚していた時であり、王は一九一九年、林献堂の啓発会に参加したが、同会は資金問題で瓦解したため、王は一九二〇年、林の新民会に参加し、台湾民族運動を開始した。そして同年、王は「台湾青年」雑誌の創刊に加わった。一九二三年、「台湾民報」が創刊され、王は幹事となり、同誌は東京で発行されたものの、台湾に住む台湾人の読者を対象にしていた。王らは台湾に戻り、同誌を宣伝し、読者を募った。彼らは全島各地で講演会を開き、台湾人の民族意識を高めた。彼らは統治階級の暴虐ぶりを批判し、全島各地の台湾民衆に歓迎された。一九二三年、王敏川は蒋渭水や蔡式殼らと共に台北において、台北青年会を組織した。同会は地方文化の向上

と体育活動を実践することを標榜していたが、演劇と講演会
で、反日活動をしたために、禁止された。その後、彼らは台
北読書会と台北体育会を組織した。彼らは社会問題を討論す
る以外に、各種の主義や思潮を議論することを目的としてい
た。王は林献堂が中心になって推進する台湾議会設置請願運
動にも加わった。だが台湾総督府は一九二三年、治警事件を
起こし、台湾議会期成同盟会の関係者九九名を逮捕した。そ
の中に王も含まれていた。治警事件の裁判の第一審で、王は
懲役三カ月に処せられたが、翌年の第二審では無罪となり、
釈放された。そして一九二五年、台北の警察署の、台湾文化
協会に対する取締は厳しくなってきたので、一ヵ月間、「論
語」について講演した。王は主筆であり、「台湾民報」に教育
問題、婦人問題、社会問題についての文章を発表した(38)。

　かつて台湾文化協会は一枚岩として林献堂の下に結集し、
台湾抗日運動を展開していたが、一九二〇年代後半に社会主
義思想が台湾に流入するようになると左右に分裂することと
なる。文協が左右に分裂した時、林献堂、蔡培火、蒋渭水ら
は右派すなわち穏健派に属していたが、王敏川と連温卿は左
派すなわち急進派に属していた。一九二七年、文協が台中公
会堂で臨時大会を開催した時、連ら四〇余名の無産青年が奪
権闘争を行い、内部対立が発生した。右派に属する旧幹部の
林、蔡、蒋らは相次いで脱退し、文協は、左派に属する新幹
部の王らが支配することとなった。王は当選して、中央委員
となり、左翼団体となった新しい文協の主要幹部となった。
王は中央委員に当選して組織部主務兼教育部部長となった。

新文協は、王と連が主導したため、本来、台湾文化の高揚を目的としていた文協は階級闘争を目的とする団体となった。日本の社会主義の大本営と称されていた早稲田大学を卒業した王は、中国上海大学留学経験者すなわち上海大学派の無産青年の支持を受けることとなった。この上大派には、後に台湾共産党の幹部となった蔡孝乾、翁沢生、洪朝宗、王万得、潘欽信、荘春火などの人々がいた。新文協が成立してから、王は鄭明禄、王万得と共に「台湾民報」雑誌社を退社し、新文協から資金を集め、一九二八年、台湾大衆時報社を創設し、社長となった。「台湾大衆時報」は東京で発行されたのであったが、台湾総督府によって発禁とされ、四か月間、一〇号まで発行した時点で停刊となった(39)。

　台湾文化協会はしばしば台湾総督府に反抗する事件を起こした。たとえば新竹事件 (一九二七年)、台南墓地事件 (一九二八年)、台中師範事件 (一九二八年)、台中一中事件 (一九二七年) などである。そのため王敏川も数回、投獄された。後に王の新文協における力は連温卿を凌駕するようになり、農民組合の策動の下、王は連を追放した。新文協内の一部の台湾共産党員は、もし新文協が政党路線をとるならば、解散すべきであり、そうしてこそ無産階級を成長させることになるという新文協解散論を提起した。だが王はこの意見に反対し、新文協はプチブル (小市民) 的大衆団体として存在すべきだと主張した。一九三一年、新文協は彰化で第四次全島代表大会を開き、出席した代表は七七人であり、警察の監視下であったが、選挙が行なわれ、王は中央委員長兼財政部部長とな

った。会議において、以下の行動綱領が決議された。「無産大
衆を集め、大衆運動に参加し、もって政治的経済的社会的自
由を獲得する。」この会議場においては、台湾解放運動万歳、
打倒地方自治連盟、打倒台湾民衆党などのスローガンが張ら
れていた。最後に「台湾解放運動万歳」を高らかに叫んだ。
しかし新しく当選した中央常任委員の鄭明禄、王万得、呉石
麟らはすでに豊原の張信義の家で秘密集会を開き、台湾共産
党を支持する決議をしていた。台湾総督府は一九三一年、蒋
渭水らが組織した台湾民衆党を解散させてから、次々と台湾
共産党員を検挙しはじめた。台湾農民組合の指導者の簡吉が
台中で台湾赤色救援会準備会を開いた時、王敏川は新文協の
一〇余名の中央委員を率いて救援にむかったが、警察に検挙
され、入獄することとなった。王は長らく新文協の幹部であ
り、新文協の最後の委員長となった。王は懲役四年の刑に処
せられたが、判決書には「非共産党員」と記載されていた。
しかし王には共産主義思想があった可能性がある。王は六年
間、入獄していた。出獄後の王は病気がちであった。一九四
二年、王は病死した。享年五四才であった(40)。

三、王敏川の政治思想

　王敏川が階級闘争を主張し、台湾共産党と協力し、台共を
支持した理由について、台湾史研究者の王暁波は次のように
述べている。「階級闘争は台湾人労働者の、日本資本主義に対
する闘争であり、矢内原忠雄が言うごとく『民族運動は階級
運動であり、階級運動は民族運動であり、両者は相互に結び

つきやすい。』それゆえ王らの階級闘争は民族闘争を意味することになる。王が台共と協力したのは孫文の連ソ容共政策が台湾抗日民族運動に影響を与えたためであり、日本共産党の台湾抗日民族運動への同情をひくためでもあり、台共と抗日民族運動の統一戦線を結成したかったからであった(41)。」

　このように王暁波によれば、王敏川は階級闘争ではなく、民族闘争を行ったのであり、台湾共産党と協力したのは国共合作の影響であり、日本共産党の同情をひくためであったとしている。しかしそうであったとは思われない。なぜならば王は共産主義者であったからである。王は事実、階級闘争を行ったのであり、共産主義思想があったからこそ、台共に協力したのである。そのように言える根拠は以下の通りである。左翼雑誌「台湾大衆時報」は専務取締役兼編集部主任の王と編集発行人兼記者の蘇新が創刊した。この蘇新が回想録『未帰的台共闘魂』(この回想録は当事者が書いた一次史料であり、その史料的価値は高い) を書いており、その中で次のように述べている。

　「台湾文化協会は初期の段階において、三つの集団によって統一戦線を結成していた。これらの三つの集団は異なる階級的利益を代表していた。第一に蔡培火を中心とする改良主義派であり、日本国内の民主化運動 (大正デモクラシー運動) の影響を受けていた。第二に蒋渭水を中心とする民族主義派であり、中国国民党の民族革命の影響を受けていた。第三に王敏川、連温卿を中心とする社会主義派 (『台湾総督府警察沿革誌』は共産主義派としている(42)) であり、日本と中国の

無産階級の社会主義革命運動の影響を受けていた。ゆえに一九二七年の文協の臨時総会の時、分裂した。そして連、王ら文協の左翼分子は全島各地で各種の青年組織や読書会を作り、マルクス主義を宣伝し、農民が農民組合を組織するのを助け、労働者が労働組合を組織すのを助けた(43)。」

　これらのことから王敏川は共産主義者であり、日本と中国の無産階級の社会主義革命運動の影響を受けたマルクス主義者であったことがわかる。また全国各地で各種の青年組織や読書会を作り、マルクス主義を宣伝し、農民が農民組織を組織するのを助け、労働者が労働組合を組織するのを助けたことからも王がマルクス主義者であったことがわかる。さらに一九二八年以後、台湾の左翼運動も、日本の福本イズムと山川イズムとの対立および中国の李立三路線の影響を受けて、文協内で派閥闘争が始まった。これは王を中心とする上大派と連温卿を中心とする非上大派との対立であった。上大派は王敏川、蔡孝乾、王万得、潘欽信などであり、非上大派は連温卿、胡柳生、林清海、黄白成枝などであった。

　この点に関して、蘇新は次のように言っている。「王敏川一派は福本イズムに傾き、連温卿一派は山川イズムに傾いていた。当時、福本イズムは日本共産党を支配し、極左派であり、彼らは山川イズムが左翼社会民主主義であると考えていた。文協の上大派も連一派が左翼社会民主主義であり、蒋渭水一派が右翼社会民主主義であると考えていた。両派の派閥闘争は激しくなり、一九二九年の文協の第三次全島代表大会で、王一派は連一派を除名し、文協台北支部を解散させた(43)。王

が日共の多数派をしめる理論である福本イズムを信奉し、その対抗理論である山川イズムを信奉する連を除名したことからみても、王が共産主義者とりわけマルクス・レーニン主義者であることはまちがいない。つまり当時、日共で支配的であった極左派である福本イズムを信奉している以上、王はマルクス・レーニン主義の極左派に属すると言えるのである。

日本共産党は一九二二年に成立したが、翌年には党員の多くが検挙され、解党するか再建するかの選択に直面することになった。山川均は日本資本主義は成熟していず、革命に不利であるので日共の解散を主張した。また山川はプロレタリアートとしての意識は、革命情勢の成熟に伴って成長するので、その成長を待つべきであるとした。さらに山川は日本は日本の社会的条件にあった革命路線を発展させるべきであり、コミンテルンの指令に盲従すべきでないとした。これが山川イズムであった。この山川イズムは、一九二四年に再建派から攻撃された。一九二六年、日共は再建大会を開催し、福本イズムという福本和夫が提起した路線を採択した。福本イズムには「分離」と「結合」という概念があった。「分離」とは日和見的なマルクス・レーニン主義者を粛正することであり、「結合」とはマルクス・レーニン主義者を団結させることであった。福本は日本の革命勢力は成熟したので、外来の革命理論を宣伝すべきものであり、日共はコミンテルンの指令を遵守すべきであるとした。こうして山川イズムと福本イズムの理論闘争が行なわれた。一九二七年、コミンテルンの指導下に山川イズムと福本イズムを検討し、新たな政策「二七年

テーゼ」を採択した。日共の委員長には徳田球一が、政治部長には福本和夫が、組織部長には渡辺政之輔が就任した。渡辺はその後、日共を代表し、台湾共産党とのパイプ役となった(45)。

　この点に関連して、『台湾総督府警察沿革誌』も、「王敏川派は日本共産党のいわゆる一九二七年テーゼ (台湾共産党上海テーゼは之と同趣旨なり) を骨子とする意見を抱きつつありし(46)」と述べている。このように王が日本共産党の「二七年テーゼ (台湾共産党上海テーゼはこれと同じ内容)」を信奉している以上、王が共産主義思想とりわけマルクス・レーニン主義を信じていたことは疑いない。

　『台湾総督府警察沿革誌』は次のように述べている。「台湾議会設置請願運動を行う幹部の思想言動を観察する時は大様之を二つに分つことを得べし。一は支那は必ず台湾を回復し得るものとの見解に立脚せり。之に対して他の一は、本島人独立の生存に重きを置くなり。前者の代表的人物としては、蒋渭水、蔡恵如、王敏川等にして、後者に属する者としては、蔡培火、林呈禄を以て主たるものとす(47)。」このように台湾総督府は王を中国統一派と規定しているが、そうであったとは思われない。王は中国統一思想ではなく、台湾独立思想をもっていたのではなかろうか。

　王敏川に台湾独立思想があったと言える第一の根拠は、王が日共の「二七年テーゼ」の「当面の政策・第一三項の植民地台湾の完全独立」を目標としていたからである。

　台湾総督府の史料は言う。「福本イズムの指導理論も聴取

し、コミンテルン執行委員会に於て『日本に関するテーゼ』が可決され、日共は之を綱領として採用するに決したり。該綱領は一九二七年テーゼにして、当面の政策第一三項中に『植民地の完全なる独立』を挙げ、朝鮮、台湾に対する共産主義運動の指導を日共の重要使命と規定せり。王は一九二七年テーゼを骨子とする意見を抱きつつありし(48)。」それゆえ王には、台湾独立思想があったということになる。

王敏川に台湾独立思想があったと言える第二の根拠は、王が中央委員長である文協の第四次全島代表大会で、階級闘争を通じての台湾解放 (つまり台湾独立) を宣言したからである。第四次全島代表大会宣言は以下のように述べている。「資本家階級は労苦群衆の膏血を搾取し、工農大衆を困窮化させた。各国の無産階級の革命運動、中国ソビエト政権の確立、インド、朝鮮、ベトナム、南米、南アフリカなどの植民地独立運動の進展など、二大階級の対立抗争は激化している。日本帝国主義は外債による日月譚工事の復活、産業合理化の強行によって我々被圧迫工農大衆に対して搾取弾圧をなし、工農大衆は貧窮化し、一般勤労大衆、無産市民層も没落せざるを得ず、無産階級の地位に陥った。反動的台湾民衆党、台湾地方自治連盟が代表する土着地主は日本帝国主義に懐柔され、反動化した。ゆえに被搾取的地位にある我々勤労大衆は無産階級の指導下に、日本帝国主義と抗争し、台湾の帝国主義統治、封建専制政治を転覆し、封建の遺制を掃蕩し、反動団体を打倒しなければならない。第四次全島代表大会は満場一致で無産階級の旗の下、新方針を遂行し、日本帝国主義と徹底

的に戦うことを誓う。最後に我々のスローガンは、日韓台被
圧迫階級団結せよ！日本帝国主義を打倒せよ！台湾解放運動
万歳(49)！」このように階級闘争を行い、日本帝国主義を打倒
し、台湾解放運動を行おうとする以上、王には台湾独立思想
があったということになる。

　王敏川に台湾独立思想があったと言える第三の根拠は王が
台湾独立を意味する台湾議会設置請願運動を行なったからで
ある。台湾総督は、立法・行政・司法の三権をもっていたが、
そのうちの立法権のみを台湾議会に与えるように求めたので
あった。すなわち台湾議会は、法律制定権と予算議決権から
なる立法権を要求するものであった。それゆえ立法権をもつ
台湾議会は、立法権をもつ帝国議会と同等の権限をもつこと
になる。立法権をもたず、条例制定権しかもたない府県会と
は明らかに異なっている。請願運動が法律制定権と予算議決
権からなる立法権を要求している以上、請願運動は、台湾自
治運動ではなくて、台湾独立運動ということになる。これら
のことから法律制定権と予算議決権からなる立法権を要求す
る台湾議会設置請願運動を行なった王には、台湾自治思想で
はなくて、台湾独立思想があったということになる。

　王敏川は「吾人今後該当努力之道」の中で、次のように言
っている。「政治と社会は密接な関係をもち、政治が悪ければ、
社会も悪くなる。それゆえ政治をよくしたければ、社会を改
良すべきである(50)。」このように王は政治を改良するために
社会を改良しようとしたのであった。それゆえ王は社会運動
を実践した社会改良思想家と言える。つまり王は第一段階と

して社会を改良し、第二段階として政治を改良しようとした
のであった。なぜならば当時の状況を考えた場合、台湾には
政治的自由がなかったため、比較的自由の余地がある社会面
から改良しようとしたのであった。それでは王はいかなる方
法によって、台湾社会を改良しようとしたのであろうか。

　王敏川「台人重大的使命」は次のように主張している。
「我々台湾人は、第一に民意を調達できる立法機関を設置す
べきであり、第二に教育を普及し、高めるべきであり、第三
に因習を打破すべきである(51)」この中で述べられている「第
一に民意を調達できる立法機関を設置すべきである」という
のは、台湾議会設置請願運動論であり、すでに述べたので、
ここでは繰り返さない。「第二に教育を普及し、高めるべきで
ある」というのは教育普及論であり、特に強調しているのは
社会教育の普及、書房と漢文の普及である。教育普及論は王
が最も重視する論理の一つであり、教育普及論関係の論文は
一〇編あり、王が「台湾青年」や「台湾民報」に書いた論文
の三分の一を占める。「第三に因習を打破すべきである」とい
うのは女子教育論であり、特に強調しているのは、女子教育
の普及と知識階級の女性の奮起である。女子教育関係の論文
も同様に一〇編ある。

　教育普及論、特に社会教育普及について、王敏川は以下の
ように述べている。「我々の同胞は三八〇万人いるけれども、
大多数は教育を受けたことがなく、字を知らず、新聞・雑誌
・書籍を読むことができず、盲人同様である。それゆえ社会
教育が必要である。そのためには各地で講演会と講習会を開

催するべきである。また各地に図書館と読報社 (一般民衆の
ための新聞閲覧所) を設置すべきである(52)。」王のこの考え
は台湾文化協会によって実践された。台湾文化協会は一年間
に三五〇回の講演会を開催し、一一万人の聴衆を集め、台湾
人の民族意識を高めた。また台湾各地で夏期講習会を開き、
台湾民衆の政治意識と社会意識を高めた。さらに図書館と読
報社の設置は台湾民衆を啓蒙し、台湾民衆の、政治と社会に
対する関心を深めさせた。このように王の主張は台湾文化協
会を通じて実践されたのである。

　教育普及論、特に書房と漢文の普及について、王敏川は以
下のように言っている。「書房教育においては、漢文が最も重
要である。その第一の目的は、すぐれた人材を養成し、社会
に貢献するためである。古人が言うごとく、求道者に師が必
要であり、道徳を学ぶ必要があり、今日の学校教育の目的と
同様、品性を陶冶し、必要な知識や技術を習うことは論をま
たない。その第二の目的は孔子の教えによって、すぐれた人
格を養成し、漢文を習うことによって、日華両国の感情を醸
成し、世界平和を促進することにある(53)。」王は書房を普及
させることで、台湾文化を保衛しようとした。すなわち日本
の学校教育の台湾侵入に対して、台湾の書房教育の普及によ
って対抗し、台湾文化を守ろうとした。言いかえれば同化政
策による日本語教育の強制つまり日本文化の押しつけに対し
て、王は書房教育の普及つまり台湾文化の保衛を行なおうと
したのである。

　さらに王敏川は以下のように言っている。「いかなる国で

も教育を重視するのは当然であり、教育が発達すれば発達するほどその国は強くなり、教育は国づくりの基本である。だが当局は漢文教育を重視していない。漢文が重要な理由は、台湾人には東アジアの平和を維持する使命があり、日華親善を行なう必要があり、台湾人は将来、中国や南洋などに発展していき、日常生活に不可欠であるからである(54)。」この中の「(漢文) 教育は国づくりの基本である」という言葉には、将来、台湾人の独立国をつくりたいという意図が含意されている。なぜならば王は日本語教育ではなくて、漢文教育を重視しているからである。このように王は漢文教育と漢文普及を主張することによって将来の台湾人の国づくりの基本にしようとしたのであった。

　女子教育論、とりわけ女子教育の普及と知識階級の女性の奮起について、王敏川は次のように述べている。「日本の婦人協会は、毎年、請願書を提出し、治安警察法第五条を修正させ、婦人が結社、集会、演説を行なう自由を認めさせ、参政権要求運動も開始している。我々の台湾でも、このような婦人がたちあがるべきである。台湾の三六〇万人の人口の半分の一八〇万人が婦女であることは看過できない。それゆえ知識階級の婦人は奮起し、婦人運動を行なうべきである(55)。」たしかに人口の半分を占める女性を社会改良のための社会運動に参加させれば大きな戦力になろう。多くの社会主義国においても、婦人運動と社会運動が結びついて行なわれたのであった。婦人運動の多くはマルクス・レーニン主義と結びついて推進されたのであった。王は社会運動の一つとして婦人

運動を行なわせ、社会を改良しようとしたのであった。

　さらに王敏川は次のように言っている。「我々男性と諸君ら女性との能力差は存在しない。また同じ国民に属しており、我々は徴兵される義務はないけれども、国民となる資格はもっており、国民を教育することは天職である。男子は教育を受け、知識を増やしており、女子も同様に知識を増やしてこそ、国家は強盛となる。この点から論じるならば、国家と関係があることになり、もし女子の知識を増やさなければ、国家に不利である(56)。」王がこの中で述べている「国民」や「国家」は将来の台湾人の独立国とその国民を意味している。将来の台湾人の国づくりの準備として、教育を通して知識を増大させ、婦女子の国民意識や国家意識を高めようとした。王は社会運動の一つとして婦人運動を行なわせ、社会を改良しようとしたのであった。

四、おわりに

　王敏川は台湾文化協会内の三派のうちの社会主義派（共産主義派）であり、日本と中国の無産階級の社会主義革命運動の影響を受けていた。また王は全島各地で各種の青年組織や読書会をつくり、マルクス主義を宣伝し、農民が農民組合を組織するのを助け、労働者が労働組合を組織するのを助けた。さらに王は日本共産党の多数派を占める極左的な福本イズムを信奉し、その対抗理論である山川イズムを信奉する連温卿を台湾文化協会から除名した。そして王は日共の「二七年テーゼ（台湾共産党上海テーゼはこれと同じ内容)」を信奉して

いた。これらのことから王には共産主義思想とりわけマルクス・レーニン主義があったということになる。

　王敏川は日本共産党の「二七年テーゼ」の「当面の政策・第一三項の台湾の完全独立」を目標としていた。また王は中央委員長として台湾文化協会の第四次全島代表大会で、階級闘争を通じての台湾解放 (すなわち台湾独立) を宣言した。さらに王は法律制定権と予算議決権からなる立法権を要求する台湾議会設置請願運動を行なった。それゆえ王には台湾独立思想があったということになる。

　王敏川は社会教育の普及を主張し、具体的には講演会と講習会を開催し、図書館と読報社を設置することを強調し、これらは台湾文化協会によって実践された。また王は書房を普及させることで、台湾文化を保衛しようとした。すなわち日本の学校教育の台湾侵入に対して、台湾の書房の普及によって対抗し、台湾文化を守ろうとした。さらに王は漢文教育と漢文普及を主張することによって、将来の台湾人の国づくりの基本にしようとした。また王は女子教育の普及を主張することによって、人口の半分を占める女性も社会改良のための社会運動に参加させようとした。さらに王は将来の台湾人の国づくりの準備として特に知識階級の女性への教育を通して知識を増大させ、国民意識や国家意識を高めようとした。このように王は政治を改良するために社会を改良しようとした。それゆえ王には社会運動を行ない、社会を改良しようとする社会改良思想があったということになる。

　王敏川の政治思想とは、第一に共産主義思想とりわけマル

クス・レーニン主義であり、第二に台湾議会設置請願運動に
よる台湾独立思想であり、第三に社会教育普及論と女子教育
普及論による社会改良思想であった。

第三節　台湾独立論者連温卿の政治思想

連温卿は社会民主主義者であり、王敏川の主導する台湾文
化協会から追放された。連温卿の政治思想は台湾独立思想、
民族主義思想、山川主義思想、労働組合思想、社会民主思想
である。連温卿は労農派に属し、山川主義の信奉者だった。
いわゆる山川主義とはベルンシュタインが主張する修正主義
思想であり、平和的手段による政権奪取をもって目的とする
政治思想である。

一、連温卿に関する研究史

一九二一年、台湾抗日運動の中心となった団体は、台湾文
化協会であった。アメリカのウィルソンの民族自決主義、日
本の大正デモクラシー運動、朝鮮の三一独立事件、中国の辛
亥革命と五四運動は、台湾抗日民族運動に影響を与えつつあ
った。そして文協で二つの流れが生まれることになった。つ
まり蔡培火を中心とし、日本の大正デモクラシー運動の影響
を受けていた改良主義派、蒋渭水を中心とし、中国国民党の
民族革命運動の影響を受けていた民主主義派、王敏川と連温
卿を中心とし、日本と中国の無産階級の社会主義革命運動の
影響を受けていた社会主義派であった。一九二七年、文協の

臨時大会で、連が提案した案が可決されたため、蔡と蔣は文協を脱退し、台湾民衆党を設立した。こうして文協は連と王が支配する左派の団体となった。だがその後、日本の福本イズムと山川イズム、中国の李立三路線の影響によって新文協内で二つの流れが生じることになった。すなわち王を中心とし、福本イズムを信奉する上海大学留学経験者からなる上大派と連を中心とし、山川イズムを信奉する非上大派であった。両派の対立の結果、一九二九年、連は新文協から除名されることになった。その後、一九三一年、新文協は活動を停止した。このように連は文協の二回の分裂において大きな役割を果たしたのであった。

　それでは連温卿はいかなる政治思想をもっていたのであろうか。本節においては、この点を解明したいと思う。連の政治思想は、「台湾民報」、「台湾大衆時報」などの雑誌や連の書いた論文や連の著作の『台湾政治運動史』(57) などに表されている。さらに台湾総督府側の史料として、『台湾総督府警察沿革誌』(58) が出版されている。それゆえ連の政治思想を講じる客観的条件は整えられている。これまでの連についての学術論文はほとんど存在していない。本節においては、まず連の政治運動について概観し、次にその政治思想について論述し、その内容に分析を加え、最後にその政治思想史上の意義について論じる。

二、連温卿の生涯

　連温卿は一八九五年、台北で生まれ、公学校を卒業した。その後、世界各地で民族や言語の相違が国際紛争を引きおこすので、エスペラント語普及運動が始まった。エスペラント語とは、ラテン語を主として人工的に作った言語であった。このエスペラント語普及運動は、民族や宗教を超え、世界平和を表現させようとする運動であった。そして児玉四郎が来台し、台北の自宅で日本エスペラント協会台湾支部を創設した。一九一三年、連は同協会支部に加入し、その後、これを台湾エスペラント協会とした。そして連は編集長となり、月刊雑誌「緑陰」(Verda Ombro) を発行した。同誌は一九一九年から一九三一年まで発行された。同協会は純粋に観念的な団体であり、エスペラント語を普及させようとする運動には大いに貢献したが、実際の政治問題や社会問題にはかかわらず、単なる文化運動に終わった。連温卿はエスペラント語普及運動に参加しつつ、社会主義などの社会科学の理論を研究し、一九二三年、蒋渭水らと社会問題研究会を結成したが、当局によって禁止された。その後、連は蒋や王敏川らと、台湾文化協会の指導下に、台北青年会、台北読書会、台北体育会を次々と組織した。この間に小学校の女性教師山口小静と知りあった。山口は台北でエスペラント語を研究していた。山口は台北第一女子高等学校卒業後、日本に戻り、東京女子師範学校に入り、日本の社会主義者の山川均山川菊栄夫婦と交際した。連は山口の紹介によって、山川と文通することになっ

た。一九二四年、連は東京に赴き、世界エスペラント語大会
に参加し、山川家に住み、山川との関係を深め、次第に山川
イズムの影響を受けるようになった。連は台湾に戻ってから、
日本共産党が発刊した「無産者新聞」や「前進」などの新聞
などを台湾人に勧め、山川イズムなどの労農派共産主義思想
を台湾に広めた(59)。

　山川均は一九二六年に「植民地政策下の台湾」という論文
を書き、日本の台湾植民地支配を批判した(60)。この論文は連
温卿が提供した資料を元に書かれた。張我軍は同論文を中国
語に翻訳し、「弱小民族の悲哀」という題名で、雑誌「台湾民
報」に掲載した。そして連も同誌に多くの論文を発表し、台
湾総督府を批判した。連は社会民主主義の立場に立って、階
級闘争を主張した。一九二〇年代に社会主義思想がしだいに
台湾に流入するにつれて、台湾人青年たちは各種の読書会を
結成して社会主義思想を学んだ。その後、「台北無産青年」の
名義で集会を開き、一種の抗日団体となり、連はその中で大
きな役割を果たすようになっていった。このような社会主義
団体は日ましにさかんになっていき、台湾文化協会による啓
蒙運動や台湾議会設置請願運動に対して、反感をもつように
なっていき、これらの運動は日本に対する一種の叩頭的行為
だと批判した。日本の資本が台湾に導入されるようになる
と、しだいに新興産業が起っていき、一九二四年以後、多く
の農民争議が発生するようになっていった。たとえば林本源
製糖会社の砂糖きび買い上げ方法と買い上げ価格に対する争
議、新高製糖会社の小作料徴収に関する争議、三菱会社の竹

林占拠に反対する争議などであった。このように農民争議が
たえず発生するようになると、一九二五年から、二林庶農組
合、鳳山農民組合、曽文農民組合、大甲農民組合などが次々
と結成されるようになった。そして一九二六年になると、台
湾全島の農民組合をあわせて、台湾農民組合が組織された。
このような全島的な組合の成立は、一方で農民運動を発展さ
せたし、もう一方で左派運動を刺激させることになった。一
九二六年から「台湾民報」誌上で、中国改造論争が始まった。
両派の論争は台湾は資本主義を目ざすか社会主義を目ざすか
という点をめぐる争いであった。この論争は勝敗はつかなか
ったが、その後の左右の対立の前ぶれであった(61)。

　一九二六年、台湾文化協会内で会則が改正されることにな
った。蔡培火、蒋渭水、連温卿がそれぞれ案を出して対立し
た。だが一九二七年、文協の臨時大会で投票が行われて、連
の委員長案が多数を占め、会則が決定された。そして連の直
系の一一人が中央委員に当選し、その他の多くの人々も連を
支持した。このようにして文協は左派の連や工敏川らが多数
を占めるようになった。だが右派の林献堂、蔡培火、蒋渭水
らはこれを不満として、文協を次々と脱退し、後に台湾民衆
党を結成した。こうしてかつては文化啓蒙運動によって民族
運動を行おうとした文協は、階級闘争を主とする社会主義的
団体となった。

　一九二七年、左翼団体となった台湾文化協会は、一〇項目
の綱領を提起した。新文協は旧文協よりも積極的に民衆を動
員する方向に向った。新文協は一九二七年の一年間だけで、

二七一回の講演会を開催し、一一万人の聴衆を集めた。連は
文協が分裂してから、「一九二七年の台湾」という論文を発表
し、その中で次のように述べた。「搾取されている台湾人を解
放しようとすれば、階級闘争を行なうべきである(62)。」この
ように連は台湾社会改造路線の見方に立っており、そのため
文協は分裂したのであるが、その思想は一九二〇年代の社会
主義思想を代表するものであった(63)。

　新台湾文化協会は「台湾民報」が台湾民衆党の刊行物とな
ったことを鑑みて、一九二八年、「台湾大衆時報」を創刊する
ことにした。連も同誌に多くの論文を発表したが、四ヶ月後
に一〇号まで出した時点で、当局により発禁とされた。労働
運動に関しては言うならば、民衆党の蒋渭水はすでに台湾工
友総連盟を結成していた。そこで連は労働運動の主導権を民
衆党に握らせないために、一九二八年、台湾機械工友連合会
を組織した。連はさらに一歩進んで、全島的な労働組合を結
成しようとしたが、中部や南部の幹部の賛成を得られなかっ
た。さらに連は台湾総工会を組織することを主張したが、王
敏川は台湾労働運動統一連盟を結成することを主張したため、
対立し、結局、全島的な労働組合は実現しなかった。新文協
に属する文化演劇団、新光劇団、星光劇団、新劇団、民声社、
電影放映会は、一九二七年だけで、五〇回の公演を行ない、
一万九千人の観衆を集めた(64)。

　台湾の社会経済の発展は多くの労働争議、農民争議、民族
問題を発生させ、新台湾文化協会はこれらの争議において指
導的役割を果たした。それらは新竹事件（一九二七年）、台中

一中事件 (一九二七年)、台南墓地事件 (一九二八年)、台中師
範学校事件 (一九二八年) などであり、これらは抗日事件であ
った。新文協内部において王敏川の下に瞿秋白らの影響を受
けた、中国の上海大学留学経験者からなる上大派ができた。
これに対して、連温卿の下に日本の山川イズムの影響を受け
た非上大派が集まった。両派の思想は異なっていたため、対
立するようになった。当時の思想も大きく変化していた。日
本国内では山川イズムが福本イズムに批判され、急進派が台
頭していた。中国では上海で成立した台湾共産党の党員が帰
台し、新文協に加入し始めていた。中国国民党が中国共産党
員を虐殺したため、中共は武装闘争に入り、陳独秀が引退し、
李立三が急進路線をとるようになった。このことが台湾に影
響を与え、台湾の社会主義運動を分裂させた。一九二九年、
新文協は第三次全島大会を開催し、台湾農民組合の鄭明禄は
連が官憲に通じ、連が職権を濫用し、闘争を混乱させたと告
発した。さらに連一派は王一派によって、「左翼社会民主主義
者」、「分裂・投機・地盤主義者」、山川均反革命労農派の私生
児」と批判され、新文協から除名させられた。新文協を脱退
した連は新しい団体を組織しなかった。連は第二次世界大戦
中、民俗学の研究に専念した。そして一九五七年、連は病死
した。享年六二歳だった(65)。

三、連温卿の政治思想

　連温卿はいかなる政治思想をもっていたのであろうか。一
九二六年、政治結社を設立しようとする動きが起こり、連が

政治結社案をつくり、蒋渭水、王敏川らの同意を得た。それ
は「我々の主張」と題され、次のように述べられている。「台
湾の人口の五分の四は、農民・鉱工業労働者・漁民であり、
彼らは生産手段をもたず、現在の産業組織に依存している。
現在の台湾では、たとえば未許可の開墾問題、蔗農争議問題、
竹林、芭蕉問題などが法律的政治的勢力の圧力の下、大多数
の人々の生活を脅かしている。それゆえ我々は政治に目ざめ
なければならない。我々は現在の台湾の事情に照らして、特
権階級を擁護する制度を打破し、合法的手段をもって一般大
衆の政治的経済的社会的解放を実現する。民主政治の実現、
特殊利権の改廃、税制の根本的改革、言論・集会・結社の自
由を要求する(66)。」

この中の「台湾の人口の五分の四は、農民・鉱工業労働者
・漁民であり、生産手段をもたず、現在の産業組織に依存し
ている」という言葉には、社会主義思想とりわけマルクス主
義的な階級意識が表れている。また「我々は現在の台湾の事
情に照らして、特権階級を擁護する制度を打破する」という
表現は、社会主義思想特にマルクス主義が言う「階級闘争」
を行なおうとする意味である。すなわち農民や労働者などの
無産階級 (プロレタリアート) が地主や経営者などの資本家
階級 (ブルジョアジー) に対して「階級闘争」を行ない、政権
を奪取しようとする意味である。これは明らかに社会主義思
想とりわけマルクス主義思想である。しかし「合法的手段を
もって一般大衆の政治的経済的社会的解放を実現する」とい
う言葉は、選挙や議会路線などの平和的手段による政権奪取

を意味している。つまり社会民主主義思想特にベルンシュタインの修正主義思想である。それゆえ連温卿には、社会民主主義思想があったということになる。

　一九二七年、連温卿は林献堂ら台湾議会設置請願運動に反対し、「台湾議会設置請願委員の制度に対する声明書」の中で次のように言っている。「日本帝国主義は我々の土地を奪い、大資本家はすべての生産手段を握って多数の青年を路頭に迷わせ、労働者を奴隷のごとく酷使し、血税を搾取し、我々民衆の言論・集会・結社・出版の自由を蹂躙し、警察政治を施行し、我々同胞を非常に圧迫し、極度の貧困に陥らせ、その差別待遇に耐えることはできない。しかし台湾議会請願委員は我々同胞の熱烈な闘争を拒絶し、土下座的署名運動を行ない、資本家政党の歓心を買い、我々被圧迫民衆である無産階級との提携を拒絶し、我々民衆の利益を搾取する三井・三菱の政友会・民政党に哀願願している。台湾議会はすみやかに大衆の手による運動に帰すべきである。土下座的台湾議会請願絶対反対！専制的台湾総督政治反対！台湾人は完全自治を要求すべし！田中反動内閣を打倒すべし！全台湾民衆よ、団結せよ(67)！」

　この中で述べられている「日本帝国主義は我々の土地を奪い、大資本家はすべての生産手段を奪い、労働者の血税を搾取している」という言葉は、資本家階級が無産階級を搾取しているという意味である。すなわちこの「搾取」というのは、マルクスの言う「剰余価値説」のことであり、資本家が労働者から必要以上の利益を得ているというみとである。また「田

中反動内閣を打倒すべし」という言葉は、社会主義革命に反
対する田中義一内閣を倒すことを要求するという意味である。
この「反動」という言葉も、マルクス主義思想の基本概念の
一つである。さらに「全台湾民衆よ、団結せよ」という言葉
も、マルクスが『共産党宣言』の中で言った「万国のプロレ
タリアートよ、団結せよ」という表現をもじったものである
ことは明らかである。それゆえ連温卿には、マルクス主義思
想があったと明確に言えることになる。

　一九二八年、新台湾文化協会内で幹部派と反幹部派の対立
が生じ、新文協が民衆党と提携すべきかどうか議論された時、
連温卿は次のように考えていた。「台湾の階級意識は十分に
発達していない。民主主義運動から言えば、私は反対しない。
レーニンによれば、植民地の民主主義的民族運動を支援する
けれども、進歩主義者 (将来の無産階級政党) を糾合し、彼ら
を教育し、その特殊任務を自覚させ、民主主義的な有産階級
と共に提携させることである。しかしこれは一時的なもので
あり、無産階級運動の独立性は保持しなければならない。一
時的と言うけれども、一時的というのが難しい。たとえば中
国の北伐の途中で分裂したのがその証拠である。台湾の現状
を鑑みると、民度は低く、分裂しやすい。そして有産階級の
民主主義と言えないし、無産階級の民主主義とも言えない。
すなわち民主主義運動を行なうために、どうして協力する必
要があろうか(68)。」

　連温卿は無産階級運動に一時的に有産階級を協力させるべ
きであるというレーニンの思想に反対している。その理由と

して中国の北伐の途中で、国民党と共産党が分裂したという
事実があるし、台湾の現状を考えてみるならば、民度は低く
分裂しやすいからである。それゆえ連には、レーニン主義思
想はなかったということになる。さらに連は暴力革命も主張
していない。それゆえ連には、レーニン主義思想はなかった
ということになる。

　『台湾総督府警察沿革誌』は次のように言っている。「一九
二四年、連温卿はエスペラント学会参列の為上京するや此の
縁故により山川方に宿泊し、其後親密なる関係を結び、連温
卿は山川より共産主義運動の指導を受け、山川に対し、台湾
に関する諸事情調査資料を提供しつつありたり(69)。」「連温
卿及其率ゆる一派の主張が山川イズムを根幹せるは連温卿、
山川均の関係よりするも、明かなる処にして、王敏川一派の
主張に比し合法性の強きものあり(70)。」このように連は山川
イズムを信奉していた。山川イズム信奉者は機関誌「労農」
を発行していたため労農派と呼ばれ、コミンテルン指導の日
本共産党と対立し、マルクス主義陣営は二つに分裂していた。

　日本共産党と労農派は、ボルシェビィズムの評価をめぐっ
て対立があった。日共はレーニンによってマルクス理論を発
展させたマルクス・レーニン主義（ボルシェビィズム）はマ
ルクスシズムの唯一の正統的な発展であって、ロシア革命に
おける実践は、普遍的な基準として日本の運動にもあてはま
るとしていた。一方、労農派によると、レーニン主義（ボル
シェビィズム）はマルクスの理論から出発し、ロシアの特異
な条件から発展した理論であり、ロシア的性質をもつのも

ある。それゆえおのおのの国の革命運動はおのおのの革命理論を発展させなければならない。そして日本の社会主義運動の任務は、日本自身の革命的実践の理論を確立することであって、ドイツ的社会民主主義やロシア的共産主義 (ボルシェビィズム) をまねることではなくて、マルクスに帰って、そこから出発する必要があるとしていた(71)。

日本共産党と労農派は、プロレタリアートの戦略目標をめぐっても対立があった。日共は日本が天皇制絶対主義国家であり、プロレタリアートの政治闘争の目標は天皇制打倒であり、プロレタリアートの戦略目標はブルジョア・デモクラシーの革命であり、ブルジョア・デモクラシーの革命が達成された時、はじめて社会主義革命がプロレタリアートの戦略目標になるとしていた (この点、ロシアの三月革命と一一月革命の関係と同じであり、二段革命論と呼ばれた)、一方、労農派によると、政治闘争の対象は金融資本、独占資本を中心とする帝国主義的ブルジョアジーの政治勢力である。そして日本はブルジョアジーの政権がすでに確立されているブルジョア国家 (資本主義国家) である。この次の革命 (政権の階級的移転を意味する革命) は、ブルジョアジーへの政権の移転であるブルジョア・デモクラシーの革命ではなくて、ブルジョアジーに代わってプロレタリアートが政権を握る社会主義革命のみであり、プロレタリアートの戦略目標は社会主義革命であるとしていた(72)。

日本共産党と労農派は、政党の組織をめぐっても対立があった。日共は結合する前に分離すべきであるとし、ボルシェ

ビィズム信奉者は、ボルシェビィズム以外の理論をとる人々
から分離して、ロシアのボルシェビィキ型の職業革命家の党
を組織しなければならないとしていた。一方、労農派による
と、一般大衆にとっては、資本主義か社会主義か二者択一は
まだ当面の問題なっていない。それゆえブルジョアジーに対
立している社会層を反ブルジョア戦略に結集する大衆的な政
党を組織しなければならない。そしてこの政党は合法的に存
在する政党でなければならないとしていた(73)。

　日本共産党と労農派は、無産政党に対する態度をめぐって
も対立があった。日共は合法化された日共以外の一切の合法
的な政党を否定し、それらの政党が合法的に存在しうること
がブルジョアの手先である証拠としていた。一方、労農派は
無産政党樹立運動以来、共同戦線的な性質をもった単一の無
産政党の実現を主張していた(74)。

　日本共産党と労農派は、労働組合の組織をめぐっても対立
があった。日共はコミンテルンの指導下にあったプロフィン
テルン (赤色労働組合インターナショナル) に属する別個の
労働組合、すなわち右翼的な組合に対立し左翼組合を組織す
る、二重組合主義をとった (「結合の前の分離」説が組合運
動の中にももちこまれた)。一方、労農派は二重組合主義を排
撃し、労働組合運動の戦線統一を主張し、「組合運動の全国的
統一」というスローガンをかかげていた(75)。

　日本共産党と労農派は、労働組合運動に対する態度をめぐ
っても対立があった。日共によると、あらゆる機会に労働争
議を激発し、それらの一つ一つの争議は、単なる労働条件改

善のための闘争から、革命的な政治闘争 (国家権力奪取の闘争) に転化しなければならないとしていた。一方、労農派によると、組合主義の意識からマルクス主義的政治意識への発展とは、個々の労働争議を革命的な政治闘争に転化することでもないし、労働者階級の意識と運動とがマルクス主義的な政治闘争に発展することによって、労働組合の経済闘争が無用になり、またその意義が小さくなるものでもないとしていた(76)。

連温卿は『台湾政治運動史』の中で、台湾民族形成論について次のように述べている。「台湾民族の発生はオランダ時代に萌芽があり、鄭成功時代に成長し、清朝時代に発達してきた。台湾の経済発展はこれらの時代を経て、明確に中国との経済的な連関を欠き、経済的に独立しつつあった。台湾人と中国人は同じ民族であったけれども、台湾人は中国人と異なる民族になっていった。いわゆる分類械闘はこのような台湾の特徴であった。その形態は原住民を対象として、一種の政治権利を自然に形成させていった (連は「台湾は一つの政治的存在であり、中国とは異なっている(77)」と言っている)。統一的な民族を生みだし、土地を獲得し、さらによい生活をしようとする共通の欲求をもって統一的形態をなしてきた。このような状態は伝統的な移民と異なり、地方分散性の中から、中国と異なる社会集団を生みだしてきた。このようにして台湾民族の形成は、清朝の二百余年の統治を経て、鮮明になっていった。清朝の台湾封鎖政策は台湾と中国の経済的つながりを断絶させた。そのため台湾移民の風俗は中国人と異

なるものになった。台湾人は新しい民族意識をもつようになり、経済的に独立するようになった(78)」。

　連温卿がこの中で述べているのは、オランダ時代、鄭成功時代、清朝時代と、台湾民族は中国民族とは異なる歴史的経験を経てきたということである。さらに台湾民族は中国民族と経済的連関を欠き、経済的にも独立していたということである。そして台湾民族は原住民と共に一種の政治権利を自然に形成させてきたということである。その結果として台湾民族が形成されたということである。すなわち歴史的経験、経済的経験、政治的経験を経て、中国民族とは異なる台湾民族が形成されたということである。そして中国人とは異なる台湾人は新しい民族意識をもつようになってきた。この論理は明らかに台湾民族形成論である。この台湾民族形成論は、台湾独立論の基本概念である。それゆえ連には、台湾独立思想があったということになる。

　また連温卿は台湾文化論を以下のように述べている。「台湾文化に関して言うと、オランダ時代から、物質文化と精神文化が遅れたが、社会文化は進歩し始めた。なぜならば封建制度の基礎的身分制のきびしい束縛がなかったからである。清朝時代まで続いたが、その内容は小市民主義的で、形式的には封建主義的だったからである。日本時代もそうであった。というのは日本帝国主義がとった差別政治は台湾民族の風俗習慣を保持させたからであった。台湾文化の本質は商業資本の文化であり、封建文化と相反するものであり、第一次世界大戦以後、台湾の商業資本は、自然に商業資本に転化したと

き、封建文化に対して進歩的で戦闘的なものになった。台湾文化の特徴は、各時代に経済的外力によって、封建制度の枠内に押しこめられようとして、経済的外力への反発から、排除意識を生み出したことにある。オランダ時代にすでに郭懐一独立事件が発生し、鄭成功時代にその目標は反清復明であった。清の支配期間二一二年間に発生した大小反乱の総数は二二回の多きに達し、平均一〇年間に一回であった。清を継承した日本帝国主義も一八九五年から一九一五年までの二〇年間に二二回の反乱を発生させ、平均一年間に一回であり、二百年の清朝より発生率が高い(79)。」

　連温卿がこの中で言っているのは、台湾文化の特徴は、各時代に経済的外力によって、封建制度の枠内に押しこめられようとして、経済的外力への反発から、排除意識を生み出したことにあるということである。そして連はその具体例として、郭懐一独立事件、清朝時代の二二回の反乱と日本時代の二二回の反乱を挙げている。このような他の政治権利によって、台湾を統治されたくないとする排除意識は、台湾は自ら統治したいという意識につながる。すなわちこの排除意識は、民族自決主義の下位概念である。この民族自決主義は、台湾独立思想の前段階である。それゆえ連には、台湾独立思想があったということになる。

　さらに連温卿は反日本帝国主義論を以下のように述べている。「一九二一年、台湾文化協会が誕生した。台湾文化協会の目的は、台湾文化を高めるためであった。というのは台湾人は台湾文化が遅れていると感じていたからであった。日本政

府の伝統的政策は、風俗習慣を尊重するということを口実にして、積極的に台湾文化を発達させず、かえって現状を維持させ、あまり文化を高めさせない。筆者が思うに文協そのものは政府の態度に反対を表明しないけれども、文協は反日本帝国主義的団体であると思う。その構成分子は被統治民族の各層からなり、労働者や農民は加入しなかったが、台湾資産階級の少数の進歩分子を代表とし、知識階級の進歩分子を中心としていた。彼らは封建時代の文化を資本主義の文化に対立させ、民族差別の政治の撤廃を主張し、日本帝国主義の有色民族団結論を承認していた。その主張は矛盾していたけれども、その主張の過程で、無意識的に反日本帝国主義の民族意識を喚起していたことは、大衆に支持された最大の理由であり、文協が残した功績である(80)。」

　連温卿がこの中で論じているのは、台湾文化協会が反日本帝国主義的団体であったということである。すなわち文協は日本帝国主義に反対する団体であったということである。日本帝国主義に反対するということは、日本帝国主義による統治を潔よしとしないという意味である。日本帝国主義による統治を潔よしとしないということは、日本帝国主義によって統治されたくないということになる。もし日本帝国主義が台湾を統治しなければ、台湾を統治するのは、台湾人か中国人かのどちらかになるということになる。しかし台湾文化協会が目ざしていたのは、表面上は台湾文化の向上であったが、実際は台湾民族意識の高揚であった。それゆえ台湾文化協会が反日本帝国主義団体であるという連の言葉は、同協会が日

本植民地化や中国統一を目的とする団体であるという意味で
はなくて、台湾独立を目的とする団体であるということにな
る。それゆえ連には、台湾独立思想があったということにな
る。

四、おわりに

　連温卿の政治思想とは次の通りである。地主や経営者など
の資本家階級（ブルジョアジー）は農民や労働者などの無産
階級（プロレタリアート）を「搾取」している。これはマルク
スの言う「剰余価値説」のことであり、資本家が労働者から
必要以上の利益を得ているということである。それゆえ無産
階級は資本家階級に対して「階級闘争」を行い、政権を奪取
すべきである。これは明らかに社会主義思想とりわけマルク
ス主義思想である。ただし平和的手段による政権奪取を主張
している。つまり社会民主主義思想、特にベルンシュタイン
の修正主義思想である。そして暴力革命によって政権を奪取
しようとするレーニンの暴力革命論は主張していない。それ
ゆえ連の政治思想とは、社会主義思想とりわけマルクス主義
思想、中でもレーニン的暴力革命論の要素をもたない社会民
主主義思想特にベルンシュタインの修正主義思想であるとい
うことになる。

　連温卿は労農派の政治思想すなわち山川イズムを信奉して
いた。労農派の政治思想とは次の通りである。ロシア的性質
をもつレーニン主義（ボルシェビィズム）を日本はまねる必
要はなく、マルクスに帰るべきである。また次の革命はブル

ジョアジーへの政権の移転であるブルジョア・デモクラシーの革命ではなくて、ブルジョアジーに代わってプロレタリアートが政権を握る社会主義革命であり、プロレタリアートの戦略目標は、社会主義革命である。そしてブルジョアジーに対立している社会層を反ブルジョア戦線に結集する大衆的合法政党を組織すべきである。それゆえ労農派は無産政党樹立運動以来、共同戦線的な性質をもった単一の無産政党の実現を主張していた。また労農派は二重組合主義に反対し、労農組合運動の全国的統一を主張していた。また個々の労働争議を革命的な政治闘争 (国家権力奪取の闘争) に転化する必要はない。連にはこのような労農派つまり山川イズムの政治思想があった。

　連温卿は次のように考えていた。台湾において、歴史的経験、経済的経験、政治的経験を経て、中国民族とは異なる台湾民族が形成されたということである。そして中国人とは異なる台湾人は新しい民族意識をもつようになった。この論理は台湾民族形成論である。この台湾民族形成論は台湾独立の基本概念である。またかつての四四回の反乱の例を挙げ、他の政治勢力によって台湾を統治されたくないとする排除意識は、台湾は自ら統治したいという意識につながる。この排除意識は民族自決主義の下位概念である。この民族自決主義は台湾独立思想の前段階である。さらに台湾文化協会が反日本帝国主義団体であり、台湾文化と台湾民族意識の高揚を求めている以上、同協会が日本植民地化や中国統一を目的とする団体ではなくて、台湾独立を目的とする団体であったという

ことになる。このように連には、台湾民族形成論、民族自決
主義議論、反日本帝国主義論があった。それゆえ連には台湾
独立思想があったということになる。

　以上、述べたように、連温卿の政治思想とは、社会民主主
義思想、山川イズム、台湾独立思想であった。

第四節　中国統一論者蔡孝乾の政治思想

　蔡孝乾は台湾抗日運動に参加し、その後、中国大陸に行き、
中国共産党に加入し、その政治思想は中国統一思想、民族主
義思想、共産主義思想、毛沢東思想であった。蔡孝乾は階級
闘争を行ない、資本家階級を打倒し、労働者階級に主導権を
掌握させ、中国各民族を解放させ、共産主義の第一段階の社
会主義を実現させることを目標としていた。

一、蔡孝乾に関する研究史

　蔡孝乾は一九二〇年代に中国大陸で抗日運動を開始し、一
九三〇年代に中国共産党に入り、非常に高い地位を占め、一
九四五年以前に中国大陸で抗日運動を行なった。一九二四年
に上海大学に入り、まもなく上海台湾青年会出版部幹部にな
り、その後、またこの会を海外上海台湾同郷会と改組し、上
海臺湾自治協会が挙行する反台湾始政記念会に参加した。そ
の後、陳炎田、謝廉清らと赤星会を組織し、赤星雑誌を出版
し、共産主義を宣伝した。その後、台湾に帰り、「芳園君の『中
国改造論』に論駁する」を書いた。

　一九二八年に台湾共産党が作られ、中央常務委員に任じられ、その後、検挙を避けるために漳州に逃げた。一九三二年に中共紅一軍団政治部に入り、江西区のレーニン師範学校教師及び反帝国総同盟主任になった。一九三四年、台湾を代表し、瑞金の「中華ソビエト工農兵第二次全国代表大会」に参加した。一九三五年、八路軍総政治部敵工部部長に任じられ、その後、延安に行き、一九四五年までソビエト中央政府内政部長などの職を歴任した。一九四五年九月に台湾に帰った。

　蔡孝乾はどのような政治思想をもっていたのか。本節においてこの点を明らかにしてみよう。蔡孝乾の政治思想は「台湾民報」雑誌の中に見られ、蔡孝乾が書いた八編の論文と二冊の書籍『台湾人の長征記録——江西ソビエト区・紅軍逃亡回想録』と『毛沢東の軍事思想と人民戦争の研究』の中に現れている。さらに台湾総督府警務局が『台湾総督府警察沿革誌』を出版したため蔡孝乾の政治思想を論じる客観的条件が整えられることになった。これまでに蔡孝乾について書かれた学術論文はほとんど存在していない。

二、蔡孝乾の生涯

　蔡孝乾は一九〇八年に彰化県花壇郷で生まれ、彰化のある公学校を卒業した。一七歳の時につまり一九二四年に台湾民衆党は請願運動と文化協会の影響を受け、民衆の民族意識が覚醒し始め、近代的な国民的知識を求め始め、金があり、能力がある学生たちは次々と日本に留学し、あるいは祖国意識のために、中国の学校の学費が安く、入学手続きが容易であ

り、もう一方で入学者の人数が増えていたが、島内の中学校の収容量は限界に達しており、このため公学校の卒業生は次々と中国に留学するようになっていた。統計によると、一九二〇年以前、台湾人が中国に留学する人数はただ一九人であったが、一九二三年になって、留学生数は二七三人に増加した。蔡孝乾はこのような中国留学熱の中で、上海に行き、中共が創設した二番目の学校——上海大学社会科学学科に入学した。彼と同じ学科の台湾学生には上級生には翁沢生、洪朝宗などがいた。彼らは中国の左翼教授任時弼、瞿秋白の教えを受けて、後にほとんどが台湾共産党の指導者になった。大体この左翼思想が流行していた時代において、中国における台湾人は中国国民党の連ソ容共政策の影響を受けた蔡恵如、彭華英及び留学生たちは大部分が共産主義運動に対して、共鳴しており、このため一九二一年以来の請願運動の民族自決主義に対して否定的な態度を取っていた。蔡恵如は本来、毎年、東京に行って、台湾議会設置請願運動に参加していたが、この時から路線を改め、国民党の援助によって日本帝国主義を打倒し、台湾を中国の版図の中に収めようとした。そして蔡恵如の熱心な運動によって上海の台湾留学生は一九二三年に上海南方大学で「上海台湾青年会」を作り、参加者の中には張我軍、許乃昌、謝廉清などを含んでいた。この会は「表面的に学生が親睦を深め、中国と外国の文化を研究する団体であったが、密かに台湾独立をもって日本帝国主義を打倒しようと考えていた。」この会は翌年つまり一九二四年になって、構成員は五〇名ぐらいになって、組織も規模が大きくなって

きた。蔡孝乾は上海読書会事件の後、この会に加入し、出版
部幹部になった(81)。

　上海台湾青年会の発展にしたがって、参加者は留学生に限
られず、その他の身分も中国にいる台湾人も次々と加入する
ようになった。そこで蔡はこの他の人々と一九二四年にこの
会を「海外居住台湾同郷会」に改組した。この会は後に共産
党系の上海台湾学生連合会に発展した。蔡は中国に行ってか
ら、教育を受けて参加した組織は左翼の色彩が相当濃く、大
体その時、彼は流行の左翼青年になった。蔡は一九二四年に
朝鮮共産党党員の呂運亨と台湾の彭華英の提議を受けて、許
乃昌など共産主義の色彩の濃い「平社」を組織し、「平平」を
発行し、台湾に送った。蔡は同年六月十七日に上海台湾自治
協会が挙行した台湾始政記念反対会に参加し、会の中で張深
切、林維今、謝阿女 (雪紅) らと交替で壇上に上がり、中国人
民に対し、日本の「暴虐的な台湾統治」、「その統治下の台湾
民衆の悲惨」を訴えた。彼らの講演の中で激越な口調で聴衆
に向かって、次のように訴えた。「我々は中国と利害関係がな
いけれども、昔から結党的な関係があり、中国の熱望を座し
てみることはできない……」、「諸君、目覚めよ！……実力を
もって愛国運動を貫徹させ、同時に我々の亡国の台湾同胞の
自主独立運動を援助するべきだ(82)。」

　一九二五年にまだ学生の身分だった蔡孝乾は熱心に彭華英、
許乃昌らの人々と中国各地を奔走し、中国留学中の台湾学生
連合会を成立させた。この時、蔡 もまた「海外居住台湾同郷
会」の中で陳炎田及びソ連のモスクワの中山大学に行ったこ

とがある謝廉清など赤星会を作り、「赤星」雑誌を出版し、共産主義を宣伝した。この期間に蔡は島内の「台湾民報」に投稿し始めた。面白いことに一九二五年に民報が出版した記念特集号の中で、この一八歳の新しい思想をもって左翼青年は「五年来の台湾」という論文を書き、彼は当時の台湾政治運動に対して、以下の考え方を表現していた。「私はこの五年以内に必ず無産階級の解放運動が始まるだろうと思う。台湾議会は実現できず、もう一つの問題はここにおいて無産階級運動開始の客観的条件が充分に存在している。見よ！台湾民衆は『階級意識』を『階級闘争』に表現し始めている(82)！」

　疑いもなく、海外の左翼思想抵抗運動はすでに島内に広がろうとしている。やはり一九二六年台湾島内で保守派の文協理事陳逢原 (芳園) と過激派の許乃昌 (沫雲) は民報において中国の改造の前途について異なる考え方を現し、台湾の今後の運動について推進すべき路線について激烈な論争を行ない、これはつまり台湾近代史上の著名な「左右の論争」であった。蔡は同年、学校の夏休みに台湾にかえり、論争が始まり、彼は「芳園君の『中国改造論』に論駁する」を書き、許乃昌を声援し、「中国の全民族の解放は社会主義の実現を待つべきであり新中国の改造は無産階級の拡大を待つべきである」として批判した。この論文は年末になって出版された。資料から判断すれば、蔡は夏休みが終わってから上海に帰り、半年間、再び学び一九二六年初頭に台湾に帰った。台湾に帰ってから後の蔡孝乾文化協会の「上大派」(つまり「上海大学派」) 系統に属していたようである。この「上大派」と島内

の社会主義系統の連温卿、黄白成枝らの人々はいわゆる「無産青年」として結びつき、一九二七年に文化協会を左傾団体に改組することに成功し、この著名な文化協会の路線転換は右翼の林献堂、蔡培火、陳逢源らは文化協会を脱退した。蔡孝乾が台湾に帰ってから後の一九二七年に王万得、高両貴、陳嵌らは彰化で会合を開き、無産青年に対し主義を宣伝し、蔡は彰化地区の責任者になった。しかし「台湾黒色青年連盟」秘密結社事件が発生したため、日本の警察によって逮捕された四四名の中に蔡も含まれていた。しかし裁判の結果、王詩琅、呉滄洲ら四名は処罰されたが、蔡孝乾は無罪釈放された。これは蔡のはじめての逮捕であったが、何事もなく終わった。同年に中国にいた翁沢生、林木順、謝雪紅はコミンテルン東方支局の指令を受けて台湾共産党を組織することを協議し彼らは廈門にいた潘欽信と台湾にいた文化協会会員の蔡孝乾に参加するように招請した。一九二八年に翁と謝らは結党準備大会を開き、台湾共産党を作った。蔡は参加できなかったが、三人の中央常任委員の一人になった(84)。

　台湾共産党が積極的に結成された際、翁沢生と林木順が指導した上海読書会は三月と四月の間に検挙された。騒がしくなり、この時、台湾にいた蔡孝乾もこの噂を聞いて地下に潜った。上海台湾共産党事件が発生し、台湾島内組織に波及するのを恐れ、何人かの重要幹部は台湾を離れる会議を決定することを経て、彼は洪朝宗、潘欽信、謝玉葉（翁沢生の恋人）は後龍から廈門に密航し、このため謝雪紅が責めるのも無理はない。上海読書会事件で検挙された謝雪紅は証拠不充分で

釈放され、台湾に帰った。謝が台湾に帰ってから蔡らが読書
会事件の波及を恐れ、在台工作を放棄し、検挙されることを
恐れ、中国に逃亡したことを知って、非常に不満であり、こ
のため蔡孝乾らが機会主義者であると批判した。謝と蔡はこ
のため、お互いに対立しあうようになった。蔡孝乾は廈門と
漳州に逃亡してから、楊明山という仮名で断続的にそこで数
年間、教鞭をとり、詔安で短期の道路工事の臨時職員になり、
彼の父親も一九二八年に漳州に行き、霧峰の林季商（祖密）が
行なう農場の仕事をした。蔡の回想によれば、蔡がそこで生
活する以外に主な任務は台湾住民の工作をすることであり、
とりわけ学生の工作をすることであった。日本側の資料によ
ると、この期間に蔡孝乾は前後して一九二九年に台湾の留学
生を率いて、救援工作を行なったが、それは共産党の嫌疑で
漳州第一師団軍法会議で拘束されていた蔣文来を助けるため
であった。一九三〇年台湾島内の農民組合が検挙され、蔡と
仲間の多くは講演会を開いて、彼らを声援した。さらに彼は
李山火、施玉（至）善、潘爐らの人々と集美学校と漳州各地の
留学生を指導し、一九三〇年に閩南学生聯合会と連携し、社
会科学を研究し、台湾の民族の独立運動を推進した(85)。
　一九三二年までの四年あまりの間、蔡はずっと閩南一帯で
政治工作を従事していた。蔡の回想録によれば、そこで彼と
中共の関係は「ただ横のつながりがあるだけで、工作におい
ては直接、上海の台湾共産党総本部の指導を受けており」、明
らかに彼は中共党員ではなくて、中共の指導を受ける必要は
なかった。しかしこの年、江西ソビエト区の中共紅軍は漳州

を占領し、この時漳州市で施玉善のとなりに住んでいた蔡孝乾は、紹介者がいて、紅一軍団政治部に入り、紅色戦士報の編集者になり、蔡はこのときから台共党員から中共党員になった。同年、蔡は紅軍と江西ソビエト区に入り、レーニン師範学校教師と反帝総同盟の主任に任じられた。一九三四年に蔡は台湾少数民族代表の身分をもって、朝鮮、ベトナム、ジャワ代表者とともに、瑞金で挙行された「中華ソビエト工農兵第二次全国代表大会」に参加し、大会の主席団の一人に推挙された。中共は蔡と朝鮮人に台韓民衆を代表し、「共同宣言」を発表させ、両地の人民が心から中共紅軍の北上抗日を擁護したことを声明した。紅軍は国民党軍の包囲にあって、いわゆる「二万五千里の長征」を行ない、蔡孝乾も長征に参加した。一九三五年までの一年間に、蔡は八路軍総政治部敵工部部長に任じられ、華北一帯で日本軍と汪精衛政権に対し、後方作戦を行なった。しかし蔡孝乾自身の回想によれば、彼は中共の「幹部保護」政策のもと、延安に送られた。このため彼は前線で死亡する危険を免れた。その後、蔡孝乾はずっと延安にいて、前後してソビエト中央政府内政部長、八路軍総政治部敵軍工作部部長などの職位につき、後に構成員二〇名の「台湾独立先鋒社」指導者に任じられた。一九四一年に延安で東方各民族反帝代表大会が挙行され、蔡は蔡前という名前で台湾を代表し参加し、主席団の一人に選ばれ、ベトナム、チベット、モンゴル、ウイグル族などの少数民族の代表といっしょに、報告を行なった。以上の蔡孝乾の中国で担当した工作から見れば、明らかに彼は知日派の専門家として、

日本軍の軍事情報を探る以外に、彼の身分は少数民族の代表であり、共産党の台湾独立革命論を信奉していた。一九四五年に日本が敗北し、台湾は中国政府に回収されることになった。同年八月に蔡孝乾は中共によって台湾省工作委員会書記に任命された(86)。

三、蔡孝乾の政治思想

『台湾人の長征記録』の中で以下のように述べている。「一九三二年六月二三日に『ソビエト区反帝総同盟第一次代表大会』に出席した。大会は瑞金城内のぼろぼろの祠の中で行なわれた。参加者は三〇〇人あまりであり、各地区の反帝同盟の代表以外にさらに紅軍代表、朝鮮代表、台湾代表がいた。この大会は中共ソビエト区中央局が直接指導し、開いたものであった。この大会には三つの重要な議題があった。1、中共ソビエト区中央局書記周恩来は『現在の国際情勢とソビエト区反帝運動の任務』という報告をした。2、『反帝闘争綱領』を討論し、通過させた。3、『ソビエト区反帝総同盟』指導機構——執行委員を選挙した。総括していえば、中共がこの大会を開いた主な目的がソビエト区で起っていた反帝運動の高まりにおいてソビエト区の民衆を動員し、紅軍の作戦に参加させた。中共ソビエト区中央局書記周恩来は『現在の国際情勢とソビエト区反帝運動の任務』という題で『講話』を発表した。周恩来の『講話』は二つの点を集中的に強調していた。第一に日本帝国主義が出兵し、東三省を占領し、上海に進攻し、進攻してからイギリス、フランス、米国などの帝国主義

が中国を分割し、公開的に直接中国革命に武力干渉した行動は日増しに急進化しており、現在の世界政治の特徴は二つの政権と二つの経済体制の対立を現しており一方でソ連社会主義建設の高度経済成長であり、もう一方で資本主義制度を衰退化である。帝国主義と社会主義の矛盾の先鋭化は現在の国際情勢の特徴を現している。第二にソビエト区の土地革命と反帝運動は必ず密接に結びつくべきである。国際帝国主義は中国の封建勢力、軍閥統治の支援者であり、封建勢力と軍閥統治は国際帝国主義の中国統治の柱となっている。国際帝国主義者は農村において地主と高利貸しを通して農民の残酷な掠奪と封建的な搾取を拡大し、それゆえ農村経済の命脈は帝国主義列強の手に操縦され、農民の貧困化の拡大を加速させている。このような状況下で帝国主義の農村の統治をくつがえし、封建的搾取を消滅させ、必ず豪族地主の一切の土地を没収し、徹底的に地主階級を消滅させ、断固として富農に反対する(87)。」

　周恩来の講話の中で「一方でソ連社会主義建設の高度経済成長であり、もう一方で資本主義制度を衰退化である。帝国主義と社会主義の矛盾の先鋭化は現在の国際情勢の特徴を現している」と提起している。レーニンが述べたように資本主義は高度に発展し最終段階になると国内商品は必ず生産過剰に外国に発展していくしかなくなり、侵略的行動に出る、これはレーニンがいわゆる帝国主義論である。統治日本に属していた植民地には台湾と朝鮮があり、さらに中国東北部で満州国で植民地建設をし、さらに全中国を支配しようとする帝

国主義政策をとり、この資本主義はすでに発展して最終的に帝国主義国になり、これと対抗できるのは、まさに社会主義国だった。統治社会主義国はただソ連だけであり、周恩来はソ連をもって手本として中国改造をもって社会主義国にしようとした。周恩来はもしソ連のような社会主義国を発展させたければ、日本のような帝国主義国は必ず消滅させなければならないと考えた。マルクス理論は二段階に構成させており、まず社会主義段階であり、次が共産主義段階であった。つまり社会主義段階はただ過渡的時期であり、共産主義が実現にはじめて最終目的を達成できるといっていた。周恩来の「講話」を提起している以上、蔡孝乾もその考えに賛成していることになる。つまり周恩来が共産主義思想を持っていることからみれば、蔡孝乾にも共産主義思想があったということになる。

　この中で周恩来は次のように言った。「農村における地主と高利貸しの搾取や帝国主義列強の介入は、農民を相当、貧困化させている。搾取を消滅させるために、地主階級を消滅させるべきである。「ここで周恩来が引用しているのはマルクス階級闘争論である。」マルクスの階級闘争論によれば、資本家階級が労働者階級を搾取するため、資本家階級は必ず打倒されるべきである。しかし中国で労働者階級は少数であり、農民階級が大部分を占め、それゆえ資本家階級を打倒するのは労働者階級ではなくて、農民階級である。これは本来、毛沢東の主張であり、周恩来はこれを援用したのである。このように周恩来の階級闘争論は共産主義の中心概念の一つにな

り、それゆえ周恩来があったということになる。周恩来に共産主義があったことからみれば、蔡孝乾にも共産主義思想があったということになる。

蔡孝乾は「芳園君の『中国改造論』に論駁する」という論文の中で以下の見方を提起している。「マルクスのことばによれば社会革命の原因は生産関係衝突である。生産関係が生産力を大いに高めるならば、その変化は革命ではなくて進化である。しかしどの程度までいけば革命がおきるこの程度を解明し、生産関係を明らかにしてみよう。生産関係は生産手段の分配の生産過程と生産物の分配の過程の中で発生した人と人の関係を含んでいるこの生産関係は複雑である。たとえば一つの製糖会社についていえば、製糖業者は株主、工場技師、重役、書記、車夫、原料採取苦力らについて一定の生産関係がある。このような極めて複雑な生産関係の中で我々はその関係の一形式を取り出してみると、この形式は生産機関を掌握している資本家階級と何ももっていない労働者階級との関係を現している。明らかに経済上の支配階級と被支配階級の関係を現している。経済上支配階級は政治の支配階級でもあり、それゆえ経済構造の変更は自然と政治的な変更を必要としてくる。経済上の被搾取階級の一部は政治上の搾取階級の勢力を打破すべきである。革命の原因は生産力と搾取階級が政治権力における衝突だけではない。つまり今後中国其のものが資本主義という道に向かうことができず、たとえ農工商各階級間勢力が多少強くなるにしても、その蓄積した『財』も国際資本主義にかなわず、餌食される。中国国内に

国際資本主義の存在があり、中国の実業は発展できず帝国主義に虫食まれ、略奪されつつある。商工階級を発展させ、株式会社を振興することは次の問題であり中国の最も重要なことは中国における国際帝国主義を打倒することである。中国全民族の解放は社会主義の実現を待つべきであり、新中国の改造は無産階級の拡大を待つべきではない(88)。」

　上述の内容は階級闘争論であり、資本家階級と労働者階級が支配階級と被支配階級になり、社会革命は生産力と生産階級の衝突に起因し、今後、中国は資本主義に向かうべきではなく、たとえ農、工、商各階級の力が強くなっても、国際資本主義に対抗できないが、中国は国際帝国主義を打倒すべきであり、中国の全民族を解放させることは社会主義を実現させた時に達成され、新中国の改造は無産階級の勢力から実現される。蔡孝乾は階級闘争を行なうつもりであり、資本家階級を打倒し、労働者階級に主導権を取らせ、中国各民族を解放し、共産主義の第一段階の社会主義を実現させようとした。このことから蔡孝乾には共産主義思想があったということがわかる。

　蔡孝乾は『台湾人の長征記録』という本の中で以下のように述べている。「まさに国民党軍が江西で紅軍に対し第五次包囲を最も激しく行なっていた時、中共中央は一九三三年に瑞金郊外の沙洲壩で『ソビエト区防衛救国代表会議』を開いた。毛沢東は大会で『政治報告』を行なった。以下は毛沢東の『政治報告』の大意である。九一八事変で日本帝国主義は我々の東三省を占領し現在さらに熱河に侵攻し、平津を脅か

しつつある。日本帝国主義がこのように我々を侮辱しつつあ
るので、我々は必ず抵抗しなければならず、これを『防衛』
と呼ぶ中国が日本に抵抗して初めて救われるのだ！我々が
『国難』を主張することで我々民衆自身が自分を救うことに
なる。もちろん我々自身十分な準備をしなければならない。
外から救援を得ることは必要である。たとえ我々自身がまじ
めにやらず完全に外国に依頼し、例えば『リットン調査団』
に調査を頼み、『国際連盟』に『調査』してもらい、これは無
駄なことであり、帝国主義列強と中国反動派が結託し、我々
民衆を騙している。中国の多くの民衆は日本帝国主義を抵抗
しなければならず道理は非常に簡単であり、ただ愛国精神を
もつたくさんの民衆が団結し武装し前線に行き日本軍と戦さ
えすればよいであり、そうするほうがいいではないか。我々
『ソビエト中央政府』と工農紅軍は早くから国民党軍にソビ
エト区の紅軍を攻撃するのを止め、紅軍と協力し日本帝国主
義に抵抗するように要求していた。我々ソビエト区の駆動す
る工農民衆はソビエト中央政府の対日戦線の電報を擁護し、
抗日作戦協定を結ぶ主張を擁護すべきである。紅軍は北上抗
日し、先遣隊は七月十五日に『北上抗日宣言』を発表し、其
の大意は工農紅軍は全中国の民衆と連合することを願い、共
に抗日を行なえ民衆の民族革命戦争を行ない、日本帝国主義
を打倒する。一切の反日の民衆は一切の力を出して抗日先遣
隊を助けるべきである。『宣言』は全国の民衆に『紅軍北上抗
日先遣隊』の旗のもとに直接、日本帝国主義と戦う(89)。」
　私は「紅色中華」新聞で抗日先遣隊宣言を見た翌日、中共

中央の通知をもらい、それは私がソビエト区中央局に行き、話をすることを求めていた。中共中央宣伝部長潘漢年は私に会った。潘漢年は私に対してこう言った。抗日先遣隊の「北上抗日宣言」を君は見たでしょう。事情はこうである。党中央は君と朝鮮畢士狄同志が台湾代表と朝鮮代表の名義を以て共同で宣言を発表し、紅軍の北上抗日を擁護することに決定した。さらに彼は言った。畢士狄は前にいるので、「共同宣言」については、君が起草の責任を負う。『宣言』の内容は日本帝国主義が台湾、朝鮮を占領し、さらに現在、中国の領土の東北を占領し国際帝国主義の中国分割の先頭に立っていることを強調していた。台湾と朝鮮の民衆は統治下で奴隷になり、搾取されている。正に中国紅軍が「北上抗日」していた際、我々は台湾、朝鮮の民衆を代表し、心から中国工農紅軍の「北上抗日」宣言を擁護した。七月二十二日の「紅色中華」に我々の「共同宣言」が掲載された。後になって私は次のことがわかった。江西で紅軍が包囲を突破する前夜、中共中央印刷局は大急ぎで我々の「紅軍北上抗日を擁護する宣言」を数十万部印刷し紅軍の各級に政治部に渡し、途中で配った(90)。

　これは毛沢東の八一宣言であり、長征途中の中華ソビエト共和国人民委員会と中共中央委員会が連盟で四川省毛児蓋で発表した。統一的な国防政府は作り抗日連合軍を組織し抗日について善意をもつ諸外国に訴えずっと敵と見なされている国民党軍も呼びかけの対象としている。当時、取られた第七次コミンテルンの反ファシズム人民戦線戦略と基本的な方向は同じである。当時日本軍は東三省を占領し、熱河に侵攻し、

平津に脅威を与えていた。中国の情勢はこのように危険にさ
らされていたが、中国国民党軍と中国共産党軍は内戦を続け
ていた。中国の危機を救うために一九三六年の西安事変が起
こされ、第二次国共合作が成立した。毛沢東がこのように述
べいていることは中国民族を統一させ、日本に対抗させるこ
とをもって中国を統一させようという思想が現れている。こ
のことから毛沢東には中国民族主義思想と中国統一思想があ
ったということがわかる。それゆえ蔡孝乾が提起した毛沢東
の政治報告から蔡孝乾には中国民族主義思想と中国統一思想
があったことがわかる。

　中共中央宣伝部長潘漢年は台湾代表の蔡孝乾と朝鮮代表の
畢士狄同志に共同宣言を発表させることを決定した。その内
容は日本帝国主義が台湾と朝鮮を占領しさらに現在中国の領
土の東北を占領し国際帝国主義の中国分割の先頭に立ってい
る。台湾と朝鮮の民衆は日本帝国主義の当時の下で奴隷にさ
れ、搾取されている。正に中国紅軍が「北上抗日」をした際、
我々は台湾と朝鮮の民衆を代表し心から中国紅軍の「北上抗
日」宣言を擁護した。その内容は中国人と同じ台湾人もう一
緒に日本に対抗するべきであるということを意味している。
それゆえ蔡孝乾には中国主義思想と中国統一思想があったと
いうことがわかる。

　蔡孝乾は『毛沢東の軍事思想と人民戦争の研究』という本
の中で以下のように述べている。中共党章総綱によれば、い
わゆる「毛沢東思想」は「マルクス・レーニン主義の普遍的
心理と中国革命の具体的実践」の結合体であり、マルクス・

レーニン主義は中国という半植民地、半封建社会の具体的運用と具体的表現であり、これを言い換えればマルクス・レーニン主義は中国における具体化即ちマルクス・レーニン主義の中国版である。しかし中国は半植民地、半封建社会であり、毛沢東の考えでは、無産階級は政権を奪取し、西欧国家のパリ・コミューン方式を採用するのではなく、ロシア十月革命で採用された都市を占領し、その後農村を占領する路線を取るのではなくて、反対の路線を取り、即ち先ず農村を占領し、農村をもって都市を包囲し、その後、次第に都市を占領していき、全中国を赤化していくというものであった。毛沢東は武装反乱の初期の著作の中で占領地区において武力をもって後盾とし、「土地革命」を推進し、武力と農民闘争を結合させる。このため「工農武装」、「武装割拠」、「土地革命」の三者の結合体は、中共反乱の初期の毛沢東思想の中心的な内容であった(91)。

　毛沢東がここで認識していたのは一九二七年に南昌暴動を計画し、共産と中央の「八七緊急会議」に参加しさらに湖南に帰って、秋収暴動を発動した。秋収暴動が失敗してから残存部隊を率いて井崗山に入り、ゲリラ戦を行ない、「武装割拠」を行ない、「土地革命」を実行し、「紅色政権」を作り、力を蓄積し長期戦争を準備した。当時、毛沢東は国軍の力が比較的弱く、矛盾が極めて多く、同時に工農武装は時間がかかるので、力を蓄積できる農村を活動の主な既知とする方法を選択した。これは彼の「武装割拠」の思想であった(92)。

　毛沢東はソビエト反乱の時期に「工農武装」、「武装割拠」、

「土地革命」の三者を結合し、運用させる方式はこのような
ものであり、まず中共党員をもって骨幹とし、武力を組織し、
武力をもって農民に決起させ、暴動を起こさせ、暴力をもっ
て農村の旧秩序を破壊し、農村政権を奪取し、農民武装と暴
力政権を利用し、「豪族を打倒し、田を分け合う」土地革命を
推進し、「波状的な」方法を採用し、土地革命を基礎にして一
つ一つの山間部と一つ一つの郷村に暴力宣言を作る。抗日戦
争の時期に中共は政府に誠意をあらわし、ソビエトという名
称を取り消し、工農紅軍を改変し、国民革命軍とし、地主の
土地を没収するという政策を地租少なくする政策に改め、そ
の目的は都市の一部の資産階級の知識人と農村の一部の地主、
開明的な士紳を騙し、中共の統一戦線に参加させることにあ
った。毛沢東の考えでは中共の政治路線の重要な部分は資産
階級と連合しさらにそれと闘争する路線を取ることだった。
このいわゆる「連合」は資産階級に対し統一戦線を結成する
陰謀であり、いわゆる「闘争」は資産階級と連合する時に、
思想上、政治上、組織上、「平和」的で「流血」的でない闘争
を行ない資産階級と統一戦線が分裂する時、武装闘争に転化
させるというものだった(92)。

　毛沢東は以下のように述べている。無産階級は政権を奪取
し、西欧国家のパリ・コミューン方式を採用するのではなく、
ロシア十月革命で採用された都市を占領し、その後、農村を
占領する路線を取るのではなくて、反対の路線を取り、すな
わちまず農村を占領し、農村をもって都市を包囲し、その後、
次第に都市を占領していき、全中国を赤化していくというも

のであった。毛沢東は武装反乱の初期の著作の中で、武力をもって農村を支配することを強調するのではなく農村をもって武力の後盾とし、「工農武装割拠」を実行し、占領地区で武力をもって後盾として、「土地革命」を推進し、武力と農民闘争を結合させる。このため「工農武装」、「武装割拠」、「土地革命」の三者の結合体は中共反乱の初期の毛沢東思想の中心的な内容であった。

初期の毛沢東の中心概念は第一に「工農武装」であり、第二に「武装割拠」であり、第三に「土地革命」であった。第一の「工農武装」はまず農村を占領し、第二の「武装割拠」は武器を準備し、農村をもって基地とし、農村で暴動を起こし、戦争を行なおうとするものだった。第三の「土地革命」は農民武装と暴力政権を利用し、「豪族を打倒し、田を分け合い」、「波状的な」方法を採用し、一つ一つの山間部と一つ一つの郷村に暴力宣言を作ろうとするものだった。

蔡孝乾は一九三二年に中共紅軍一軍団に入り、その後、八路軍総政治部敵工部部長に任じられ、一九四五年までソビエト中央政府内政部長などの職を歴任した。このことから蔡孝乾には毛沢東思想があったということがわかる。

四、おわりに

一九三二年六月三日の講話の中で周恩来は次のように言った。「農村で地主と高利貸の搾取があり、加えて帝国主義列強が介入し、農民は相当貧しくなっている。搾取を消滅させるために地主階級を消滅させるべきである。」これは周恩来が引

用したマルクスの階級闘争論である。マルクスの階級闘争論
によれば、資本家階級が労働者階級を搾取するので、資本家
階級は必ず打倒されるべきである。しかし中国で労働者階級
は少数であり、農民階級が大部分を占め、それゆえ資本家階
級を打倒するのは労働者階級ではなくて、農民階級である。
これは本来、毛沢東の主張であり、周恩来はこれを援用した
のである。このように周恩来の階級闘争論は共産主義の中心
概念の一つであった。蔡孝乾も階級闘争論を主張し、資本家
階級と労働者階級が支配者階級と被支配者階級となり、社会
革命は生産力と生産関係の衝突に起因し、今後中国は資本主
義に向かうべきではなく、たとえ農、工、商各階級の力が強
くなっても、国際資本主義に対抗できないが、中国は国際帝
国主義を打倒すべきであり、中国の全民族を解放させること
は社会主義を実現させた時に達成され、新中国の改造は無産
階級の勢力から実現される。蔡孝乾は階級闘争を行なうつも
りであり、資本家階級を打倒し、労働者階級に主導権を取ら
せ、中国各民族を解放し、共産主義の第一段階の社会主義を
実現させようとした。このことから蔡孝乾には共産主義思想
があったということがわかる。

　毛沢東の八一宣言は長征途中の中華ソビエト共和国人民委
員会と中共中央委員会が連盟で四川省毛児蓋で発表された。
統一的な国防政府を作り、抗日連合軍を組織し、抗日につい
て善意をもつ諸外国に訴え、ずっと敵と見なされている国民
党軍も呼びかけの対象としていた。当時、取られた第七次コ
ミンテルンの反ファシズム人民戦線戦略と基本的な方向は同

じであった。当時、日本軍は東三省を占領し、熱河に侵攻し、平津に脅威を与えていた。中国の情勢はこのように危険にさらされていたが、中国国民党軍と中国共産党軍は内戦を続けていた。中国の危機を救うために、一九三六年の西安事変が起こされ、第二次国共合作が成立した。毛沢東がこのように述べていることは中国民族を統一させ、日本に対抗させることをもって中国を統一させようという思想があらわれている。このことから毛沢東には中国民族主義思想と中国統一思想があったということがわかる。それゆえ蔡孝乾が提起した毛沢東の政治報告から蔡孝乾には中国民族主義思想と中国統一思想があったことがわかる。

　初期の毛沢東の中心概念は第一に「工農武装」であり、第二に「武装割拠」であり、第三に「土地革命」であった。第一の「工農武装」はまず農村を占領し、第二の「武装割拠」は武器を準備し、農村をもって基地とし、農村で暴動を起こし、戦争を行なおうとするものだった。第三の「土地革命」は農民武装と暴力政権を利用し、「豪族を打倒し、田を分け合い」、「波状的な」方法を採用し、一つ一つの山間部と一つ一つの郷村に暴力政権を作ろうとするものだった。蔡孝乾は一九三二年に中共紅軍一軍団に入り、その後、八路軍総政治部敵工部部長に任じられ、一九四五年までソビエト中央政府内政部長などの職を歴任した。このことから蔡孝乾には毛沢東思想があったということがわかる。

　蔡孝乾は「芳園君の『中国改造論』に論駁する」という論文の中で以下の見方を提起している。論文の内容は階級闘争

論であり、資本家階級と労働者階級が支配階級と被支配階級
になり、社会革命は生産力と生産階級の衝突に起因し、今後、
中国は資本主義に向かうべきではなく、たとえ農、工、商各
階級の力が強くなっても、国際資本主義に対抗できないが、
中国は国際帝国主義を打倒すべきであり、中国の全民族を解
放させることは社会主義を実現させた時に達成され、新中国
の改造は無産階級の勢力から実現される。蔡孝乾は階級闘争
を行なうつもりであり、資本家階級を打倒し、労働者階級に
主導権を取らせ、中国各民族を解放し、共産主義の第一段階
の社会主義を実現させようとした。このことから蔡孝乾には
共産主義思想があったということがわかる。

注

(1) 台湾総督府警務局編『台湾総督府警察沿革誌』第二編中
　　巻、社会運動史、台北、一九三九年。
(2) 日本高等法院検察局思想部『台湾ニ於ケル社会思想運動
　　ノ概況』、東京、一九三三年。
(3) 蘇新『未帰的台共闘魂』、台北・時報出版公司、一九九
　　三年。
(4) 古瑞雲『台中的風雷』、台北・人間出版社、一九九〇年。
(5) 黄師樵『台湾共産党秘史』、桃園、一九三三年。
(6) 陳芳明『謝雪紅評伝』、台北・前衛出版社、一九九一年。
(7) 盧修一『日拠時代台湾共産党史』、台北・前衛出版社、
　　一九九〇年。

320

(8) 簡炯仁『台湾共産主義運動史』、台北・前衛出版社、一九九七年。

(9) 若林正丈『台湾抗日運動史研究』、東京・研文出版、一九八三年。

(10) Frank S.T. Hsiao and Lawrence R. Sullivan, The Chinese Communist Party and the Status of Taiwan, Pacific Affairs, Fall 1979.

(11) 張炎憲、李筱峰、莊永明等『台湾近代名人誌』第五冊、台北・自立晩報社文化出版部、一九八七年、一九〇頁。

(12) 同上、一九一頁。

(13) 前掲『台湾総督府警察沿革誌』、五八八～五八九頁。

(14) 同上、五九〇～五九三頁。

(15) 同上、六六一～六六九頁。一〇八〇頁。

(16) 同上、六六八～六七三頁。

(17) 前掲『台湾近代名人誌』第五冊、一九六～二〇一頁。

(18) 山辺健太郎編『現在史資料二〇　社会主義運動七』、東京・みすず書房、一九七一年、二三六頁。

(19) 前掲『台湾総督府警察沿革誌』、六〇一頁。

(20) 前掲『台湾抗日運動史研究』、三一八頁。

(21) この点については『台湾輿図』、一八六二年を見よ。

(22) 前掲『台湾総督府警察沿革誌』、五九五頁。

(23) 同上、六五九頁。

(24) 同上、六一二頁。

(25) 同上、六一三頁。

(26) 同上、六〇五～六頁。

(27) 筆者はこの点について二〇編の論文を「アジア文化研究」や「昭和大学教養部紀要」などに発表しているので、それらを参照していただきたい。

(28) 黄昭堂「台湾の民族と国家」、日本国際政治学会編『国際政治』第八四号、一九八七年、七一〜七二頁。

(29) 前掲『台湾総督府警察沿革誌』、六一一頁。

(30) Hsiao and Sullivan, op. cit., pp.459-60.

(31) 前掲『台湾抗日運動史研究』、三三三頁。

(32) 一九二〇年代の台湾について筆者は二〇編の論文を「アジア文化研究」、「南島史学」、「昭和大学教養部紀要」などに発表している。

(33) 王敏川『王敏川選集』、台北・台湾史究会、一九八七年。

(34) 謝春木『台湾人の要求』、台北・台湾新民報社、一九三一年。

(35) 蘇新『未帰的台共闘魂』、台北・時報文化出版、一九九三年。

(36) 蕭友山『台湾解放運動の回顧』、台北・三民書局、一九四六年。

(37) 前掲『台湾総督府警察沿革誌』。

(38) 前掲『台湾近代名人誌』第三冊、七八〜八三頁。

(39) 同上、八四〜八五頁。

(40) 同上、八五〜九〇頁。

(41) 王暁波『台湾史與台湾人』、台北・東大図書公司、一九八八年、二九五頁。

(42) 前掲『台湾総督府警察沿革誌』、一九〇頁。

(43) 前掲『未帰的台共闘魂』、一〇一～一〇二頁。

(44) 同上、一〇三頁。

(45) 陳芳明『謝雪紅評伝』台北・前衛出版社、一九九一年、八一～八三頁。

(46) 前掲『台湾総督府警察沿革誌』、二四四頁。

(47) 前掲『台湾総督府警察沿革誌』、三一八頁。

(48) 同上、五八八頁、二四四頁。

(49) 論評「台湾文化協会第四次全島代表大会宣言」、『新台湾大衆時報』第二巻第一号、(一九三一年三月一五日)、四三～四五頁。

(50) 王敏川「吾人今後当努力之道」、『台湾』第四年第一号、(一九二三年一月一日)、三二～三三頁。

(51) 王敏川「台湾人重大的使命」、『台湾民報』第二巻第一四号、(一九二四年八月一日)、一頁。

(52) 王敏川「論社会教育」、『台湾民報』第二巻第一五号、(一九二四年八月一一日)、八頁。

(53) 王敏川「書房教育革新論」、『台湾青年』第四巻第一号、(一九二二年一月二〇日)、二八～二九頁。

(54) 王敏川「奨励漢文的普及」、『台湾民報』、第二巻第二五号、(一九二四年一二月一日)、一頁。

(55) 王敏川「希望智識階級婦女的奮起」、『台湾民報』第三巻第八号、(一九二五年三月一一日)、一一頁。

(56) 王敏川「婦人的自覚」、『台湾民報』第二巻第一一号、(一九二四年六月二一日)、六頁。

(57) 連温卿『台湾政治運動史』、台北・稲郷出版社、一九八

八年。

(58) 前掲『台湾総督府警察沿革誌』。

(59) 前掲『台湾近代名人誌』第四冊、一〇四～一〇五頁。

(60) 山川均『山川均全集』第七巻、東京・勁草書房、一九六六年、二五八～二九一頁。

(61) 前掲『台湾近代名人誌』第四冊、一〇五～一〇七頁。

(62) 連温卿「台湾社会運動概観」、『台湾大衆時報』創刊号、(一九二八年五月七日)、一五頁。

(63) 前掲『台湾近代名人誌』第四冊、一〇八頁。

(64) 同上、一〇九頁。

(65) 同上、一〇九～一一一頁。

(66) 前掲『台湾政治運動史』、一四二～一四四頁。

(67) 同上、一〇三～一〇五頁。

(68) 同上、一八九～一九〇頁。

(69) 前掲『台湾総督府警察沿革誌』、一八三頁。

(70) 同上、二四四頁。

(71) 山川菊栄、向坂逸郎編『山川均伝』、東京・岩波書店、一九六一年、四二八～四二九頁。

(72) 同上、四三〇頁。

(73) 同上、四三二頁。

(74) 同上、四三三頁。

(75) 同上、四三三～四三四頁。

(76) 同上、四三四頁。

(77) 前掲『台湾政治運動史』、一八九頁。

(78) 同上、二～二三頁。

(79) 同上、三四五〜三四六頁。

(80) 同上、三五二〜三五三頁。

(81) 前掲『台湾近代名人誌』第四冊、二七二〜二七三頁。

(82) 同上、二七三〜二七四頁。

(83) 同上、二七四〜二七五頁。

(84) 同上、二七五〜二七七頁。

(85) 同上、二七七〜二七八頁。

(86) 同上、二七八〜二八〇頁。

(87) 蔡孝乾『台湾人的長征記──江西蘇区・紅軍西竄回憶』、台北・海峽学術出版社、二〇〇二年、七一〜七三頁。

(88) 蔡孝乾「駁芳園君的「中国改造論」」、『台湾民報』、第一四三号、一九二六年一二月五日、一〇〜一三頁。

(89) 前掲『台湾人的長征記──江西蘇区・紅軍西竄回憶』、八〇〜八二頁。

(90) 同上、八〇〜八二頁。

(91) 蔡孝乾『毛沢東軍事思想和人民戦争之研究』、台北・「中共研究」雑誌社、一九七一年、一〜二頁。

(92) 同上、二頁。

(93) 同上、三頁。

第 四 章
台湾抗日団体の
政治思想

　台湾抗日団体の政治思想に関しては、以下のように述べることができる。台湾文化協会の政治思想の中心的思想は台湾独立思想であり、台湾民衆党の政治思想も台湾独立思想であり、台湾地方自治連盟の政治思想も台湾独立思想であり、台湾共産党の政治思想も台湾独立思想であった。台湾文化協会が左翼団体になってから、右派の構成員は脱退し、台湾民衆党を作った。その後、民衆党は左派団体に変わり、台湾地方自治連盟が民衆党から分裂した。

第一節　台湾文化協会の政治思想

　林献堂、蔡培火、蒋渭水らは台湾文化協会を作った。台湾文化協会は大多数の台湾人の民族意識を高め、台湾人に台湾独立思想をもたせた。このことから、台湾文化協会の中心的幹部も必然的に台湾独立思想をもっていたということになる。

このことから、台湾文化協会の政治思想の中心的思想は台湾
独立思想であったということがわかる。

一、台湾文化協会の研究史に関して

　本節において、討論するのは台湾文化協会の政治思想であ
る。台湾文化協会の政治思想とは何か。なぜ台湾文化協会は
ある政治思想をもつようになったのか。台湾文化協会はどの
ようにして、このような政治思想を形成してきたのか。以下、
この点についてそれぞれ説明してみよう。

　これまでの台湾文化協会の研究に関しては、陳翠蓮『日本
統治時代の台湾文化協会の研究』があるけれども、その主な
引用の資料は当時、未刊行であった『連温卿手稿』であり、
左派の観点をもって論述し、台湾文化協会の成立と崩壊の過
程を論述しているが、分析が不足にしており、史料批判が少
ない。その他の台湾文化協会の研究に関しては、わずかに林
柏維『台湾文化協会苦闘史』があるだけであり、ただ台湾文
化協会の講演会、講習会、文化劇等の活動とその影響に関し
て論述するだけで、台湾文化協会の中心的構成員の政治思想
に関しては、ほとんど論じていない。これらの二つの研究論
文は台湾文化協会の政治運動をもって主要な論述としている
が、本節においては台湾文化協会の政治思想をもって中心的
論述とする。

二、台湾文化協会の成立

　一九一九年末、東京の台湾留学生は一致団結して、台湾の

林献堂をもって盟主とし、台湾人の民族的自覚を高めることを決め、「台湾は台湾人の台湾」であるということをもってスローガンとし、日本統治下の民族意識を高めることにした。しかも啓発的な団体を組織し、これを「新民会」と称した。協議を経てから、運動の方針を決定し、政治運動を合法的啓蒙運動とさせることにした。この政治運動は六三法撤廃運動と台湾議会設置請願運動を指している。このほか東京で学生をもって中心とする台湾青年会を設置し、新しい啓蒙団体とした。同時に台湾の知識人と密接に連絡を取り、台湾の啓蒙団体を組織する契機を促進した。もう一方で、中国にいた蔡恵如等の人々と頻繁に連絡し、北京、上海、厦門各地の留学生と気脈を通じ、各地の抗日運動者と連絡を取り、啓蒙運動を順調に発展させた(1)。

　一九二一年一〇月二日、発起人蒋渭水の他一七人は蒋渭水の家に集まり、創立大会の順序、日にち、来賓および会則などの審議事項の協議した。一〇月一七日に創立大会を開くことを決定し、指導者として林献堂が総理になり、彰化街長楊吉臣が協理になり、会員を募集する責任を負うことになった。台湾文化協会は一九二一年一〇月一七日に台北市大稲・の静修女学校で創立大会を挙行し、当日の参加者の大多数は総督府医学校、師範学校、商工学校、工業学校等の学生であり、総数は約三〇〇名であった。

　台湾文化協会のその後の活動は、その趣旨書に述べられているような単純な文化活動ではなくて、民族主義を鼓吹し、総督政治に反抗するものであった。台湾文化協会のこのよう

な傾向は、一九二二年二月の台北師範学校の学生の騒動事件の中で明確に表れており、参加を願わない会員はあいついで退会し、会員数は半減した。しかし台湾文化協会の幹部は極力、劣勢を挽回しようとし、態度が不明確な会員を排除し、次第に同じ傾向の同志を結びつけようとした。一九二六年、第六次大会が開かれた時、既に一一七一名の会員がいる、と発表された(2)。

　最初の台湾文化協会は民族主義的啓蒙文化団体として成立し、その主要な幹部の多くは医師、弁護士、記者などの地主階級と中産階級の出身であった。

　台湾文化協会　　主要な幹部と会員

幹部	職業	姓名
総理	地主	林献堂
協理	同	林幼春
専務理事	無職	蔡培火
理事	医師	蒋渭水
同	台湾民報記者	王敏川
同	台湾民報記者	陳逢源
同	弁護士	蔡式穀
同	台湾民報者社長	林呈禄
同	—————	蔡恵如
同	地主	楊肇嘉
同	南国会社書記	連温卿
同	弁護士	鄭松筠
同	—————	黄呈聡ら六二人

　評議員　　　　商業専門学校教授　　林茂生ら四〇人
　会員　　　　　台湾民報記者　　　　謝春木ら一一三二人(3)

三、台湾文化協会の活動

　台湾文化協会の目的は同会が表面上、公布している「台湾文化の発展を促進する」という抽象的目標をもつ団体ではなかった。前述の創立の動機と目的に表れているように、その目標は十分に明確であった。第一段階の運動は台湾人の民族的自覚とその地位と任務を強め、最初の任務は台湾特別議会の設置を要求することであり、その次に民族自決にむかって台湾人の解放の目標に進ませることであった。読報社をつくり、台湾人の新聞閲覧能力を高め、各種の講習会を開き、台湾人に広範な知識を与え、夏季学校を創設し、その民主観念を啓蒙し、連続して一年間に一〇万人に達する文化講演会を挙行し、台湾警察政治を風刺する文化演劇を上演し、「美台団」を結成し、台湾の美しさを強調し、宣伝した。このような活動を行なうことによって、台湾人の民族意識は大いに高まった。

　台湾文化協会は表面上、台湾文化の発展を促進すると述べていたけれども、事実において台湾人の民族意識を高めた。この点は以下のことによって、証明できるであろう。中央大学学生林九龍は「国際聯盟と民族自決」と題して講演し、その論点は以下の通りであった。「殊に今日の植民地の如きに於ては民族自決の必要は緊要である。我日本帝国に於ても朝鮮、台湾、日本と三民族より成立して居り、之等の民族が夫々

相団結せんとするのは自然の要求である。一民族に一国家あるは当然である。又民族を異にするものは到底永続するものではない。我台湾は三百六十五萬の台湾人と二十萬の内地人よりなってゐるが、政治上にも言論上にも台湾人は自由を得難いのである。内地人は僅かに二十萬であるが其の背後には武力を持ってゐる(4)。」

　台湾議会請願運動も民族自決を出発点として発展していることは明らかであった。以下は一九二五年夏、休暇を利用して帰台した留学生中央大学学生蘇惟梁の講演要旨である。「世界大戦以来各国々民思想には著しき変化が来た。小数の民族は同種族民間に於て団結すべしと言ふのである。そこで植民地の土着民は此の風潮に応じて如何にすべきかと云ふと、之を解決する方法は二つある。其一は民族自決、他の一は自治運動である。印度では英国の統治から離脱して独立すると言ってゐる。アイルランドは民族自決を戦争に訴へて要求したが、印度は戦争はしない。お互いに英国と一緒になることを厭だと言って排斥してゐる。之は印度人の民族自決運動である。植民地の自治運動は或国の保護の下に政府を作り、此処で政治を行ふのである。我々は三四年前から台湾議会を提唱してゐるが、是は台湾自治運動である。現在の台湾で幸福を求めようとするならば、植民地の土着民である我々は、民族自決か、民族自治運動をなさねばならぬ(5)。」

　台湾文化協会は台湾議会設置請願運動を支持し、それは台湾文化協会の使命の一つであり、成功したという事実は疑いない。それは民族自決主義の運動を基礎にして、一九二七年

一月の台湾文化協会の方向転換まで続き、台湾の思想運動は
ほとんど完全な思想的統一を保っていた。新民会、東京台湾
青年会、台湾文化協会、台湾議会設置請願運動は言うまでも
なく、中国留学生の団体においてもこのようであり、それぞ
れの団体の運動の目的と使命が存在し、しかも最終的には民
族自決主義をもって台湾を解放するということを目標として
いた。しかも多くの団体と請願運動の中心人物の大部分は同
一人物であり、多くは重複して加入し、幹部や会員となって
いた。このためもし名目的にその実質的な目的を観察するこ
とにこだわらなければ、台湾の思想運動の陣営は完全な統一
戦線の下にあったと言える。このことから、台湾文化協会の
幹部、あるいは会員は台湾文化協会の名の下に完全に啓蒙運
動を行い、個人の資格で大多数は台湾議会設置運動、あるい
はその他の多種の運動に参加し、区分において多くの曖昧な
ところがあることは免れえない。しかし請願運動はたとえ強
烈な意志をもった個人が自由に参加するとはいえ、必然的に
一つの台湾の民意、あるいは世論の機関として存在し、重要
性をもっていたことは論を待たない。しかし台湾文化協会は
一つの啓蒙的文化運動をもって目的とする団体であり、台湾
議会設置請願運動のような政治活動は法律によって禁止され
た。このため台湾議会期成同盟会のような政治結社をつくる
ことを計画し、議会請願運動を促進させ、成功させることを
もって、同盟会を成立させたが、社会の治安に対し、有害で
あるとして結社禁止の命令を受けた。しかし請願運動をもっ
て目的とする結社はこのため消滅することはなく、台湾文化

協会は沿革においてそれぞれの人物の活動によって、実質的に台湾議会設置請願運動を支持する団体として活動したのであった(6)。

四、台湾文化協会の社会的影響

台湾文化協会の常に使用する宣伝要旨は以下の通りである。「漢民族(7) は光栄ある五千年の文化を保有する先進文明人にして、異民族の統治下に屈服すべきものにあらず。日本の統治方針は漢民族のあらゆる文化と伝統を抹殺し、之を経済的搾取の対象として完全に日本の隷属民族となし、或は被圧迫民族として圧迫拘束せんとするものなり。吾人は漢民族たる民族的自覚を喚起し、台湾を吾人の台湾として自ら統治し、屈辱を排すべく起って団結せんとす(8)。」

一九二三年四月、新竹中学校の台湾人学生の日記の中に次のような記載がある。「本日の新聞を見て最先に目に入ったのは数多の人の写真があることであった。急いで見れば独立すべき台湾の恩人蒋渭水先生蔡培火先生其の他十五六名の先輩の写真であった。……嗚呼我等は嬉しい、我台湾人から斯くの如き人物の出て来たのは………嬉しい、嬉しい。吾が台湾の独立も目前であらう。嗚呼台湾のガンジーは出た」と記載し、「吾等は吾が同胞の虐待と、吾が祖国の現状を見て、一日も早く吾が台湾から大なる人物が沢山出て来て同胞の仇を報ひたいのである。」と述べている。「台湾文化協会会員潘欽信が街路に「非理的占遺、伝来的〇国主義性を破りて、平等自由に根拠せる新民国を創造せよ。現代文化に反する大和民

族性を懲せ、国の発展を妨ぐる敗国君主主義者を排除せよ、亡国思想を有する彼……」等の落書を為し、台北第三高等女学校生徒謝氏玉葉が通学せずして文化協会事務所に入浸り、其の理由を訊されて「蒋先生等の意見は高遠にして感激に堪へず。他の友人と共に多数文化協会に入会せり、……目下の台湾は日本政府の治下にあるも、遠からず台湾人の手に統治せらるゝに至るべし」と臆する色もなく述べたる如き、何れも其間の状勢を示す事例と云ふべし(9)。」

　台湾文化協会は大多数の台湾人の民族意識を高め、台湾人に台湾独立思想をもたせた。このことから台湾文化協会の主要な幹部が台湾独立思想をもっていたということがわかる。台湾文化協会の政治思想とは台湾独立思想であった。

五、台湾文化協会の方向転換

　その後、台湾文化協会は次第に無産階級の啓蒙団体となっていった。

　台湾文化協会は創立以来、時間の経過にしたがって、中国革命、ロシアの共産主義革命、コミンテルンの活動の影響、日本の無政府主義と共産主義の初歩的影響を受けて、このため次第に台湾文化協会は啓蒙運動を行なう中で成長していき、特に文化協会とその指導下の青年の反応は次第に鮮明になっていった。このように文化協会内部において、連温卿らの一派の共産主義派、蒋渭水らの中国革命の影響を受けた勢力、蔡培火らに代表される合法的民族運動派の三者の対立は次第に鮮明化にしていき、時間の経過にしたがって、文化協会内

部で次第に連温卿、蒋渭水らの勢力は蔡培火一派を圧迫する
情勢となり、内部の思想間の対立は次第に先鋭化していった。
しかし長年来、その就任していた総理林献堂が文化協会内部
で権威と声望をもっていたため、これらの分裂の危険を抑え、
文化協会のそれぞれの運動は団結力を保持していた。一九二
六年一〇月一七日、新竹で行なわれた第六次定期総会におい
て、大会の規則は修正決議がなされ、内部闘争は次第に表面
化していった(10)。

一九二七年一月三日、台中市公会堂で挙行された臨時総会
で、出席者の代表は一三三名であった。蔡培火一派の会員の
出席は少なく、相対的に台湾文化協会に対する熱意は乏しく
なっていたことを示しており、連温卿派に属するものは大甲、
彰化の青年会員や台北から大挙して参加した無産青年一派が
圧倒的多数を占め、連温卿は会場の中心人物として、開会前
に既に会場を圧倒する勢いであった(11)。

そして幹部の選挙に移り、連温卿派に所属すると思われる
当選者は一一名に達し、その他の大部分はシンパであると見
なされ、蔡培火派に属する民族自決主義者はただ林献堂、蔡
培火のみであり、これらの民族主義勢力は完全に駆逐されつ
つあった。林献堂はその時、任に耐えないとして数ヵ月後に
出国する予定もあり、辞退を声明したが、新任の幹部が暫時、
留任するように要請した。蔡培火はその後、説明した。「本部
の提案は完全に否決され、今後は自分がもつ理想は台湾文化
協会では完全に達成できず、台湾文化協会に籍を置く意義は
失われ、このため文化協会の一切の任務を辞去し、除名され

てもかまわない」として退席した。そして蒋渭水と連温卿は
行動を共にしたけれども、二人の間には思想的には大きな差
があり、総理制と委員制の対立があり、お互いに妥協せず、
衝突するしかなかった。林献堂は中央委員を辞職する旨を声
明し、協会はここにおいて、完全に連温卿一派共産主義系統
の新幹部が実権を掌握し、民族主義的啓蒙的文化団体の形態
から(12)、無産階級的啓蒙的文化団体の形態に転換した(13)。

　一九二七年一〇月一四日、第一回全島代表大会が開かれ、
以下の内容の宣言書を発表し、明らかに台湾文化協会の方向
転換後の目標が表現されている。宣言書内容は以下の通りで
あった。

　宣言書

　文化協会は永く農、工、小商人、小資産階級の戦闘団体た
り。

　農、工、小商人等の無産階級は日に貧困に趣り、小資産家
は秋風落葉の如く下層階級に落ちざるはなきのみならず、我
等の労力は反って総べてを我等の生活上の絶大の脅威に変成
し、大資本階級の産業組織の上に建築する政治は特殊（搾取）
階級を擁護し、我等台湾民衆に威圧を加へ、土地は強制買収
して巨額の産業補助金を支出し、小作及労働争議に対しては
強圧を以て臨み、集会を解散し、多数の社会運動闘士を捕へ
暗黒の鉄檻に投入す、之等の事実は我等の親しく見る処にし
て、是れ特殊階級が弱小民族に対する高圧の鉄証たり(14)。

　台湾文化協会は永く台湾民衆の為、農、工、小商人及資産
階級の後盾的戦闘団体たり！！！

台湾文化協会の任務

大衆文化を促進実現す

農民工人に組織を成さしむ

小商人小資産家をして団結せしむ(15)

方向転換後の台湾文化協会は連温卿をもって中心とし、そ
れは新会則を基にして、協会内部の陣容を整え、一九二七年
二月三日、台中において臨時中央委員会を開き、一六名の臨
時中央委員を招集した。 (本来二三名であり、その中の六名
は黒色青年聯盟事件によって連座し、検挙された。) 中央常
務委員の選任及び中央常務委員の事務が決定された。その後、
二月一七日第一回中央常務委員会が開かれ、活動方針を協議
した。

当時の中央常務委員会の構成内容は以下の通りである。

組織部 (主務) 王敏川 (部員) 連温卿

教育部 (主務) 林碧梧 (部員) 連温卿

宣伝部 (主務) 鄭明禄

『台湾大衆時報』(16) は当初、台湾で発行申請したが、ま
だ許可されず、本社が東京に設置され、東京で発行してから、
台湾に移し、発行させる計画であったが、台湾で発行許可が
下りなかったので、王敏川、洪石柱、呉石麟などは三月二九
日に東京に行き、五月七日に創刊号を発行し、同月一〇日に
「五一記念号」を発行した。大衆時報社は販売取り次ぎの許
可を得らなかったため、台湾島内で秘密発送の方式をとり、
各地区で秘密発送網を組織し、同志が頒布することにした。
しかし台南墓地廃止問題などに関連する暴力行為によって、

処罰されるなどの事件や王敏川などが拘禁される事件などによって、一九二八年に第一〇号を発行してから、経営できず、停刊となった。

　方向転換後の台湾文化協会の綱領は以下の通りである。「文化協会が無産階級、農民階級を対象とする文化運動を行ふが為に、労働者、農民団体の結成、争議の指導を行ふべきは言ふまでもなく、農民に対しては既に左翼農民組合の存在せる故に、之と共同戦線を張り、労働者に対しては島内に既に存在せる工会の指導権獲得、及び工会新設に努力を払ひたり。然るに民族主義者によりて結成されたる台湾民衆党に於ても亦蒋渭水一派は労働者農民を其麾下に集め、階級運動と民族運動を相併せしめ台湾解放運動の勢力たらしめんと唱へ、文化協会と相競ひて労働組合の結成と労働争議の指導に力を注ぎしが、己に文化協会内部には互に主張を異にする分派闘争絶えず、結束素れ、加ふるに騒擾事件等を頻発せしめて統一的且つ強力なる運動を行ふ能はず、台湾民衆党指導下にある工友総聯盟結成に著しく立遅れを示せり(17)。」

　一九二八年一〇月三一日、台中市酔月楼で第二次代表大会が開かれ、出席者は全島代表の七九名であった。審議一一項目の提案がなされたけれども、提案の説明討論の時の激烈な答弁の中で、「反動政府の暴力的圧制」に対する対策を審議する時に、警察は発言を中止し、集会を解散させる命令を出し、大部分の議案は審議されなかった。一九二九年一月一〇日、中央委員会が開かれ、一五名の中央委員、傍聴者農会幹部簡吉及びその他の五名が出席した。楊貴が議長に推挙され、林

冬桂が書記になり、大会が決定した方針と審議を行った結果、
以下の決議をした。

　台湾文化協会の本質

　大衆党の組織にあらず。思想団体なるも経済闘争及政治闘
争に関聯す。無産階級を代表する思想団体なり。

　文化協会の組織は工人、農民、小市民を以て細胞となすべ
し。学生、労、農、小市民の組織に全力を致すべし(18)。

六、台湾共産党支部指導下の台湾文化協会

　連温卿及びその派系の主張は山川主義をもって根幹とし、
これは明らかに連温卿と山川均の関係を示している。もし王
敏川一派の主張と比較するならば、きわめて強い合理性をも
っている。王敏川一派は大部分、日本共産党の一九二七年綱
領 (台湾共産党の上海綱領と同じ趣旨) をもって、根幹とする
意見をもっていたが、日本の山川主義が没落し、左翼陣営に
おいて清算が流行した影響を受けて、両派の間の対立意見は
排斥的態度を取るようになり、最後に連温卿一派を打倒する
運動にまで発展した(19)。

　上海読書会事件で検挙された台湾共産党委員候補者謝氏阿
女は一九二八年六月に釈放されてから、同党の中央委員林日
高、荘春火と連絡を取り、日本共産党の指令を受けて、島内
で党中央を設置し、上海結党大会決議によって、活動を開始
し、一九二八年六月まだ台湾文化協会と農民組合に接触して
いなかったが、その指導権を掌握しようとする機会を狙って
いた。島内党員が増えるにつれて、台湾文化協会に加入する

人物として呉拱照がいた(20)。党は一九二九年五月、東京で台湾文化協会会員となった荘守と一緒に一九二九年一〇月に中央委員会は呉拱照を台湾文化協会の支部責任者に任命し、第三次大会におじ応じる陣容を整えた。一九二九年一一月三日、彰化街で第三次全島代表大会を開き、出席者は代表員五二名、来賓及びその他名義の参加者の四〇名及び傍聴者六〇名であった。

　綱領

　我等ハ無産大衆ヲ糾合シ、大衆運動ニ参加シ、以テ政治的、経済的社会的自由ヲ獲得センコトヲ期ス(21)。

　この全島代表大会では連温卿一派を批判する文書が発表された。

　左翼社会民主々義者——連温卿一派排撃に関し代表諸君に檄す——

　帝国主義は、革命的な労働者層或は一般の無産大衆の正しき進路を喰ひ止め腐敗せしめんが為に、彼等は別の方法を案出した。即ち空虚な革命的言辞を弄する専門家としての左翼社会民主々義を彼等は製造したのだ。日本で有名な山川均一派はそれであり、台湾では其の子分たる連温卿一派がこれである。此の台湾左翼社会民主々義の元兇たる連先生とは一体如何なるものか？彼等の存立する社会根拠は果して何処にあるか？。彼等は徹頭徹尾地盤主義者であり、分裂主義者である(22)。

　農民組合の抗議を受けた台湾文化協会第三次大会において、その処置の協議の結果はその要求において、処分方針の前提

の下、中央常任委員会に交付し、中央常任委員会は中央委員会の決定した懲戒を行い、一九二九年一一月一九日二〇日の両日、本部において、中央委員会が決議を行い、告発者鄭明禄は告発理由を説明し、満場一致で除名を決定し、台北支部を閉鎖することを決定した。

　一九三一年一月五日、彰化座において第四次大会が開かれた。拘束された一四名以外に釈放されたものが加わり、傍聴者は僅か百数十人であった。たとえ議員一同が参加しても緊張する雰囲気はなく、去年の第三次大会とは明らかに寂寥の感があった。僅かに、張道福、張庚申、楊克培、李明徳、王萬得、呉拱照、周合源などが議事の審議を行った。

　　中央委員　　王萬得、張信義、呉拱照等一三人

　　中央委員長　王敏川

　一九三一年一月六日の晩に新しく選出された中央委員は密かに豊原郡内埔庄屯子脚の張信義の家に集まり、大会で審議できなかった議案を議決した。その中の最も重要な事項は台湾共産党を支持する決議をしたことであり、台湾文化協会はすでに完全に台湾共産党参加の外郭団体になり、小市民、小資産階級をもって中心とし、日常の闘争を通して台湾共産党の政策を実現させようとした(23)。

　台湾文化協会宣言

　第四次全島代表大会は満場一致を以て、無産階級の旗下に於て勇敢に大会の決定せる新方針を遂行し、日本帝国主義と徹底的に抗争する事を誓願す。特に此処に宣言す。

　最後に我々のスローガンは

一　日鮮台被圧迫階級団結せよ！

一　祖国ソヴエート政権を擁護せよ！

一　日本帝国主義を打倒せよ！

一　台湾民衆党、台湾地方自治聯盟を打倒せよ！

一　左右翼社会民主主義者を打倒せよ！

一　台湾解放運動万歳(24)！

　一九三一年から、本島左翼活動の合法性はほとんど失われ、台湾共産党改革同盟が結成され始め、党活動の積極化と赤色総工会組織の努力に左翼の全部の勢力が傾けられ、台湾文化協会第四次大会はほとんど新しい行動綱領を実践することができず、六月以後党員は前面的に検挙され、台湾文化協会内の党員と農民組合を指導する党員は呼応し、党の再建はほとんど考慮できず、二つの団体は党を再建する準備をしようとしたが、台湾赤色救援会を組織する準備のために、同年末検挙され、台湾文化協会は事実上、消滅した(25)。

七、おわりに

　台湾文化協会の政治思想は以下の通りである。台湾文化協会は一九二一年に成立し、一九三一年に解散した。主要な構成員は林献堂、蔡培火、蒋渭水、黄旺成、謝南光、連温卿、王敏川、謝雪紅であり、その一貫する政治思想は台湾独立思想であった。たとえば台湾文化協会が台湾議会設置請願運動(請願運動は立法権を要求する台湾独立運動)を支持する決議をし、台湾共産党指導下の台湾文化協会と台湾共産党（台湾共産党は台湾独立を主張した）は同じ政治的主張であり、台

湾独立思想の具体的表現であった。しかし黄旺成と謝南光は
その後、常に中国に行き、中国の統一思想の影響を受けて、
その立場を変えた。台湾文化協会はその後、指導者層が変わ
り、その政治思想も三回変わった。第一時期 (一九二一年〜
一九二七年) は民族主義思想の時期であり、指導階層は林献
堂、蔡培火、蒋渭水であり、彼らは地主資産階級と中産階級
をもって中心とし、民族的自覚と台湾人の解放を主張した。
第二時期 (一九二七年〜一九二九年) は社会民主主義思想の
時期であり、指導者層は連温卿などの人々であり、彼らは農
民、労働者、小商人、小資産階級をもって中心とし、台湾人
の地位を高めようとした。第三時期 (一九二九年〜一九三一
年) は共産主義思想の時期であり、指導者層は王敏川らであ
り、彼らは台湾文化協会を台湾共産党の外郭組織とし、日本
帝国主義を打倒しようとした。

　台湾文化協会は、一九二七年以前はほとんどすべての抗日
運動者が参加する団体であり、民族自決主義思想を基礎とし、
台湾解放を目標としていた。しかし一九二七年頃、連温卿と
王敏川らが多くの社会主義思想傾向をもつ青年が台湾文化協
会に加入した。自由主義思想と民主主義思想をもつ林献堂、
蔡培火、蒋渭水らは社会主義思想に反対し、台湾文化協会を
脱退した。一九二七年から一九二九年まで台湾文化協会は社
会主義思想の傾向をもつ抗日団体であった。一九二九年頃、
台湾共産党の影響を受けて、共産主義思想をもつ人々が増加
し始めた。共産主義思想をもつ王敏川は、社会民主主義思想
をもつ連温卿を台湾文化協会から追放した。その後、一九三

一年、日本の警察は台湾共産党党員と台湾文化協会会員を逮捕するにつれて、台湾文化協会は解散させられることになった。

　台湾文化協会は大多数の台湾人の民族意識を高め、台湾人に台湾独立思想をもたせた。このことから、台湾文化協会の主要な中心幹部も台湾独立思想をもっていたということになる。それゆえ我々は台湾文化協会の政治思想の中心的思想は台湾独立思想であると言うことができる。

第二節　台湾民衆党の政治思想

　蒋渭水、謝南光らは台湾民衆党を作った。台湾民衆党は民本政治を主張し、総督専制政治に反対し、司法、立法、行政の三権を完全に独立させ、台湾人に参政権をもたせた。このことは台湾独立を意味していた。台湾民衆党は「台湾人を解放させることを要求する」ことを宣言したことから、台湾民衆党の政治思想とは、台湾独立思想であったということがわかる。

一、台湾民衆党に関する研究史

　本節において討論するのは台湾民衆党の政治思想である。台湾民衆党の政治思想とは何か。台湾民衆党はいかなる政治思想をもっていたのか。台湾民衆党はどのようにしてこのような政治思想を形成させてきたのか。以下このような問題についてそれぞれ説明してみよう。

　これまでの台湾民衆党に関する研究としては、簡烱仁『台湾民衆党』がある。本書は台湾民衆党の設立と台湾抗日運動について述べており、当時の蒋渭水の行動理念について論じている。しかしその論述は資料の引用が多すぎて、叙述が冗長であり、史料批判が少ないという欠点があり、台湾民衆党の政治思想についてはほとんど述べていない。ほかに陳俐甫『日本統治時代の台湾政治運動の研究』があり、政治運動瓦解論の観点から台湾民衆党をもって例とし、政治団体の設立には思想、人員、経費という三大条件があると述べている。その論点は台湾民衆党を政治運動の段階別に分け、その発生と崩壊の過程に分けて論じているが、台湾民衆党の政治思想についてほとんど論じていない。それゆえ本節では台湾民衆党の政治思想をもって論述してみる。

二、台湾民衆党の結党

　一九二七年一月一〇日に臺中市新富町聚英楼で台湾民衆党の結党大会を挙行し、参加者は六二名であり、蔡式穀が司会者になり、謝春木が結党の経過を報告した。その次に洪元煌が議長に推挙され、黄周と黄旺成が書記になり、議事の審議が行なわれ、異義なく綱領を通過させた。政策の中の「保甲制度改革を要求する」項目の中で、保甲制度撤廃を主張する意見は圧倒的な支持を獲得し、議長が斡旋してこのため「改革」は「撤廃」に変更された。そのほかの議案はすべて異義なく通過した。

　謝春木をもって主幹とし、以下に綱領を述べ、政策と党規

を述べてみる。七月一一日に組織の申請を出し、当時、党員
は一九七名だった。

　台湾民衆党の綱領は以下の通りである。

　本党ハ民本政治ノ確立合理的経済組織ノ建設及社会制度ノ
欠陥ヲ改除スルヲ以テ綱領ト為ス(26)

　　　１．州市街庄ノ自治機関ノ民選及ビソレニ議決権ヲ附與
　　　　　スルコトヲ要求ス。選挙法ハ普通選挙制ヲ採ルベシ

　　　２．集会、結社、言論、出版ノ自由ノ実現ヲ期シ島内ニ
　　　　　於テ台湾人ニ新聞雑誌ノ発行ヲ即時ニ許可スル事ヲ
　　　　　要求ス

　台湾民衆党の第二次大会の中で以下の本党の指導原理案が
決定された。

　本党ノ指導原理案 (第二次大会決定)

　確立民本政治

　　　説明　立憲政治ノ精神ニ根拠シ、総督専制政治ニ反対シ、
　　　　　　司法、立法、行政三権ヲシテ完全ニ分立シ、而シ
　　　　　　テ台湾人ニ参政権ヲ有セシムベシ

　合理的経済組織ノ建設

　　　説明　農工階級ノ生活程度ヲ提高シ、貧富ヲ平等ナラシム

　社会制度ノ欠陥ヲ改除ス

　　　説明　社会ノ陋習ヲ改革シ、男女平等ノ権ヲ実行シ、社
　　　　　　会生活ノ自由ヲ確立ス

　民衆党ノ階級問題ニ対スル態度

　一、全民運動ト階級運動ハ同時ニ併行セシムベシ

　二、農工階級ノ擁護ハ階級運動ノ実行ナリ

三、農工団体ノ発達ヲ扶助シ、全民運動ノ中心勢力ヲ造
　　成スベシ

四、農工商学ノ連合ヲ企図シ、全民運動トノ共同戦線ヲ
　　造成スベシ

五、本党ハ農工階級ノ利益ヲ顧慮シ、合理的階級調節ヲ
　　加ヘ、全民運動ノ前進ヲシテ妨害セシメザルベシ

六、台湾ノ各階級ノ民衆ハ、党ノ領導下ニ集合シ、全民
　　ノ解放運動ヲ実行スベシ(27)

　台湾民衆党の創立大会は民本政治を確立を要求し、言い換えれば州市街庄の自治機関の民選と議決権、さらに集会、結社、言論、出版の自由を要求していた。台湾民衆党の第二次大会は民本政治を確立させることを要求し、司法、行政、立法の三権の完全独立を要求し、さらに台湾人の参政権を要求していた。台湾民衆党の要求は吉野作造の民本思想の影響を強く受けて、その政治思想は自由主義と民主主義を含んでいた。

　一九二七年一一月六日に台北の蓬莱閣料亭で第二次中央委員会を挙行し、林献堂、林幼春、蔡式毅、蔡培火の四人を党顧問にした。一一月一一日に臺中支部で中央常務委員会を開き、謝春木、黄周の二人は台湾民報社の仕事が忙しいために党務から離れることになり、二人の事務分担をなくし、同時に中央常務委員及び各部主任に改選された。ほかに臨時事務所を台北市日新町二丁目十番地に設置し、党の事務所と台湾民報社をここで完全に分離した(28)。

三、台湾民衆党の結党後の活動

　台湾民衆党は結党以来、蒋渭水一派が農工商全階級を連合させる全民運動を推進し、つまり民族闘争を発展させると同時にその前線において、労働者、農民大衆を結集させ、階級闘争を同時に行なわせ、労働者運動と農民運動を熱心に指導し、次第に労働団体と農民団体の指導権を獲得していた。だが農民運動の中には当時、すでに台湾農民組合の全島的な組織が存在しており、この組合と労働農民党、日本農民組合はお互いに気脈を通じ、共産主義の色彩は次第に鮮明になっていた。党内において文化協会と相互に提携し、民衆党は多くは発展の余地がなかったが、方向転換の文化協会は内部が無統制がとれない実践運動が不活発の隙について機先を制して、その指導下の既設の労働者団体を獲得し、まだ組織されていない労働者を組織化させ、ついにこれを発展させたのであった(29)。

　一九二七年八月一四日に蔡式穀以下三四七五名の署名を得て、イギリスのインド、フランスのベトナム、アメリカのフィリピン、朝鮮などの地方自治制度を引用し、「各地共植民地支配民族の意志を尊重し其の政治能力を養成せんが為め、人民をして地方行政に参与せしむる自治機関備はらざるなきに、独り台湾のみ官選諮問機関たる州市街庄協議会を置き、其の自治体の理事者も亦官選なるは啻に民意調達の見るべきものなきに止まらず、徒に行政階級を増加して、人民をして過剰の負担に泣かしむるものなり。今や教育、交通、衛生、法制

等の諸文化施設完備し、産業の発達、地方財政の膨脹、民智
の発達著しきものある台湾に於ては速かに立憲政治の精神に
則り、自治行政の基礎を確立すべきなり」という理由を付し、
権利書を提出した(30)。一九二八年二月一三日に民主党の蔡式
穀、謝春木ら八人は台湾総督と会い、以下の言論を発表した
本土自治性は実行以来すでに七年経過したが、現行の自治制
度は本当の自治と言えず民選の決議機関の設置するように改
正するように希望している(31)。

四、第二次党員大会の形勢

　台湾民衆党の結党は一年の闘争を経てから一九二八年七月
一五日に台南市の西門町劇場南座で第二次党員大会を開き、
一年来の闘争について検討し、批判し、党則を修正し、政策
を追加し、指導原理を審議し、新しい方針と闘争の準備を始
めた。全部で一三〇名の党員と五〇名の来賓とそのほかの
人々が大会に参加し、党則第十一条「本条において会議は多
数決方式を採用し行なうとする規定」を削除し、別に議会細
則を制定し党則第四条を追加し中央委員会の名称を中央執行
委員会と改め支部委員会を　支部執行委員会と改称し、「労働
立法を要求」し、「小作立法を制定することを要求」する追加
政策の中で現在の闘争方針を決定してから解散した(32)。

　第三次大会の宣言は禁止され、その全文の内容は以下の通
りである。

　台湾民衆党第二会全島大会宣言草案

　世界帝国主義ハ欧州大戦ノ影響ヲ受ケ、経済界ノ強行ヲ発

生シタリ。此ノ困難ナル問題ヲ解決セント欲セバ、勢ヒ本国
ノ無産階級並ニ植民地弱小民族ニ対シ搾取ヲ加ヘザルヲ得
ズ。露国民衆ノ革命ト、独逸労働者ノ冒頭、英国労働者ノ総同盟
罷業及日本無産政党ノ出現等ハ皆是レ無産階級ノ台頭ナラザ
ルハナシ、其他埃及ノ英国羈絆離脱、土耳古ノ独立、印度自
治運動、中国ノ国民革命等ハ尽ク是レ弱小民族ノ決起ニ外ナ
ラザルナリ。此ノ両者ノ解放運動ハ実ニ現代新興ノ二大勢力
ナリトス。而カモ此ノ両者ハ何レモ帝国主義支配下ノ被圧迫
地位ニ立テリ。茲ニ於テカ我々植民地弱小民族ハ当然力ヲ合
セ、互ニ相援クベキハ言ヲ俟タザルナリ全世界帝国主義国内
ノ無産階級、就中日本国内無産大衆ハ宜シク我々ト共同戦線、
攻守同盟ヲ結バザルヘガラザルナリ。茲ニ於テ我々ガ台湾人
ノ解放ヲ求メントセズ対内的ニハ全台湾人ノ総動員ヲ喚起シ、
対外的ニハ世界弱小民族及国際無産階級ト互ニ相連絡シテ共
同奮闘ヲ為スベク、斯クテ初メテ其ノ目的ヲ達シ得ベシ。全
民運動ハ台湾ノ解放運動上必ズ経過スベキ過程ナルコトハ啻
ニ先人ノ遺教タルノミナラズ、又極メテ合理穏当ナル経路ナ
リトス。我々ハ須ラク各種階級ノ団体組織ト合同ヲ援助シテ
民衆ノ威力ヲ発揮セザルベカラザルナリ。顧レバ過去ニ於ケ
ル解放運動ノ失敗ハ其ノ参加部分ガ智識階級ニ極限セラレタ
ルガ為ナリ。故ニ今後ニ於ケル我等ノ全民運動ハ範囲拡大ナ
ル全民衆ヲ参加セシメ。殊ニ農工民衆ヲ以テ解放運動ノ主力
ト為シ、重点ヲ農村ト工場トニ対スル宣伝ニ注ギ、農工階級
ヲシテ組織化セシムルコト最モ肝要ナリトス(33)。

　一九二七年一月二日に台湾文化業界が方向転換してから蒋

350

渭水、蔡培火らは文化業界を脱退し、上述の如く台湾民衆党を成立させ、成立の経過から見れば民衆党内の中で蒋渭水と蔡培火にそれぞれ代表される二つの勢力に別れた。明らかに蒋渭水と蔡培火らの思想傾向を現す資料を探すことは困難であるが、大体において蔡培火一派は民族主義(34)をもって理想とする点で疑問の余事がなく、これをもって基礎として内外の情勢の変化を考量し、統治の下で離脱することを求めず、内外の世論に訴えて、島民を啓発し、この拝啓の下に植民地の自治を最初的な目標とし比較的合法的な政治運動を通して漸次、目標を達成しようとし、蒋渭水一派は中国国民党の革命運動の大きな影響を受けて、台湾人を組織化同時に民族運動と階級運動を行ない、世界弱小民族と無産階級の相互提携を通して帝国主義国に対して闘争を行ない植民地民族の解放を実現させようとした。即ち台湾民族独立をもって目標としていたことは第二次第三次党員大会の中から創造することができる(35)。

　蒋渭水と蔡培火の二人は台湾民族独立をもって目標としていたことからその政治思想台湾独立思想があったということが分かる。

五、第二次大会後主要な活動

　一九二九年十月一七日に民衆党第三次党員大会は新竹市公会堂で開かれ大会の中で第三次全島党員大会宣言がなされた。

　台湾民衆党第三次党員大会宣言

　我等島内の形成を考察すれば、民衆の趨向は已に本党を深

く信頼することを知る。吾人は須らく益々責任の重大を感得
し、内には本党の綱領政策及二次大会宣言に根拠し、全島の
闘争分子をして均しく本党に集中せしめて本党の指導を受け
しめ陣営を整理し、戦線を統一し以て闘争力量を拡大し、一
致の歩調によって台湾民衆を領導し適従する処を知らしめ、
その道を正し以て大衆政党たるの目的を到達するを期し、外
には世界無産階級及植民地民衆と連絡し国際的解放戦線に参
加し、以て世界解放の潮流に匯合するを期し、本大会定むる
処の政治決議の実行に努力し其貫徹を図り、而して彼の地方
自治制度の完成、台湾現存の諸悪法の廃止及人権擁護の諸法
律の実現に努め、今後全力を以て之が目的達成に進むべし。
即ち本党は最短期間に本党の綱領政策を実現し、人類解放の
目的を到達すべく、之が為には同胞多数の参加を要する所な
り。茲に於て台湾同胞に警告し希望せざるを得ざることは須
らく切実に、明白に今日の台湾に於ては、唯唯本党のみが強
く民族の利益を謀り、唯唯本党のみが強く民族利益の為に奮
闘することである。而して本党を督励し、擁護し、本党をし
て台湾民衆の利益を代表するの大衆政党たらしめることに存
する。是れ本党唯一の希望である。

　　　　　　　　　一九二九年一〇月一七日　台湾民衆党(36)

六、第三次党員大会後の諸情勢

　一九三〇年になって台湾民衆党の左傾化によって排斥され、
右派を形成し、民衆党中央幹部とその他の立場の主張で合法
的政治運動を進める気運を生み出し、当時、最も可能性のあ

る本党の当時の議題において地方自治改革問題を提起し、楊
肇嘉、蔡式穀、蔡培火、林献堂は台湾地方自治連盟を組織し、
自治制度改革促進運動を計画した。しかし台湾地方自治連盟
は事実上台湾民衆党と分裂する危険があった。蒋渭水は台湾
地方自治連盟のことを知っていたが、党と工友総連盟を指揮
し、反対運動を行ないもう一方で牽制の戦略を通して一九三
〇年三月二一日に中央常務委員会で大規模な自治促進運動を
行ない、全国巡回講演し、一万名あまりの署名を得た。自治
連盟組織は依然として組織化を続け、民衆党に排斥された蔡
培火派の党員も自治連盟に走る傾向があり、台湾民衆党も政
策或は労働運動の指導において予期した成果をあげることが
できず、特に労働運動において失敗が多く、党の前途を悲観
視運動も停滞状態になっていた(37)。

　自治連盟はさらに其の地位を反対させるため一九三〇年八
月一七日の結党以来、民衆党員はたえず離れ始めていた。蒋
渭水らはこの状態を苦慮して、数回常務委員に対し対策を諮
問し、九月四日に高雄で開いた中央執行委員会で命令を伝達
したが、周りからのいろいろな反対をどうやっておさめれば
いいか分からなかった。結論は「党員はその他の政治結社の
党籍をもつべきではないし、自治連盟に走った党員は二週間
の猶予期間を与え、反省を求め、反省しないものは除名すべ
きである」というものであり、もう一方で蔡培火のように一
生を本党の解放運動に捧げた有力者は除名しないことを希望
し、蔡培火派もこれを支持したが、蒋渭水派は除名すること
を強硬に主張し(38)、結果的にこのような案に決まり、蔡培火

らの態度はこのような決定を受け入れるということであった。その後たえず地方自治連盟に走る人がおり、七月三〇日に蔡式穀が脱党し、九月二八日に邱徳金も脱党した。党中央はこの放任状態下で反対の声を抑えることができず一九三〇年一二月五日に林献堂以外に、蔡培火、陳逢源、洪元煌ら一六名の自治連盟幹部はことごとく除名され、林献堂は党の態度に憤ってついに脱党した(39)。

七、おわりに

　第四次党員大会の時結社禁止地方自治連盟が積極的な活動を展開するに従って中産階級以上の有力者が殆ど自治連盟の勢力下に入るにしたがってただ単純に自治改革を行ない総督政治批判の範囲内で活動を続けているだけの民衆党は非常に明らかに自治連盟と対抗できる地盤と勢力をもっていなかった。このため民衆党の存在はもし現状によって考えるならば自滅することにほかならず蒋渭水、陳其昌、謝春水らの人々は密かに民衆党の方向と対策を考え始め、密かに政策と綱領の修正案を考えていた一九三〇年一二月二八日に中央常務委員会を開いて審議し、この案を決定し、資料を説明し、それぞれの各支部に送り、それは各支部党員大会で議論された方針であり、常任委員会で終えてから各支部に郵送された。この常務委員会の中で召集されたのは蒋渭水一派の委員だけであり、蔡培火一派に傾いている委員は例えば黄旺成は召集の通知すらもらわなかった(40)。

　綱領

　　　1・労働者農民無産市民及一切ノ被圧迫民衆ノ政治的自
　　　　由ヲ争取ス

　　　2・労働者農民無産市民及一切ノ被圧迫民衆ノ日常利益
　　　　ヲ擁護ス

　　　3・労働者農民無産市民及一切ノ被圧迫民衆ノ組織拡大
　　　　ニ努力ス(41)

　一九三一年二月八日に民衆党本部で中央執行委員会を開い
た。以下は黄旺成と蒋渭水の談話の内容である。黄旺成は次
のように言った。「今回の改修案は内地に於ける無産党の綱
領其のままにして、斯くの如きものが全民運動と言ひ得るや、
又蒋渭水の説明する所によれば民族運動を加味すと云ふも斯
くの如き二兎を追ふ運動を以て民衆果して吾党を信頼すべき
や否、斯くの如きは民衆に対する甚だしき欺瞞にあらずや。」

　蒋渭水は以下のように言っている。「今日の時代は資本家
に頼るべき時代にあらず。階級闘争の必要は今更喋喋の要な
き処なり。然して台湾の現状に於は過渡的本心として階級運
動に民族運動を加味せざれば運動の成功を見ること不可能な
り(42)。」この言葉は全民運動を行なう必要性を指しており、
いわゆる全民運動は林献堂や蔡培火らが提起している地主資
本家階級と中産階級をもって中心とする民族運動であるばか
りでなく、連温卿、王敏川、謝雪紅らが提起している労働者
と農民をもって中心とする無産階級運動も含んでいる。

　一九三一年一月一八日に台湾新民報社株主総会は蓬莱閣に
おいて開催され、席上、林献堂は「予が民衆党の顧問たるこ
とは党勢の伸長を阻害するものと認め、此の際之を辞退す」

とて民衆党顧問辞任の声明を為したり。右顧問辞退に関し、
林献堂の述べたる理由は「蒋渭水と民衆党新綱領に就て意見
の交換を為したる処、新綱領は頗る過激にして、無産階級本
位のものとなり。之は我々の到底容るる能はざる処なり。従
って予は顧問として党との関係を維持する能はず、断然顧問
を辞したり。過去に於ても予等は縷縷民衆党幹部より攻撃を
受け、共に顧問の地位にありたる蔡培火、蔡式穀の如き既に
党より除名せられ、予としては去就に付き考慮中なりしが、
党が斯くの如く其の旗色を鮮明にしたる以上党に留まる理由
なし。」と云ふにありたり(43)。

　一九三一年二月一八日中央執行委員会開会後、蒋渭水をも
って指導者とする民衆党左翼一派は一切の反対論を抑え、力
を集中し、積極的に党員大会を開く準備をした。同月一八日
に民衆党本部で党員代表一七二人の出席を得て、第四次全党
党員大会が李友三の司会で開かれた(44)。蒋渭水は綱領修正の
理由の要旨をもってほとんど黄旺成らの反対意見を無視し、
表決を行ない、黄旺成らは表決に加わらず、ただ反対者五人
だけで修正を通過させ、続いて蒋渭水は綱領案がほとんど全
員賛成であると説明し、政策審議を行ない、わずかに修正さ
せてから通過させた。ここにいたって、台湾民衆党は完全に
合法的な存在と見なせなくなった。綱領と政策が通過してか
ら北警察署長が自ら現場にやってきて結社禁止命令を主要幹
部の陳其昌に交付し、署名を求め、民衆に対して、台湾民衆
党が結社禁止の命令を出し、集会も解散する命令を宣言し、
解散後に違法な活動を防止するため、蒋渭水ら一六人を検挙

した(45)。

台湾民衆党が禁止された理由は以下の通りである。

台湾民衆党禁止理由

今回改修シタル綱領、政策ヲ仔細ニ検討スルトキ、本党ノ指導精神ハ民族運動ヲ緯トシ、階級闘争ヲ経トセルモノト請フヲ得ベシ。其ノ政策中ニ於テ明カニ現総督政治ニ反対シ、植民地民衆ヲ圧迫スル悪法即時撤廃、或ハ台湾人本位ノ職業紹介所、台湾人本位ノ無料宿泊所、診断所、治療所ノ施設云々ト列挙シ仮令前記ノ民族運動ノ文字ヲ抹殺スルト雖モ、是等ノ点ヨリ見テ民族運動ノ表現ナリト断定シ得ベク、又綱領ニ於テモ殊更ニ被圧迫民衆ノ政治的自由ヲ争取云々ト掲ゲ、植民地独立ヲ暗ニ強調ス。彼等ノ被圧迫民衆ナル熟語ハ即チ大衆党、労農党ノ用ユル民衆トハ稍主観的観念ヲ異ニシ、植民地大衆ヲ意味スルモノニシテ、之ヲ軽々視スルコトヲ得ズ。斯如階級闘争ヲ加味シタル民族運動ヲ目的トセル結社ヲ容認センカ、我台湾統治ノ根本方針ニ背反シ、内台融和ヲサ妨ゲ、延テ本島統治ノ維持ニ重大ノ影響ヲ及ボスヤ明カナリ。以上ノ理由ヲ以テ最早厳正ナル法規ノ発動処分ニ出デザル可カラズ、茲に結社台湾民衆党ヲ禁止スル所以ナリ(46)。

八、おわりに

一九二七年一月に文化協会は臺中市公会堂で臨時大会を挙行し、左右派は正式に決裂し、左派の連温卿は権力掌握に成功し、本来の文化協会の重要幹部の林献堂、蔡培火、蒋渭水らは中央委員の職位を辞職することを宣言し、旧幹部は次々

と打倒し、ほかに政党を組織し、同年七月一〇日に「台湾民
衆党」を成立させた。この政党は先後して三年七ヶ月を経て、
一九三一年二月一八日に「民族自決」の主張をし、「反母国」
の先鋭的態度をとったため、総督府によって強制的に解散さ
せられた。民衆党は成立したけれども、内部分裂があり、政
治路線上、穏健派の林献堂、蔡培火と過激派の蒋渭水派にわ
かれ、前者は体制内改革を主張し、後者は体制改革を主張し
た。民衆党が解散させられてまもなく中心の蒋渭水も世を去
った。

　台湾民衆党の政治思想は以下の通りである。台湾民衆党の
指導原理案の中で民本政治の確立を主張しており、立憲政治
の精神を根拠にし、総督専制政治に反対し、司法、立法、行
政の三権を完全に独立させ、台湾人に参政権を与えさせよう
とした。これは台湾議会設置請願運動の主張（請願運動は日
本帝国議会と別に台湾議会を設置させることを要求していた）
と同じく、台湾独立を意味していた。

　台湾民衆党は第三次大会の中で以下のように宣言していた
「ロシア民衆革命、ドイツ労働暴動、英国労働総同盟、日本
無産制度の出現などは皆無産階級の台頭を示している。エジ
プトが英国の支配を逃れ、トルコが独立し、インドが自治運
動を行ない、中国が国民革命を行なっていることは、弱小民
族の勃興を示している。しかも帝国主義圧迫下の解放は二つ
の大きな新興勢力となっている。それゆえ植民地弱小民族は
お互いに支援し合うべきであり、世界帝国主義下の無産階級
と日本無産大衆は共同戦線と攻守同盟を組織するべきである。

台湾人の解放を得るために対内的には全台湾人の総動員を喚
起し、対外的には世界の弱小民族と国際無産階級と相互に連
絡しあい共に奮闘して初めて目的を達することができる。
「台湾人の解放」という言葉は台湾独立を意味し、それゆえ
台湾民衆党は台湾独立思想を内に含んでいるということにな
る。

　台湾総督府が台湾民衆党を禁止した理由として以下のこと
を述べている。「この政党の指導精神は民族運動と階級闘争
である。その政策は明らかに総督政治に反対し、直ちに植民
地民衆を圧迫する悪法を撤廃するように要求し、たとえ民族
運動の文字を使わなくても、これらの点から民族運動の表現
であると断言でき、綱領の中でさらに被圧迫民衆の政治的な
自由を勝ち取ることを提起し、暗に植民地独立を強調してい
る。」『台湾総督府警察沿革誌』の叙述の中から台湾民衆党に
は台湾独立思想があったということを知ることができる。

第三節　台湾地方自治連盟の政治思想

　台湾地方自治連盟の目的は地方自治を実現し、選挙をさ
せ、台湾民衆党の穏健派の林献堂、蔡培火らが台湾民衆党か
ら脱党し、作った団体であった。台湾地方自治連盟の要求は
台湾独立を意味する台湾議会設置請願運動の後身であるとみ
なされ、それゆえ台湾地方自治連盟の政治思想は台湾独立思
想を含むことになる。

一、台湾地方自治連盟に関する研究史

　本節において台湾地方自治連盟の政治思想について討論する。台湾地方自治連盟の政治思想とは何か。なぜ台湾地方自治連盟はある政治思想をもつのか。台湾地方自治連盟はどのようにしてこのような政治思想を形成させてきたのか。以下、この問題についていちいち説明してみよう。

　これまでの台湾地方自治連盟の研究については、陳俐甫『日本統治時代の台湾政治運動の研究』がある。この論文は台湾地方自治連盟の資金問題をもって中心とし、金持ちの会員は多かったけれども、会費の納入は少なく、財政危機に陥った事実を解明しているが、同書は台湾地方自治連盟の政治思想について論じていない。さらに許淑貞「日本統治時代の台湾地方選挙と政治参加の研究――二回の市、州会議員選挙をもって例とする (一九三五年～一九四〇年)」があるが、運動と事件の資料を羅列するだけで、分析が欠けている。さらにこの論文は台湾地方自治連盟の運動について言及しているが、台湾地方自治連盟の政治思想について述べていない。それゆえ本節において台湾地方自治連盟の政治思想について論述してみる。

　蒋渭水が指導する民衆党は事実上、左翼によって占められ、ずっと階級闘争に傾斜していた。このため知識人は躊躇し、一般民衆も参加を躊躇し始めた。林献堂、蔡培火らの民族主義者はこも情勢について深く憂慮し、ついに台湾地方自治連盟を創設させた。創設の原因は上述の一般の情勢の変化以外

に更に現実で着ない必要からであった。第一に台湾議会運動
であり、長年、直接的な効果がなく、(実際、間接的な効果は
大きかったが、一般民衆は分からなかった。) 人々は次第に
嫌気が指してきた。しかも時代の進歩は広範な啓蒙運動の呼
びかけを受け入れるばかりでなく、必ず新しい運動の分野を
開拓し、民衆の熱情どつながりをもち、実際の政治運営をと
して民衆を教育しようとした。しかし民衆党はすでに階級路
線に走ることによって知識人はすこぶる協力しがたく自然と
一般民衆に対する吸引力を失っていた。第二に地方自治制度
は民主政治の基礎であり、台湾議会を将来、実現させること
は地方制度においても確立させなければならないことであっ
た。遅かれ早かれその制度を実現させるならば、民衆に地方
政治に対し、訓練させる機会を与えることになり、将来の政
治運動に役に立たないことではない。第三に総督府当局は本
来地方自治制度を改革する計画があったが、内部で意見が一
致せず、開明的な一派は改革を主張し、保守的な一派はそれ
に反対した。それゆえ台湾の民衆がもし熱烈な改革運動を行
い、似て非なる現行制度を改革するばかりでなく、一方で総
督府内部の開明的な一派を支援するならば、開明的な官吏は
勢いを得て、当面の地方自治制度を早期に実施し、台湾の一
般の政治制度も必ずよくなる。あるいはこれは希望的な観察
であるかもしれないが、確かに一石二鳥の妙策だった。これ
らの特殊事情に合わせるため、台湾地方自治連盟は一九三〇
年八月一七日にこれまでにない特別な性格をもって組織され、
成立した。いわゆる特別な正確には二つあり、一つは単一目

標であり、自治連盟は政治結社であるけれども、その目的は
「地方自治制度の実施を促進する」ことに限定されていた。
このことは直接、台湾民衆党と摩擦を起こすのを避けるため
であり、もう一つの理由は地方の有力知識人を網羅し、在台
日本人を勧誘し、参加するのに便利な特殊条件を設定するた
めであった。第二は在台日本人の参加を受け入れ、これは総
督府内部の空気に対し、取る特別な措置だった。台湾で日本
人と台湾人の立場は異なり、利害が対立し確固の台湾人の政
治運動に在台日本人はほとんど否定的な態度を取り、ただ自
治連盟だけは在台日本人の参加があり、特殊な現象であると
いえる。

二、台湾地方自治連盟の成立

　台湾民衆党の主導権が、蒋渭水派に移るに従って党の行動
は明らかに総督政治に反抗し、民族主義闘争を行う以外に階
級闘争を中止し、次第に活動の重点はその指導下の工友総連
盟に移っていき、党の第二次大会および第三次大会において
農工をもって中心とし、宣言は全民を連合させる民族革命闘
争を行うべきであるという意味であり、日増しに激しくなっ
ていった。党顧問の林献堂、蔡式穀、蔡培火らの人々は党が
このように進んでいくのは立党の精神に背き、二回にわたっ
て蒋渭水等の幹部に対し、警告を発したが、両派の思想的傾
向、周りの環境的状況についての認識、運動方針に対する見
解等多くの点で異なり、両派は次第に隔たりを大きくしてい
き、両者の分裂は必然的な勢いとなっていた。しかし共産式

運動陣営が行なった猛烈な排撃運動、分裂な力を分散させた
こと、それらの二つのことの環境上の関係から両者はあえて
分裂しようとはしなかった。蒋渭水派は蔡培火らの人々が党
に対する態度を消極化させ変えて、勝手な活動をし、蔡培火
派はついに党に対し、いかなる期待も希望ももたないように
なった(47)。

この時、蔡培火、蔡式穀、楊肇嘉らの人々は長年来現在の
台湾議会設置請願運動を続け、中央の雰囲気が日増しに明か
していくことに関して、将来に対して希望がもてず、実現化
な運動を行わなければならないし、必ず民族主義的な要素を
排除しなければならないし、そして初めて健全な地方制度改
革運動を行うことができると考えた。蔡式穀と当時、台北の
知識階級の如水社の幹部の林履信、林伯寿、周盤石などはお
互いに協議し、皆の賛同を得て、東京の蔡培火、楊肇嘉と連
絡し、協力し、台湾議会請願運動の関係者たとえば中央政界
の政客、学者、評論家等の意見を求め、民衆党をもってでは
なく、地方自治促進会の名をもって、台湾地方制度改革運動
を推進することを決議した。一九三〇年二月一九日に蔡培火、
楊肇嘉は台湾に帰り、蔡式穀と協議してから島内の同志の意
向を探ったが、民衆党幹部がこれを知ってから、党の統制を
乱すとして一時の積極的な活動は滞ることになった(48)。

台湾地方自治連盟は一九三〇年七月二八日に政治結社の準
備官制の法定手続きを提出した。八月一七日に台中市酔月楼
料亭で創立大会を開き、当日の午前九時半から全島発起民大
会を開き、午後二時から創立大会を開いた。大会の出席者は

林献堂以外に二二七名であり、蔡式毅が司会をし、林献堂が議長になるように推薦し、議事を行なった。自治連盟は単一目標をもって専門に台湾地方自治制度を実施し、創立させることを促進し、地方自治制度の実施は早ければ早い程よく、一年以内の実施を希望し、自治連盟は成功は存立の必要がなくなるとしていた。当日選挙された連盟幹部の名簿は以下の通りであった。

　顧問　林献堂　土屋達太郎

　常務理事　楊肇嘉　蔡式毅(49)

　台湾地方自治連盟は「台湾地方自治をもって単一目標とし、標榜するのは民主主義の立場に立って、台湾地方制度を改革し、中心的目標は民選選出の州、市、街、庄議員によって、州、市、街、庄会を組織し、議決権を与え、これに付帯して世論とし、指導、訓練、民衆の組織化を行う。成立大会宣言書の決議と規約の決定は以下の通り発表された。

　宣言書

　現今世界文明諸国ニ於ケル地方自治制度ノ実際ヲ通観スルニ態様ニ於テ多少ノ差コソアレ、一ニ人民ノ公選ニ依ッテ意思機関 (市、町、村会) ガ構成セラレ、而シテ其ノ議決セラレタ公共ノ事柄ヲ又人民ニ依ッテ選出セラレタ理事機関 (市、町、村長) ニ依ッテ執行セラレル実情デアル。然ルニ植民地台湾ノ地方自治制度ハ如何、啻ニソノ意思機関ガ無意義ナル諮問機関ナルノミナラズ、ソノ構成員タル協議会員マデモ悉ク官選ナルニ至ッテハ、実ニ唖然タラザルテ得ナイノデアル。

　決議文

現行地方自治制度ハ台湾ノ民度ニ適合セズ、時代思潮ニ逆行シ、改革セザルベカラザルモノト認メ、本聯盟ハ即時完全ナル地方自治ノ実施ヲ要求ス。

党の綱領、政策

目的　台湾地方自治ノ確立

自治連盟が成立してから一九三〇年八月二四日の理事会において中央において組織、宣伝、財政、編集の四部門を設立し、葉栄鐘を専任書記長に任命した。党勢拡張委員会を設置し、組織の拡大を図り、速やかに委員を定め、地方制度改革案起草委員会を作り、成案の起草および当面の対策ならびに目前の活動方針を決めた。農民組織、文化協会の反対運動に対して完全に傍観者の態度を取り、あえて争わないとした(50)。

三、台湾地方自治連盟の活動

自治連盟成立間もなく全島の民主に呼びかけ、地方自治制度改革の世論を喚起し、同時に民衆に連盟を支持させ、組織の拡大を図るために一九三〇年八月一七日から全島二四個所で巡回政談演説会を行なった。参加演説者には楊肇嘉、鄭松筠、葉栄鐘などがいた(51)。

一九三一年八月一六日に連盟は第一次大会を挙行することを決定し、当日の午前に台中市酔月楼でこの準備をし、第二次評議員会議を行なった。大会は台中市公会堂で開かれ、参加者は本部の幹部や支部の代表など一〇七名であり、その外に来賓の傍聴者がおり、内地人の連盟員の参加があることに

よって、会議はおおむね日本語で行われた。「朝鮮に於ては去る四月一日を以て比較的進歩したる新制度の実施を見るに至った。勿論朝鮮の新制度は尚幾多の欠陥を包蔵してゐるから、俄かに賛同し能はざるところであるが、これに対する論評は寧くこれを措き、唯朝鮮当局も時代の進運に逆行し得ずして改革を為した点を茲に指摘するに止める。翻って台湾の現状を見るに、経済、教育その他の能力に於て遥かに朝鮮よりも進歩発達してゐる。而已ならずその参政権の初歩に過ぎざる地方自治制度ですら朝鮮の後塵を拝することだに出来ない状態に置かれてゐるのである。世の中に如斯き矛盾せる事態が又と有り得やうか。本連盟が先きに当局に対し建議したる改革案は、過去十年間不完全なる自治制度の下に隠忍して来た台湾民衆の合理的要求を具体化したるに外ならない。されば朝鮮の新制度の如何に拘らず、台湾制度改革の内容は第一、普通選挙に依る公民権を賦与すべきこと。第四、執行機関の組織を改革し、其職務権限を明確にすべきこと。第五、州市街庄に於ける財政の管理権を確立すること、等を具備せざる限り断じて台湾民衆の承服し得ざるところである(52)。」

　一九三一年八月一六日に連盟は台湾地方自治連盟第一次連盟大会を挙行することを決定した。

四、自治連盟の改組運動

　一九三二年八月二一日に台中市公会堂で第二次全島大会を行った。

　自治連盟第二次全島大会宣言

　完全なる台湾地方自治性の実施は、島民に対する政治的自由への第一階梯にして、内外の情勢に鑑み之が断行を今尚遅延せしむべき何等の理由あるを見ず、政府当局にして上は一視同仁の聖旨に対し、帝国百年の大計に思ひ及ぶ誠意あれば、須らく本連盟の改革案に基き即時之が実施を断行せざるべからざるものなり(53)。

　一九三二年八月二一日に台湾地方自治連盟は第二次全島大会を行なった。第二次大会の自治連盟の構成員は以下の通りだった。

　第二次大会当時の自治連盟構成員

　顧問　林献堂　土屋達太郎

　主幹　洪元煌

　常務理事　楊肇嘉　蔡式穀　葉栄鐘(54)

五、地方制度改革促進運動の再度の展開

　政府改革案は自治連盟が公表した改革案と甚だ距離があったので、政府案がいったん発表されてから、自治連盟がいかなる態度でこの問題に対応するか慎重に協議した結果、葉清耀の提案を採択することに決定した。理事会の決議を根拠に全島住民大会を開くことを決定した。台中市全島住民中部大会は七月二三日に台中市楽舞劇場で開催された。

　決議文案

　我々は日本憲法に抵触しない範囲で即時台中州市街庄で民選議員をもって組織する決議機関を即時断行することを要求する。

　我々の要求は邪説を流布したり、政府当局の改革を牽制したり、国権を無視したりする非国民ではなく、同時に政府当局に時勢に逆行する措置を取らないように進言する。

六、本島地方制度の修正と自治連盟

　一九三五年八月一七日に台中公会堂で第三次連盟大会が開かれ、代表九一名、来賓と傍聴者九〇名、新聞記者二一名が列席した。

　宣言

　本聯盟は帝国の国際的非常時に処し、吾人の貴務の益々重大なるに鑑み、国利民福伸張のため更に一層結束を固め、切実に島民を訓練指導して、新制度の公正なる運用を図ると共に完全なる地方自治制の確立に向って邁進せんとするものである。

　一九三五年八月十七日台湾地方自治聯盟(55)

　改正地方制度は第一次市会、街庄協議会員の選挙を一九三五年一一月二二日に挙行することを決定し選挙告示後、連盟員の身分をもって立候補するもの各地で騒動多数に上り、本部は各支部や候補者の資金を延長する等の行為を統制できず、ただ楊肇嘉らの少数の幹部に立候補演説を助けたり、推薦書を各等のことをしただけだった(56)。

　一九三五年に市制、街庄制の改正がなされ、市には議決機関たる「市会」が設置され、街・庄には従来どおり諮問機関たる協議会が存置された。同年に選挙がおこなわれ、市会議員、街・庄協議会員のうち、それぞれの半数が州知事による

官選、半数が民選によって選出された。選挙は制限選挙法式で、選挙権・被選挙権を有する者の資格は同じく、(a) 帝国臣民たること、(b) 年齢満二五歳以上、(c) 男子、(d) 独立の生計を営む、(e) 六ヶ月以上当該市・街・庄の住民であること、(f) 市、街、庄税年額五円以上納付を条件とする。同年一一月二二日に全島いっせいにおこなわれたこの選挙は、台湾史上始の政治参加への選挙であった。制限選挙であるため、投票率は九五・九パーセントに達した。当選者は市会では内地人が五一パーセントをしめ、台湾人が四九パーセントであったが、街・庄協議会では内地人は居住者が少なかったため八パーセント、台湾人が九二パーセントであった。州制も一九三五年に改正され、「州会」が設けられた。しかし州会議員になるには、市会議員または街・庄議会員でなければならなかった。その半数は台湾総督が任命し、残りの半数を市会議員および街・庄協議会員が間接選挙で選出するというものである。こうして、まがりなりにも一九三五年から「地方自治」が発足したのであるが、それは種々の面で制限を受けた。街・庄協議会は依然として諮問機関にしかすぎなかった。州会・市会は議決機関ではあるが、それぞれほかに、第二の議決機関ともいうべき州参事会員のほかに、州参事会は州知事と州内務部長が、そして市参事会は市尹と助役が会員として加わっており、少人数でもって、州会・市会を代替していたのである。州知事は州会と州参事会の議長を兼ね、市尹は市会・市参事会議長をそして街・庄長は街・庄協議の議長をそれぞれ兼ねる。行政機関の長が「議会」の議長を兼任するわけであ

る。各級「議会」はそれぞれの対応する行政機関の首長を罷免したり、不信任の決議を行えない反面、台湾総督は各級「議会」の解散を命ずることが出来た。それに総督は期日を定めて州会の停会を命じ、州知事は市会にたいして、庁長または郡守は街・庄協議会にたいして、それぞれ期日を定めて停会を命ずることができる。これだけではない。州知事は総督の指揮を請うて、ただちに州会・州参事会の議決を取り消したり、それらの選挙さえも取り消したりすることができ、市尹は州知事の指揮を請うて、市会、市参事会にたいする同様の措置を取ることができる。台湾に州・市会が設置されたことは評価に値する。だが、それを「地方自治」と評価するには、実体がともなわなかった。日本本国国政への参加については、従来から植民地人は度外視されていたが、一九三二年に朝鮮の朴泳孝が勅選によって貴族院議員に任命されたのをきっかけにして、台湾でも辜顕栄が一九三四年に、貴族院議員に勅選された（一九三七年）。辜は日本軍を台北城に引き入れたあとも、総督府に犬馬の労をつくしたために勲三等に叙された得意の存在であり、かつ数も一人だけという限られた任命であったので、文官総督時代においても、台湾人は国政参加への道を閉ざされていたといえる(57)。

　事実上、植民地統治者は「官選」というやり方について一九三五年四月に地方自治制度を実施した時に始めたのではない。前述の地方自治は台湾人の世論では「奇形的自治制」、「偽自治制」、「似て非なる自治制」であり、多くの官選議員が批判されたが、批判されたのは「台湾人の人望」を利用して当

選した者たちだった。以上の批判はもとより確かに事実だっ
たが、我々はもし嘉義市市制施行 (一九三〇年一月二〇日) 後
の官選の市協議会議員の構成員をもって観察するならば、そ
の中で前後して少なくとも陳宗恵 (台湾民衆党嘉義支部常任
委員) 王甘棠 (台湾民衆党嘉義支部主幹)、梅獅 (台湾地方自
治連盟理知) 黄文陶 (本台湾文化協会理事) などの「反対派人
士」を含んでいた。これらの「反対派人士」が議会に入って
から、我々はこれらを「役立たずの花瓶」とみなしていたが、
日本人は少なくとも反対者を受け入れる度量があった。しか
も実際、「反対派人士」も必ずしも「役立たずの花瓶」ではな
かった。たとえば一九三〇年一月二七日に台中市協議会が開
かれて後協議会の陳朔方 (本台湾文化協会評議員) はその場
で直接この協議会は「偽自治」であり、根本的な改革をする
べきであると批判した。我々は呉新栄に対し佳里街の官選議
員として「優秀な素質をもっている」という評価をしている
し、あるいは彰化市議会の官選議員が民選議員に従って退席
抗議した事例を観察できるし、多くの議員が「官選」だった
が、統治当局が完全に統治者の間の関係をもって合わせ、考
慮したわけではないし、人品と声望を重んじていた。しかも
官選議員はまったく「日本人の走狗」ではなかったし、その一
定の「自主性」をもっていた。このため、もし戦後、国民統
政権が特に党派の「党の外に党がなく、党の中に派がない。」
ということに重きをおき、あるいは一九九七年に香港が「回
収されて」後に、中共が「官選」部分の立法会議員を「イエ
スマン」として観察されることは比較するならば同様に「統

治者」であるが日本人は中国人よりも民主の素養と民主の誠
意はない。さらに重要なことは日本人の統治下で台湾の民主
制度は法治の基礎を後ろ立てとしていた。一九三五年以後の
地方自治の選挙は選挙者の遵守法令行事と候補者の自立を経
て「法治の基礎」が「民主的制度」に繋がる重要性が見られ
た。しかももう一つの軽視できないことは一九二〇年代後期
政治社会運動の左傾化にしたがって、台湾人の民主に対する
思索も更に深まっていった。たとえば台湾民衆党は一九三〇
年の終わりから、一九三一年の始めまでこの制度の綱領と政
策を改め、多くの進歩的な主張を提起した。その中で一八歳
以上の男女が皆選挙権と被選挙権を持ち、言論出版集会結社
の絶対的自由をもち、陪審制度を実施し、冤罪および不当な
逮捕には国家賠償が与えられ、遺産税、所得税、地租に対し
て高額累進税が課せられ、無産者が不断する各種の雑税は廃
止され、合作社の民衆化と自由化、八時間労働制および最低
賃金制、失業であってと失業保険法を制定し、女工と少年工
の保護法を制定し、工作権の租田法を制定するなどを含んで
いた。民衆党が解散させられたが、このような政策の主張は
確かに日本統治時代の台湾民衆間運動として後世に最も重要
な遺産を残した。このため一九四六年に王添燈はこれを称し
て「世界において絶対にこのような法治の民主政治はない」
という言い方をし、更に彼が継起した「言論出版集会結社の
自由を報奨し」、「民主精神に合う普通選挙法を制定し」、「各
種の合作社の発達を推進し」、「工作権制度を確立し」、「八時
間労働制を実施し」、「少年工、女工を保護する法規を制定

し」、「高度の累進税を実施する」などの政見は彼のいわゆる
「少なくとも上のいくつかの (政見) が実現されてはじめて
政治は民主化されて民生も始めて保証の可能性が生まれる同
時に民生問題が報奨されて政治ははじめて少数の上層階級に
操縦されるのではなくて、形式的な民主は実際上に非民主的
な階級政治になる「深刻な見解は歴史の脈絡において探すこ
とができるだけではなく、更に十分に日本統治時代の台湾の
民主が到達した「高度な民主主義」を反映している。このた
め日本統治時代の台湾の民主に関して我々は結論として言え
ることは日本統治時代において台湾の「形式的な民主は不完
全ではなかったが、この限りある「形式的な民主」の範囲内
で「実質的な民主」は相当によい発展をし、一定程度のすこ
ぶる優れた「民主文化」を作り出した(58)。

七、おわりに

　台湾地方自治連盟は台湾人の政治団体であり、自治を実現
し、選挙に参加する目的をもって民衆党の穏健派が脱党し、
成立させたものであり、一九三〇年に林献堂、蔡培火らは台
湾民衆党が次第に左傾化し、路線が異なる蒋渭水に掌握され
ているのを鑑みて、別の団体を作った。同年、楊肇嘉は蔡培
火らの招請に応じて台湾に戻り、台湾地方自治連盟を組織
し、楊肇嘉、蔡式穀らが理事になり、林献堂が顧問になった。
彼らは文化協会、農民組合、工友総連盟などの急進派は「灰
色紳士」と批判し、ただ統治者に向かって叩頭的請願であり、
協議員を感受していると批判した。台湾地方自治連盟は州市

街庄協議員を民選に変え、協議会を議決機関に変えるなどを要求した。台湾地方自治連盟が成立してから、少なからぬ民衆党員が党を超えて加盟し、民衆党中央はついに党員が党を超えることを禁止し、台湾地方自治連盟は民衆党と正式に決裂した。台湾地方自治連盟は多くの台湾議会設置請願運動の指導者を網羅していたが、台湾議会設置請願運動に対し、積極的でなくなった。一九三五年の台湾の初めての地方選挙で台湾地方自治連盟が推薦した者たちの中で一一人が当選した。一九三七年に台湾地方自治連盟は自発的に解散した。

　『台湾総督府警察沿革誌』は以下のように述べている。「政治運動は植民地被統治民族たる意識の下に民族主義的立場に立ちて行動せる本島人の合法的政治運動なり。本島に於ける叙上の意味の政治運動も凡ゆる政治的要求は民族自決、若は民族自治換言すれば『台湾は台湾人の台湾ならざるべからず』との願望を基礎として立てり。本島政治運動勃興の動機を為したる要素を検討するに、第一に挙ぐべきは支那革命発展の影響なり。支那民衆と言語風俗習慣を共通にし、一衣帯水の台湾海峡を隔てゝ横はる支那に勃興せる革命運動が本島智識階級に与へたる影響は極めて大なるものあり。殊に本島民族運動の先駆者たり且つ統率者たる林献堂、蔡恵如等が機会ある毎に孫文以下革命領袖と会見し、意見の交換を為したる事実は注目に価する処なり。第二に欧州戦後に於ける民族自決主義の台頭と之に伴ふ各国植民地民族運動勃興の刺激を挙ぐべく、其の概況に就ては序説に述べたる処の如し。第三に内地に於ける民主ゝ義、自由主義思想の影響なり。本島政治運

動は内地自由主義者、民主〻義者たる学者、政治家によりて
好意的援助が与へられ、運動の方法、手段は全く其の指導に
よりて行はれたりと云ふも過言にあらず(59)。」上述の内容を
もって「政治運動」の実例をみると、台湾地方自治連盟の要
求は台湾独立を意味する台湾議会設置請願運動の後身である
とみなされ、それゆえ台湾地方自治連盟の政治思想は台湾独
立思想を含むことになる。

第四節　台湾共産党の政治思想

中国共産党と日本共産党の共産主義思想は台湾共産党に影
響を与えた。台湾共産党の政治大綱の中で、台湾民族の独立
と台湾共和国の建設を目標としていた。台湾共産党は革命の
主導権を無産階級が握り、日本帝国主義を打倒し、台湾独立
の民族革命を達成させることをもって目的としていた。台湾
共産党は台湾独立を主張した。

一、台湾共産党に関する研究史

台湾の共産主義思想は、一九二一年以後、日本に留学中の
台湾人留学生からと中国に留学中の台湾人からの二方面から
流入しはじめた。そして台湾人たる林木順は、上海大学に留
学中、中国共産党に入党し、その推薦を受けて、モスクワの
孫逸仙大学 (中山大学とも言い、国共合作と革命幹部養成の
ための大学) と東方勤労者共産主義大学 (クートベとも言い、
共産党のための大学) に入学した。同じく謝雪紅 (謝氏阿女)

も、上海大学に留学時に中国共産党の推薦を受けて、東方勤労者共産主義大学に入学した。その後一九二七年、林も謝もコンミテルンから、日本共産党の指導を受け、台湾共産主義運動の実践に入るべき旨の指令を受けて上海に戻った(60)。当時、上海には日本共産党上海駐在員として鍋山貞親がいた。さらに台湾人の共産主義者翁沢生は中国共産党に入党し、上海台湾学生連合会を組織し、左翼学生たちを糾合して上海台湾読書会を結成し、台湾共産主義運動の基礎を作りつつあった。それゆえ林と謝は鍋山を通じて日本共産党と連絡すると共に、翁に接近し、上海と台湾の事情を聴取し、台湾共産主義運動のために協力することを決めた(61)。

　一九二七年一二月、林木順と謝雪紅は日本共産党中央に召集されて、東京へ出発した。その間、翁沢生は林と謝の協議にもとづき、台湾文化協会会員の台湾人蔡孝乾と廈門在住の台湾人共産主義者潘欽信と連絡し、上海に来させた。林と謝は東京において日本共産党中央委員会に列席し、同委員会の決議によって、「台湾共産党は当分の間、日本共産党台湾民族支部として結党すべきこと」、「日本共産党は目下、選挙闘争のために多忙であるので、台湾共産党結党については中国共産党の援助ならびに指導を受けるべきこと」などの指令を受けた(61)。そして林と謝は日本共産党中央委員会の決議した「組織テーゼ」と「政治テーゼ」（これらは謝が提出した資料にもとづいて佐野学と渡辺政之輔が書いたものであった）を受領し、台湾共産党に関する諸方針の指示を受けた(63)。その後一九二八年一月、林と謝は東京台湾青年会社会科学研究

部の台湾人陳来旺をともなって上海に戻った。また同年二月、翁・林・謝の三名が集合して、台湾共産党の結党準備会を開いた。さらに同年四月、中国共産党代表の彭の提議にもとづき、結党準備の総決算のため、台湾共産主義者積極分子大会を開いた。出席者は彭・翁・林・謝・陳に加えて、謝玉葉・林日高・潘欽信・張茂良・劉守鴻・楊金泉の一一名だった(64)。

　一九二八年四月一五日、上海のフランス租界において、台湾共産党結党大会が開催された。出席者は中国共産党代表の彭栄(65)・朝鮮共産主義者代表の呂運亨・林木順・翁沢生・林日高・潘欽信・陳来旺・張茂良・謝雪紅の九名だった。そして「政治テーゼ」と「組織テーゼ」が審議・採択され、役員の選挙が行なわれ、二人の林・荘春火 (欠席) 洪朝宗 (欠席)・蔡孝乾 (欠席) の五名が中央委員となり、翁と謝が中央委員候補となった。また同年四月一八日、第一回中央委員会が開かれ、二人の林・翁・謝の四人が出席し、中央常任委員の選挙と中央委員の配置が行なわれた。中央常任委員には、二人の林と蔡 (欠席) がなった。中央委員の配置は、書記長兼組織部が林木順、婦女部が林日高、農民運動部が洪 (欠席)、青年運動部が荘 (欠席)、宣伝煽動部が蔡 (欠席) となった。島内潜入予定者は、二人の林・謝・潘 (欠席) がなった。東京特別支部および日本共産党連絡員には、謝と陳来旺がなった。上海駐在員および中国共産党連絡員には、翁がなった。さらに同年四月二〇日、二人の林・翁・謝の四人が集まり、台湾共産党結党宣言書の審査を行ない、中国共産党の援助と指導に対する感謝の辞の起草を行なった(66)。

二、台湾共産党の組織

　「組織テーゼ」と「政治テーゼ」については、『台湾総督府警察沿革誌』が以下のように述べている。「台湾共産党の組織は日本共産党中央委員会の決定案に基く結党大会決議『組織大綱』に規定する処にして、其の要旨は当分の間コミンテルンの一支部たる日本共産党の民族支部として日本共産党執行委員会の指令を遵守すべき義務を有し、日本共産党を通じて其の国際的連携を保ち、レーニン主義の理論を以て武装し、コミンテルンテーゼに基き結成せられたる行動的革命政党なることを明かにせり。而して其組織体制は民主主義的中央集権制を原則とし、工場細胞を党の基礎とし此の基礎上に地方委員会及中央委員会を置くものとせり。党の綱領も亦日本共産党中央委員会の与へたる案に基き、結党大会の決議せる、『政治大綱』に詳述する所にして其の骨子は『台湾は日本帝国主義の植民地にして、夫れ自体未だ多くの封建的遺物存在す。而して革命の主動力がプロレタリア農民なるが為に台湾革命の社会的内容は社会革命への豊富なる展望を持つ『民主主義革命にして、同時に日本帝国主義転覆台湾独立の民族革命なり』と規定し当面の政綱として、一、総督専制政治の打倒――日本帝国主義の打倒、二、台湾民族の独立、三、台湾共和国の建設、四、工農圧制の悪法撤廃、五、七時間労働――労働せざる者は食ふべからず、六、罷工、集会、結社、言論、出版の自由、七、土地を農民に帰与する、八、封建残余勢力の打倒、九、失業保険法の制定、一〇、日鮮無産階級暴

圧悪法に反対、一一、ソビエト連邦の擁護、一二、中国革命
の擁護、一三、新帝国主義戦争に反対の十三項を挙げ、『工農
政府の樹立』、『無産階級独裁』の口号を状勢に応じて提出す
べきことを規定せり、以上二大テーゼの外、労働運動、農民
運動、青年運動、婦女運動、赤色救援会及国際問題に関して
は、林木順、謝氏阿女、翁沢生等が党結準備会に於て協議し、
中国共産党員彭栄の援助の下に起草決議せる夫々の決議書あ
り、其要旨を挙ぐれば、一、労働運動——労働運動対策提綱、
台湾の左翼労働組合は文化協会の指導下に福本イズムの影響
を蒙り、宗派主義の誤謬に陥り、右翼工会は民衆党幹部の改
良主義の欺瞞によりて誤られつつあり。故に党は労働運動の
前線に党員を派し左翼工会の誤謬を克服し、右翼工会指導者
の欺瞞を暴露して工会の大衆を左翼化し、左右両翼の戦線を
張りて台湾総工会の組織を促進し之を産業別地方別の組織と
し、フラクションを設けて党の影響下に置き、日常闘争を通
じて工人の優秀分子を党に獲得し、凡ての闘争を無産階級独
裁の方向に向はしめ、プロフィンテルンに加盟して無産階級
の国際的任務を遂行せしむべきことを規定せり。二、農民問
題——農民問題の重要性、農民問題は無産階級の政権獲得に
対し共同盟軍を探求する意味に於て極めて重要なる問題なり
とし、党は農民大衆を領導し、無産階級指導下に帝国主義の
土地強奪反対、封建地主の打倒と封建遺毒の一掃、農村革命
の実行を行ふぺきなりとし、台湾に於ては、全島的農民組合
の組織あり、党の農民運動に好箇の条件を附与せるも、台湾
農民組合は農民を無産階級と混同し、農民組合を政党と混同

し、福本イズムの影響を受けて農民の切実なる日常要求を無
視して政治闘争に走り、民族革命運動を否定する等の誤謬を
犯しつつあり。故に党は其前線に党員を派し、日常闘争を通
じて組合の誤謬を克服し、組合をして正確なる路線に進め、
フラクションを通じて党の影響を拡大し、土地を農民に帰す
との口号を以て無産階級指導下に其の同盟軍の使命達成に努
むべきを規定せり(67)。』

三、上海台湾読書会事件

　一九二八年三月、上海のフランス租界で行なわれた朝鮮人
主催の三一運動祝賀会において、数名の台湾人が「中・台・
鮮は共同して被圧迫民族解放運動に努め、台湾・朝鮮の独立
を貫徹せん」と述べたことが日本の警察に知られた。その結
果、同年三月一二日、三月二一日、四月二五日の三回にわた
って、謝雪紅ら九名の容疑者が日本の警察によって逮捕され
た (上海台湾読書会件)(68)。結局、謝ら三名は証拠不十分の
ため釈放されたが、六名は「台湾における日本帝国の統治権
を否認し、台湾を独立させ、日本の国体を変革し、私有財産
制度を否認し、共産主義社会を実現させることを目的とする
上海台湾読書会を組織・加入した」犯罪事実により治安維持
法違反として一年から三年の懲役に処せられた。上海台湾読
書会事件のため、台湾共産党は著しい打撃を蒙り、謝は日本
の警察によって台湾に強制送還されたが、翁沢生・蔡孝乾・
洪朝宗・潘欽信は中国に逃亡した。そして同年四月、林木順
と謝は、陳来旺を台湾共産党東京特別支部責任者にならせた。

　その結果、同年九月二三日、林・陳・林兌・林添進の四名は東京で集まり、台湾共産党東京特別支部を設置し、陳を責任者にした。その後、陳の努力によって、台湾共産党と日本共産党は、連絡を回復させることができるようになった。そして同年一〇月、林木順は東京を去って台湾に潜入することを計画したが、危険を感じたため、上海に戻った(69)。それゆえ林木順が書記長となっていた台湾共産党の組織は終わりを告げることとなった。したがって台湾にいた謝は単独で台湾共産党再建の任務を遂行する必要に迫られた(70)。

　日本共産党書記長渡辺政之輔は、上海でコミンテルン東方局の責任者から活動資金を受け取り、林木順と接触し、台湾共産党と連絡のため、一九二八年一〇月七日、基隆についた。基隆で渡辺は挙動不審として派出所への連行を求められたので、日本人警官一名を射殺し、自殺した(71)。このため日本共産党と台湾共産党との連絡は、再び絶たれることとなった。そして中国共産党の勢力がその間隙をついて介入するようになった。同年一〇月一八日、中国共産党は台北で中国共産党台湾支部を成立させた。中国共産党のこの措置は、コミンテルンの一国一党の指令に対する違反であった。この指令によれば、組織系統の面からみて台湾共産党は、日本共産党の台湾支部に属さなければならなかったからである。中国共産党が台湾共産党を支持しようとするならば、台湾に中国共産党台湾支部をつくって台湾共産党の組織系統に介入したりしないで、日本共産党と台湾共産党との橋渡し役に徹すべきだった。中国共産党の指導・干渉は、台湾共産党内の分派活動を

招く結果となった。当時、中国共産党に加入していた台湾人には、王万得・呉拱照・劉守鴻・翁沢生・潘欽信などがおり、台北と台中で、二つのグループを結成した。この中国共産党台湾支部の出現は、台湾共産党を再建しようとしていた謝雪紅の障害となった(72)。

四、松山会議

　一九二八年一一月、東京の日本共産党の指令を受けた謝雪紅は、台北において、台湾共産党中央委員の林日高と荘春火と会い、以下の四点を決めた。一、日本共産党中央の指令に基き、謝を中央委員とする。二、上海台湾読書会事件の際、逮捕を恐れ、党務を放棄し、中国に逃亡した蔡孝乾・洪朝宗・潘欽信・謝玉葉の四名は党規に反した機会主義者として除名する。三、楊克培・楊春松を党員とする。四、林を書記長兼組織部長とし、荘を労働部長兼宣伝煽動部長とする。右二名に属せざる事務は謝の担任とする。そして謝が対処しなければならなかった党務は、農民運動と労働運動の両面で、台湾共産党が主導権を確立することであった。同年一二月、謝は背後から指揮して台中で台湾農民組合第二回全島大会を開催させた。この大会は台湾共産党の発展に協力するために開かれた。そして簡吉ら一六名が中央委員に選出され、その中に多くの共産党員がいた。そして日本の警察は、台湾共産党と台湾農民組合との関係を追及するために、出版法違反によって、一九二九年二月一二日に簡ら一三名を逮捕し、一〇カ月の懲役に処した（二一二事件）。このため台湾の共産主義運動

は打撃を受けた。さらに一九二九年四月一六日、日本の警察
によって日本共産党の幹部の大部分が逮捕される四一六事件
が起り、これにともなって台湾共産党東京特別支部も破壊され、
台湾共産党は孤立状態に陥った(73)。

　そして中国からは王万得や呉拱照が、日本からは荘守や蘇
新が台湾に帰ってきた(74)。その後一九二九年一〇月、謝雪
紅・林日高・荘春火の三人の中央委員は、台北の国際書局 (謝
が経営する書店で台湾共産党本部が置かれていた) で中央委
員会を開いた。まず中央委員の事務分担は、宣伝煽動部を謝
が、労働運動部を荘が、組織部を林が担当することとした。
また台北地区の責任者を王、基隆地区の責任者を蘇にした。
さらに台湾共産党の統制下におくために、呉と荘を台湾文化
協会に、楊春松と趙港を台湾農民組合に送りこむことにした。
このころ台湾共産党は、途絶していた日本共産党との連絡を
回復しようとしていたが、回復の見込みは立たなかった。そ
のため同年一一月、台湾共産党中央委員会は、上海にいた台
湾共産党中央委員候補翁沢生を通じ、中国共産党あるいはコ
ミンテルン東方局と連絡をはかり、その指令を受けて陣容を
立て直すために、中央委員の林を上海に派遣することを決定
した。しかし林は出発を延期し、一九三〇年五月に台湾を出
て上海に着いた。林は翁と会い、翁は林にコミンテルン東方
局に提出するための台湾についての報告書を書かせた。この
時、翁は林を冷遇したため、林は同年七月、台湾に帰って謝
に上海滞在中の状況を報告し、脱党声明を出した。ひきつづ
き荘も脱党声明を出した。このように林と荘が脱党したため、

中央委員は謝だけになってしまった(75)。

　当時の台湾共産党の状況は、次のような状況だった。「新加盟党員が莫然と想像し居りし秘密に閉されたる台湾共産党の組織が、実は僅かに中央委員二、三名と共に党員僅かに二〇に満たざる貧弱、微力なる存在に過ぎざることを次第に感知しつつあり。従ってコミンテルン東方局の正式指示を受くるまでの期間中に於ける暫定方針を協議すべく、謝氏阿女は王万得を招致して其の方針を協議せり(76)。」こうして王は謝の命を受けて場所を選定し、一九三〇年一〇月二七日から二九日にかけて台湾の松山で、松山会議（拡大中央委員会）が開催された。参加者は謝・王・楊克煌・呉拱照・趙港・荘守・蘇新の七名であった。そして謝を議長に、王を書記とした。謝は従来の台湾共産党が発展していない原因として官憲の弾圧・党員の不活発・中央機関の怠慢を挙げ、近くコミンテルン東方局から派遣員が来台するはずなので、その来台後に党の正式大会を開き、新方針の決定と諸機関の決定をするべきであるが、三人の中央委員中、林日高と荘春火の二人が脱党したため、大会開催に至るまでの暫定方針を決定するために本会議を召集したと説明した(77)。

　松山会議が開かれた主な原因は、台湾共産党の少壮党員たちが謝雪紅の指導に対して不満をつのらせるようになったからであった。たとえば赤色組合組織運動の蘇新や蕭来福、台湾農民組合の趙港や陳徳興、台湾文化協会の呉拱照や王万得らは、それぞれ各自の運動陣営内で地盤を築くようになっていた。さらに左翼の民族解放運動は、労働者・農民階級の立

場に立って抑圧された諸階級を結集しようとしていた。しか
し謝と蘇との対立は、この会議で表面化した。謝は連合戦線
の戦略を主張した。謝によれば、台湾は植民地であり、各階
級は抑圧されているので、民族資本家階級であれ、小資産階
級であれ、封建地主階級であれ、反抗意識に目覚めているの
で、連合戦線を結成すれば、台湾民族全体を解放できるとの
ことだった。しかし蘇は急進路線を主張した。蘇によれば、
左翼団体がまず団結して強固な労働者・農民による反抗勢力
を結集しなければならないとした。この革命陣営には、資産
階級や封建地主階級を加えることはできないとした。なぜな
らば資産階級や封建地主階級は、革命性よりも妥協性に富ん
でいるからであった(78)。

五、台湾情勢報告書

一九三〇年五月、台湾農民組合を代表する台湾共産党員の
陳徳興は、ウラジオストックで開かれるプロフィンテルン第
五回会議に参加する予定であった。しかし陳が上海に到着し
た同年七月に同会議は終了していた。そのため陳はそのまま
上海にとどまり、翁沢生と会った。そして上海台湾読書会事
件の際、廈門に逃亡していた潘欽信も中国共産党の党籍を回
復し、中国共産党からコミンテルン東方局の召喚命令を伝え
られ、同年一〇月、上海へ行き、翁と会った。その後、潘と
翁が中心になって台湾の諸情勢に関するコミンテルン東方局
あての報告書を作成し、コミンテルン連絡員に渡した。その
報告書は「台湾共産党の組織は発達せず、細胞とフラクショ

ンの区別も明らかでなく、党中央の指導力も弱く、労働組合に関する運動は進んでいない」という内容であった(79)。そして瞿秋白は翁が書いた報告書をコミンテルン東方局に転送した。その検討を経て、翁はコミンテルン東方局にかわって「コミンテルン東方局が台湾の共産主義者に致すの書」を起草した。このことは翁が中国共産党とコミンテルン東方局の名義を利用して、台湾共産党の政策決定に影響を及ぼしていたことを示している。すなわち翁は自分が中国共産党の党員であるということを隠して個人的な怨恨を晴らそうとしたのであった。同書は一九三一年三月、台湾に転送され、台湾共産党内部の少壮派はますます気勢をあげ、これを利用して臨時大会を画策するようになった(80)。

　同書のスローガンは、「帝国主義統治の転覆、日本帝国主義企業の没収、台湾の政治経済の完全なる独立、一切の土地を無償にて没収し、郷村の貧農、中農の使用に帰す、搾取階級及一切の封建残余を消滅せしむ、帝国主義土着地主、資本家の政権を転覆し、農工ソビエトを建立す(81)」であった。このように台湾共産党新中央の主張にも依然として台湾独立の主張が掲げられていた。これは植民地革命に対するコミンテルンの規定だったので、台湾共産党旧中央の主張とも一致していた。しかしそのあとに続くスローガンは極左的な傾向を帯びていて、連合戦線をめざす柔軟な政策は含まれていなかった。たとえば地主の土地の没収に対する補償はなかったし、資本家や土着地主を一律に帝国主義の陣営に加えていた。このような過激な主張は、謝雪紅の戦略とは異なっていた。謝

はこのような極左的な政策には、同意しなかったし、改革同盟が画策していた臨時大会の召集にも同意しなかった(82)。

六、謝雪紅の下野

一九三〇年一二月、中国共産党中央委員兼コミンテルン執行委員の瞿秋白は、潘と翁に次のように述べた。「最近、コミンテルン東方局の話によると、台湾共産党は機会主義の誤謬に陥いり、党の活動は停滞しているとのことである。それゆえ中国共産党は友誼的立場より台湾共産党の改革を提議する。コミンテルン東方局もこの提議に同意している。」この数日後にコミンテルン東方局の責任者は、潘と翁に会い、その意見は瞿の意見とまったく同じであり、「近くコミンテルン東方局より正式指示を台湾に送附するが、その前に台湾に帰り、コミンテルン東方局の意見を一般党員に伝え、過去の誤謬を克服し、ボルシェビィキの正道に返らせ、コミンテルン東方局の指令到着後は臨時大会を聞き、政治方針を確立し、指導部を強化せよ」と述べた(83)。

陳徳興は翁沢生と潘欽信の指示に従って、一九三〇年一二月、台湾に帰り、コミンテルン東方局の指令を謝雪紅に伝えたが、謝は「台湾の事情をわからない暴論であり、コミンテルン東方局の指令とは首肯しがたく、おそらく翁らのセクト主義の陰謀である」として受け取りを拒否した。しかし王万得はこの指令を手に入れると、陳・蘇新・蕭来福を集め、密議を凝らした。そしてコミンテルン東方局の指令にしたがって改革同盟を結成することを決定した。その後一九三一年一

月二七日、謝を出席させずに、王・蘇・蕭・陳・趙港・荘守・呉拱照の七名が集まり、王が議長に、蘇が書記となり、改革同盟を成立させた。王は次の六点を挙げて謝を批判した。「一、閉鎖主義の誤謬を犯した。二、不動主義の誤謬を犯した。三、党の機関と細胞を確立しなかった。四、党員に政治テーゼを理解させなかった。五、党の各級機関と各支部の境界がなかった。六、上級機関が下部機関を十分、指導しなかった。」そして選挙が行なわれ、王・蘇・趙の三名が中央常任委員となった(84)。

　一九三一年四月、潘欽信は台湾に戻ったが、それは個人的な報復の意味があった。潘は謝雪紅によって党籍を剥奪されていたからであった(85)。同年四月二〇日、潘・王万得・蘇新・蕭来福は、臨時大会準備会を開いた。潘はコミンテルン代表の身分で、この会議に参加した。この会議で謝一派の除名などを大会議案として提出することを決定した。そして同年五月三一日から六月二日にかけて台北の観音山で台湾共産党第二回臨時大会が開催された。出席者は潘・蕭・蘇・王・顔石吉・簡娥・劉守鴻・荘守の八名であった。この会議は謝に知らせずに行なわれた。王が議長、荘が書記、潘がコミンテルン東方局代表となった。潘は「台湾共産党は機会主義的誤謬に陥ったので、機会主義的根源である小ブル的基礎の清算を行ない、労働者・農民の日常闘争を激発して無産階級的基礎を強国にし、党のボルシェビキ化を図らなければならない」と述べた。この大会の討議はコミンテルン東方局の指示にしたがって進められた。まず日和見主義の誤りを克服するため

に、国際書局派の謝・楊克培・楊克煌は除名された。またすでに同大会で党を改組したので、改革同盟は解散することになった。さらに選挙が行なわれ、中央委員に、潘・蘇・顔・劉・王が、中央委員候補に、蕭・簡が当選した。大会終了後、同じ場所で第一回中央委員会が開催され、出席者は潘・蘇・顔・劉・王であり、王が議長、蘇が書記となった。そして選挙が行なわれ、潘・蘇・王が常任委員となった。その後、同年六月四日、台北で第一回中央常任委員会が開かれ、書記長に王、組織部に潘、宣伝煽動部に蘇が選出された。また労働運動は蕭、農民運動は顔、北部地方は中央常任委員会直轄、中部地方は、詹以昌、南部地方は劉、東部地方は盧新発が責任者となった(86)。

　そして次のような政治テーゼが決定された。「党第二次臨時大会の採択せる新政治テーゼは中国共産党の政策の影響を受け、従前の所謂上海テーゼに比し著しく尖鋭化を示せり。即ち台湾革命のブルヂョア民主主義革命なる事を規定せる点は同様なるも、其戦略的目標を一、帝国主義統治の転覆、台湾の独立、二、土地革命の実行、封建残余勢力の滅除、三、工農民主独裁のソヴェート政権建立と規定し、工場農村の武装暴動を其の戦術とすることを明かにし、当面の政綱として、一、帝国主義統治の転覆、台湾の独立、二、帝国主義の一切の企業及び銀行の没収、三、地主の土地を没収し貧農、中農に分与す、四、八時間労働制を実行し、社会保険を実施す、五、一切の苛税、雑役を廃除し、統一累進税を実施す、六、革命的集会、結社、言論、出版、罷工の絶対自由、七、工農

民主独裁のソヴェートの政権を建立す、八、国内民族の一律
平等、九、日、華、印、韓の工農と連絡す、一〇、ソヴェー
ト連邦及び世界無産階級と連絡す、右十項を挙げ、革命勢力
の中に於て民族資産階級は完全に日本金融資本の翼の下にあ
りとして之を除外せり(87)。

　改革同盟の成立以後、急進的な少壮党員はただちに積極的
に党務を果たし、台湾鉱山労働組合、運輸業労働組合、印刷
労働組合などの結成準備を進めた。彼らは鉄道部の高雄工場
に党支部を設立し、北部地区の鉱工業労働者を新たに組織し、
労働者の争議事件を指導することによって、党の影響力を拡
大した。このような発展ぶりは、台湾共産党建党以来、未曾
有のことであった。この時代は黄金時代と呼ばれた(88)。とこ
ろで日本の警察は上海台湾読書会事件以来、台湾共産党につ
いての内偵を進めていたが、地下運動であったため、その実
体を把握できなかった。しかし一九三一年三月、台湾農民組
合幹部の趙港を逮捕し、台湾共産党関係の書類を押収した。
その後、次々と台湾共産党員は検挙され、同年三月から六月
にかけて逮捕された者は一〇七名に達した。こうして台湾共
産党は、完全に壊滅した。台湾共産党員たちは全員、治安維
持法違反として、潘欽信は懲役一五年、謝雪紅は懲役一三年、
蘇新・王万得・趙港は懲役一二年、他の者たちも懲役二年か
ら一〇年の刑を言い渡された(89)。

七、台湾共産党の瓦解

　赤色救援会（モップル）は、非社会主義国における共産主義

運動の後援団体として、共産主義運動の犠牲者と家族の救済
のために、台湾共産党が成立大会の時に結成決議をしたが、
上海台湾読書会事件のために、実際に結成されなかった。し
かし一九三一年六月以降、台湾共産党員が次々と逮捕される
ようになると、赤色救援会を組織する必要に迫られた。それ
ゆえ同年五月、台中農民組合本部で台湾文化協会の詹以昌、
陳崑崙 (台湾農民組合組合員を兼ねる)、台湾農民組合員の簡
吉・顔錦華・張玉蘭・湯接枝の六名が集まり、台湾文化協会
と台湾農民組合の勢力下に活動する台湾赤色救援会を組織す
ることに決定した。そして同年八月、台湾文化協会会員の詹
以昌・張茂良・郭栄昌、台湾農民組合組合員の陳結・顔錦華・
陳崑崙の六名が集まり、張茂良が議長に、陳崑崙が書記に選
ばれた。そして正式結成まで暫定的に台湾文化協会と台湾農
民組合の地方責任者を台湾赤色救援会組織とし、中央の代行
機関として準備委員会を設置し、下部組織を台湾文化協会と
台湾農民組合の構成員を中心に一〇人で一班を五班で一隊に
組織し、班と隊に責任者を置いてこれを統轄させた。これを
拡大して全島的組織に発展させることを決定した。さらに宣
伝と訓練を目的とする非合法機関紙の刊行を決議し、雑誌「真
理」、パンフレット「二字集」、「三字集」を発行した。そして
台湾共産党の検挙にともなって、同年八月から台湾文化協会
と台湾農民組合が非合法活動によって救援活動を行なってい
ることを日本の警察はつかみつつあった。その後、同年九月、
果物商店頭に置き忘れていた「三字集」を手がかりにして、
同年一一月、林水福を検挙した。そして同年一二月までに検

挙者は三二〇名に達した。その大部分が台湾文化協会か台湾
農民組合の構成員だった。その後、呉丁炎が懲役七年、湯接
枝と張行が懲役六年、陳崑崙と黄石順が懲役五年、王敏川ら
一〇名が懲役四年、他の者は懲役二年から三年を言い渡され
た(90)。

　台湾共産党は一九三一年の第二回臨時大会で新政治テーゼ
を採用し、その戦術には労働者．農民の武装蜂起すなわち暴
動戦術の採用を明示していた。そして党においては満州事変
を指して「日本帝国主義の満蒙侵略」と宣伝し、「この帝国主
義戦争の機会に台湾革命の成功は保証される」と暴動政策実
行をその指導下の団体、民衆に指令した。これらの指令は台
湾文化協会と台湾農民組合の名をもって発せられた指令に明
示されていた。こうして台湾赤色救援会組織運動は進められ、
陳結による嘉義の竹崎地方、呉丁炎による北港地方における
組織運動は、武装暴動の訓練を中心に発展したが、まもなく
検挙されて挫折した。しかし台湾農民組合の大湖支部と竹南
(永和山) 支部においては、苗栗の台湾文化協会幹部郭常の指
導の下に地下組織を拡大し、一九三二年一月の上海事変勃発
に際会し、その刺激と再建された台湾共産党の指令にもとづ
き、武装暴動の準備が具体化し、部署の決定、襲撃箇所およ
び手段の選定、参加者の訓練を行ない、指令一下ただちに蜂
起すべき状態までになっていた。台湾農民組合大湖支部委員
長劉双鼎は、台湾共産党支持と武装蜂起準備を決め、台湾農
民組合組合員五三名を選んで訓練した。その後、劉は永和山
に潜入し、組織活動つとめ、台湾農民組合永和山仮支部を地

下組織として結成し、委員長になり、四〇名を集めて組織を固めた。だが同年三月、大湖派出所の巡査陳卓乾の妻に「上海で日本軍が大敗し、近く中国軍が台湾に攻めきて、台湾農民組合組合員が官吏を殺すため暴動を起こす予定なので逃げるよう」に勧めた。そのため日本の警察によって台湾農民組合組合員が次々と検挙され、同年三月から九月にかけて逮捕された者は、九二名に達した。そして劉は逮捕されてから死亡したが、他の台湾人たちは懲役二年から八年の刑に処せられた(91)。こうして台湾の共産主義運動は終わりを告げた。

八、おわりに

一九二七年に林木順と謝雪紅は日本共産党中央に召集され、東京に行った。林と謝は東京で日本共産党中央委員会に出席し、この委員会の決議において「日本共産党は暫時、日本共産党台湾民族支部として結党すべき」、「日本共産党は現在、選挙のために多忙につき、台湾共産党の結党は中国共産党の援助と指導を受けるべき」などの指令を受けた。林と謝は日本共産党中央委員会が決議した「組織テーゼ」、「政治テーゼ」を受け取り（これらは謝が提出した資料をもとに佐野学と渡辺政之輔が書いたものである）、台湾共産党に関する指示を受け取った。一九二八年に台湾共産党結党大会が上海のフランス租界に行なわれた。林木順は書記長になった。「組織テーゼ」と「政治テーゼ」に関しては『台湾総督府沿革誌』の中に以下のように述べられている。「『政治テーゼ』は以下のように記述している。『台湾は日本帝国主義の植民地であり、そ

のものが多くの封建的遺留物を含んでいる。このため革命の中心は無産階級農民であり、台湾革命の社会的内容は社会革命の豊かな展望を含み、民主主義革命と規定し、同時に日本帝国主義を打倒し、台湾を独立させる民族革命であるとする』し、暫時の綱領として　1.総督専制政治の打倒——日本帝国主義の打倒、2.台湾民族の独立 3.台湾共和国の建設を規定した。」台湾共産党一九三一年の第二次臨時大会で新『政治テーゼ』を採用し、その戦術の中で労働者農民の武装蜂起つまり暴動戦術を採用することにした。党内は満州事変「日本帝国主義の満蒙侵略」であると多いに宣伝し、その指導下の団体と民衆に「この帝国主義戦争の機会を利用し、台湾革命の成功を保証する」として暴動政策を実行する指令を出した。台湾農民組合大湖支部委員長劉雙鼎は台湾を支持する決定をし、武装蜂起を準備し、台湾農民組合会員五三名を選出し、訓練した。日本の警察は台湾農民組合会員を検挙し、一九三二人に逮捕者は九二人に達した。台湾の共産主義運動はついに終わりを告げた。

注

(1) 台湾総督府警務局編『台湾総督府警察沿革誌』第二編中巻、社会運動史、台北、一九三九年、一三七～一三八頁。

(2) 同上、一四二頁。

(3) 葉栄鐘『日拠下台湾政治社会運動史』、台中・晨星出版有限公司、二〇〇〇年、三三六～三三七頁。

(4) 前掲『台湾総督府警察沿革誌』、一四六頁。

(5) 同上、一五四〜一五六頁。

(6) 同上、一五九頁。

(7) 漢民族意識という言葉に関して、孫中山の国父思想によれば、五族 (漢、滿、蒙、回、藏) を融合し、中華民族にし、つまり漢民族を中華民族の中に含め、漢民族と中華民族を同じと考えていなかった。当時、多くの台湾人は自己を漢民族と思っていたが、正確に言えば、漢民族系台湾人 (マレー・ポリネシア系原住民と漢民族が通婚して生まれた漢民族系台湾人) であり、中国大陸の漢民族とは異なっていた。

(8) 前掲『台湾総督府警察沿革誌』、一六九頁。

(9) 同上、一七四〜一七五頁。

(10) 同上、一九〇頁。

(11) 同上、一九二頁。

(12) 陳翠蓮『日拠時期台湾文化協会之研究——抗日陣営的結成與瓦解』、台北・国立台湾大学政治学研究所碩士論文、一九八七年。台湾文化協会の主要構成員の思想に関して、この論文は連温卿、王敏川が台湾独立論者であり、林献堂、蔡培火、蒋渭水、謝春木が中国統一論者であるとしている。しかし筆者は林献堂、蔡培火、蒋渭水、連温卿、王敏川が台湾独立論者であり、謝春木中国統一論者であるとしている。拙著の第二章と第三章を見よ。

(13) 前掲『台湾総督府警察沿革誌』、二〇五頁。

(14) 同上、二〇五頁。

(15) 同上、二〇六頁。

(16) 「台湾大衆時報」は創刊号から第一〇号まで発行され、多くの左派台湾抗日運動者の論文を掲載しており、貴重な資料である。

(17) 前掲『台湾総督府警察沿革誌』、二二二頁。

(18) 同上、二三五頁。

(19) 連温卿と王敏川の思想に関しては、筆者の論文を見よ。伊藤幹彦「台湾社会主義思想之研究――連温卿與謝雪紅――」、『思與言』、二〇〇四年。

(20) 前掲『台湾総督府警察沿革誌』、二四四〜二四五頁。

(21) 同上、二四八頁。

(22) 同上、二五三頁。

(23) 前掲『日拠下台湾政治社会運動史』、三九七頁。

(24) 前掲『台湾総督府警察沿革誌』、二七九頁。

(25) 同上、二八六頁。

(26) 前掲『台湾総督府警察沿革誌』、四二九頁。

(27) 同上、四三四頁。

(28) 前掲『日拠下台湾政治社会運動史』、四二一頁。

(29) 前掲『台湾総督府警察沿革誌』、四三八頁。

(30) 同上、四四二頁。

(31) 台湾民衆党は自治制度を確立し、民選の決議機関を作ることを要求し、この要求と台湾自治連盟の要求は同じであった。

(32) 前掲『台湾総督府警察沿革誌』、四四八頁。

(33) 同上、四四九〜四五〇頁。

(34) 民族自決主義に関しては、本論文の第一章を参考にせよ。

(35) 前掲『台湾総督府警察沿革誌』、四五六〜四五七頁。

(36) 同上、四八四頁。

(37) 同上、四八六頁。

(38) このことの結果として、台湾民衆党と台湾地方自治連盟が対立するようになったのは事実であった。

(39) 前掲『台湾総督府警察沿革誌』、四八七頁。

(40) 同上、五〇七頁。

(41) 同上、五〇九頁。

(42) 同上、五一二〜五一三頁。

(43) 同上、五一三頁。

(44) 前掲『日拠下台湾政治社会運動史』、五一四頁。

(45) 前掲『台湾総督府警察沿革誌』、五一四頁。

(46) 同上、五一五頁。

(47) 同上、五二三〜五二四頁。

(48) 同上、五二四頁。

(49) 前掲『日拠下台湾政治社会運動史』、五〇八〜五〇九頁。

(50) 前掲『台湾総督府警察沿革誌』、五三〇頁。

(51) 同上、五四〇頁。

(52) 同上、五四八〜五四九頁。

(53) 同上、五六四頁。

(54) 同上、葉栄鐘は直接、抗日運動に参加し、台湾地方自治連盟に加入し、『台湾政治社会運動史』と『葉栄鐘日記』を書き、これは当事者が書いた第一次史料であり、史料的価値はきわめて高い。

(55) 前掲『台湾総督府警察沿革誌』、五七九頁。

(56) 同上、五八一頁。

(57) 黄昭堂『台湾総督府』、台北・前衛出版社、一九九四年、一五五〜一五七頁。

(58) 陳君愷『台湾民主文化』発展史研究』、台北・記憶工程股份有限公司、二〇〇三年、二一〜二三頁。

(59) 前掲『台湾総督府警察沿革誌』、三一〇頁。

(60) 若林正丈は林木順と謝雪紅がコミンテルンから与えられていた権限が大きくなかったと言っている (若林正丈『台湾抗日運動史研究』、東京・研文出版、一九八三年、三〇七頁) が、そうであるとは思われない。なぜならば林と謝はモスクワの大学出身であり、コミンテルンから「政治テーゼ」と「組織テーゼ」を受け取り、中心になって台湾共産党をつくったからである。それゆえコミンテルンが林と謝に与えた権限は大きかったと思う。

(61) 前掲『台湾総督府警察沿革誌』、五八三〜五八九頁。

(62) 同上、五八九頁。

(63) 前掲『現代史資料二〇　社会主義運動七』、二三五〜二三六頁。

(64) 前掲『台湾総督府警察沿革誌』、五八九〜五九〇頁。

(65) 許世楷はこの人物を彭榮ではなくて、彭湃であるとしている (許世楷『日本統治下の台湾』、東京・東大出版会、一九七二年、三二八頁) が、衛藤瀋吉は彭榮すなわち彭湃とする根拠は存在しないと述べている (衛藤瀋吉『東アジア政治史研究』、東京・東大出版会、一九六八年、

一四三頁)。

(66) 前掲『台湾総督府警察沿革誌』、五九〇～六五八頁。

(67) 同上、五九五～六一三頁。

(68) 前掲『現代史資料二二　台湾 2』、二八三頁。

(69) 前掲『台湾総督府警察沿革誌』、六六二～六六四頁。

(70) 陳芳明『謝雪紅評伝』、台北・前衛出版社、一九九一年、
一一四頁。

(71) 『台湾総督府警察沿革誌』は、渡辺政之輔が日本円一五
〇円、米貨八〇〇ドルをもっていたと言っている (前掲
『台湾総督府警察沿革誌』、六六九頁)。

(72) 前掲『謝雪紅評伝』、一一七～一一八頁。中国共産党に
加入していた台湾人については黄師樵が述べている
(黄師樵『台湾共産党秘史』、台北・海峡学術出版社、一
九九九年)。

(73) 前掲『台湾総督府警察沿革誌』、六六八～六六九頁。

(74) 前掲『謝雪紅評伝』、一五八頁。

(75) 前掲『台湾総督府警察沿革誌』、六七〇～六七二頁。

(76) 同上、六七二頁。

(77) 同上、六七三頁。

(78) 前掲『謝雪紅評伝』、一七二～一七三頁。

(79) 前掲『台湾総督府警察沿革誌』、六七一～六七四頁。

(80) 前掲『謝雪紅評伝』、一九六～一九七頁。

(81) 前掲『台湾総督府警察沿革誌』、六九八頁。

(82) 前掲『謝雪紅評伝』、二〇四～三〇五頁。

(83) 前掲『台湾総督府警察沿革誌』、六七四～六七五頁。

(84) 同上、六七六〜六八〇頁

(85) 前掲『謝雪紅評伝』、二〇八頁。

(86) 前掲『台湾総督府警察沿革誌』、七一二〜七一五頁。

(87) 同上、七一八〜七一九頁。

(88) 盧修一、『日拠時代台湾共産党史』、台北・前衛出版社、
一九八九年。

(89) 前掲『台湾総督府警察沿革誌』、七三五〜七三九頁。同
上、七六六〜七九九頁。

(90) 同上、七六六〜七九九頁。

(91) 同上、七九九〜八一三頁。

第　五　章
台湾抗日思想と抗日運動
の関連

　台湾抗日思想と抗日運動の関連について以下、述べてみよ
う。六三法は台湾総督に行政、立法、司法の三権を与え、総
督独裁を生み出した。台湾抗日運動者は六三法撤廃をもって
目的とする運動をおこした。台湾議会設置請願運動は法律制
定権と予算議決権つまり日本の帝国議会と同じ権限をもつ立
法権を要求するものだった。台湾の特殊性を強調する特別議
会を設置することを提唱していた。このため請願運動は台湾
独立要求運動とみなせる。

第一節　台湾抗日思想と六三法撤廃運動

　六三法は台湾総督に行政、立法、司法の三権を与え、総督
独裁を生み出した。台湾抗日運動者は六三法撤廃をもって目
的とする運動をおこした。林呈禄は六三法撤廃運動は台湾の
特殊性を否認し、内地延長主義を肯定することにほかならず、

六三法撤廃運動を停止するように提唱し、台湾の特殊性を強調する特別議会を設置することを主張した。

一、六三法撤廃運動についての研究史

　六三法は台湾の特殊性と台湾総督府専制政治の法源であり、六三法を撤廃させ、日本本土の法律を施行させることは事実上、同化運動の内地延長路線の精神と完全に一致し、当時の台湾の指導者階級のコンセンサスとなっていた。この論争は一九一八年から一九二〇年まで東京の台湾知識人の間で行なわれた「六三法撤廃論争」だった。しかし一九一八年になって、まさに原敬の政友会が政権をとり、植民地統治方針を特別統治主義から「漸進的内地延長主義」にかえる際、台湾の指導者階級の同化主義に対するコンセンサスは瓦解しはじめた。新しい政治情勢について一部の以前の同化会の指導者は六三法撤廃をもって今後の台湾人の政治運動の主軸とすることを提起したが、この提起は多くの若い留日学生の反対にあった。彼らは「六三法撤廃運動」の同化主義に反対し、台湾の特殊性を保存し、この特殊性を基礎に、台湾の植民地自治運動を推進することを主張した。史料がなくなったため、我々はこの論争の実際の内容を知ることはできないが、確かなことは自治主義派が同化主義派を最終的に説得することに成功した。台湾人のはじめての政治運動の同化会運動が一九一五年に挫折した時は第一次世界大戦がまさに進行中の時だった。一九一四年から一九一八年の悲惨な大戦は西欧列強の植民地に対する統治権威を根本から動揺させた。たとえばエリッ

ク・ホブズボームの言葉によれば、第一次世界大戦の終結は一九世紀の民族原則が勝利した時だった。二種類の弱小民族自決理論つまりウィルソン主義とその後のレーニン主義は互いに競い合い、各植民地に広がり、各植民地人民の運動を鼓舞した。三一運動の衝撃は植民地統治問題を急速に浮上させ、日本の政界と世論の内地延長主義派と植民地自治主義派の論争を引き起こした。明らかに六三法撤廃運動中の台湾知識人はこの困難を解決しようとし、自治主義派の勝利は台湾知識人が決心し、彼らが今、残っている道——中国人にも日本人にもなれないからには、我々を台湾人にならせよ！——を歩むことを意味していた(1)。

　六三法撤廃運動は結局、どのような政治思想を含んでいたのか。本節においてこの点を解明したい。台湾抗日運動者の「台湾青年」雑誌、葉栄鐘の『日本統治下の台湾政治社会運動史』および台湾総督府が出版した『台湾総督府警察沿革誌』の三冊は六三法撤廃運動の政治思想を客観的に論じる条件を整えさせている。これまで六三法撤廃運動の政治思想に関する学術論文はほとんど書かれていない。本節において六三法撤廃運動の政治思想について説明してみよう。これが本節の課題である。まず六三法撤廃運動を概観し、さらにその政治思想について論じ、最後にその内容を分析検討し、最後にその政治思想史上の意義を述べてみよう。

二、六三法撤廃運動

　台湾近代民族運動と林献堂は密接な関係があり、林献堂の

一生の思想と行動は彼の天性と教養を除いて、梁啓超の影響
が最も強く、それゆえさかのぼってみるならば、まず梁啓超
と林献堂の関係から書かなければならない。梁啓超が台湾に
来たことはいろいろな意味で影響が大きく、林献堂本人ばか
りでなく、櫟社の構成員も直接、大きな影響を受け、一般社
会も少なからぬ影響を受けた。当時の台湾社会において民族
的感情の風潮があり、台湾人とりわけ櫟社の構成員たちの心
の中の、激発し、形成された感情が全台湾を覆い、このこと
も述べる必要がある。

　一九〇七年に林献堂が日本内地の観光に行った際、奈良市
で中国から亡命してきた政客梁啓超に邂逅し、その意見を聞
いて、啓発を受けた。林献堂は次のように言った。「我々は異
民族の統治下にあり、政治的差別を受け、経済的に搾取され、
法律的に不平等であり、最も苦しいのは愚民化教育であり、
このような状況下で我々はどうしたらいいですか。」梁啓超は
答えて言った。「三〇年以内に中国は諸君らを救うことはで
きず、最もよいのはアイルランドのイギリス抵抗運動をみな
らうことであり、初期のアイルランド人の暴動は小は警察を
もって大は軍隊をもって圧殺されつくした。後に計を変じ、
イギリスの朝野と結び、次第に圧力を弱めさせ、参政権を獲
得し、イギリス人に対抗できるようになった。」そして例をあ
げて言った。「イギリスの漫画家が描くところによれば、二人
のアイルランド人が一本の縄をもってイギリスの首相を絞殺
しようとしており、これはアイルランド人の議員はイギリス
議会で席は多くないが、二大政党の間でキャスティング・ボ

ートを握り、イギリス内閣の運命を左右しており、諸君らは
なぜこれをならわないのか(2)。」

　林献堂が梁啓超から最も強く影響を受けた点は台湾民族運
動の方法の問題である。つまり彼はアイルランド人のイギリ
ス抵抗運動をまねし、日本の中央政界と結び、台湾総督府を
牽制し、台湾人に対する圧制をゆるめさせようとした。林献
堂は当時まさに壮年気鋭のときであり、総督府の台湾人に対
する圧迫虐待に対し、悲憤慷慨の上をもっていたが、どうや
ってこれを救えばいいかわからなかった。過去の武力行動は
まさに梁啓超が言ったように、初期のアイルランド人の暴動
は小は警察をもって大は軍隊をもって圧殺されつくした。こ
の道を歩むべきではないと台湾人はよく知っている。いわん
や林献堂の性格は頑固な革命家ではないし、彼の資産、地位、
声望も彼の行動に一定の誓言を与えていた。彼の思想形態は
せいぜい「改良主義」を超えないものであり、今日において
は普通のことであるし、たいしたことではないけれども、ま
た人々の思想がおくれていた当時においては、非常に貴重な
ことであった。我々がもし彼の置かれていた環境を検討する
ならば、彼の同輩や彼の一族の大部分の息子たちは酔生夢死
の生活をし、彼は独立独歩として、瓢然として群れに交わら
なかった点は彼の偉大な所であった。彼は梁啓超にこの点を
指摘されて、よい方法と思い、甘得中に次のように言った。
「我々はこれを聞いてすばらしいと思い、心に刻みつけた。」
これは確かに心からの実感であった。梁啓超は「林献堂の祖
母の誕生日を祝う序文」の中で次のように言った。「林献堂は

温和であり、静かであるが、意志が強い。」この言葉は確かに
正しい。林献堂は確かに温和であり、静かであるので、梁啓
超が指示した方法を彼は唯一の方法と考え、彼は板垣退助と
同化会を作ることを提唱し、梁啓超の指示したとおりのこと
を行なった(3)。

辛亥革命以前に台湾の知識階級は四書五経以外は読書した
ことがなく、梁啓超の影響で彼らは四書五経以外に学問があ
ることを知り、これは彼らに「驚くべき」感じを与えた。甘
得中が生前に葉栄鐘に言った言葉によると、梁啓超が台湾に
来てから、若い知識人の間でなにかの「主義、思想、目的、
計画」などのこれまでになかった新しい名詞が大いに流行し、
これはもちろん梁啓超の影響を受けたからであった。一方で、
青年たちの知識欲を刺激し、新思想、新学問に対して、熱烈
に追求したいという気持ちを起こさせた。上述した梁啓超の
影響は後の民族運動に対し、大きな助けになったことは言う
までもないが、これは梁啓超が想像だにしたことではなかっ
た(4)。

寺師平一の紹介を通じて、林献堂は板垣退助と会い（東京
留学中の彰化の甘得中は通訳になった）、林献堂は台湾の状
況と台湾人の苦痛を板垣退助に訴え、板垣退助は深く同情し、
慰め、同時に台湾のことに対し、関心を持ち、板垣退助は台
湾に来て、これを調査することにした。

台湾同化会設立趣意

同化主義は台湾本島植民地に於ける官民一般の輿論なり。
即ち土着の島民と官吏及び内地人民と互に形骸を忘れて、渾

然同化の実を挙げんと欲せば、主として先づ交際の機関を要す。是れ本会を設立する所以にして、実に島民と内地官民との交際を親密にするが為めに努めて其の範囲を広くし、利害の関係を深厚にし、理想と友愛の観念を暢養するを眼目とせり。而して本会の事業として精神の教育に勉め、慈善事業の普及を図り、競争の円満を期し、交通運輸を平等に利用し、農工商諸業を奨励し、組合事業の発展を企つる等、或は会の決議として実行すると共に、又個人少数の範囲に於て尽力することあるべし。凡そ此等の目的の為めに時を卜して講演会を催すのみならず、平常に在つては会員私事の会合を自由にする為めに会堂を開放すべし。是の如くにして同化融合の実を挙げ、彼我倶に城壁を撤して相提携するに至らば、何ぞ啻に皇沢の炎境に敷設難きを憂へん。更に進んで東洋平和の光輝を揚げ、以て対岸に於ける支那人民と相交歓する基礎とならざるの理あらんや。因て本会を設立する趣旨を大方に宣明すること然り。

一九一四年七月

台湾同化会主唱者

板垣退助(5)

一九一四年一二月二〇日に鉄道ホテルで創立大会を開き、参加者は五百数十人であり、台湾同化会の会員は全部で三一七八人であり、その中で日本人はただ四四人であり、九〇％が台湾人だった。甘得中が葉栄鐘に言った言葉によると、同化会が設立され始めたある日、医専（の中は総督府立医学専門学校）の学生十数人が蒋渭水や杜聡明に引き入られ、大稲

埕 (現在の延平北路) の旅館に押しかけ、林献堂に会いたいと要求した。林献堂は甘得中に彼らに応対するように命令し、会った時これらの若者たちは殴りかからんばかりの勢いであり、釈明を求めた。しかし甘得中は次のように説明した。「たとえこの団体の運動によってでも、少しでも圧力が弱まり、同胞の生活を少しでもよくさせることができれば、これはよいことではないか。」彼らは事情が分かったので、そのような騒ぎは完全に収まったばかりでなく、翌日、医専の学生一七〇人が同化会に加入し、同化会は大きな団体になった。このことから推測すれば、彼らの考え方は一種の危機を救うための運動であり、同化できるか同化できないかはその次だった。彼らは「同化」という二文字に対し、内心で抵抗しないわけではなかったが、彼らは板垣退助の人格と熱意を信頼し、はっきり言えば選択の余地がなく、名目的な問題は妥協するしかなかった(6)。一九一五年二月二六日に同化会は正式に解散命令が出て、解散させられた。

　日本は台湾を割譲させた翌年 (一八九六年) に軍政を廃止し、民政を実施し、同時に「委任立法」法案を帝国議会に提出した。同年、法律第六三号をもって「台湾ニ施行スヘキ法令ニ関スル法律」を公布し、これは世間で通称されている六三法案であった。六三法案の政治的意義は台湾の特殊性を承認し、総督専制政治の根本になるものであった。法律的意義は日本帝国議会と台湾総督が台湾で発布する法律と同等の効力をもつ「律令」のいわゆる委任立法制度であった。この法律は「在台日本官民の割拠意識」の根源になったばかりでな

く、同時に台湾の一切の悪法の根源にもなった。六三法案は一八九六年に実施されてから、一九二一年に法律第三号に変えられるまで、前後四分の一世紀にわたって台湾総督の専制政治の法律的根拠になった。六三法が変わってからも、総督専制政治は変わらなかったが、事態が進歩したことによって、日本帝国は台湾統治方針を変えざるをえず、総督専制政治が有力な根拠を失いつつあったということは事実であった。台湾民族解放運動の推進者はそれに対して排斥することは実際の必要から行なう対症療法を根拠としていた。六三法撤廃運動は台湾人の自主的なものであり、近代政治理念によって生み出された意識的で理屈にあった政治運動だった。それは台湾の抗日運動家と東京の留学生が結びついて始めたものであり、運動そのものは台湾人の政治思想の進歩によって、発展の必要性を失い、台湾議会設置運動にとってかわられたが、その歴史的な意義は非常に大きく、特に注意するに値する(7)。

　一八九六年台湾総督府が日本帝国議会に提出した「台湾ニ施行スヘキ法令ニ関スル法律」の内容は以下の通りである。

　第一条　台湾総督ハ其ノ管轄区域内ニ法律ノ効力ヲ有スル命令ヲ発スルコトヲ得

　前条ノ命令ハ台湾総督府評議会ノ議決ヲ取リ拓殖務大臣ヲ経テ勅裁ヲ請フヘシ

　台湾総督府評議会ノ組織ハ勅令ヲ以テ之ヲ定ム

　第三条　臨時緊急ヲ要スル場合ニ於テ台湾総督ハ前条第一項ノ手続ヲ経スシテ直ニ第一条ノ命令ヲ発スルコトヲ得

第四条　前条ニ依リ発シタル命令ハ発布後直ニ勅裁ヲ請ヒ
且之ヲ台湾総督府評議会ニ報告スヘシ

勅裁ヲ得サルトキハ総督ハ直ニ其ノ命令ノ将来ニ向テ効力
ナキコトヲ公布スヘシ

第五条　現行ノ法律又ハ将来発布スル法律ニシテ其ノ全部
又ハ一部ヲ台湾ニ施行スルヲ要スルモノハ勅令ヲ以テ之ヲ定
ム

第六条　此ノ法律ハ実行ノ日ヨリ満三箇年ヲ経タルトキハ
其ノ効力ヲ失フモノトス

提案理由

台湾が帝国の版図に帰属して日がまだ浅いのですべてのこ
とが新しく始められたばかりでなく、土匪の蜂起で乱れてい
ることも事実である。しかも同島の距離は首都東京から甚だ
遠くかつ両地の間の交通は不便である。更に同島は本国人と
人情風俗を事にしており、本国と同一の法令をもってするこ
とは不便であり、それゆえ本案を提出する。この案を議会に
提出してから憲法論争が起り、憲法を台湾に実施するかどう
かの問題について、甲論乙駁の議論が百出し、結局、第六条
「この法律は実施の日から数えて満三年後に効力を失う」と
いう条文が追加され、衆議院と貴族院を通過した。この法律
は一八九六年三月三〇日に発布され、第六条の規定によっ
て、一八九九年三月三一日に満期になるとされた。児玉源太
郎（陸軍中将男爵）は一八九八年二月二六日に乃木大将の後
をついで後任の台湾総督になった。総督府は同年に第一次延
長案を第一三帝国議会に提出し、それは次の通りであった。

一八九六年の法律第六三号の中の改正された点は以下の通りであった。この法律の第六条は一九〇二年三月三一日までその効力をもつとされた(8)。

　結局、政府原案の通り貴族院を通過し、衆議院も多数決をもって政府案を通過させて、ついに法律第一〇号をもって総督府が提出した草案通りに公布された。一九〇二年に政府は再度、六三法の有効期間を三年延長する提案を国会に提出した。原案は一九〇二年三月一〇日に法律第二〇号の発布をもって六三法の効力を一九〇五年三月三一日まで延長させることとし、これはこの法律の二回目の有効期間延長であった。一九〇五年に三度目の有効期間の延長が行なわれた。この提案が提出されてから、衆議院はいろいろな批判があったけれども、多数の議員が賛成したので通過し、貴族院では一人の反対者もいなっかた。そこで一九〇五年三月に法律第四二号をもって以下の通り公布した。一八九六年の法律第六三号の同法の第六条の期限は満期に達してから、平和になった翌年の末日までその効力をもつ(9)。

　一九〇六年に政府は再び六三法満期の議案を提出したが、換骨脱胎しただけであったので、貴衆両院の非難攻撃を受け、一度、原案を撤回せざるをえなかった。三月二六日に以下の改正案が出され、貴族院は有効期間を五年に改めさせ、その後、衆議院も通過した。そこで六三法の名称が消滅し、法律第三一号をもって以下の通り公布された（新しい条文の中で評議会の規定が削除されていることに注意すべきである）。

412

台湾ニ施行スヘキ法令ニ関スル法律

第一条　台湾ニ於テハ法律ヲ要スル事項ハ台湾総督ノ命令ヲ以テ之ヲ規定スルコトヲ得

第二条　前条ノ命令ハ主務大臣ヲ経テ勅裁ヲ請フヘシ

第三条　臨時緊急ヲ要スル場合ニ於テ台湾総督ハ直ニ第一条ノ命令ヲ発スルコトヲ得

前項ノ命令ハ発布後直ニ勅裁ヲ請フヘシ若勅裁ヲ得サルトキハ台湾総督ハ直ニ其ノ命令ノ将来ニ向テ効力ナキコトヲ公布スヘシ

第四条　法律ノ全部又ハ一部ヲ台湾ニ実行スルヲ要スルモノハ勅令ヲ以テ之ヲ定ム

第五条　第一条ノ命令ハ第四条ニ依リ台湾ニ施行シタル法律及特ニ台湾ニ施行スル目的ヲ以テ制定シタル法律及勅令ニ違背スルコトヲ得ス

第六条　台湾総督ノ発シタル律令ハ仍其ノ効力ヲ有ス

　一九一一年に法律第三一号は有効期間を五年に延長された。政府は本案の有効期間が消滅前すなわち一九一一年三月に有効期間を五年延長する議案を衆議院に提出した。結局、多数をもって通過し、貴族院では議論されることもなく、平和裏に可決された。一九一一年三月二九日に法律第五〇号をもって公布改正された附則は以下の通りであった。本法 (法律第三一号) は一九一六年一二月三一日まで効力をもつとする。一九一六年に法律第三一号が再度、延期され、両院は原案どおり通過させた。一九一六年三月に法律第二八号をもって公布された附則は以下の通りであった。本法は一九二一年

一二月三一日までその効力をもつとする(10)。

　政府当局は委任立法問題が議会に対して、責任を負うことを鑑みて、長年来の懸案であったことを解決する方法を求めざるをえなかった。一九一九年に田健治郎が台湾総督に任命され、彼は台湾当時の根本方針について同化主義の考えをもっており、内地延長主義の施政方針の下、いろいろな措置を通り、ついに本案を帝国議会に提出した。衆議院は多数をもって本案を通過させた。そこで、一九二一年三月に発布された法律第三号は以下の通りであった。

　台湾ニ施行スヘキ法令ニ関スル法律

　第一条　法律ノ全部又ハ一部ヲ台湾ニ施行スルヲ要スルモノハ勅令ヲ以テ之ヲ定ム

　前項ノ場合ニ於テ官庁又公署ノ職権、法律上ノ期間其ノ他ノ事項ニ関シ台湾特殊ノ事情ニ因リ特例ヲ設クル必要アルモノニ付テハ勅令ヲ以テ別段ノ規定ヲ為スコトヲ得

　第二条　台湾ニ於テ法律ヲ要スル事項ニシテ実行スヘキ法律ナキモノ又ハ前条ノ規定ニ依リ難キモノニ関シテハ台湾特殊ノ事情ニ因リ必要アル場合ニ限リ台湾総督ノ命令ヲ以テ之ヲ規定スルコトヲ得

　第三条　前条ノ命令ハ主務大臣ヲ経テ勅裁ヲ請フヘシ

　第四条　臨時緊急ヲ要スル場合ニ於テ台湾総督ハ前条ノ規定ニ依ラス直ニ第二条ノ命令ヲ発スルコトヲ得

　前項ノ規定ニ依リ発シタル命令ハ公布後直ニ勅裁ヲ請フヘシ勅裁ヲ得サルトキハ台湾総督ハ直ニ其ノ命令ノ将来ニ向テ効力ナキコトヲ公布スヘシ

第五条　本法ニ依リ台湾総督ノ発シタル命令ハ台湾ニ行ハ
ルル法律及勅令ニ違反スルコトヲ得ス

附則

本法ハ大正十一年一月一日ヨリ之ヲ施行ス

明治二十九年法律第六十三号又ハ明治三十九年法律第三十
一号ニ依リ台湾総督ノ発シタル命令ニシテ本法施行ノ際現ニ
効力ヲ有スルモノニ付テハ当分ノ内仍従前ノ例ニ依ル(11)

六三法が一九〇六年に法律第三一号になった時に、評議会
に関しては明文規定上の文言はなかったが、律令の制定審議
によって慎重な手続きが必要であったので、一九〇七年十月
一日に訓令第一号をもって改めて律令審議会章程を制定し、
この章程の第一条は律令審議会を設置することを規定してお
り、総督の諮問に応じることをもって一九〇六年の法律第三
一号の命令案に依拠して審議した。しかしこの章程は一九一
六年一一月に訓令第一一五号と一九一九年の訓令第一四七号
をもって修正され、一九二一年六月に勅令第二四二号をもっ
て台湾総督府評議会官制を公布し、評議会制度を復活し、同
時に勅令第九九号をもって従来の律令審議会を廃止した。総
督府評議会は最初の定員が二五人であり、その中の七人が官
吏であり、一八人は民間人であり、日本人と台湾人がそれぞ
れ九人であった。しかしこの会の章程の第一条は明確に次の
ように規定していた。「台湾総督の監督に属し、その諮問に応
じて、意見を開陳する。」後に人員は四〇人に増やされ、評
議会員は建議権をもつと規定されたが、本質的に大きな差が
なかった。総合してみると、この法律が一八九六年に制定さ

れて以来、まず有効期間を三年延長し、一九〇六年に法律第三一号にかえられた時に有効期間を五年に延長する規定を作った。一九二一年に法律第三号にかえられた時に期限を設けず、永久的な法律に変わった。前後して日本帝国議会は七回の折衝討論を経たが、多くは憲法問題をめぐってであり、台湾人はこの法律に対していかなる影響も与えることはできず、植民地人の運命はかくの如しであり、台湾人の六三法撤廃運動が決して偶然ではないことがわかる(12)。

　新民会の最初の実際的運動——六三法撤廃運動——がまさに行なわれている際、これに対する二三の反対論があり、明治大学を卒業後、東京にとどまり、研究を続けていた林呈禄は六三法撤廃運動は台湾の特殊性を否認し、いわゆる内地延長主義を肯定することにほかならず、六三法撤廃運動を停止するように提唱し、台湾の特殊性を強調する特別議会を設置することを主張した。林呈禄の議論が新民会員に与えた影響ははなはだ大きく、「六三法撤廃運動」は「台湾議会設置請願運動」にとってかわることになった(13)。

　林呈禄は一篇の論文「六三法問題の帰着点」(一九二〇年一二月一五日発刊「台湾青年」第五号) をもって彼らの上述の見解を支持した。「総督の委任立法権は早晩、撤廃されるべきであり、台湾に施行される法律は将来、帝国議会が制定するという結論に帰着するべきである。適当な時期が来たら、衆議院選挙法は当然、台湾に施行されなければならないし、つまり台湾住民の中から公選された代表者が帝国議会に参加し、これはただ時間の問題である。もしこの見解が憲法をもって

必然的に台湾に施行され、台湾に施行される法律が内地と一律の立法を前提としているならば、純理論上、導き出される結論である。」

しかし上述の理論上の帰結は現在、日本帝国が台湾を統治している根本方針正しいかどうか、これは肯定的に仮定され、この方針は植民地統治の要諦でなければならず、新しい植民国として、将来、有望な賢明な人々は考慮しなければならない。現在の帝国の統治方針はいかに我々が不問に付すにしても、実際にこれを考察すると、我々も政府がこれまで疑っていることに同情している。つまり悠久の歴史をもち、特殊な民情、風俗、習慣をもち、固有の思想、文化をもっている現在の三四〇万の漢民族がはたして内地の大和民族と純然たる同一制度の下で統治されるか疑問である。これまでのすべての台湾の特別の事情を挙げる主張は内地と一律にできず、近年、勃興しつつある立憲思想、民本政治を高唱する政治家、学者がこの民意代表についてあまり言及しない点は非常に遺憾である。その理論はむしろ実際の特別統治を、ことに台湾住民を参加させる特別立法の制度を設置させるべきである。もちろん鎮圧の時代あるいは未開地域ならいざしらず、文治精神をもって歴史をもつ民衆を統治することは立憲法治制の方式の議論に立脚するのでなければ、結局、透徹した理にならないだろう。

上記のごとく、六三法問題の帰着点は純理論上、台湾の特別統治を撤廃し、帝国議会に同一の立法を与えることは必然の理である。だが実際から考慮すれば、進歩していき、台湾

の特別代議機関に特別立法権を与えさえすればよいということであった(14)。

　総じて言えば、林呈禄のこの論文の論旨は台湾の特殊性を強調し、特別代議機関で台湾の特別な事情に合う特別立法を作らせ、台湾議会を設置させようとすることは明らかである。事実上、この論文が発表された時、台湾議会設置請願運動はすでに成熟し、その翌年の一月三〇日に正式に請願書が第四四帝国議会に提出され、それはこの論文が発表された日から一ヶ月半後のことだった。

　六三法撤廃問題まず日本人から提起された事実があり、六三法の委任立法権は日本の有識者がこのような特権に対して気に入らないからであった。たびたび議会で提案がなされた時、憲法論争が起った原因はここにあった。議会は立法の府であるが、台湾で議会の協賛を経ないで施行される法律は明らかに議会を侵害する権力になる。少しでも法律的な常識がある人なら不当であると思い、台湾は日本帝国最初の植民地であり、特殊事情が存在し、これについてはどうであれ、議会自身も把握できない。次に貴衆両院の大多数の議員は台湾に来たことがなく、台湾の事情について精通していず、それゆえ毎回の審査は意味がなく、容易に総督にだまされる。伊藤政重は台湾で相当、有名な弁護士であり、政党とすこぶる関係があり、代議士に当選したこともあった。久我懋正が刊行している「拓植新聞」という月刊雑誌のために、しばしば日台間を行ったり来たりしていた(15)。

　彼と林献堂の接触は一九一六年と一九一七年の間であり、

なぜならば一九一八年の夏に林献堂は東京の神保町の中華第一楼で台湾留学生の中心人物二〇人を招待したからであった。席上、林献堂は「台湾のためにどのように努力すべきか」という問題を提起し、皆の問題を求めた。ある人は自治論を提唱し、ある人は祖国論を提唱し、収拾できない状況になった。この結論の出ない状況の中で林献堂の秘書の施家本は一つの当面の実際的問題を提起した。彼は次のように言った。「六三法は台湾人の枷であり、我々は早く撤廃させるべきであり、我々はこの一種の運動を実行しなければならない。」この訴えは空虚な討論を実際的の行動に向かわせ、参加者の賛同を得て、林献堂を会長にし、会長が幹部を指名し、「六三法撤廃期成同盟」を成立させた。施家本は台中公立中学の設置の仕事(16) を終えて (一九一五年) 後に林献堂に招かれて秘書になり、久我と林献堂が接触する時、もちろん施家本が通訳になり、このため施家本と久我も友達になり、葉栄鐘と久我が知り合ったのも施家本の紹介によるものだった。中華第一楼の宴会は林献堂があらがじめ施家本に提起するようにさせたのかどうか、今では知ることができないが、彼が六三法の問題に対して深刻に認識していたことは事実であった。一九一九年一〇月に日本の内閣は田健治郎を台湾総督に任じることを発表し、当時、林献堂はちょうど東京にいて、葉栄鐘はある日、林献堂の別邸に行き、ちょうど彼と数人の留学生の先輩たちが田総督に対し、六三法を撤廃させることを要求する議論を聞いて、彼の六三法に対する関心の程度がいかに深いかわかった(17)。

　六三法は台湾総督専制政治と各種の悪法の根源であり、有
識者は心を痛め、林献堂は「もし六三法を撤廃できるなら、
たとえいかなる犠牲を払ってもかまわない」という言葉を残
していた。なぜこの法律の撤廃が実践運動に入らないことに
なるのか。この原因について我々は詳細に検討してみよう。
六三法の撤廃は全台湾民族解放運動について言えば、ただ一
つの応急的な運動であり、民本主義が高らかに叫ばれていた
当時において、もちろん東京の留学生は満足できなかった。
さらに政治的権利を要求することは必然的な勢いであり、同
時に彼らの脳裏の生まれてきた潜在意識でもあった。しかし
六三法撤廃が開始された当時において、まだ具体化せず、六
三法撤廃運動後にいかに善後策を取るか、この点は皆、考量
していなかった。後に新思想の流行で、「完全自治」は当時、
確かに最も影響力のある主張だった。しかし当時の政治環境
が改善されるかどうかは別の問題だった。とりわけ一九一九
年に田総督の赴任してから内地延長主義を高唱し、「完全自
治」の主張は勢い必ずそれと正面衝突にすることになった。
それゆえ少数の現実を重視し、比較的思慮深い人々はあえて
そうせず、この一派の中心人物には蔡培火、蔡式穀、鄭松筠
などがいた。彼らは台湾議会を設置させ、台湾総督が六三法
を根拠としてもっている委任立法権を与えさせ、つまり日本
帝国議会が台湾総督に委任している律令制定権を台湾議会に
委任させ、立法を行なわせることを主張し、これは理論的に
内地延長主義と正面衝突をまぬがれないばかりでなく、実際
に総督の特別立法権を剥奪させることになる(18)。

　ここでさらに一つの問題をはっきりさせるべきであり、そ
れは六三法撤廃と台湾議会の理論であった。六三法は台湾の
特殊事情を根拠にしており、それゆえ六三法撤廃運動の理論
的な帰結は台湾の特殊事情を否定することであった。台湾議
会設置運動は台湾の特殊事情を主張することであり、理論的
には六三法を承認することを根拠とし、純理論的立場から言
えば六三法撤廃運動と台湾議会運動は前後矛盾する。しかし
実際には矛盾がなく、なぜならば六三法撤廃の目的は総督の
専制特権を剥奪することにあり、台湾議会は剥奪されている
委任立法権を議会の公開審議の場にひきずりだし、台湾人の
立場から言えば、台湾の特別立法権を獲得するということで
ある。それゆえ台湾民族解放運動の歩みは順調に推し進めら
れた(19)。

　一九〇一年にある台湾人が東京に留学に行ってから、それ
以後年ごとに増加し、一九〇八年になって東京府の管轄内に
は六〇人の台湾留学生がいた。これらの初期の留学生の多く
は金持ちの子弟であり、年齢も若く覚醒していず、もちろん
民族意識もなかった。台湾留学生の民族的覚醒は辛亥革命以
後のことだった。しかし台湾総督府は台湾留学生に対しずっ
と安心していず、早くも一九〇七年に石田新太郎を招請し、
東京府管内の台湾留学生を兼任指導させた。翌年に専任の田
中敬一が留学生監督になった。一九一二年に総督府は東京の
小石川区の茗荷谷で高砂寮を創設し、専門に台湾の留学生を
収容し、目的はもちろん監督するのに便利であるからであっ
た。東京に留学することが流行し、人数は年々増加し、一九

一五年にすでに三〇〇人になり、一九二二年に二四〇〇人に達し、その後最も多い時で三〇〇〇人を超えた。初期の留学生を除いて、民国成立以後に日本に留学に行った者の多くは台湾で進学するための専門学校以上の学校がなく、故郷を遠く離れて遥か彼方の東京に行き、それゆえその時期の留学生は頭脳が優れている者たちであると言える。しかし反作用もあるわけで、後に日本に留学する者たちはふぞろいになり、次第に島内の学校に合格しないから日本に行こうと考えた者たちに変わっていった。一九一八年に第一次世界大戦が終わり、植民地民族自決思想が台頭し、日本の民本主義思想が勃興し、一九一九年に朝鮮で独立運動が発生した。これらの客観的事実は留学生の思想意識に非常に深刻に影響し、彼らの思想を進歩させ、民族意識を発酵させ、自己の民族が置かれている環境と運命に対し、抵抗したい衝動にかられ、民族解放運動に対し熱烈に推進したい意欲をもった。彼らと故郷の台湾人は連携してから組織的な実際運動に入り、一九二一年に台湾島内の民族運動が起り、彼らは外界に対する窓口になり、たえず新思想と新文化を吸収し、台湾民族運動の指導団体になった(20)。

　東京台湾留学生の民族的自覚は成熟するばかりでなく、自然と団体を結成し、実践運動に入る必要を感じ、「声応会」、「啓発会」、「新民会」などの団体を前後して成立させた。一九一九年に日本の東京の中国キリスト教青年会主事の馬伯援、呉有容ら数名は東京で台湾人と常に付き合い、まさにいわゆる血は水よりも濃く、お互いに親愛の情をもち、同じ声で助け

合うという意味の「声応会」を組織したが、会員は多くなく、流動性は大きく、組織は間もなくして自然消滅していった。

「啓発会」は一九一九年末に創立まもなく「新民会」に「発展的解消」をとげた。「新民会」は一九二〇年一月一一日に成立し、場所は東京の渋谷区の蔡恵如の寓居であり、同日の参加者数と姓名はいまでははっきりわからないが、だいたいの人数は二〇人であった。席上、蔡恵如が開場に任ぜられたが、蔡培火の言葉によれば、蔡恵如は極力固辞し、いくつかの点を列挙し、林献堂を会長にしなければならないと強調した。そこで林献堂が会長になるように蔡恵如が頼むことにし、林献堂が会長を受け入れるまでの間は蔡恵如が会長になることとし、会長の問題は解決した。当日、議決された三項目の実践的目標はつまり蔡培火の言葉によれば、その中の第二項目——機関雑誌の発刊——は蔡恵如一人が責任を負うこととし、どうあっても実現させなければならなかった。

　　新 民 会　会 長　林献堂　副会長　蔡恵如
　　　　　　幹 事　黄呈聡　蔡式穀
　　普通会員　林呈禄、羅萬車、彭華英、黄旺成、鄭松筠、
　　　　　　　王敏川、黄　周、呉三連、陳　炘、蔡培火、
　　　　　　　謝春木、洪元煌、石煥長

この時期の「新民会」の最大の努力は機関雑誌「台湾青年」を発刊する準備をすることであり、資金を募集し、原稿を集め、編集校正をすることは彼らのような経験のない書生たちがやらなければならない仕事であった。原稿を取るために彼らは東京の学会や政界の人々と接触し、同時に彼らは日本の

有識者と接触する機会を利用し、台湾総督府の過酷な面と暗黒の面を明らかにし、このことによって政治運動家の手腕を磨き、予想通りになった。「新民会」が東京で公開的な実践運動を行なったのはただ一九二〇年一一月二八日の富士見町キリスト教会で行なった政談演説会のみのようであり、以後、対外的な公開活動は「台湾青年会」の名義で行なわれた。「新民会」は一九二〇年に創立され、一九三〇年に自然消滅するまで一〇年間存在し、この一〇年間に台湾の民族運動は発生し、盛んになってから、分裂し、分裂してから大きな変化が生じた。「新民会」この中にあって動揺しないばかりでなく、変化せず、絶えず新しい会員を吸収し、多くの人材を輩出し、台湾民族解放運動の戦線に供給し、「新民会」は確かにその歴史的な使命を果たした(21)。「東京台湾青年会」は一九二〇年に創立され、最初は決まった住所がなかったが、一九一二年に「台湾青年」雑誌社が成立してはじめて神田区の神保町の雑誌社の玄関に置かれて、同居することになった。

　一九二〇年の台湾の民族運動の発生以来、東京の台湾留学生の思想意識は重大な変化を生み出したばかりでなく、台湾で、とりわけ台北の中等学校の学生も相当な変化をした。これまでの台北の各学校の――学生間で連携がないばかりでなく対立の意識すらあった。このような不自然な対立関係が一九二〇年一一月の台湾のはじめての飛行士の謝文達の郷土訪問飛行によって改善され、大同団結の契機になった。まず医専及び台北師範の学生が先輩の身分で上記の学校の学生たちの間を斡旋し、彼らに謝文達の壮挙を声援するように推め、

各学校の台湾人学生たちはその通りにした。このはじめての協力を経てから、各学校の学生の思想は急激に変化し、民族意識は大いに高められ、同時に先鋭化され、日本人学生の優越感や学校当局の差別に対し、批判する風潮を生み出し、ずっと平穏だった教育界に波乱が起り、学校ストや授業ボイコットや学園紛争も次第に発生するようになった。ここで重要な学生運動を挙げてみよう。

1. 台中商業同盟学校スト (一九二〇年一一月)
2. 台北師範騒擾事件 (一九二二年二月五日)
3. 台北師範争議事件 (一九二四年一一月一九日)
4. 台南師範同盟授業ボイコット (一九二五年四月)
5. 台北商工学校同盟授業ボイコット (一九二六年一〇月二五日)
6. 台中一中同盟授業ボイコット (一九二七年五月一六日)
7. 台南第二高女謝恩会事件 (一九二八年三月一九日)(22)

一九二七年に台湾文化協会が左右に分裂し、東京の台湾青年会も同年三月二八日の春季例会の席上、社会科学研究を成立させ、分裂の禍根を残した。一九二七年一〇月三〇日に青年会社会科学研究部の分離問題を討論するために神田の明治会館で臨時大会を開き、投票の結果、分離に賛成するものは少数であり、結局、旧幹部が袂を分ち、脱退した。東京台湾青年会は台湾文化協会と同じように左翼分子によって占められた。その時から衰えて、このようにして当時の勢いは次第に弱まっていった(23)。

三、おわりに

六三法は台湾総督専制政治と各種の悪法の根源であり、有識者は心を痛め、林献堂は「もし六三法を撤廃できるなら、たとえいかなる犠牲を払ってもかまわない」という言葉を残していた。六三法の撤廃は全台湾民族解放運動について言えば、ただ一つの応急的な運動であり、民本主義が高らかに叫ばれていた当時においてもちろん東京の留学生は満足できなかった。さらに政治的権利を要求することは必然的な勢いであり、同時に彼らの脳裏の生まれてきた潜在意識でもあった。しかし六三法撤廃が開始された当時において、まだ具体化せず、六三法撤廃運動後にいかに善後策を取るか、この点は皆、考量していなかった。後に新思想の流行で、「完全自治」は当時、確かに最も影響力のある主張だった。しかし当時の政治環境が改善されるかどうかは別の問題だった。とりわけ一九一九年に田総督の赴任してから内地延長主義を高唱し、「完全自治」の主張は勢い必ずそれと正面衝突にすることになった。それゆえ少数の現実を重視し、比較的思慮深い人々はあえてそうせず、この一派の中心人物には蔡培火、蔡式穀、鄭松・などがいった。彼らは台湾議会を設置させ、台湾総督が六三法を根拠としてもっている委任立法権を与えさせ、つまり日本帝国議会が台湾総督に委任している律令制定権を台湾議会に委任させ、立法を行なわせることを主張し、これは理論的に内地延長主義と正面衝突をまぬがれないばかりでなく、実際に総督の特別立法権を剥奪させることになる。

　ここでさらに一つの問題をはっきりさせるべきであり、そ
れは六三法撤廃と台湾議会の理論である。六三法は台湾の特
殊事情を根拠にしており、それゆえ六三法撤廃運動の理論的
な帰結は台湾の特殊事情を否定することであった。台湾議会
設置運動は台湾の特殊事情を主張することであり、理論的に
は六三法を承認することを根拠とし、純理論的立場から言え
ば六三法撤廃運動と台湾議会運動は前後矛盾する。しかし実
際には矛盾がなく、なぜならば六三法撤廃の目的は総督の専
制特権を剥奪することにあり、台湾議会は剥奪されている委
任立法権を議会の公開審議の場にひきずりだし、台湾の特別
立法権を獲得するということである。それゆえ台湾民族解放
運動の歩みは順調に推し進められた。

　新民会の最初の実際的運動——六三法撤廃運動——がまさ
に行なわれている際、これに対する二三の反対論があり、明
治大学を卒業後、東京にとどまり、研究を続けていた林呈禄
は六三法撤廃運動は台湾の特殊性を否認し、いわゆる内地延
長主義を肯定することにほかならず、六三法撤廃運動を停止
するように提唱し、台湾の特殊性を強調する台湾特別議会を
設置することを主張した。林呈禄の議論が新民会員に与えた
影響ははなはだ大きく、「六三法撤廃運動」は「台湾議会設置
請願運動」にとってかわることになった。

第二節　台湾抗日思想と台湾議会設置請願運動

　林献堂、蔡培火、蒋渭水らは台湾議会設置請願運動を行なった。台湾議会設置請願運動は法律制定権と予算議決権を要求していた。それゆえに立法権をもつ台湾議会は立法権をもつ帝国議会と同等の権限をもつことになる。立法権をもたない府県会と台湾議会とは明らかに異なっている。それゆえ請願運動は台湾独立要求運動ということになる。

一、台湾議会設置請願運動に関する研究史

　一九二一年、台湾中部の名望家林献堂を筆頭とする漢族系台湾人一七八名は、台湾総督の法律制定権と予算議決権をもつ台湾議会の設置を求める請願書を第四四帝国議会に提出した。この台湾議会設置請願運動は、これ以後、一九三四年の第六五帝国議会まで、一四年間、一五回にわたって行なわれた。請願運動は、日本植民地時代の漢族系台湾人による代表的政治運動とされている。請願運動は、それまでの抗日民族運動と質的に異なっていた。一九一四年から一九一五年にかけての台湾同化会や六三法撤廃運動は、台湾を日本本国と同じ法制下におき、台湾人を日本人化させ、台湾人に日本人と同じ権利と義務を付与させようとするものであった。同化の結果、台湾人の独自性は除去され、完全に日本人化することになる。しかし請願運動は、台湾人を日本帝国臣民であると規定しつつも、台湾人の独自性を維持していこうとするもの

だった。

請願運動は台湾土着漢族地主資産階級を中心とし、日本教育を受けた (台湾における植民地教育あるいは日本留学) 知識人を推進者とする近代政治運動であった。請願運動の行なわれた期間は、近代日本の政治体制の民主化すなわち大正デモクラシーの後半期およびそれにより確立した政党制の解体過程と重なっており、確立期にあった政党内閣が修正した植民地統治体制である内地延長主義 (同化主義) 体制の期間とほぼ重なっていた。たとえば請願運動は、日本政治史上はじめての本格的政党内閣であった原敬内閣の植民地統治体制改革によって初代の文官総督となった田健治郎によって開始され、最後の文官総督となった中川健蔵によって中止させられた。このようにして請願運動は、大正デモクラシーの所産であった内地延長主義体制と対決し、破れたのであった。とはいえ請願運動は、台湾抗日運動史上において大きな意義をもつものである。

台湾議会設置請願運動の意義はなにか。筆者は本節でこの問題を解明してみよう。これまでの請願運動の意義については、以下の三つの説がある。第一の説は、若林正丈『台湾抗日運動史研究』が主張する説であり、「請願運動は、台湾自治への志向を潜在させた運動である(24)」とする説である。第二の説は、黄昭堂『台湾民主国の研究』が述べている説であり、「請願運動は、台湾独立の意図を隠しもつ運動である(25)」とする説である。第三の説は、周婉窈『日拠時代的台湾議会設置請願運動』が論じている「請願運動は、台湾自治をめざし

ていたか、台湾独立をめざしていたかは論断できない(26)」と
する説である。第一の説と第三の説は、請願運動の表面的理
解から導きだされた説であり、請願運動の本質を明らかにし
ているとは思われない。筆者としては第二の説、つまり請願
運動は、台湾独立をめざしていたとする説をとる。請願運動
は、台湾自治ではなく、台湾独立をめざしていたと思う。そ
れは以下、論を進めるにあたって、次第に明らかになるだろ
う。

　本節は台湾議会設置請願運動が台湾独立への志向を潜在さ
せていたのかどうかという点を明らかにしようとするもので
ある。

二、請願運動者の思想

　日本植民地時代の漢族系台湾人の近代政治運動は、林献堂
が一九一四年に結成した台湾同化会に始まる。しかし同会は
台湾総督府によって二ヶ月で解散させられた。そして林献堂
は一九一八年、啓発会を組織したが、資金問題で解散した。
その後、一九二〇年に林献堂は新民会を設立し、雑誌「台湾
青年」を創刊した。これらの三団体すべてが台湾総督に立法
権を付与している六三法の撤廃を目標としていた。しかしこ
の新民会が六三法撤廃運動を行ない始めると、これに対する
反対論が起った。明治大学を卒業し、東京で研究を続けてい
た林呈禄は、六三法撤廃運動は、台湾の特殊性を否認し、内
地延長主義を肯定することになるので、六三法撤廃運動の中
止と台湾の特殊性を強調する台湾議会の設置を主張した。林

呈禄のこの主張は、新民会会員に大きな影響を与え、林献堂は、六三法撤廃運動を中止し、台湾議会設置請願運動を行うことに決定したのであった。

　台湾議会設置請願運動を行う幹部は、いかなる思想をもっていただろうか。『台湾総督府警察沿革誌』は、以下のように述べている。「本運動に従事しつつある者の中、其の幹部と目すべき者は比較的穏健にして、今直ちに本島の独立、支那への復帰を企画するが如きものなしと雖も、少なくとも植民地自治を要望する者なる点に於て一なり。幹部の思想言動を観察する時は大様之を二つに分つことを得べし。一は支那は必ず台湾を回復し得るものとの見解に立脚せり。之に対して他の一は本島人独立の生存に重きを置くなり。前者の代表的人物としては蒋渭水、蔡恵如、王敏川等にして、後者に属する者としては蔡培火、林呈禄を以て主たるものとす。林献堂、林幼春以下其他の幹部は旗幟甚だ不鮮明なるも大勢は後者に向って傾かんとしつつあり。幹部以外の運動者に至っては其の思想甚だ区々にして、或は本島の独立、支那への復帰を夢みつつある者あり。単に本島の自治を希望する者もあり。其の根底に於て日本の統治を快しとせず、少なくとも実質上日本の羈絆を脱せんとするものなること皆同じ。（本運動に賛成しつつある一般島民の多くは）民族自決的思想に駆られ、少なくとも本島の自治を要望し、更に進んでは独立を希望し、支那復帰を期待し、社会の改造を求むる者等あること運動者の場合と同じ(27)。」

　この中で述べられているように請願運動を行う幹部は、直

ちに台湾独立を実行に移さないにしても、将来、台湾を独立
させようと構想しており、少なくとも植民地自治を達成しよ
うと考えていた。しかも請願運動を行う幹部の思想は、台湾
独立派と中国統一派の二つに大別されるにしても、台湾を日
本の支配から離脱させようとする点では同じであった。そし
て請願運動に賛成している漢族系台湾人も、民族自決思想を
持ち、少なくとも台湾の「自治」を求め、さらに進んで台湾
の「独立」を望んでいた。このように請願運動を行なう漢族
系台湾人の中に、日本の台湾支配に賛成する者は、一人もい
なかった。『台湾総督府警察沿革誌』は、日本の警察の史料で
あり、漢族系台湾人の思想を正確に調査しており、その信憑
性は高いと言える。

三、『台湾議会設置請願書』

　第一回請願が一九二一年、第四四帝国議会に行なわれ、そ
の『台湾議会設置請願書』の内容は、次の通りである。「台湾
固有ノ文化制度及特殊ノ民情風習ヲ参酌スル特別立法ヲ必要
ト為シ、且ツ統治ノ日尚ホ浅ク直ニ立憲政治ノ常軌ニ遵由セ
シムベカラザル情況アリト認メラレシガ故ニ、帝国議会ハ明
治二十九年法律第六十三号ヲ以テ台湾総督ニ法律ニ代ルベキ
命令ヲ発スルノ権ヲ付与シ、以テ行政立法ノ二権ヲ同一ノ統
治機関ニ掌握セシメタリ。爾来二十有八年間法文トシテハ既
ニ明治三十九年法律第三十一号ヲ経テ、大正十年法律第三号
ニ変更シタリト雖モ、制度トシテハ仍ホ行政立法混一主義ヲ
維持セリ。……欧州大戦後、道義思想勃興セルモ、社会尚ホ

改造ノ途上ナリ。世界ノ思潮ニ鑑ミ、民心趨向ニ徴シテ速ニ種族ノ待遇ヲ均等ナラシメ、立憲ノ常道ニ準拠セシムベキナリ。茲ニ台湾住民ヨリ公選セラレタル議員ヲ以テ組織スル台湾議会ヲ設置シ、而シテ之ニ台湾ニ施行スベキ特別法律及台湾予算ノ協賛権ヲ付与スルノ法律ヲ制定セラレタキ件御詮議被成下度候也(28)。」

　この中で主張されているのは、以下の通りである。台湾の文化、制度、民情、風習は、日本と異なっているがゆえに、法律第六三号によって台湾総督に法律制定権が与えられている。この法律第六三号は、後に法律第三一号、さらに法律第三号に変更されたが、依然として台湾総督は、立法と行政の二権をもっている。しかし第一次世界大戦後、民族自決主義や民主主義が勃興してきたので、立権主義を実現する必要が生じた。それゆえ林献堂らは台湾住民より公選された議員からなる台湾議会を設置し、これに法律制定権と予算議決権を与えるように要求した。ちなみに『台湾議会設置請願書』の中では、「協賛権」という言葉が使われているが、これは議決権と同じ意味である。当時、台湾湾総督は、立法、行政、司法の三権のすべてをもっていたが、そのうちの立法権のみを台湾議会に与えるように求めたのであった。台湾議会は、法律制定権と予算議決権からなる立法権を要求するものであった。それゆえ立法権をもつ台湾議会は、立法権をもつ帝国議会と同等の権限をもつことになる。立法権をもたず、条例制定権しかもたない府県会とは明らかに異なっている。台湾議会設置請願運動が法律制定権と予算議決権からなる立法権を

要求している以上、請願運動は、台湾自治要求運動ではなく
て、台湾独立要求運動ということになる。すなわち台湾人側
は、請願運動は、表面上、台湾自治要求運動と言っているが、
「自治」という言葉の中に「独立」という意味を合意させて
いる。本来、「自治」という言葉は、多義的な言葉である。日
本側は、「地方自治」という意味の「自治」は認めるが、アイ
ルランドと同じ程度の「台湾独立」という意味の「自治」は
認めないのであった。台湾側は、「自治」という言葉を表面上、
府県会と同じ程度の「地方自治」という意味で使っていると
言っていたが、内心では、アイルランドと同じ程度の「台湾
独立」を考えていた。台湾側としても台湾議会は、府県会と
同程度のものであると言っていたが、そうではあるまい。も
し台湾人が府県会と同程度の台湾議会を求めるならば、台湾
議会設置請願運動ではなくて、台湾地方自治要求運動を行な
えば十分である (現に府県会と同程度の「自治」を要求する
台湾地方自治連盟の運動は実行された)。これらのことから法
律制定権と予算議決権からなる立法権を要求する台湾議会設
置請願運動は、台湾自治要求運動ではなくて、台湾独立要求
運動を意味するということになる。

　同年二月二八日、第一回請願は、貴族院請願委員会に上程
され、田健次郎台湾総督は、次のように述べた。「帝国の台湾
統治方針は、彼の英国等の如き植民地に独立議会を設け、或
は法律を制定し、或は予算を議定せしむるが如き所謂自治的
植民地政策にあらずして、当然帝国憲法の実行され居る地と
して内地同様に取扱ひ、漸次其の文化を進めて結局内地と同

様にするの方針なり。之を形容すれば内地延長主義と言ふが
如き形なり。故に大正九年内地の府県制又は市町村制に則と
れる州制又は市街庄制を試行せり。然るに本件請願は、台湾
に議会を設置し、而して台湾に実行すべき特別法律及台湾予
算の協賛権を付与するの法律を制定せられ度しと言ふものに
して、是れ全く帝国台湾統治の大方針に違背し恰も英国の豪
州又は加奈陀に於けるが如き独立とも云ふべき自治体となる
を意味する処にして、帝国が台湾を新領土として従来採り来
れる方針に相反するものなれば、如斯は断じて許容するもの
にあらず(29)。」

　その結果、貴族院請願委員会では不採択となり、衆議院請
願委員会でも同様であった。この中で田総督が明言している
ように、台湾議会は、イギリス植民地の独立議会と同様のも
のであると考えている。また日本側の台湾統治の方針は、漸
進的内地延長主義であると言っている。それゆえ台湾に日本
の府県制または市町村制に該当する州制または街庄制のよう
なものを設けることは認めるが、台湾議会は、法律制定権と
予算議決権をもつがゆえに、オーストラリアやカナダのよう
に独立した自治体を意味することになるので認めないとする
ものである。

四、「同化」と「異化」

　民族的にみて、日本民族と漢族系台湾人とは異なっており、
約三〇年前まで別の国 (清国) によって統治されていた。しか
も漢族系台湾人による抗日運動は、請願運動が開始される直

前まで二〇年にわたって続けられていた。このように民族的にも異なり、歴史的にも異なる漢族系台湾人が、たとえ日本軍による武力侵攻によって沈黙を余儀なくされたとはいえ、日本の統治に服するだろうか。歴史的経験から言って、前述の「一、請願運動者の思想」で述べたように、漢族系台湾人は、台湾を中華民国 (かつて台湾を支配していた清国をついだ国) と統一させるか、日本に支配されない台湾人の国を作ろうとしていた。たとえば『台湾人ノ台湾議会設置運動ト其思想』は、次のように言ってる。「彼等 (請願運動者) ハ独逸ノ『アルサス、ローレン』二州民ニ施セル失敗歴史ヲ引用シ以テ漢民族ノ精神ヲ保タントシ台湾人ノ日本人ト同化スルコトヲ願ハザルモノ実ニ此ニアリ、漢民族ノ大和民族ニ同化セラルルコトヲ欲セザルモノ亦実ニ此ニ在リ(30)。」このように請願運動者は、漢民族系台湾人意識をもち、日本人に「同化」しようとしなかったのである。

　漢族系台湾人が自民族の歴史と文化に誇りをもち、異民族である日本人の支配に服しようとしなかったことは請願運動の指導者たる林献堂の言葉によって明らかである。「仮りに将来に於ける憲法法律の全部施行を前提とせる現在の同化主義、内地延長主義を徹底的に実行するものとしても、其の成功は困難である。何となれば台湾の人民は琉球乃至アイヌ民族と異なり、四千年の文化を有する三百六十万の支那民族を主とするものである(31)。」

　この中で述べられているのは、日本が同化主義、内地延長主義を台湾人に強制しても成功しないということであり、そ

の理由は、日本民族と漢族系台湾人が民族的にも、歴史的にも、文化的にの異なっているということである。日本側の同化主義、内地延長主義といった台湾人を日本人と同じくさせようとする「同質性」の論理に対抗するのが、この林献堂の主張する台湾人と日本人は異なるとする「異質性」の論理である。日本側も、台湾側も、台湾の現状を見る際、台湾と日本は、「異質」な社会であると認識する点では同じである。しかし将来の台湾の方向性は異なっており、日本側は同化主義によって、台湾を日本に「同化」させようとしたが、台湾側は台湾議会設置によって台湾を日本と異なる「異化」へ向かわせようとした。すなわち日本側は「同化」をめざしていたが、台湾側は「異化」を目ざしていた。「同化」ではなく「異化」を目ざす請願運動者が「自治」程度で満足できるだろうか。むしろ「自治」を越えて「独立」にまで至ろうとしていたのではなかろうか。いかなる民族であれ、「自治」によって異民族の支配に屈するよりは「独立」によって民族を自立させる方向へ向おうとするものである。これらのことから台湾議会設置請願運動は、台湾自治要求運動ではなくて台湾独立要求運動になることがわかる。

五、「自治」と「独立」

第二回請願は、一九二二年、衆議院請願委員会と貴族院請願委員会で不採択となった。第二回請願時、提出の『台湾議会設置請願理由』は、以下のように述べている。「一八〇一年愛蘭を英国に併合せられてより、愛蘭選出の議員は愛蘭自治

党を組織し、英国より分離せずして加奈太の如く完全な自治制度を与へられんことを英国議会に要求するに至れり。愛蘭自治法案は、一九一九年に上、下両院をも通過したり。然るに多年愛蘭の独立を主張し来れるシンフェイン党は既に独立を要求したりし故を以て、該自治法案には自然満足せざりき。英国政府はシンフェイン党代表と会商し、終に愛蘭自由国として完全なる自治植民地の地位を与ふる協定成立せり……斯る失敗多き不徹底なる同化主議論を以て、或る意義に於いて自治の準備とも称すべき台湾議会設置請願を反対せんとするが如きは、決して帝国の為に忠実なる所以に非ざることを証明すべきなり(32)。」

　この中でも触れているように、請願運動者は、アイルランド自治問題に言及していた。というのも請願運動者は、アイルランド方式をモデルにしていたからである。アイルランドは、イギリスから第一段階として「自治」を獲得し、第二段階として「独立」を獲得した。そうである以上、台湾も日本から第一段階として「自治」を獲得し、第二段階として「独立」を得ようとしていたのであろう。しかし当時の台湾の状況を考えた場合、一気に「独立」に向かうのは困難であるがゆえ、まず「自治」を得ようとした。つまり請願運動者にとって、「自治」は目的ではなく過程であり、「独立」が目的であった。それはたとえば林献堂の言葉によっても明らかである。「林献堂ハ嘗テ曰ク、『試ミニ見ヨ、刻下字内ノ大勢ハ如何、波蘭、愛蘭、印度等ノ問題ハ姑ク之レヲ論ゼズ、世界ノ到処ノ弱小民族サヘ何レモ皆自由ヲ説キ独立ヲ叫ブニアラズ

ヤ、而カモ四千年ノ光輝タル歴史ヲ有シ且ツ四億万ノ支那民
族ヲ背景トセル我台湾人ハ此ノ如キ温和手段ヲ取リ合法的請
願ヲ為スハ豈ニ不可ナランヤ(33)』。」 すなわち林献堂はアイ
ルランド人などの弱小民族でさえ、「独立」を許されるのだか
ら、長い歴史をもつ漢族系台湾人の「自治」を意味する請願
要求ぐらいは認めよと言うのである。とはいえ請願運動者は、
何度も「自治」を要求するとは言っているが、一度も「独立」
を要求するとは言っていない。それゆえ請願運動は、独立要
求運動ではなくて、自治要求運動であるという反論が考えら
れる。しかし当時の言論の自由がない状況を考えた場合、請
願運動者の主張の裏を考えなければならない。たとえば当時
の請願運動者の一人の黄旺成は、以下のように述べている。
「林献堂らの真の目的は、民族意識を呼び覚まし、民族自決
の気運をつくりだし、(台湾を) 日本の統治から離脱させるこ
とにあった(34)。これらのことから台湾議会設置請願運動は、
台湾自治要求運動ではなくて、台湾独立要求運動であるとい
うことになる。

六、請願運動の高揚

　第二回請願には、街長や庄長などの公職を割りあてられた
台湾人地主資産家層が多く署名していた。これは土着ブルジ
ョアジーの一角から反旗が翻され、新興知識階級と結びつい
たことを意味していた。それゆえ台湾総督は、筆頭請願人林
献堂の関係する企業へ融資返済の督促を行なうなどの圧力を
かけ、林献堂らは一時、請願運動から手を引いた。だが蔡培

火や蔣渭水ら知識人リーダーによって請願運動は継続され、
彼らは請願運動を推進するために、一九二三年、台湾議会期
成同盟会を結成した。その後、台湾総督府は、同会を治安警
察法によって、結社禁止としたため、彼らは東京で結社届け
を出し、同会を成立させた。

　そして同年の第三回請願は、衆議院請願委員会と貴族院請
願委員会においてそれぞれ不採択となった。そして同年、台
湾総督府は、すでに禁止された結社の活動を行なったとして、
請願運動への全面弾圧に踏み切り、九九名の台湾人一斉検挙
した。これが治警事件であった。裁判が行なわれ、蔡培火ら
七名が有罪となったが、この弾圧によって請願運動を中止さ
せることはできなかった。有罪判決を受けた蔡培火らの入獄.
出獄に際しては盛大な歓送迎会が行なわれ、雑誌「台湾民報」
は、発行部数をのばし、弾圧は逆効果であった。このように
治警事件において逮捕者を出したこと自体、日本側が請願運
動を自治要求運動ではなくて独立要求運動と思っていた証で
ある。もし日本側が請願運動を自治要求運動と思っているな
らば、逮捕による弾圧まで行なう必要はないからである。

　一九二四年の第四回請願は、両院に提出された翌日、衆議
院が解散されたため、両院とも上程に至らなかった。第五回
請願は、衆議院においては同年七月一四日、請願委員会に上
程され、紹介議員神田正雄は、「台湾議会が府県会と同様の性
質のものである(35)」と説明した。これは植民地自治の正当性
を訴える方向で請願委員会を説得しようというのではなく、
内地延長主義に順応する方向で、「台湾議会は、帝国議会の分

局(36)」をつくろうとするものとの反論をかわそうとするもの
だった。そして同月一七日、再び上程されたが松田三徳委員
は、「本請願は、台湾独立の目的より発し、帝国の統治より脱
せんとするものなり(37)」と主張し、採決はなされず、延期さ
れ、審議未了に終った。貴族院請願委員会では、上程されな
かった。このように日本側は台湾議会設置請願運動を台湾独
立を目的としているがゆえに、決して認めようとしなかった
のであった。一九二五年の第六回請願に際しては請願者側は、
『請願の要旨』の中の「協賛権」を「議決権」と改めた。と
いうのは第五回請願が趣旨不鮮明を理由に審議未了になった
ため、憲法上の帝国議会の立法協賛権とまぎらわしい言葉を
避けることによって、「台湾議会は、帝国議会の分局」という
批判をかわすためであった。結局、貴族院請願委員会には上
程されず、衆議院請願委員会には上程されたが、審議未了と
なった。

　第七回請願は、一九二六年、衆議院請願委員会に上程され
たが、「本請願は内地の府県会の如きものを望むか、帝国議会
の設置を求めるか、その趣旨が不明瞭である」として不採択
となった。そして同年二月一二日の衆議院予算委員会で、若
槻礼次郎首相は、「台湾ニ於テモ早晩ハ段々自治ノ状態ニ至
ラシメナケレバナリマセヌ(38)」と述べ、それを記事にして掲
載した雑誌「台湾民報」は発禁処分とされた。そして三月二
〇日に同委員会において、若槻首相は、以下のように述べた。
「其ノ自治ト私ノ申上ゲルノハ、今日内地デ言テ居ル自治ト
同ジ事デアッテ、此ノ最下級ノ自治団体ノ自治行政ニ先ズ慣

熟セシメテ、サウシテ凡ソ自治ノ行政ニ参与シナ洵ニ適切ニ
其事ガ行ハレルヤウニナレバ漸次ニ一段其上ノ自治ニ関係ス
ル、ソレカラ今度ハ内地ノ帝国議会ニ代表ヲ送ルト云フヤウ
ナ具合ニ順序ヲ以テ進マナケレバナラヌ。或ハ其ノ自治ト云
フ文字ヲ誤解ヲシテ台湾ガ独立ニ台湾人デ台湾ノ事ヲ実行ス
ルヤウニサセル方ガ宜イト云ワヤウナ意味ニ私ガ述ベタヤウ
ニ受取ッタノヂャナイカト思ヒマス(39)。」この若槻の言葉は、
原．田のコンビが敷いた漸進的内地延長主義の方針の再確認
であった。台湾議会設置請願運動の盛り上がりは、普通選挙
体制という大正デモクラシーの一つの到達点を実現した議会
において、首相の答弁という最高の形式でその要求の拒否の
言明を引き出してしまった。その拒否の論理は、これまた大
正デモクラシーの所産でもある内地延長主義の論理であった
のである(40)。

七、台湾憲法制定の要求

　雑誌「台湾民報」(一九二七年) の社説は、次のように言っ
てる。「我々が台湾議会を要求するのは自治に向う第一歩で
あり、台湾憲法を制定するのは自治の完成の結果である。ゆ
えに台湾憲法を制定しようとする声と台湾議会を要求しよう
とする声は、程度の差があっても、目的は完全に一致し、名
を異にしていても、実質は同じものである(41)。」

　この中で述べられているように請願運動者は、台湾議会の
設置を「自治」に向かう第一歩であり、台湾憲法を制定する
ことが、「自治」の完成の結果であると位置づけている。さら

に台湾議会設置と台湾憲法制定は、程度の差があっても、目
的が完全に一致すると述べている。雑誌「台湾民報」は、「台
湾人唯一の舌(42)」と呼ばれ、当時の台湾抗日運動の機関誌と
して唯一のものであり、その社説の執筆者と請願運動を行な
う幹部は、重複しており、その社説には、請願運動を行なう
幹部の本音が語られているとみてまちがいない。この社説で
述べられているように請願運動は、台湾憲法制定を構想して
いた。本来、憲法とは国家が制定するものであって、地方自
治体が制定するものではない。地方自治体には条例制定権は
あっても、憲法制定権はない。もしも憲法を制定できる団体
があれば、それは地方自治体ではなくて、国家である。それ
ゆえ台湾憲法を制定しようとする台湾議会は、日本から独立
した台湾の議会ということになる。請願運動者は、建前とし
ては台湾議会を台湾自治要求運動と言っていたが本音として
は、台湾議会を台湾独立要求運動と考えていたのではなかろ
うか。独立した国家のみが制定しうる憲法を台湾議会が制定
しようとしていたがゆえに、台湾議会を設置しようとする運
動は、台湾自治要求運動ではなくて、台湾独立要求運動とい
うことになる。これらのことから台湾議会設置請願運動は、
台湾自治要求運動ではなくて、台湾独立要求運動であること
になる。

　第七回請願を境として、台湾議会請願運動を支えていた台
湾抗日運動に亀裂が生じ始めた。日本本国からの社会主義思
想や中国国民革命の影響によって、抗日民族運動の分裂がも
たらされた。一九二七年、台湾文化協会において、左派（連

温卿ら）が指導権をあったため、中間派（蒋渭水）と右派（蔡培火ら）は、同協会を退会し、台湾民衆党を結成した。だが請願運動は、台湾民衆党を基盤として継続された。同年の第八回請願、一九二八年の第九回請願、一九二九年の第一〇回請願、一九三〇年の第一一回請願は、貴族院請願委員会と衆議院請願委員会においてそれぞれ審議未了か不採択に終わった。地方自治改革を単一目標として掲げた運動を展開すべきだとしていた楊肇嘉の主張が林献堂らの首脳部に受け入れられ、一九三〇年、台湾地方自治連盟が結成され、台湾民衆党と袂を分つに至って、請願運動は、完全に形骸化したが、継続された(43)。

八、「植民地自治」と「地方自治」

　日本側は請願運動を台湾自治要求運動ではなくて台湾独立要求運動であると考えていたから、台湾議会の設置を認めなかったが、台湾地方自治連盟の運動は、たとえ官選による「地方自治」であるにせよ、自治要求運動だから認めたのではなかろうか。日本側の台湾支配の論理が同化主義、内地延長主義にある以上、段階的に台湾を内地化（たとえば台湾に府県会と同様の地方自治体をつくること）していく必要があった。つまり日本側の同化主義、内地延長主義は、やがては台湾の「自治」を認めざるを得ない論理的必然性をもっていた。たしかに「自治」には二つの意味があり、日本側が考えていたのは官選による「地方自治」であり、台湾側が考えていたのは民選による「植民地自治」であると言えるかもしれない。

だが同化主儀、内地延長主義によって台湾を日本と同じもの
にするならば、日本は台湾においても民選による「植民地自
治」を行なわれなければならなくなる。日本側は現実に官選
による「地方自治」を一九三五年に台湾に実現させたのであ
り、民選による「植民地自治」も構想していた。これはただ
時間の問題であり、日本側は時間がたては、台湾において民
選による「植民地自治」を実施する用意があった(44)。日本側
としては台湾に段階的に「自治」を与えていくならば、台湾
に「独立」される危険はなかったが、台湾議会を設置させる
と、台湾に「独立」されるという危惧があった。もし日本側
が請願運動を台湾自治要求運動 (官選による「地方自治」か、
民選による「植民地自治」かを問わず) であると思っていた
ならば、台湾議会の設置を認めるはずである。たとえ台湾に
「自治」を与えたところで、台湾は日本の支配下にあり続け
る。だが日本は台湾議会の設置を認めなかった。日本が台湾
議会の設置を認めなかった理由は、請願運動を自治要求運動
ではなくて独立要求運動であると考えていたからである。こ
れらのことから台湾議会設置請願運動は、台湾自治要求運動
ではなくて、台湾独立要求運動であることになる。

　一九三一年の第一二回請願、一九三二年の第一三回請願、
一九三三年の第一四回請願は貴族院請願委員会と衆議院請願
委員会においてそれぞれ審議未了か不採択に終わった。しか
し衆議院請願委員会において小委員会を設け、審議をするこ
とになり、同年三月七日、楠基道委員は、以下のように述べ
た。「元来此の請願は全くカムフラージュされたるものなり。

如何に強弁するとも本請願の裏面に流るる民族自決主義を否
定する能はざるべし。若し此の請願を採択し実現せしむれば
彼等は必ずや第二のアイルランドを作り出すべし(45)。」ここ
で述べられているように請願運動は、その裏面に、民族自決
主義をもっていた。そして請願運動は、第二のアイルランド、
すなわち台湾の独立をめざしていた。さらにこの小委員会で
は、清家吉次郎委員が以下のように述べた。「本請願の目的が
余りに民族独立主義の要素を含み、進んでは第二のアイルラ
ンドたらしめんとする意志を有することは明らかなり。請願
者は法律第三号により総督の律令制定権に参加せんとする一
方、独立国の立法機関たらしめんとする目的たるは疑ふ余地
なし。彼等の要求が民族自決主義から来て居る台湾の独立を
希望する趣旨が請願の底に潜むことは台湾の事情を知る人の
能く知るところなり。紹介議員の説明に瞭かなる如く、委任
立法に参与し、又、国税地方税の区別も台湾議会に於て定め
たしと云ふにあり。彼等が立法権を獲得したとする趣旨に外
ならず。斯る要求は台湾を独立せしめよと云ふに異ならす、
請願書が殊更表面を糊塗し、暈かせる真意は此処にあり(46)。」
ここで述べられているように請願運動は、民族独立主義の要
素を含むものであった。そして請願者が台湾議会を設置させ
て、独立国の立法機関たらしめんとしていたことは明らかで
ある。民族自決主義からくる台湾独立の思想が請願の根底に
あることは確かであった。
　一九三四年の第一五回請願は、貴族院請願委員会に上程さ
れたが、不採択に終り、衆議院請願委員会でも同様の結果に

446

終わった。同年、林献堂ら三〇名の請願運動幹部は参集して、林献堂は中川総督から請願運動が統治方針に反するゆえ、中止するよう勧告を受けたと述べ、協議した結果、請願運動の中止を決定した。そして林献堂を起草委員長として、新聞を通じて請願運動の中止を発表した(47)。

九、おわりに

　筆者は請願運動は台湾独立要求運動であると思う。そう言える根拠は以下の通りである。

　第一に以下のことが言える。台湾議会設置請願運動は、法律制定権と予算議決権からなる立法権を要求する運動であった。それゆえに立法権をもつ台湾議会は、立法権を持つ帝国議会と同等の権限をもつことになる。立法権をもたず、条例制定権しかもたない府県会と台湾議会とは明らかに異なっている。台湾議会設置請願運動が立法権を要求している以上、請願運動は、台湾知事要求運動ではなくて、台湾独立要求運動ということになる。

　第二に次のことが言える。民族的にみて日本民族と漢族系台湾人は異なっており、一八九五年まで別の国 (清国) によって統治されていた。日本側の同化主義といった台湾人を日本人化させようとする論理に台湾側は、請願運動といった台湾人と日本人は異なるとする論理で対抗した。このように「同化」ではなく、「異化」を目指す請願運動者が「自治」程度で満足できるとは思われない。これらのことから台湾議会設置請願運動は、台湾自治要求運動を越え、台湾独立要求運動ま

で構想していたということになる。

　第三に以下のことが言える。請願運動は、アイルランド方式をモデルにしていたがゆえ第一段階として「自治」を獲得し、第二段階として「独立」を得ようとしていた。しかし当時の情況から考えて、一気に「独立」に向かうのは困難であるがゆえに、まず「自治」を得ようとした。すなわち請願運動者にとって、「自治」は目的ではなく過程であり、「独立」が目的であった。これらのことから台湾議会設置請願運動は、台湾自治要求運動ではなくて、台湾独立要求運動であるということになる。

　第四に次のことが言える。請願運動者は、台湾憲法制定を構想していた。本来、憲法とは国家が制定するものであって、地方自治体が制定するものではない。地方自治体には条例制定権はあっても、憲法制定権はない。もし憲法を制定できる団体があれば、それは地方自治体ではなくて、国家である。独立した国家のみが制定しうる憲法を台湾議会が制定しうると構想していたがゆえに、台湾議会設置請願運動は、台湾自治要求運動ではなく、台湾独立要求運動を意味することになる。

　第五に以下のことが言える。もし日本側が請願運動を台湾自治運動（官選による「地方自治」か、民選による「植民地自治」かを問わず）であると思っていたならば、台湾議会の設置を認めるはずである。たとえ台湾に「自治」を与えたところで、台湾は日本の支配下にあり続ける。しかし日本は台湾議会の設置を認めなかった。その理由は、日本が請願運動

湾議会の設置を認めなかった。その理由は、日本が請願運動を自治要求運動ではなくて、独立要求運動であると考えていたからである。これらのことから台湾議会設置請願運動は、自治要求運動ではなくて、独立要求運動ということになる。それゆえ台湾議会設置請願運動は、台湾自治要求運動ではなくて、台湾独立要求運動であるということになる。

注

(1) 林佳龍、鄭永年編『民族主義與兩岸関係』、台北・新自然主義股份有限公司、二〇〇一年、五四～五六頁。

(2) 葉栄鐘『日拠下台湾政治社会運動史 (上)』、台北・晨星出版有限公司、二〇〇〇年、二五頁。

(3) 同上、三一～三二頁。

(4) 同上、三六頁。

(5) 台湾総督府警務局編『台湾総督府警察沿革誌』第二編中巻、社会運動史、台北、一九三九年、一六頁。

(6) 前掲『日拠下台湾政治社会運動史 (上)』、四三頁。

(7) 同上、七三頁。

(8) 同上、七四～七五頁。

(9) 同上、七五～七六頁。

(10) 同上、七六～七八頁。

(11) 同上、七八～七九頁。

(12) 同上、七九～八七頁。

(13) 前掲『台湾総督府警察沿革誌』、三一二頁

(14) 前掲『日拠下台湾政治社会運動史 (上)』、八六頁。

(15) 同上、八六頁。

(16) 若林正丈『台湾抗日運動史研究』、東京・研文出版、二〇〇一年、三三七〜三七七頁。

(17) 前掲『日拠下台湾政治社会運動史 (上)』、八七頁。

(18) 同上、八九頁。

(19) 同上、九一頁。

(20) 同上、九七〜九八頁。

(21) 同上、一一一頁。

(22) これを参考にせよ。藍博洲、『日拠時期台湾学生運動一九一三〜一九四五年』、台北・時報文化出版、一九九三年。

(23) 前掲『日拠下台湾政治社会運動史 (上)』、一二一頁。

(24) 前掲『台湾抗日運動史研究』、二〇頁。

(25) 黄昭堂『台湾民主国の研究』東京・東大出版会、一九七〇年、二四二〜二四三頁。

(26) 周婉窈『日拠時代的台湾議会設置請願運動』、台北・自立報系文化出版部、一九八九年、一六四〜七〇頁。

(27) 前掲『台湾総督府警察沿革誌』、三一八〜三一九頁。

(28) 『第一回台湾議会設置請願書』、一九二一年、一〜四頁。

(29) 前掲『台湾総督府警察沿革誌』、三四二頁。

(30) 『台湾人ノ台湾議会設置運動ト其思想』後編、一九二二年、一七頁。

(32) 「台湾の民選議会運動」、『台湾青年』第二巻第四号 (一九二一年五月一五日) 、五八〜五九頁。『台湾人ノ台湾議会設置運動ト其思想』の一五頁によると、林献堂は「台

湾人民ハ現督府ノ採レル同化主義、内地延長主義ニ降参
スル能ハズ」とまで言っている。

(32) 台湾議会期成同盟会『台湾議会設置請願書』、一九二三年、
一八〜一九頁。

(33) 前掲『台湾人ノ台湾議会設置運動ト其思想』後編、一八
〜一九頁。

(34) 黄旺成「黄旺成先生訪問記録」、黄富三・陳俐甫『近現代
台湾口述歴史』台北・南天書局有限公司、一九九一年、
八八頁。

(35) 『第四九帝国議会衆議院請願委員会議録第三回』、大正一
三年七月一四日、四頁。

(36) 『第四六帝国議会衆議院請願委員会議録第九回』、大正一
二年三月一九日、二頁。

(37) 前掲『第四九帝国議会衆議院請願委員会議録第三回』、五
〜六頁。

(38) 前掲『台湾総督府警察沿革誌』、三七八頁。

(39) 同上、三七九頁。

(40) 若林正丈『台湾議会設置請願運動』、『近代日本と植民地』
第六巻、東京・岩波書店、一九九三年、二二〜二三頁。

(41) 社説「台湾議会と台湾憲法」、『台湾民報』第一四二号 (一
九二七年一月三〇日)、一頁。

(42) 蔡培火、陳逢源、林柏寿、呉三連、葉栄鐘、『台湾民族運
動史』、台北・自立晩報社、一九七一年、一五三頁。

(43) 前掲『台湾抗日運動史研究』、一五三頁。

(44) 『第五一帝国議会衆議院議事速記録第十号』、大正一五年

(45) 前掲『台湾総督府警察沿革誌』、三九九頁。

(46) 同上、三九九～四〇〇頁。

(47) 前掲『台湾民族運動史』、一五八～一五九頁。

452

第 六 章
日本統治時代後期の台湾
政治思想中の抗日思想原因

　日本統治時代後期の台湾政治思想の中で現れた抗日思想の原因は以下のように述べることができる、日本は中国と台湾を侵略し、台湾民族の形成をもたらした。台湾民主国とその後武装抗日運動を指導した台湾人たちは台湾民族主義を主張し、台湾人に属する独立国を作ろうとした。このため台湾独立思想が形成された。孫中山は中国国民党を作り、中華民族主義をもって中国統一を主張した。苗栗事件などは台湾と中国をもって統一させることが目標であった。台湾人が中国各地で成立させた抗日団体の多くは中国統一思想をもっていた。

第一節　台湾独立思想が生まれた原因

　日本は中国と台湾を侵略し、台湾民族の形成をもたらした。台湾民主国とその後の武装抗日運動を指導した台湾人たちは

台湾民族主義を主張し、台湾人に属する独立国を作ろうとした。台湾文化協会、台湾民衆党、台湾地方自治連盟、台湾共産党などの団体はすべて台湾独立思想をもっていた。

一、台湾独立思想に関する研究史

　本節の目的は台湾独立思想（台湾民族主義）が生まれた原因を解明することにある。台湾独立思想が生まれた原因は台湾民主国の成立にあった。一八九五年の下関条約は大清帝国が台湾を日本帝国に割譲することを規定し、漢民族は日本人をただの野蛮な「倭寇」として軽蔑し、日本が台湾を占領することに対し、反対した。台湾をもって基礎とする台湾人意識は士紳階級の中で誕生した。彼らは「台湾は台民の台湾である」と主張した。彼らは清朝の官僚と台湾民主国（台湾共和国）を建国することを協議した。台湾民主国は台湾住民の共通の意志を通して創設されたものでなかったし、その存在期間は五ヶ月に及ばなかったし、建国された時、国際法上の主権は日本に属し、国際的な承認を受けなかったけれども、アジアのはじめての共和国となり、中華民国より一六年早かった。一九二八年に成立した台湾共産党はこのことを台湾人の誇りとした。これは台湾民主国が決して歴史的な意義を失っていないことを証明している。台湾民主国の意義は台湾をもって基礎とする一つの独立国を作ったことにあり、失敗したことによって、その意義を否定できない。このため台湾民主国が建国された時は台湾独立思想が生まれた時であった。その後、台湾人は続けて日本軍に抵抗し、多くの台湾人に属

する独立国を作ろうとすることをもって目的とする抗日運動
を行なった。たとえば土庫事件、関帝廟事件、苗栗事件、六
甲事件、西來庵事件などはすべて台湾人の独立国を作ろうと
する運動であった。一九一五年の西來庵事件の後、台湾人の
抗日運動は武装抗日運動から合法抗日運動に転換した。台湾
人は六三法撤廃運動、台湾議会設置請願運動をおこし、日本
人の統治に抵抗した。一九二〇年代に林献堂、蒋渭水、蔡培
火、謝雪紅、連温卿、王敏川などは台湾文化協会を組織し、
抗日運動を続けた。その後、台湾人は次々と台湾民衆党、台
湾地方自治連盟、台湾共産党を組織し、台湾文化協会に続く
抗日運動を行なった。これらの抗日団体の思想は台湾独立思
想をもって中心としていると言える。中国における台湾学生
は一方で勉強しながら、もう一方で台湾独立思想の影響を受
けて多くの団体を組織した。例えば、台湾自治協会、台韓同
志会、台湾尚志社、廈門中国台湾同志会、閩南台湾学生連合
会、中台同志会、台湾民主党などであった。台湾人の抗日団
体は一九三〇年代後半に日本政府によって弾圧されて解散さ
せられたが、台湾独立思想は依然として存続しつづけ、彭明
敏、李登輝、民進党、建国党などに継承され、台湾独立思想
の影響力は今まで存続している。この主題と関連する論文と
しては施敏輝編『台湾意識論戦選集』(1)、施正鋒編『台湾民
族主義』(2)、黄国昌『「中国意識」と「台湾意識」』(3)、黄
昭堂『台湾ナショナリズム』(4)、施正鋒『台湾政治構造』(5)、
林佳龍、鄭永年編『民族主義と両岸関係』(6)、史明『台湾民
族主義と台湾独立革命』(7)、荘万寿編『台湾独立の理論と歴

史』(8) などである。本書においては、まず台湾独立思想と台湾抗日思想を概観し、さらに思想を論述し、その後、その内容を分析検討し、最後にその政治思想上の意義に対して述べてみる。

二、台湾民族主義論

　「台湾意識」(Taiwanese consciousness) という名詞は表面上、自明のものではなく、実際、混同され、これまで厳密に定義されてこなかった。簡単に言えば、台湾意識とは「自己を台湾人と感じる意識」(the consciousness of being Taiwanese) つまり「台湾アイデンティティ」あるいは「台湾人アイデンティティ」(Taiwanese identity) である。たとえばある人はこれをエスニック意識と見なし、ある人は矮小化された地方意識、郷土アイデンティティと見なし、このため中国意識に従属するものであるとしているが、少なくともお互いに排斥しあわず、さらに多くの識者は台湾意識を民族意識として尊重し、中国意識とお互いに排斥しあうものとしている。日本統治時代において異民族に支配された台湾人はこれまでずっと行ったことがない中国に対して無限の「祖国意識」があり、それは消すことができない郷愁であり、故国に対する憧れのロマンの懐かしさを表現することを除いて、台湾が祖国に回帰することを非常に期待し、このためこれらの中国人移民者の末裔は多くは「離散の華人」と見なされている。当時の台湾人について言えば、遥かなる祖国は永遠の心の中で頼ることができるところのようであった。彼らは祖国が早く強大になること

を希望し、祖国がいつか同胞を助けに来てくれることを期待していたが、二二八事件が勃発してから、少数の左翼分子は国民党に捕まるのを避けて、うまく中国に逃げた。戦前の台湾人はただ漢民族意識があるたけで台湾意識がなかった。台湾人の意識の中で、祖国を代表するのは「血は水よりも濃い」という感情であり、つまり原生の血縁関係がもたらすアイデンティティの感情であった。父母は血縁とアイデンティティ形成の中の変数であり、歴史と共通の記憶の直接の来源であり、これらは子供が生まれる前にすでに生じるものであり、子供は適当なことをやるべきであり、自分のアイデンティティを作るべきである。しかし祖先が残してきた記憶は、中国の漢民族、華人文化あるいは政治的な中国を区別できず、台湾の漢民族が自分のアイデンティティをはっきりさせることはできない。台湾意識は一方で台湾をもって独立建国させようとする形態つまり「台独意識」をもって現れる。台独意識は日本統治時代の「留学生運動」から発展しはじめ、彼らは西欧の「民族自決」(self-determination) の理念の薫陶を受けてアイルランドと韓国の独立運動の刺激を受けて「台湾は台湾人の台湾である」と主張した。しかし前者は自治の要求にとどまり、ただ台湾と日本内地との平等を要求することで満足するだけだった。台湾共産党は戦前に (一九二八年) すでに「台湾民族」、「台湾独立」という概念、「台湾共和国を建国する」という主張を掲げたけれども、国民党統治の時期において独立建国の意識ははじめて海外の台独運動者によって積極的に推進されはじめた。彼らは台湾人が四百年来ずっと外来

政権に統治されて自己の運命を決定する権利をもつべきであ
り、一つの自分の国家を作るべきであり、彼らはもはや中国
とはいかなる問題も起こすべきではないと特に強く主張して
いる(9)。

三、台湾民族主義の形成

一八九五年に台湾が独立を宣言した「台湾民主国」(The
Republic of Formosa) とこれまでの建国運動とは以下の三点で
異なっている。第一に独立宣言の中で主張しているのは「全
ての国務は公民によって選出された官吏によって推進され
る。」この点に関して、欧米人の建議によるか外国の承認を得
るための手段であるかにかかわらず、「公民」(people) という
言葉で台湾住民の意志を強めたことは特別な意義がある。第
二に台湾民主国ははじめて明確に台湾をもって領土とする建
国運動であった。第三に実際の状況はどうであれ、台湾民主
国はアジアでいかなる国家も経験したことがない共和制をと
った。この時期の台湾を観察してみると台湾民衆の間に「台
湾人」としての共同意識がすでに芽生えていた。しかも一部
の識者の中で台湾をもって範疇とする台湾人意識がすでに芽
生えていた。たとえば台湾民主国の副総統邱逢甲はこう叫ん
だ。「台湾は我々台人のものであり、絶対に他人に渡すことは
できず、清廷は我々を見捨てたが、我々はどうして我々自身
を見捨てることができるか。」各地を転戦した抗日運動の指導
者徐驤も次のように叫んだ。「我々の台湾は絶海の孤島にあ
り、清国朝廷は台湾のことを顧みず、台湾は見捨てられた土

地である。台湾を守るのはただ我々台民だけであり、我々は
我々の鮮血が台湾のために流され、我々は我々の頭が台湾と
ともに砕け散らんことを願っている。」これらの二人が使用し
ている「台人」「台民」という言葉は強烈な「我々意識」
(We-consciousness)で貫かれており、台湾人意識であった。つ
まり侵入してきた日本人が明らかに異民族であったので、両
者の対照のもと、「台湾人」としてのイメージが容易に沸いて
きたのである(10)。

　台湾民主国の幹部の多くは戦わずして逃亡したが、台湾民
主国に呼応して成立した台湾民軍は台湾各地を転戦し、抗戦
を通して台湾人の運命共同体の意識を強めた。清末つまり日
清の衝突を経て台湾においてすでに台湾人意識の雛形が形成
されつつあった。日本帝国が台湾を統治し、台湾人は激烈な
武力抵抗を行ない、日本の治台機関——台湾総督府も激烈な
弾圧手段をもって鎮圧した。台湾民主国の存在期間つまり台
湾攻防戦の期間に台湾で殺害された者は一四〇〇人に達し
た。一八九六年から一八九七年までは数に入れないが、後藤
新平の記述によると、彼が台湾総督府総務長官であった八年
間につまり一八九八年から一九〇二年の最初の五年間に抗日
によって殺害された台湾住民は一一九五〇人に達した。この
年つまり一九〇二年になって、日本の台湾統治がはじめて安
定した。しかし台湾住民の武力抵抗はつづき、一九一五年に
なってはじめて終わった(11)。

　一連の武装抗日運動の中で独立建国運動と関連があるのは
次の通りである。

簡義、柯鉄の独立運動　千歳、鉄国山総統を自称した。

黄国鎮の独立運動　黄国鎮を皇帝とし、年号を「大靖」と
　　　　　　　　　した。

林圯埔事件　日本人を駆逐し、自らを皇帝と称した。

土庫事件　　台湾王国を建国しようとした。

関帝廟事件　神託を受けて自由な台湾国を作ろうとした。

苗栗事件　　台湾独立を意図し、共和国政府を作ろうとした。

六甲事件　　台湾王国を作ろうとした(12)。

西來庵事件　「大明慈悲国」を作ろうとし、余清芳は元帥
　　　　　　を自称した。

　これらの建国運動の中で関帝廟事件は自由な台湾国を作ろ
うとしたもので、思想は比較的新しかったが、一九一三年当
時の台湾前近代社会を反映し、同志を糾合し、神託を利用し
ようとした。苗栗事件の羅福星は台湾民主国と辛亥革命の影
響を受けて比較的新時代の傾向があった。羅福星は中国人で
あったが、彼は「これは台湾総督府に対する戦争であり、我々
は日本人を追い出さなければならない」と主張し、貧民の同
感を得て、その組織を迅速に発展させ、すごぶる台湾ナショ
ナリズムの思想があった(13)。

　一九一三年の関帝廟事件は「自由な台湾国」を作ることを
もって目的としていた。同年の苗栗事件は辛亥革命の影響を
受けた大陸の中国人が介入し、引き起こしたものであり、そ
の目標は「共和制を基礎にした台湾国」を作ることであった。
一九一五年の西來庵事件は「大明慈悲国」をもって国号とし、
その目標は仏道をもって基礎として国家を作ろうとするもの

であり、事件の主謀者は各地に激を飛ばし、台湾人の決起を
促した。その同志は全島各地に広がり、後にこの事件によっ
て検挙された者は二〇〇〇人の多きに達した。以上の事件が
示していることは台湾人意識はこの時期にすでに比較的明確
になっているということであった。もしも民族主義が一群の
人々が同一国家のもとで生活したい願望と運動であるとする
ならば、台湾民主国から西來庵事件までの二〇年間は台湾民
族主義形成の胎動期とみなせるであろう。この時期の意識上
の特徴は「台湾人」としての共同意識であったが、その他の
民族と区別する強固な意識としての民族意識つまりいわゆる
「台湾民族意識」はまだ形成されていなかった。「民族」の概
念が台湾に流入したのは辛亥革命発生以後のことであっ
た(14)。

　血のうらみは台湾住民の一体感を強め、台湾人意識を強め
た。一方で日本で初期の治台政策は「異民族政策」をとり、
台湾人を異民族であるとみなし、同時に台湾の文化を尊重し、
これも台湾人意識の形成を助けた。さらにもう一つの要素と
して、日本植民地統治当局が意図したことではなかったが、
結果的に台湾人の共同意識を促進した。それは台湾総督府が
台湾で各種の施設を作ったことであった。１．本来、台湾の各
エスニック・グループの間で、言葉が通じなかった。日本当
局は台湾人に対して、日本語教育を強制し、結果的に日本語
は各エスニック・グループの間の共通の言葉になり、各エス
ニック・グループの間のコミュニケーションの道具となった。
２．道路、車道、鉄道の拡充、通信手段の普及は台湾住民の間

の往来を便利にし、住民間の感情を伝え合う機会を提供した。
3．経済建設は台湾住民の生活を多様化させ、住民間で相互接
触の機会を増大させ、各エスニック・グループの間の理解を
促進させた。さらに第一次世界大戦の講和の際、米国大統領
ウィルソンの提唱した民族自決のスローガンも台湾人を激励
し、台湾人のアイデンティティを促進した。実際、これは台
湾人のウィルソンのスローガンに対する誤解であった。ウィ
ルソンのスローガンはただ東欧の諸民族に限定されただけで、
彼はアジア、アフリカ、ラテン・アメリカの諸民族の自決を
考慮していなかった。このほか一九一九年に朝鮮で発生した
三一独立運動やその後百年の闘争を経て、独立を獲得したア
イルランドも台湾人に対して非常に大きな刺激になった。す
べてのこのようなことは台湾人意識を促進させた。とりわけ
上述の国際情勢も「台湾民族」意識の誕生を促進した(15)。

　ここで漢文の意味の「民族主義」という名詞を思い出して
みよう。当時、漢字文化圏の「民族」という二文字に対する
理解は濃厚な血統の意義があった。西欧で誕生したナショナ
リズム (nationalism) の潮流は一九世紀に東欧からラテン・ア
メリカに伝播した。一九世紀後半に東北アジアに伝わり、二
〇世紀になって、はじめてアジアやアフリカに伝わった。漢
字文化圏は nationalism を「民族主義」と翻訳している。漢字
文化圏の国家は nationalism の潮流がアジアに流入するのを見
て、日本はもはやアイヌ民族、琉球民族の存在を承認せず、
これを大和民族の中に含めている。孫中山は明らかに漢民族
主義者であり、彼は漢民族、満州民族、モンゴル民族、ウイ

グル民族、チベット民族の五族共和を主張してから、五族が
いつかそれぞれ自分が一つの独立した民族であると主張し、
各自が独立国を作ることを非常に恐れた。孫中山は一つの新
しい名詞「中華民族」という言葉を作り、各民族に信じ込ま
せた。一九一五年以後、台湾人の抵抗運動は政治運動に転換
し、この運動は台湾文化、台湾人意識を高めた。このような
変化の原因は、台湾人が武力抵抗をもって日本の統治を覆す
ことはできないと認識しはじめ、さらに日本で近代教育を受
けた知識人が増加することによって、政治運動は比較的彼ら
に合うものであったことによる。日本の治台政策は同化主義
に変わり、つまり台湾の政治運動は台湾民族主義の時期にな
り、この政策の変化は偶然ではなかった。日本当局は柔軟な
日本人化教育をもって台湾人を教育することは効果的である
と考え、その結果、台湾人を日本人に同化させることを期待
した。しかしその他の面で、台湾の政治運動者は台湾人が台
湾人の固有の性格を維持すべきであると考えていた(16)。

　「台湾議会設置請願理由書」の用語はまわりくどく、全編
を通じて「民族主義」と「民族自決」という言葉は見られな
いが、提起している「特別参政権」はまさに民族自決概念の
主張を隠し持っている。同化が不可能であり、望まないと主
張することは台湾人が自分自身の文化的アイデンティティを
保持する権利をもっていることを意味しており（すなわちこ
この文書の終わりのほうで言っている「台湾の新附の同胞の
言語、風習、その正当な権利」）これを言い換えれば、台湾
人の文化的アイデンティティ権は承認され、保護されるべき

であった。しかし日本国民の一人として、一般的形式的な日本国民の参政権は台湾人の文化的アイデンティティを保護できず、ただ特殊な参政権 (つまり台湾人全体をもって単位とする自治権) をもってはじめて有効に台湾人の特殊な文化的アイデンティティを保護できる。これは文化をもって確定された政治的権利が非常に明確な一種の民族自決権の概念になるということであった。台湾議会請願運動で提起された台湾人の「特別参政権」はたとえ日本帝国体制内の自治主義であるにしても、シン・フェイン党あるいは朝鮮の三一運動の訴えと比較してみると充分に保守的であったが、この温和で保守的な自治主義とシン・フェイン党あるいは朝鮮の三一運動の急進的な独立路線は「民族自決」の精神において一致していた。彼らは文化的アイデンティティを保護することと「民族的公共空間」の政治権力をもつことを主張した。この初期の台湾議会請願運動の台湾自決論の中で我々はすでに一つの非中国的な漢民族の台湾民族主義の雛形を見ることができる。もちろん、この生まれたばかりの漢民族の台湾民族主義の主な「運命共同体」の政治的論述は独特の台湾民族文化の論述は一九三〇年代初期になってはじめて出現した。全体的に言えば、この新しく生まれた台湾民族自決論は第一次世界大戦後のウィルソンの自由主義的な民族自決思想と日本の大正デモクラシー思想の共通の産物であった。一人の国際法学者として泉哲の植民理論は強くウィルソン主義の影響を受けて明らかな民族自決の色彩をもっていた。彼は国際連盟規約第二二条の精神から発展した「植民地本位」の理念によって直接、

台湾人の自己認識に影響を与えた。「台湾青年」創刊号に書い
た祝賀論文「台湾島民に告ぐ」の中で、泉哲は次のような簡
潔な一言で彼の「植民地本位」の理念を述べている。「台湾は
総督府の台湾ではなくて台湾島民の台湾である。」さらに研究
が必要であるけれども、泉哲のこの言葉は蔡培火の霊感を引
き起こし、彼は「我が島と我等」という一分の中で「台湾は
帝国の台湾であると同時に我等台湾人の台湾である」という
名言を残している。我々は泉哲と蔡培火のこの二つの同工異
曲の名言から「台湾は台湾人の台湾たらざるべからず」とい
う言葉を導き出すことができ、その後一〇年余りの台湾抗日
運動の唯一の各派を結びつける共通の立場になり、決定的に
台湾人の台湾に対する「民族の想像」を作り出した(17)。

　この時代の台湾ナショナリズムに関して、中国大陸の台湾
人活動家と台湾の活動家は微妙な差があったけれども、彼ら
が主張する「台湾民族」は「中華民族」について言えば、ほ
とんど距離がなかった。ここで前者の若干の言論を紹介して
みよう。「我が台湾、朝鮮民族はすべて漢民族の血統を引いて
いる。日本人はこのような血統に対して、同じく敵視してい
る。」(彭華英、一九二四年)。「中国の同胞よ。我々台湾人も漢
民族である。台湾人は日本人ではない。諸君らは日本人を排
斥するが、絶対に台湾人を排斥できない。台湾人は中国人で
ある。」(林茂鋒、一九二五年)。「私は将来中国と台湾の関係は
次のようになると思う。中国は帝国主義を採用しないし、台
湾を植民地にすることもしない。台湾解放が成功してから、
台湾は独立するであろう。万一、いろいろな原因によって、

両地の人民が中台連邦を成立させると考えるが、合併させようと考える時、必ず台湾の全体の人民の自由意志で決定すべきである。台湾解放の過程の中で中国はその地位にあり、台湾に十分協力するべきである。」(呉麗水、一九二六年)。彼らは台湾独立を主張したけれども、彼らの台湾民族と日本民族の境界線は非常にはっきりしていたが、中華民族とははっきりしていなかった。台湾島内の活動家の民族観も類似の状況にあった。「植民地の自決は必要である。我が日本帝国は朝鮮、台湾、日本の三つの民族から構成されている。一つの民族が一つの国家をもつことは当然のことである。」(林九龍、一九二五年)。「台湾議会設置請願運動は台湾自治運動であり、我々植民地の土着人民が民族自決あるいは民族自治運動を実行すべきである。」(蘇惟梁、一九二五年)。「台湾は中華民族であり、日本国民でもあるが、台湾人は日華親善の架け橋になれるだろう。台湾人と日本人は同じ時代に中国の血統を継承し、同じ文化を吸収してきた。このため台湾人と日本人は同じ能力をもっている。」(蒋渭水、一九二七年)。一九二八年、台湾共産党が成立し、党綱は無産階級革命を主張する以外に、台湾民族の独立と台湾共和国の建設を主張していた(18)。

　六三法は台湾総督専制政治と各種悪法の根源であり、林献堂は「いかにして六三法を廃止させるが、たとえいかなる犠牲を払ってもかまわない」という言葉を残している。六三法の廃止は全台湾民族解放運動について言えば、ただ危機を救うための運動であり、民本主義が高まった当時においてもちろん東京の台湾留学生を満足させることはできなかった。さ

らに政治的権利を要求することは必然の勢いであり、同時に
彼らの脳裏に生まれた潜在意識となった。しかし六三法撤廃
運動が開始された当時に具体化せず、六三法撤廃運動の後、
いかに善後策を講じるかこの点は考えられていなかった。後
に新思想の影響を受けて留学生の思想も次第に台湾完全自治
に発展させる主張が生まれてきて、その思想の主流となり、
「完全自治」は当時確かにもっとも影響力がある主張であっ
たが、当時の政治環境はほかの一つの問題を引き起こすこと
になった。とりわけ一九一九年に田総督が赴任した後、内地
延長主義を主張することは「完全自治」を主張することと必
然的に正面衝突した。それゆえ少数の現実を重視する人であ
る蔡培火、蔡式穀、鄭松筠はあえて同意しなかった。彼らは
台湾議会を設置させることを主張し、台湾総督が六三法を根
拠にしてもっている委任立法権を継承しようとし、日本帝国
議会が台湾総督に委任している律令制定権を台湾議会の委任
立法権にさせようとし、これは理論上、内地延長主義と正面
衝突するばかりでなく、実際に総督の特別立法権を剥奪させ
ることにもなる。

　ここで一つの問題をはっきりさせたい。それは六三法撤廃
と台湾議会の理論である。六三法は台湾の特殊事情を根拠に
して、六三法撤廃運動の理論上の帰結は台湾の特殊事情を否
定することであった。台湾議会設置運動は台湾の特殊事情を
主張することであり、理論上、六三法を根拠にしていること
を承認することであり、純理論的立場から言えば、六三法撤
廃と台湾議会運動は前後矛盾していたが、実際はそうではな

く、なぜならば六三法撤廃の目的は総督の専制特権を剥奪さ
せることにあり、台湾議会は剥奪された委任立法権を議会に
おいて公開審議させ、台湾人の立場から台湾の特別立法権を
得ようとした。それゆえ台湾民族解放運動の段取りは順序に
行った。

　新民会の最初の実際運動――六三法撤廃運動――がまさに
行なわれている時、これに対して、二三の反対論があり、明
治大学卒業後東京で研究を続けていた林呈禄は六三法撤廃運
動が台湾の特殊性を否認し、いわゆる内地延長主義を肯定す
ることにほかならないとして六三法撤廃運動を停止すること
を提唱し、台湾の特殊性を強調する台湾特別議会を設置させ
ることを主張した。林呈禄の理論は新民会会員に大きな影響
を与え、「六三法撤廃運動」は「台湾議会設置請願運動」にと
って変わった。

　筆者は台湾議会設置請願運動は台湾独立要求運動であると
思うが、その根拠は以下の五つである。

　第一に台湾議会設置請願運動は法律制定権と予算議決権か
らなる立法権を要求する運動であった。それゆえに立法権を
もつ台湾議会は立法権をもつ帝国議会と同等の権限をもつこ
とになる。立法権をもたず条例制定権しかもたない府県会と
台湾議会とは明らかに異なってる。台湾議会設置請願運動が
立法権を要求している以上、請願運動は台湾自治要求運動で
はなくて、台湾独立要求運動であるということになる。

　第二に次のことが言える。民族的にみて、日本民族と漢族
系台湾人は異なっており、一八九五年まで別の国 (清国) によ

って統治されていた。日本側の同化主義といった台湾人を日
本人化させようとする論理に台湾側は、請願運動といった台
湾人と日本人は異なるとする論理で対抗した。このように「同
化」ではなく、「異化」を目指す請願運動者が「自治」程度で
満足できるとは思われない。これらのことから台湾議会設置
請願運動は台湾自治要求運動を越え、台湾独立要求運動まで
構想していたということになる。

　第三に以下のことが言える。請願運動はアイルランド方式
をモデルにしていたがゆえ第一段階として「自治」を獲得し、
第二段階として「独立」を得ようとしていた。しかし当時の
状況から考えて、一気に「独立」に向かうのは困難であるが
ゆえに、まず「自治」を得ようとした。すなわち請願運動者
にとって「自治」は目的ではなく過程であり、「独立」が目的
であった。これらのことから台湾議会設置請願運動は台湾自
治要求運動ではなくて、台湾独立要求運動であるということ
になる。

　第四に次のことが言える。請願運動者は、台湾憲法制定を
構想していた。本来、憲法とは国家が制定するものであって、
地方自治体が制定するものではない。地方自治体には条例制
定権はあっても、憲法制定権はない。もし憲法を制定できる
団体があれば、それは地方自治体ではなくて、国家である。
独立した国家のみが制定しうる憲法を台湾議会が制定しうる
と構想していたがゆえに、台湾議会設置請願運動は台湾自治
要求運動ではなくて、台湾独立要求運動を意味するというこ
とになる。

　第五に以下のことが言える。もし日本側が請願運動を台湾自治運動 (官選による「地方自治」か、民選による「植民地自治」かを問わず) であると思っていたならば、台湾議会の設置を認めるはずである。たとえ台湾に「自治」を与えたところで、台湾は日本の支配下にあり続ける。しかし日本は台湾議会の設置を認めなかった。その理由は、日本が請願運動を自治要求運動ではなくて、独立要求運動であると考えていたからである。これらのことから台湾議会設置請願運動は台湾自治要求運動ではなくて、台湾独立要求運動であるということになる。それゆえ台湾議会設置請願運動は台湾自治要求運動ではなくて、台湾独立要求運動であるということになる。

　台湾文化協会の政治思想は以下の通りである。台湾文化協会は一九二一年に成立し、一九三一年に解散し、主な構成員には林献堂、蔡培火、蒋渭水、黄旺成、謝南光、連温卿、王敏川、謝雪紅であり、その一貫している政治思想は台湾独立思想であった。たとえば台湾文化協会はかつて台湾議会設置請願運動を支持することを提起した (請願運動は立法権を要求する台湾独立運動であった) 決議および台湾共産党支部の指導下の台湾文化協会と台湾共産党 (台湾共産党は台湾独立を主張した) は同じ政治的主張をし、すべて独立思想の具体的表現であった。しかし黄旺成と謝南光はその後、常に中国に行き、中国統一思想の影響を受けて、その立場を換えた。第一時期 (一九二一年～一九二七年) は民族主義思想の時期であり、指導者は林献堂、蔡培火、蒋渭水であり、彼らは地主資本家階級と中産階級をもって中心とし、民族的自覚と台

湾人民の解放を主張していた。第二時期 (一九二七年～一九
二九年) は社会民主主義思想の時期であり、指導者は連温卿
らであり、彼らは農民、労働者、小商人、プチブル階級をも
って中心とし、台湾人の地位を高めようとした。第三時期 (一
九二九年～一九三一年) は共産主義思想の時期であり、指導
者は王敏川らであり、彼らは台湾文化協会を台湾共産党の外
郭団体とし、日本帝国主義を打倒することを主張した。

　台湾文化協会は一九二七年以前はほとんどすべての台湾抗
日運動者が参加する団体であり、民族自決主義思想をもって
基礎とし、台湾を解放させることを目標としていた。しかし
一九二七年ごろ連温卿や王敏川らの社会主義的傾向をもった
多くの青年が台湾文化協会に加入した。自由主義思想と民主
主義思想をもった林献堂、蔡培火、蒋渭水らは社会主義思想
に反対し、台湾文化協会を脱退した。一九二七年から一九二
九年まで台湾文化協会は社会主義的傾向をもった抗日団体に
なった。一九二九年ごろ台湾共産党の影響を受けて、共産主
義思想をもつ人が増加した。共産主義思想をもつ王敏川は社
会民主主義思想をもつ連温卿を台湾文化協会から追放した。
その後一九三一年に日本の警察は台湾共産党員と台湾文化協
会会員を逮捕し、このため台湾文化協会は解散した。

　台湾文化協会は大多数の台湾人民の民族意識を高め、台湾
人民に台湾独立思想を生み出させ、このことから台湾文化協
会の主な幹部にも台湾独立思想があったことがわかる。それ
ゆえ我々は台湾文化協会の政治思想の中心が台湾独立思想で
あるということができる。一九二七年一月、台湾文化協会は

台中市公会堂で臨時大会を挙行し、左派と右派は正式に決裂し、左派の連温卿は奪権に成功し、台湾文化協会の本来の重要な幹部の林献堂、蔡培火、蒋渭水らは中央委員の職を辞することを宣言し、旧幹部は次々と脱退し、ほかに政党を組織し、同年七月一〇日に「台湾民衆党」を成立させた。台湾民衆党は前後三年七ヶ月を経て、一九三一年二月一八日に「民族自決」を主張し、「反母国」的尖鋭的態度を取ったため、総督府に強制的に解散させられた。民衆党は成立したけれども、内部対立が生まれ、政治路線において温和な林献堂、蔡培火らは体制内改革を採用し、過激な蒋渭水派は体制を改革することを主張した。民衆党が解散させられてまもなく中心的人物の蒋渭水は世を去った。その後、民衆党は台湾総督府によって禁止させられた。

　台湾民衆党の政治思想は以下の通りである。台湾民衆党の指導原理案の中で民本政治の確立を主張しており、立憲政事の精神を根拠として、総督専制政治に反対し、司法、立法、行政の三権を完全に独立させ、台湾人に参政権を与えることであった。これは台湾議会設置請願運動の主張 (請願運動の要求は日本帝国議会と別に台湾議会を設置させることを要求すること) と同じであり、台湾独立を意味することに等しい。台湾民衆党は第三次大会の中で以下の宣言をした。「ロシア革命、ドイツ工場暴動、イギリス労働総同盟ストと日本無産政党の出現などは無産階級の台頭を表している。しかもエジプトがイギリスの支配を離れ、トルコが独立し、インドが自治運動を行ない、中国が国民革命を行なうことは弱小民族が

勃興し、帝国主義の圧迫下で、解放を求めようとする現代の
二つの大きな新興勢力となっている。それゆえ植民地の弱小
民族がお互いに支援しあい、世界の帝国主義の支配下の無産
階級と日本無産大衆が共同戦線と攻守同盟を結ぶ。台湾人の
解放を求めるために全台湾人の総動員を促し、対外的に世界
の弱小民族と国際無産階級と相互に連絡し、共同して奮闘し
てはじめて目的を達成できる。」「台湾人の解放」という言
葉は台湾独立を意味しており、それゆえ台湾民衆党は台湾独
立思想を内に含んでいる。台湾総督府は台湾民衆党を禁止す
る理由として以下のことを述べている。「この政党の指導精
神は民族運動と階級闘争に連なっている。その政策は明らか
に総督府政治に反対し、ただちに植民地民衆を圧迫する悪法
を廃止することを要求し、たとえ民族運動という文字を使わ
なくても、これが民族運動のための表現と断定でき、綱領の
中でさらに被圧迫民衆の政治的自由を勝ち取ることを提起し、
暗に植民地独立を強調している。」『台湾総督府警察沿革誌』
の叙述の中から、台湾民衆党が台湾独立思想をもっていたこ
とを知ることができる。

　台湾地方自治連盟は台湾人の政治団体であり、自治を実現
し、選挙に参加することをもって目的とし、民衆党の温和派
が脱党して成立させ、一九三〇年に蔡培火、林献堂らが台湾
民衆党の左傾化し、路線の異なる蒋渭水に掌握されたことを
鑑みて、このため別の団体を組織した。同年、楊肇嘉は蔡培
火の要請に応じて台湾に帰って台湾地方自治連盟を組織し、
楊肇嘉、蔡式穀などが常務理事になり、林献堂は顧問になっ

た。彼らは文協、農組、工友総連盟などの急進派に「灰色紳士」と批判され、ただ統治者に対して叩頭的請願をして、協議員の職を甘受していると批判された。台湾地方自治連盟は州市街庄の協議員を民選に変え、協議会を議決機関に変えることを要求した。台湾地方自治連盟が成立してから、少なからぬ民衆党党員は、党を越えて、派閥を生み出す民衆党の内部争いを生み出し、民衆党中央はついに党員が両党に加入することを禁止し、台湾地方自治連盟はこのため民衆党と正式に決裂した。台湾地方自治連盟は多くの台湾議会設置請願運動の指導者を網羅していたが、台湾議会設置請願運動に積極的ではなかった。一九三五年、台湾のはじめての地方選挙が行なわれ、台湾地方自治連盟が推薦した一一人が当選した(ただ新竹州だけが落選した)。一九三七年七月の日中戦争が勃発したあとの一週間目に台湾地方自治連盟は自発的に解散した。『台湾総督府警察沿革誌』の中で以下のように述べられている「政治運動は植民地の被統治民族の意識のもとで民族主義の立場に立って行動する本島人の合法的政治運動である。本土の政治運動は一切の政治的要求が民族自決のためであり、あるいは民族自治であり、言い換えれば『台湾は台湾人の台湾でなけらばならない』という願望を基礎にしている。本島政治運動の勃興の動機を構成する原因を検討したければ、最初に中国革命の発展の影響をあげるべきである。中国人民と共通する言語、風俗、習慣をもち、一衣帯水の台湾海峡を隔てて連なる中国革命運動の勃興は本島知識階層に与える影響は極めて大きなものがあった。特に本島民族運動の先駆であ

り、指導者としての林献堂と蔡恵如などは機会があることに
孫文以下の革命的領袖と会見し、意見を交換し、この事実は
注目に値する。第二にあげるべきことは欧州戦後の民族自決
主義の台頭とこれに伴う各国植民地の民族運動の勃興の刺激
であり、その概況は序説で述べた。第三に内地の民主主義と
自由主義思想の影響である。本島政治運動は内地の自由主義
者、民主主義者の学者と政治家などが与えた善意の援助によ
るものであり、すべての運動の方式、手段などは完全にその
指導下に行なわれていることは論を待たない(19)。」以上の内
容から「政治運動」の実例を見ると、台湾地方自治連盟の要
求は台湾独立に代表される台湾議会設置請願運動の後身とみ
なされ、ゆえに台湾地方自治連盟の政治思想は台湾独立思想
を意味することになる。

　台湾共産党の政治思想は台湾民族形成論である。台湾の原
住民はマレー・ポリネシア系であった。明朝と清朝の時、台
湾海峡を渡ることは非常に危険であり、このため中国大陸か
ら台湾に移民してくる大多数は男性であった。このため漢民
族の男性と原住民の女性が結婚し、現在の台湾民族となった。
本来の中国民族とは異なるマレー・ポリネシア系の混血の台
湾民族が生まれた。そして謝雪紅の政治思想も中国民族とは
異なる台湾民族が形成されたという台湾民族論であった。台
湾共産党の政治思想は台湾革命論であった。第一の特色は植
民地解放戦略は中国革命と日本革命の一部ではなくて、台湾
革命をもって構想していた。第二の特色は無産階級が階級闘
争を行ない、労働者階級と農民階級の力を強め、資本主義を

打倒し、工農民主の独裁政権を作ろうとする台湾革命論であった。台湾共産党の政治思想は台湾独立運動論であった。一八九五年に成立した台湾民主国の台湾抗日運動、一九〇七年の北埔事件、一九一二年の土庫事件、一九一五年の西來庵事件はこのことを説明している。これらの事件の本質は台湾抗日運動であり、つまり台湾独立運動であった。続けて言えば、中国民族と異なる台湾民族の台湾独立運動と中華民国から独立した台湾共和国を作ろうとする構想であった。台湾民主国の共和制は台湾共和国のモデルとなった。謝雪紅の政治思想は台湾民主国の建国以来の抗日運動であり、連続性をもち、中国民族と異なる台湾民族の台湾独立運動であった。台湾共産党の政治思想は台湾共和国建国論であった。謝雪紅は台湾民族の独立と台湾共和国の建国を主張していた。当時、台湾で結成された抗日団体の中で、台湾共産党がはじめて台湾民族の独立と台湾共和国の建国を主張する団体となった。台湾共産党は日本共産党と中国共産党から援助を受けており、特に台湾民族の独立と台湾共和国の建国を行なおうとした。特に中国民族の対立概念となる台湾民族の形成と中華民国の対立概念となる台湾共和国の建国であった。謝雪紅の政治思想とは中国民族と異なる台湾民族が形成され、中華民国と異なる台湾共和国を建国させようとする思想であった。ここで台湾ナショナリズムの傾向をもつ団体を列挙してみると、色々な団体があり、百花繚乱であるが、実際はそれぞれの団体は相互に重複し、人数は多くなく、設立されたのは検挙される危険性のない中国であった。このように、「台湾民族」、「台湾

独立」の理念は台湾各地に浸透せず、その影響力は大きくな
かった。

（一）台湾自治協会

　上海台湾青年会の中で、多数の幹部は上海にいる台湾人で
あり、一九二四年五月にほかに一つの団体を組織し、その名
を台湾自治協会と言った。台湾自治協会は民族自決主義を根
拠にし、台湾を独立させようとした。青年会と協力し合い、
対立する団体ではなかった。その会の住所は青年会館の中に
置かれた。五月三一日に以下の宣言を発表した。「我等台湾民
族は結局、牧場の牧草に等しく、牛馬の飼料に供されている。
哀れな虫のような日々を送っている我等台湾人がもし世界の
弱小民族の解放運動に参加し、自由を獲得し、束縛から解放
され、自由平等の天国を作る希望があれば、我等台湾人は命
を捨てても、惜しくなく、多くの血を流し、亡国の奴隷とな
ることを願わないフィリピンとインドの諸同志の後を進む。
我等がもし少なからずスパイであり、異民族の走狗である密
偵であれば、常に我々のまわりに集り、調査して、褒美をも
らいたいであろう。しかも帝国主義者は我々を圧迫する資料
を探すであろう。我々台湾人は根本的な民族的自覚を堅持す
ることを願い、我が親愛なる中国同胞が、我等の自治運動を
助けることを願っている。」一九二四年一二月一日、台湾青年
会と台湾自治協会は合同茶会を務本英文専門学校で開いた。
自治協会はその場で宣言ビラを巻き、祖国台湾人が団結し、
祖国の人士が台湾問題に関心をもつべきであり、台湾人が祖

国の援助のもと、革命事業を発展させ、台湾独立を実現させ
ることを強調した。同年三月の間、すでに「平社」という新
組織が結成されていた。一九二五年一二月、上海台湾学生連
合会と読書会の二つの団体が成立した。両者の主張と見解は
それぞれ異なり、一致しがたかった。上海台湾青年会と上海
台湾自治協会は輝かし、活動の歴史を残すことはなく、その
後もはやいかなる消息を聞くことはなかった(20)。

(二) 台韓同志会

　まず一九二四年六月二十九日に上海戈登路南方大学で「台
韓同志会」という新組織を作った。

　台韓同志会規約

　本会は台韓独立を実現させ、自由連邦を建設することをも
って唯一の目的としている。すべての本会加入者は絶対に下
記の規約を守るべきである。本会は台韓互助主義を採用し、
民族解放を実現させることを期す。意味がない自治運動に賛
同しない。脅迫に屈伏せず、犠牲的精神をもって行動する。
成功失敗にかかわらず、いかなる手段を用いても、我等の目
的を達成させるため、万難を排して、これを強行する(21)。

(三) 台湾尚志社

　台湾尚志社は廈門大学で学んでいた嘉義人李思禎が一九二
三年六月二〇日に創設し、民族思想を喚起し、民族自決主義
を実行し、日本の統治から離脱することをもって目的としてい
いた。北京と上海の台湾人たちと同じように台湾の日本当局
が台湾議会期成同盟会会員を検挙したことに対し、激しい反
対の態度をとった。尚志社は一九二四年一月三〇日にはじめ
て廈門台湾学生大会を開き、「台湾総督府の歴代の圧迫政策
に反対」し、「台湾総督府の議会請願者に対する不法な拘束に
反対」するという二つの決議をし、「宣言書」一部を東京、台
湾、国内各地の革命志士に送り、一致した反日行動を取るよ
うに求めた。しかし当時の廈門は日本人の勢力に抑えれられ
ており、この決議と宣言が発表されてから、日本駐廈門領事
館の厳しい取り締まりを受けた。しかし日本の高圧的政策が
台湾学生の民族思想を消滅させることはできなかった(22)。

(四) 廈門中国台湾同志会

　その後、林茂鉾、郭丙辛は中心となって、中国と台湾の学
生を募集し、共同して「廈門中国台湾同志会」を組織した。
しかし一九二五年四月一八日、廈門市内の各所で同会の第一
次宣言が張られた。同月二四日、さらに第二次宣言が張られ
た。同年の六月の間、廈門で創刊された「中国台湾青年社」
は同会の機関紙であると推定される。ここで当会の第二次宣
言を述べてみよう。

中国台湾同志会の厦門における第二次宣言

　五月九日がすでに近づきつつあり、大逆非道の二一ヶ条は
まだ撤廃されず、旅順と大連が満期になってから、すでに二
年が経った。中国の同胞たちよ！我々台湾人も漢民族である。
我々の祖先は福建、漳州、泉州、広東、潮州の出身者である。
清国の暴政を逃れて、漢民族の発展をはかるために、台湾に
移住してきた。日清戦争の結果、清朝は台湾を日本に割譲し、
東洋の一番の宝物を倭人の手にゆだねた。厦門の台湾人同胞
よ！我々台湾人は日本人ではない。日本人は我々の仇敵であ
り、排斥し、親しくするべき出はない。我々台湾人は漢民族
であり、中国人の同胞である。お互いに協力すべきであり、
お互いに圧迫しあうべきではない。厦門の台湾人同胞よ！
我々は自分の地位を理解すべきである。我々はいつでもどこ
でも日本人から圧迫を受ける。それゆえ臥薪嘗胆するべきで
あり、報復し、恥じを注ぐ準備をすべきである。厦門で正業
につくべきであり、日本人に悪用されるべきではない。厦門
の台湾人同胞よ！我々は国の恥じを覚えているべきであり、
永遠に国恥記念日を忘れるべきではない。団結し、奮闘し、
国土を回収し、不平等条約を撤廃し、外国の羈絆を逃れ、独
立自主の民治国を建設すべきである(23)。

(五) 閩南台湾学生連合会

　厦門の学生の中で、嘉義の李思禎 (厦門大学)、北門郡の郭
丙辛 (中華中学)、彰化の王慶勲 (厦門大学)、台北の翁沢生、
洪朝宗 (集美中学)、基隆の許植亭 (同文書院)、台南の江万里

(中華中学教員) らは、数回の集会を経て、閩南台湾学生連合
会を組織することを決定した。一九二四年四月二五日、成立
大会が廈門の柳新甫長寿学校で行なわれた。参加者は四〇〇
名だった。同日と翌二六日、同校で舞台を架設し、新劇を上
演した。ほとんど台湾の時事問題を内容としており、たとえ
ば「八卦山」と「冤罪を受ける」などすべて台湾人の悲惨な
状態を描き、日本人の暴虐を風刺していた。まず同年五月に
本学生連合会は宣伝機関紙を発行することを計画し、閩南台
湾学生連合会共鳴社と名づけた。嘉義の荘泗川、張棟の二人
が幹部になり、各方面に投稿を求めた。創刊号には以下のよ
うな文章がのせられた。

　台湾同胞たちよ、目覚めよ！目覚めよ！

　諸君の血の涙をもって諸君の自由にとってかえよ！

　中華の同胞よ、目覚めよ！目覚めよ(24)！

　閩南台湾学生連合会は一九二五年になって、上海台湾学生
連合会とお互いに連絡を取り合った。思想的に同様に分裂し
はじめ、同一組織の中で統合させることはできなかった。い
わゆる思想が異なるため分裂しはじめ、会員は次第に離散し
はじめた。連合会は有名無実になり、ついに消滅した(25)。

(六) 中台同志会

　祖国を思慕する羅東街の情熱的な青年呉麗水は、一九二三
年に密かに上海に渡った。一九二五年五月、同じ故郷の出身
の青年李振芳に会った。話し合ってから、お互いに同じ思想
をもつ同志となった。同じ見解をもち、台湾民族を解放させ

るため、革命を起こして、独立を図る以外に、よい策はない
として、自ら革命団体を組織することにした。中山中学堂教
員の文化震の協力を得て、同校教員の陳君起、趙作霖らを集
めて組織に参加させた。しかも趣旨書を作成し、日本帝国主
義の侵略を排除しなければならないと論じ、台湾人と中国人
は必ず帝国主義者の侵略に対して、協力しなければならない
とした。もし台湾が独立し、中国も日本の侮辱を免れたけれ
ば、中台両地は利害が同じであり、同志は必ず努力して、合
作すべきである。以上の人々の奔走によって、南京の台湾人
と中国人学生の協力を得て、約四〇名が入会した(26)。

　一九二六年三月二六日、南京新街中山中学堂で中台同志会
結成式が行なわれ、規約が決められ、宣言が発表された。

　中台同志会宣言書

　今、中台同志会が成立し、一方で両地の民衆の要求を示し、
もう一方で反帝国主義戦線の実際の連合の先駆となっている。
本会はすでに両地の民衆の要求を代表させることをもって使
命としているばかりでなく、両地の民衆の戦線の連合をもっ
て任務としている。それゆえ本会の工作の第一歩は両地の民
衆の実際の要求の意識を喚起し、本会に対して将来の希望を
抱かせることである。まず中台両地の民衆に完全に日本帝国
主義の羈絆から離脱させ、その後、中台両地の民衆に、さら
に緊密な政治的関係を生み出させることである。台湾の現地
の民族にとって、一律平等の原則をもって、相互間の友好関
係を樹立する。厳にここに宣言する(27)。

　中台同志会は、中国と台湾の両地の有志が組織したけれど

も、実際の原動力は情熱的な呉麗水と林振芳の二人が奔走した結果である。二人は日本政府に捕らえられ、入獄してから、同志会は中心人物を失った。各地の分会はまだ組織されていず、南京の総本部も組織されていず、次第に消滅していった。呉と林の二人の情熱は春の夢と化した(28)。

(七) 台湾民主党

台湾民主党の発起人は劉邦漢であり、その精神的指導者は丘琮 (念台) だった。一九二七年三月、台湾青年の林雲連、余文興、黄会元、鄭阿源、林煥樵であり、日本の台湾に対する暴虐統治に対して、不満であり、相次いで厦門に密航し、香港、広東に至って、劉邦漢と連絡をとり、お互いに同志となり、ついに広東地区の台湾革命勢力の中心グループとなった。九一八事変が勃発し、その後、一二八事変が勃発し、劉邦漢は革命の政党を結成する時期が来たと考え、一九二二年三月七日、林雲連と中山大学の中国人学生劉福栄を誘って協議した。彼らは台湾民主党を組織し、反日的革命闘争に従事することを決議した。劉邦漢が起草した組織大綱によれば、この革命組織のモットーは以下の通りであった。「本党は民族自主の精神をもとに、異民族日本帝国主義者の統治をくつがえし、台湾民族の民主国を建設することをもって目的としている。本党は台湾四百万漢民族同胞をもって基礎とし、内外の被圧迫民族と連合し、民族闘争の革命手段を実行し、前項の目的を達成したい(29)。」

四、おわりに

　以上、述べたように日本統治時代後期の台湾政治思想の中
で現れた抗日思想の原因は以下のように述べることができる。
日本は中国と台湾を侵略し、台湾民主国の成立をもたらした。
台湾民主国とその後、武装抗日運動を指導した台湾人たちは
「台湾民族主義」を主張し、台湾人に属する独立国を作ろう
とした。その後、台湾人は続けて日本軍に抵抗し、多くの台
湾人に属する独立国を作ろうとすることをもって目的とする
抗日運動を行なった。たとえば土庫事件、関帝廟事件、苗栗
事件、六甲事件、西來庵事件などはすべて台湾人の独立国を
作ろうとする運動であった。一九一五年の西來庵事件の後、
台湾人の抗日運動は武装抗日運動から合法抗日運動に転換し
た。台湾人は六三法撤廃運動、台湾議会設置請願運動をおこ
し、日本人の統治に抵抗した。一九二〇年代に林献堂、蒋渭
水、蔡培火、謝雪紅、連温卿、王敏川などは台湾文化協会を
組織し、抗日運動を続けた。その後、台湾人は次々と台湾民
衆党、台湾地方自治連盟、台湾共産党を組織し、台湾文化協
会に続く抗日運動を行なった。これらの抗日団体の思想は台
湾独立思想をもって中心としていると言える。中国における
台湾学生は一方で学校で学びながら、もう一方で台湾独立思
想の影響を受けて多くの団体を組織した。たとえば台湾自治
協会、台韓同志会、台湾尚志社、厦門中国台湾同志会、閩南
南台湾学生連合会、中台同志会、台湾民主党などであった。
台湾人の抗日団体は一九三〇年代後半に日本政府によって弾

圧されて解散させられたが、台湾独立思想は依然として存続
しつづけ、彭明敏、李登輝、民進党、建国党などに継承され、
台湾独立思想の影響力は今まで存続している。

第二節　中国統一思想が生まれた原因

　孫中山は中国国民党を作り、中華民族主義の主張をもって
中華民国を建国し、中国統一を主張した。北埔事件、土庫事
件、苗栗事件、南投事件、大湖事件は台湾と中国統一をもっ
て目標としていた。一九二〇年代に中国大陸の台湾人は各自
で多くの抗日団体を作り、これらの団体は中国統一思想をも
っていた。

一、中国統一思想に関する研究史

　本節が解明したいことは孫中山の中国統一思想と台湾抗日
思想との関連である。孫中山は一八九四年興中会を作り、そ
の後、「中華民族」をもって組織する国家をつくろうとした。
孫中山は一九一一年の辛亥革命で大清帝国の統治をくつがえ
し、中華民国を創立した。当時、全国各地の軍閥は私兵を擁
し、中央の管轄を受けなかった。孫中山は全国を統一をさせ
ようとして、広東政府を作り、広東地域を統治し、北京政府
の管轄を受けず、彼が逝去してから蒋介石が北伐を続いた。
いわゆる国民革命とは中国国民党が三民主義を実現させよう
とする革命を意味している。台湾の国民党は今に至るまで国
民革命の実現を期しているが、一般的に一九二四年の国民党

の改組から一九二八年の北伐の完成までの軍事行動を指している。国民革命の目標は封建軍閥を打倒し、不平等条約を撤廃させ、国家の完全な独立と自由を獲得させることにあった。一九二六年から一九二八年まで蒋介石は各地を討伐し、全国を統一したが、当時は中国共産党の勢力も台頭しはじめていた。その後、一九三二年に日本は中国東北で満州帝国を作らせ、一九三七年に中国を侵略し、中国はこのような内憂外患のもと、全国を統一できなかった。一九四五年に第二次世界大戦は終わり、日本軍は中国から撤退し、満州国は消滅した。そして中国大陸では「国共内戦」がはじまった。一九四九年に蒋介石の国民党政府は台湾に撤退し、「中国統一」を主張し、国民党と共産党は今に至るまで中国統一の主張を堅持し続けている。国民革命時代の孫中山の中国統一の主張と願望は今まで実現できず、今も中国と台湾は統一されていない。この主題と関連する論文としては黄旺成『台湾省通志稿』革命志抗日篇(30)、蒋永敬『国民革命と中国統一運動』(31)、李雲漢『国民革命と台湾光復の歴史的原因』(32)、謝東閔『国民革命運動と台湾』(33)、陳三井『国民革命と台湾』(34)、蒋子駿『国民革命と台湾の関係』(35)、林国章『民族主義と台湾抗日運動』(36) であり、本論文で引用している。

　いわゆる「中国民族主義」を簡単に定義するならば、一種の「統一的中国」をもって理想とする社会的政治意識形態であり、「台湾民族主義」とは一種の「独立的台湾」をもって理想とする社会的政治意識形態である。

　「中華民族」とは孫中山が原形を提供し、蒋介石が修正し

た。孫中山は革命の時に「異民族を駆逐し、中華民族を回復
させる」ことを呼びかけたが、中華民国を建国してから、五
族共和説に変えた。清末江蘇都督程徳全が設計した五色旗は
五族共和論の産物だった (後に中華民国国旗となり、一九二
七年に国民党が中国の政権をとるまで援用された)。第一次世
界大戦後に「民族自決論」が世界に広まり、五族はそれぞれ
積極的に外に支援を求め、孫中山は米国の「熔鉱炉理論」を
借用し、「中華民族」を作った。米国が欧州各民族の各移民を
融合させ、一つの米国民族を作ろうとしたのと同じように彼
は中国国内の各民族を「融合」し、一つの中華民族を作ろう
と考えた。ここの「中華民族」の「族」は単数形であり、そ
の存在する性質も将来、完成する状態になるということであ
った。蒋介石は「中華民族」を一つの民族にし、この民族が
五つの種族 (漢、満、蒙、回、蔵) によって構成されるという
ことであった。このような認識の民族政策によって、多くの
種族が異質性を除去して同化政策をとろうとした。この理論
が書かれているのは、彼が署名して出版された『中国の運命』
の中であり、その後、台湾の各学校の教科書の中に書かれ、
その影響力は強いものであった。これは皆が知っている「中
華民族」の定義であった(37)。

　最初に中国統一思想と台湾抗日思想を概観し、さらにその
思想を論述し、その後、その内容に分析検討を加え、最後に
その政治思想上の意義を述べてみよう。

二、中華民族主義論

　漢民族意識あるいは中華民族主義の思想と精神を信じては
じめて、台湾人が次から次へと抗日運動を続けてきた主要な
原因が分かる。王暁波は我々が中国近代史全体を考えるよう
にと、以下のことを述べている。「七七抗戦」の前には「九一
八事変」があり、「九一八事変」の前には「済南事件」があり、
「済南事件」の前には、パリ講和会議が引き起こした「五四
運動」があり、「五四運動」の前には「二一ヶ条」があり、「二
一ヶ条」の前には「日清戦争」と下関条約と台湾割譲があっ
た。それゆえ近代中国民族主義の「原点」の「原点」は実際
は台湾にあった。そして近代中国民族主義の「原点」はまさ
に抗日精神にあった(38)。事実上、確かに日本が中国を侵略し
たことで引き起こした日清戦争と下関条約と台湾割譲は近代
中国民族主義の覚醒を引き起こし、一連の政治、社会、文化
などの改造運動を引き起こした。その中の最も顕著なものは
孫中山の革命救国運動と康有為と梁啓超の戊戌変法と立憲運
動だった。まさに政治を革新し、国家の危機を救い、強国に
し、外国の侵略に抵抗する民族主義と抗日精神は台湾民衆が
日本化を排斥し、漢文化の精神を保存し、台湾の抗日民族運
動を支持し、台湾の光復運動に向かおうとするためであっ
た(39)。王詩琅は台湾民族運動に対して以下の結論を下してい
る。「それは台湾の反日民族解放運動であり、台湾住民と祖国
同胞の関係と同じように日本の統治者が意図し、努力したが、
失敗に帰し、台湾の反日民族解放運動は祖国と永遠に離れる

ことはできず、ずっと祖国の影響下で芽生え、成長してきた
ものであった(40)。」植民地統治下で絶対多数の台湾人の心の
中で根深く存在しているアイデンティティはあまねく漢民族
意識をもっているということである。それは中華民族主義の
信念が確かに抗日精神の中心であることは争えない事実であ
る。近代中国歴史において国民革命運動と台湾の関係は密接
不可分であり、お互いに呼応しあい終始繋がり切れることな
く関連をもち、永遠に続く民族的感情をもっていた。国民革
命運動は一八九四年の興中会の創設に発展して後、日清戦争
が勝負を決めた年のことだった。孫中山はこの運動の主張者
であり、推進者であり、蒋介石はこの運動の継承者であった。
下関条約の調印と台湾の陥落は国民革命運動の怒りを引き起
こし、一九四五年の対日抗戦の勝利は台湾を再び祖国の懐に
抱かせ、国民革命の奮闘する目標を達成したばかりでなく、
台湾を中華民国の一部とし、中華民国を再建する復興基地に
した(41)。

　中華民国元年の元旦に中華民国大総統孫中山は就職宣言に
おいて中華民国の統一の意義について次のように言った。
「国家のもとは人民にあり、漢、満、蒙、回、蔵などの地域
を一つの国とし、つまり漢、満、蒙、回、蔵を一つの民族と
し、これを民族の統一という。武漢は最初であり、十数所が
独立し、いわゆる独立とは清廷から逃れ、各所を連合させ、
モンゴルとチベットも同様であり、行動は一致し、分裂せず、
中央政府を作り、国土を管理し、これを領土の統一という。
ドラを鳴らし、旗を立て、武器をもつ戦士を十余所に広め、

編成が揃わず、号令が揃わなくても、目的が同じであり、共通の目的によって、共通の行動があり、行動が一致してれば、これが軍政の統一でなければなんであろうか。国家の領土が広く、人も多く、各省には異なる風俗習慣があり、この清廷が中央集権の法律をもってこれを行ない、ついに見せかけの立憲の制度を作ったが、今、各省は連合し、お互いに自治を図り、その後、行政がうまくいくかどうかは中央政府と各省の関係の調整による。大綱が整い、項目が列挙されることが内地の統一である。清朝時代に立憲の名を借りて、財政の実をあげ、税金をとりたて、人民の生活を乱し、その後、国家の経費は人民から調達され、必ずや合理性をもつべきであり、とりわけ社会経済組織を改良し、人民に生活を楽しませ、これを財政の統一という(42)。」

　総じて国民革命軍が広州から出陣して以来、前後して二年が過ぎ、その間、共産党の破壊行動があったが、全国の統一が完成した。この偉大な成功は実際、総司令官蒋介石の指導によるものだった。董顯光は有史以来広東と広西から出兵し、秦統一以来の全国統一の功労者であり、実際はじめてのことであった。もとより太平天国は広西から起こり、遥かに河北省の南部に広がったが、その後、中止され、進まず、軍記が乱れ、人々を指導できず、結果的に失敗した。蒋総統は全国の南の都市から、国民革命軍を率いて、北方の都に到達し、この成功は実際に空前の偉大なことであった(43)。

三、血は水よりも濃い——台湾と大陸の一体関係

　歴史の効用の一つは多くの文献の中で、若い世代に悠久の
過去に親密なアイデンティティ感を生まれさせ、その恩恵を
忘れさせないことになる。もし我々が歴史をひも解くならば、
台湾の過去を振り返ってみると、台湾と中国大陸の深くて長
い関係を理解することができる。台湾史は漢民族が台湾を開
拓し、経営し、移民した歴史である。政治、経済、文化の色々
な原因のために、先民たちは「大海を渡り、荒れ地を切り開
き」、「道を作り、山林を切り開き」、さらに後の者たちに伝え、
苦労し、「この土地を開拓し」、数世紀の苦しい経営を経て、
現代的な社会を作り、美しい豊かな宝島を建設した。「血は水
よりも濃い」——これは台湾と大陸の一体の関係を最もよく
示しているものであり、ここで (一) 歴史的原因、(二) 地縁
的関係、(三) 血縁的関係、(四) 文化的関係の四つの面から、
以下別々に説明してみよう(44)。

(一) 歴史的原因

　台湾歴史が中国歴史の一部になって、すでに久しい。『尚書
禹貢編』は当時の中国を九州に区分し、揚州の中の一つとし、
その領域は北は淮河にいたり、東南は海にいたる。康熙三六
年の『台湾府志』は台湾が禹貢の揚州に属し、その大部分は
「相当既知のこと」であるとされている。もとより夏朝の行
政力はここまで及ばなかったが、その時の大陸文化 (龍山文
化) はすでに本島に伝えられたことは、すでに争えない事実

となっている。元初において海外に対して、非常に積極的に
なり、二回に渡って、台湾を経営しようとしたが、成功しな
かった。元朝中葉にいたって、正式に澎湖に巡検司を置き、
島嶼を管轄し、泉州同安に隷属させ、台湾経営史における一
つの大きなことだった。明朝にいたって、台湾の地位は次第
に明確化してきた。今の琉球群島は藩属とされ、（時にこれ
を大琉球と称した）、別に台湾は琉球と称され、万歴年間にい
たって、はじめて台湾と改称された。明初に北方のモンゴル
のために明の太祖は海外戦略に対して、多くは消極的政策を
とり、台湾を経営する気がないばかりでなく、中国の版図に
入っている澎湖すら放棄した。それゆえ明朝の台湾の経営は
多くは個人をもって主体とし、その中で顔思斉、鄭芝龍、林
道乾、林鳳などが最も有名であった。明が滅びてから、鄭成
功は故国を復興させようとし、船で南京を攻め、最後に台湾
を取り、反清復明の根拠地にし、鄭氏は長期にあたり、清に
抵抗し、「屯田兵」の政策を取り、それぞれ台湾各地で屯田兵
に開墾させ、台湾に定住しようとし、これも漢民族の台湾開
拓成功の主な基礎になった。我々の先人が台湾を開発経営し
たことを顧みてみると、民族的英雄鄭成功の偉業は特に後世
の人々の懐かしさと尊敬の念を抱かせている。鄭氏三代は二
三年を経て、台湾南部一帯の開発経営を行ない、成功した。
台湾は康熙年間に清朝の版図に入り、清廷が行なった政策は
一言で言えば、台湾の内地化であり、中国本土の各省の一部
にすることであった。沈葆禎、丁日昌、劉銘伝の三人の最高
行政長官の開山撫番と設官分治を経て、それぞれ新建設を推

進し、台湾近代化を作る基礎にした。台湾歴史を顧みてみる
と、台湾はかつて二回、異民族に支配され、オランダ人が台
湾を三八年間、占領し、日本人が台湾を五〇年間統治した。
しかしオランダ人は鄭成功に追放され、台湾ははじめて光復
し、日本人は武力を使い、軍隊をもって侵略を行なったが、
日本人は降服し、悪い結果になった。この時から、五〇年占
領された台湾は再び祖国の懐に抱かれた(45)。

（二）地縁的関係

　台湾と大陸の地縁的関係を論じるならば、時間的に今から
約三億年前の「古生代」に溯るべきであり、空間的に台湾本
島、台湾海峡、福建、江西、広西、広東などの地域にまで拡
大させるべきである。遥か二億年前に台湾は造山運動の作用
によって、海底のしわが隆起することによって一つの島にな
った。この二億年来、台湾は絶えず変化し、ある時は島にな
り、我々の現在の状態と同じようになり、大陸とわかれたが、
ある時は大陸と繋がり、それは台湾海峡のすべての海水がな
くなり、台湾海峡が水面の上に現れた。その時、まだ人類が
いなかったが、さもなけらば、海を渡って人々は直接に台湾
から大陸に行くこともできた。科学の進歩は非常に早く、近
年のある人の研究のよれば、台湾と大陸が分離した時間は一
万年、つまり第四氷河期が終わり「後氷河期」に入る時であ
り、もし第五氷河期が来れば、極地の氷原が拡大し、海水量
が減少し、台湾と大陸は完全に改めて一緒になる。さらにあ
る人が言うには澎湖と台湾は陸続きであり、ずっと今から六

494

千二百年前まで繋がっており、澎湖列島南部と福建の間も五千四百年前まで台湾を経て陸続きであった。このことから見れば、台湾途大陸は地縁的に確かに密接不可分である(46)。

(三) 血縁的関係

連横 (雅堂) の『台湾通史』風俗史は次のように言っている。「台湾の人は中国の人であり、さらに閩南と広東の族である。」これは台湾と大陸が血縁的に親密な関係にあることを説明している。中華民族は中原で生まれ、数千年来、東と西と南に向かって拡大し、さらに北と東に向かって発展し、最後に西南と東南を開拓し、中国の版図の中で、多くの民族を同化させ、融合させ、一体にし、大きな中華民族を作らせた。中華民族の台湾における発展は中国大陸のその他の地区よりも遅かったが、最近になって、その開拓奮闘の過程は、大部分文献の中でわずかな部分を占めているだけであるが、中華文化の力が大きいことを説明している。漢民族が台湾を経営することは最も早くは大規模の移民が明末清初に来たことによる。台湾に移民してきたものの戸籍の範囲は広東、福建に属する泉州、漳州、汀州、龍岩州、福州、興化、永春などの人々が多く、その中で泉州から来た人が最も早く最も多く、広東に属する嘉応州、恵州、潮州などの人が多く、その中で嘉応州、恵州から来た人が比較的早く比較的多く、浙江省などのその他の各省から台湾に来た人は非常に少なかった。オランダ、スペイン両国が台湾の南部と北部を占領する以前に漢人はすでに台湾で漁業に従事し、貿易を行ない、相当、活

躍していた。一六三八年のオランダ東インド総督の報告によれば、当時、台湾の漢族の人口は約一万一千人であり、オランダ統治時代末期の漢人の人口は女子供を除いて、二万五千人の人口に達した。漢族の人口は次第に増大し、経済力も発展し、漢人社会を形成し、中華民族の生存領域を拡大し、後世に伝え、深い血縁関係を続けてきた(47)。

（四）文化関係

　一つの民族の成長は、血縁の関係によるばかりでなく、文化的要素がさらに重要になってくる。例を挙げて言えば、中国歴史の発展の過程において、非常に多くの異民族の要素が漢族をもって主体とする中華民族の中に含まれるようになり、彼らが夷、狄、戎、蠻あるいは台湾の土着民の後裔であるかに関わらず、彼らが風俗、習慣、言語、思想において大多数の中国人と同じであるならば、彼らも中華民族の一員である。

　台湾は中国の広大な地域の片隅にあり、漢族が移住してきたところであり、中原文化が存在しているところである。このため台湾住民の衣食住行動、風俗習慣、宗教信仰、言語文字、家族制度、社会組織はすべて大陸のものを踏襲してきており、文化的な源は一体の関係にある。精神的なレベルから台湾同胞も中原文化の若干の特質を継承してきており、それを広めている。中原文化の特質は王道精神であり、公理を論じ、平和を愛好し、他国を侵略しないことにある。台湾歴史を振り返ってみると、我を捨て、人を愛し、平和を保つことは歴史の中の多くの事実である。自分の土地を重視すること

は中原文化のもう一つの極めて人情味豊かな特質であり、譲ることは美徳であるという習俗からわかり、台湾の若干の民族もこの特質をもっている。これを総じて言えば、台湾の歴史的発展は昔から今までわずかに外部の人々、たとえばオランダや日本などの若干の影響を受けたことを除いて、すべての発展の過程は完全に中原文化に影響されたものであると言える。台湾は確かに宝島であり、それは島国の洗練された特性であるばかりでなく、それは中国文化を発展させることもできる。このため中原文化はこの地域で最もよく発展し、それゆえ文化が盛んになり、人材が輩出されてきた。今日の台湾は全中華民族を代表するばかりでなく、中華文化の伝統を代表し、現段階において中原文化の精神的な砦となり、さらに将来、中華文化を復興させる根拠地になる(48)。

四、国民革命と台湾の密接な関係

孫中山は一八八五年に革命を志し、清廷を打倒しようとし、一八九四年一一月二四日、はじめての革命団体——興中会を壇香山で作った。興中会の始めての分会は二年目に（一八九五年）に横浜で成立し、二番目に分会は台北で成立し、時間は大体一八九七年だった。興中会台湾分会は陳少白が作った。陳少白は広東の新会の人であり、孫中山が早くから香港の西医書院で学んでいた時の同級生であり、もっとも早くから革命を鼓吹していた同志であり、彼と孫中山は尤列、楊鶴齢とともに「四大寇」と称されていた。陳少白が台湾に来た目的は「そこの中国人と連絡するためであった」。一八九八年、陳

少白は台湾に行き、その時、半年間、台湾にとどまった。孫
中山は一九〇〇年九月二五日、神戸から「台南丸」に乗って、
下関を経て台湾に来て、二八日に基隆に達し、台北に入った。
孫中山はかつて台湾総督児玉源太郎と民政長官後藤新平と会
ったことがあり、二人は革命軍の蜂起を援助することを約束
していた。すべて順調であり、孫中山は鄭士良に一〇月八日
に恵州で蜂起をすることを命令した。思いがけないことに、
この時、日本の内閣は突然、改組され、伊藤博文が首相にな
り、前内閣の政策を改め、児玉が中国革命の軍事的援助をす
ることを許さないとした。軍事的援助を得られず、恵州蜂起
の計画は行なわれなかった。孫中山の今回の台湾における滞
在は四二日間だけであり、主な仕事は恵州蜂起の計画だけで
あった(49)。

　一九〇五年八月、中国革命同盟会は東京で成立した。一九
一〇年、一人の若い中国革命同盟会員王兆倍が台北に来た。
この戸籍が福建漳州の革命青年は敬虔なキリスト教徒であり、
血気盛んな革命の闘士であった。同級生の中で同じ志をもつ
友人――台南の翁俊明と知り合った。王の影響と同盟会の革
命のモットーによって、翁はついに同年五月一日、同盟会に
加入することを誓い、中国同盟会の最初の会員になった。同
年九月の間に中国の同盟会は漳州で組織の翁俊明を交通委員
として台湾での仕事の責任者にし、台湾の同盟会として、中
国同盟会台湾分会を設立させた。孫中山が二回目に台湾に来
たのは一九一三年の第二次革命に失敗してからであった。孫
中山は日本の客船「信濃丸」に乗って、台湾に来て、その後、

日本に行った。孫中山が今回、台湾に来たのは台湾総督府の派遣員の接待によるものであり、台北の御成町梅屋敷 (現在の中山北路の国父史跡記念館) に住み、日本人の警護が厳しく、知るものは少なく、台湾人党員の翁俊明と会った以外はいかなる活動もしなかった。孫中山の今回の台湾滞在の時間は短く、同月中旬に「信濃丸」に乗って、台湾を離れて、日本の神戸に行った(50)。

　孫中山の三回目の来台は一九一八年六月に護法軍政府大元帥の職を辞してからであり、広州から汕頭に行き、汕頭から台北へ経て、日本に行った。孫中山が今回、日本に行ったことはついでであること以外に、さらに重要な計画と意義があった。この重要な計画と意義はたとえば戴季陶が一九二七年に広州の中山大学の台湾革命青年団に対する講演会で言った言葉に表れているように「台湾同胞と会いたければ、彼の意見を発表し、彼の主義を宣伝し、民族主義を喚起し、愛国精神を鼓舞しなければならない」であった。しかし台湾を統治する日本当局は孫中山が長い時間、台湾にとどまることを許さず、いろいろな方法で孫中山が上陸し、台湾人と会うことを阻止し、彼らは国民革命思想が台湾で根をはり、台湾人の民族意識を目覚めさせ、彼らが台湾の植民地統治に対して反対することを恐れた。戴季陶のこの言葉において同時に蒋渭水が逝去する以前に台湾問題に関する意見を述べ、彼は次のように言った。「総理が逝去する前に私は北京で病気になっていた総理を世話し、総理は日本に関する二三の重要なことを論じ、総理は次のように言った。『我々が日本に対して少な

くとも三つあり、一つは日本と中国が結んだ一切の不平等条
約を廃止し、二つは台湾と高麗に最低限度の自治を獲得させ
ることである。』これは中山さんが逝去する前に台湾に対して
残した遺言であり、彼は死に臨んで圧迫統治されている台湾
同胞を忘れることはできないと言った。」不幸なことにこの偉
大な革命の指導者は一九二五年三月一二日に世を去った。悪
いことが伝わり、祖国の各地に分散し、日本人の統治下にあ
った台湾人は統治に悲しく辛い気分になった。北京大学に学
んでいた愛国学生は北京大学の台湾同学会の名義で以下の対
聯を送った。「三〇〇万の目覚めたばかりの台湾人同胞をだ
れが指導するのか。四〇年にわたって祖国が完成できない事
業は我々をのぞいてだれが負えるか。」日本人は有形無形の
台湾人の孫中山に対する追悼を禁止したが、永遠に台湾人の
孫中山に対する憧れと崇拝の念を阻止できず、永遠に台湾同
胞と漢民族の血肉の関係を切れなかった(51)。

五、中国革命の台湾抗日運動に対する激励

　辛亥革命（一九一一年）成功と中華民国の建国は本来、繋が
りが深く台湾人民のアイデンティティと一致し、民族主義の
心理は大いなる激励を受けた。

　（一）一九〇七年の北埔の蔡清琳は中国兵が中国に上陸して、
台湾を回収すると称した。

　（二）一九一二年の嘉義黄朝が指導した土庫事件は中国革命
を模倣し、中国が援助し、蜂起し、王と称した。

　（三）一九一三年の苗栗の羅福星は台湾を中華民国に回収さ

せようとした。

(四) 一九一四年の沈阿栄の蜂起は台湾を中国に回収させることに目的とした。

(五) 一九一四年大湖の張火爐の蜂起は台湾を回収し、中国に復帰させようとした。

とりわけ羅福星は辛亥の三二九蜂起に参加し、台湾の志士が抗日の義挙に参加するように呼びかけ、計画が漏れて連座する者が多かったが愛国の情があり、なにごとも恐れず身を捨てて敵と戦う民族的感情があり、その悲しみは、長く伝えることができ、日本当局を驚かせるものだった。彼は自白書の中で日本の台湾侵略の一〇あまりの暴政を訴えて、次のように言った。「我が中華民族の台湾人はいったん我が輩のこの行動の聞くならば、皆、賛成し、すばらしいではないか！」また、自白詩のあとで次のように述べている。「余の志はここまでであり、ただ死刑にされるを願うだけであり、その名を台湾に留めたい。」さらに「絶命詞」、「君を愛する詩を寄せる」の三首の詩は国家に対する愛情が表れている。ここで「絶命詞」を述べてみよう。

自分の頭をだれかが取って、馬の革で死体を包んで返す必要はない。

勇士は活躍し、大声で歌を歌い、自分だけが英雄になることを厭わない。

三百万の人民は団結し、軍隊の士気は高い

・・・・・・

男は歌を歌い、軍人になり、台湾の仇を報いたい。

・・・・・・

「我が民国を祝う詞」には「中華民国を孫逸仙が救う」内
容が含まれている。

中国はさらに強くなり、国土も大きくなることを祝う。

人民は四海はみな兄弟であると思い、国の根本は盛んにな
っている。

孫逸仙は国に輝きを与え、その品徳は長く伝わる。

孫逸仙は特効薬を作り、人を救い、病を治せる(52)。

蒋渭水は孫中山思想の影響を受けた医者であり、台北医学
校に入ってから、民族意識にあふれた社会の運動家になった。
「治警事件」によって入獄してから蒋渭水は獄中で「太陽君」
つまり「青天白日旗」のことを非常に想い、彼は名言「中華
民族をもって日本国民となる台湾人」という言葉を残してい
る。一九二七年に台湾民衆党が成立してから一度、「上に青、
下に赤、中央に白日」の党旗を制定し、蒋渭水の影響を受け
た民衆党の主張の中で漢文教育を回復させ、中国旅行用旅券
を撤廃し、日本の再度の中国出兵に反対し、孫中山の記念式
典に代表を派遣するなどの事項を含んでいた。中国人が台湾
に来るとき、蒋渭水は必ずこれと連絡をとり、台湾の中華会
館で連絡を続け、台湾の双十節と孫中山の記念活動に蒋渭水
は熱心に参加した。生活においては、蒋渭水は家で常に中国
語で家人としゃべり、中国人を家に呼んで中国語を教えても
らい、多くの場合、会議や写真において蒋渭水は多くは中国
風の服を着た。このように蒋渭水は公私にわたって「祖国に

対する懐かしさ」の民族的な感情があった。林献堂の祖国意
識も非常に強烈であり、終生にわたって日本語を読まず、日
本語をしゃべらず、和服を着ず、下駄を着ず、日本人としゃ
べる時は必ず通訳を連れていた。台湾人は異民族に統治され
た孤島の遺民であったけれども、常に祖国に対し、憧れてい
た。とりわけ、北伐の成功、全国の統一、訓政の開始後の治
績が台湾に伝わった時、台湾同胞の故国の文物に対する憧れ
を抑えることはできなかった。一九三六年、台湾新民報社は
「華南考察団」を組織し、林献堂は彼らを率いて廈門、福州、
汕頭、香港、廣州、上海などの地を遊歴し、考察した。上海
で華僑団体の関係をうけた際、林献堂はその席で次のように
述べた。「私は祖国に帰って、非常に愉快である。」このこと
は日本のスパイが台湾軍部に伝え、「台湾日々新報」にまず掲
載され、林献堂の「祖国」という言葉は激しく批判され、台
湾軍部の参謀長の萩洲はやくざに命じ、台中公園で林献堂を
殴らせ、これが有名な「祖国事件」であり、つまり「林献堂
筆禍事件」であった「祖国事件」は台湾抗日運動の中の小さ
な事件だったけれどもその意義は大きく、それが示している
のは台湾抗日運動の終局的目標が「祖国回帰」であるという
ことだった(53)。

六、台湾人の祖国における運動

(一) 北京台湾青年会

日本は台湾人が大陸に行く時「中国旅行用旅券」を規定し、

日本本土から中国大陸からこのような証明書は必要なかった。
このような法令上の不平等台湾青年に日本を経由して祖国に
帰る道を残し、一九二二年になると、日本経由して北京にわ
たる台湾人学生はすでに三〇人になっていた。彼らの多くは
北京大学で学び、この北京大学が台湾青年たちの連絡の中心
になっていた。一九一九年の五四運動後の民族主義思想の高
まり、東京台湾青年会の呼びかけ、林献堂が発起した台湾議
会設置請願運動の進展、民族主義啓蒙運動を開く台湾文化協
会の形成などはすべて北京の台湾青年たちに鼓舞と啓示、つ
まり自由を勝ち取る時期が来たと知らせた。一九二二年一月
に三二名の台湾青年は正式に緊密な関係を保ち、会の規定と
趣旨は「会員の意志を疎通させる」という一言であり、この
「会員の意志」とは抗日革命の意味を含んでいた。この認識
を元にして、本会と北方の国民党の人は密接に連絡をとり、
国民党の人は有力な援助を与えた。この六人の名誉会員の中
で、三人 (蔡元培、李石曾、王法勤) は国民党北方の党務の責
任者であり、その中の王法勤は台湾青年たちととりわけ特殊
な関係をもっていた。北京台湾青年会は上述の組織上の二種
類の特質をもっていたにもかかわらず、当時の国際政治の情
勢下で彼らは台湾本島の工作について台湾文化協会の台湾議
会設置請願運動に呼応するばかりでなく機会を利用し、文字
で台湾人の民族思想と抗日感情を激発させた。一九二三年一
二月に台湾の日本当局は台湾議会期成同盟会に対し、検挙を
行ない、北京台湾青年会は華北台湾人大会を開き、沈痛な宣
言を発表し、日本人の台湾人に対する無理な圧迫に対して、

台湾青年たちが「一致して奮闘する」ことを呼びかけた(54)。

(二) 韓台革命同志会

　台湾青年会と同時に北京には韓台革命同志会があった。かつてこの同志会に参加したことがある洪炎秋教授の回想によれば、この韓台革命同志会は北京エスペラント専門学校で学んでいた台湾の宜蘭人の張鐘鈴と韓国の留中学生の呉基星が発起し、参加者数は一〇名に過ぎなかったが、台湾人の張鐘鈴と呉基星以外にさらに朝陽大学の李金鐘、呂茂宗、楊克培等数人であった。彼らは数回会議を開いて、会則を定め、行動綱領草案を提起したが、台湾の同志と韓国の同志の出身背景によって革命の趣旨と行動綱領についての主張が異なり、この連合の組織は長く続けることはできなかった。最後に台湾の同志もわざと延期し会議を開かず、最後までやらなかった。その後、韓国の同志は上海で暗殺や暴動などの激しい反日行動をとり、台湾の同志は多くは中国国民党に参加し、全中華民族の解放のために奮闘した。一九二四年、北京大学で学んでいた宋文瑞 (後に宋斐如に改名した) は東京台湾留学生が出版した「台湾青年」に呼応して「少年台湾」という月刊誌を出版し、宋が編集長となり、洪炎秋と張我軍が執筆者となり、民族思想と反日感情を鼓吹することに従事し、ただ八、九期出版しただけだったけれども、台湾青年に対する思想上の影響は非常に大きかった(55)。

（三）上海台湾青年会

　民族主義者の蔡恵如は台湾を祖国に復帰させようとし、常
に台湾、東京、祖国南北各地を奔走し、同志を救護し、団体
を組織した。北京台湾青年会が成立してから、蔡恵如は常に
上海に住む台湾人の組織を作ろうとした。一九二三年一〇月
一二日に上海で台湾学生一〇名を集め、上海南方大学で会議
を行ない、上海台湾青年会を組織した。その目的は台湾革命
をおこし、日本帝国主義を打倒しようとした。しかし表面的
に学生の間の感情をよくし、東西文化を研究することを看板
としていた。参加者は謝廉清、施文杞、許乃昌、許水、游金
水、李孝順、林鵬飛などであった。一九二四年五月九日に中
国国民は対日外交大会で、国恥記念大会を開いた時、上海台
湾青年会幹部はデモに参加し、多くの以下のようなビラをま
いた。「我が台湾は獰猛な日本帝国主義者に奪われ、二六〇万
の同胞は略奪され、圧迫されている。しかし台湾人は今すで
に目覚め、祖国の諸君と握手し、団結するを願い、共通の敵
の日本帝国主義を打倒したい。諸君に自由と独立のために我
等台湾人を援助してくれるように頼む」(56)。

（四）広東台湾革命青年団

　「台湾先鋒」のスローガンは非常に多く、まとめてみると、
ペンを武器にして、日本帝国主義に対する総攻撃をしようと
するものだった。それは以下の通りである。

　台湾は台湾人の台湾である。

台湾民衆よ、団結せよ。

中国民族よ、団結せよ。

日本帝国主義を打倒せよ(57)。

戴天仇 (戴季陶) が「孫中山と台湾」という講演を行なった
が、その内容は以下の通りであった。「今日は非常によい機会
であり、台湾同胞青年たちと会って、二種類の感情が生まれ
た。一つは喜ばしい感情だった。台湾民族は我々中国民族で
あり、台湾の領土は我々中国の領土である。日本は武力と強
権で我が土地を奪い、我が台湾同胞を奴隷にし、このため悲
しい感情が生まれた。しかし本日、縁があって、台湾同胞と
会って、一種の言い難い親愛の感情が生まれた。さらに諸君
の熱烈な精神と勇敢な態度を見て、喜びの感情が生まれた。
台湾民衆は我が中国の民衆であり、台湾の民衆の団結は我が
中国民衆の力であった(58)。」

一九二七年七月二四日、張月澄は上海総領事館で逮捕され、
ただちに台湾に移送された。同時にふだんから張月澄と連絡
していた簡錦銘は、草屯で逮捕された。同年八月六日、台湾
各地で検挙されはじめた。名簿によると、逮捕者は全部で六
四名だった(59)。

(五) 衆友会

衆友会は反日革命思想の民間秘密組織であり、創立者は台
中の清水人の曾宗であり、組織し、企画し、大陸と連絡を取
った人は中国国民党の党員蔡淑悔だった。蔡は清水人であり、
一九二二年に上海に渡り、清心中学で学び、翌年に北京大学

予科に入った。学校で曾は三民主義の理論を研究しており、中国国民党に入り、革命救国のために奮闘することを願っていた。一九二五年に曾は南下し、広東で黄埔軍官学校の試験を受けたが、体格がよくなくて、合格しなかったので、北京大学の戻って、勉強することにした。一九二七年に再び南下し、革命に参加し、中国国民党福建省党部幹事になり、閩南出身の党員の丁超五、宋淵原、張貞等に接近し、いつも台湾の革命光復運動を援助してくれるように提言した。蔡は一九二九年一〇月に台湾に戻り、すぐに曾と連絡を取り、衆友会の秘密革命活動に参加し、大陸と連絡し、救援する工作を行なった。一九三一年の満州事変が勃発して、日中間の関係は緊張しはじめた衆友会の会員たちは革命を始める絶好の時期が来たと考え、金を集め、武器を買い、蜂起を準備することを決めた。高雄地区の責任者黄温は廈門に行き、武器を買う以外に、曾は国姓村で密かに武器を作った。しかし廈門で買った武器はよくなかったし、試作の火薬の状態も理想的なものではなかったので、一九三四年まで延期し、実行しなかった。思いがけず、衆友会の蜂起の行動は日本の警察に疑われ、曾宗と蔡淑悔の行動はすでに密かに監視され、蔡淑悔が台湾を離れ、大陸に戻る前に日本の警察に逮捕された。その他の衆友会会員は検挙され、全部で逮捕者は四二七人の多きに達した。衆友会の首領の曾宗は廈門で武器を買う呂清池とともに拷問を受け、獄中で死亡し、蔡淑悔等二五名は判決を受け、前後して起訴処分を受けたものは三〇〇人に達し、一九三〇年の霧社事件以来の最大の抗日事件となった(60)。

（六）台湾革命同盟会

　一九二七年七月七日に蘆溝橋事件が勃発し、中国の対日抗戦の序幕となった。これは民族の生存と国家の独立を擁護するための日中両国の日清戦争以来の歴史の血の償いのための総決算であり、中華民族の国の恥じを注ぎ、失われた領土を回復させるための最もよい機会となった。抗戦初期に華南地区で活動した台湾抗日革命団体には六つあった。 (1) 台湾民族革命総同盟、(2) 台湾革命党、(3) 台湾青年革命党、(4) 台湾独立革命党、 (5) 台湾国民党、 (6) 台湾光復団。この六個の革命組織は祖国の対日抗戦に参加し、台湾光復を勝ち取ることをもって目的としていたけれども、統一的な指導を欠き、力は集中せず、行動は一致しがたかった。中国国民党中央組織部はこれを鑑みて、台湾抗日の革命の力の統一を図ろうとした。部長の朱家驊の斡旋を経て、各団体の責任者は中央組織の指導下に台湾革命同盟会を組織し、共同で抗日光復の事業に努力することに同意した。一九四一年二月一〇日に台湾革命同盟会はついに正式に重慶で成立した。会則を制定し、その組織の趣旨を以下のように定めた。「本会は中国国民党の指導下に一切の台湾革命の力を集中させ、日本帝国主義を打倒し、台湾を光復させ、祖国と協力し、三民主義の新中国を建設することをモットーとしている。」台湾革命同盟会の成立の初期にその指導機構は主席団制をとっていた。台湾革命同盟会は組織形態において、政党に類似していたけれども、基本的性質において、民衆団体であり、中央組織部の訓練に

よって、この会は翁俊明が率いる台湾党部直属の指導を受けるべきだった。本会は「宣伝が組織に優先する」認識によって、まず一九四三年四月一五日、機関紙「新台湾」を創刊し、林嘯鯤が編集長になり、その発刊の言葉は新台湾建設の方向について、概括的な説明をしていた。台湾革命同盟会はついに台湾人民の代表の地位につき、一九四三年四月一七日の下関条約四八年の記念日に宣言を発表し、国際間で台湾を共同管理する誤謬を激しく批判した。宣言の中で次のように説明した。「台湾の土地は本来、中国の領土であり、鄭成功が建国者であり、台湾人の九五パーセントは台湾人であり、もし土地の人民をもって論じるならば、台湾は中国に帰るべきであることは疑いない。」一九四三年一一月二一日から二八日まで台湾革命同盟会は重慶で第三回代表大会を開き、その後、宣言を発表し、次のように宣告した。「各民族には生存する政府を選択する原則があり、我々は台湾人を代表し、全世界に向かって宣言する。我々は中華民国に帰ることを決定し、台湾がその祖国に戻ることを要求する(61)。」

(七) 台湾義勇隊

抗戦の戦火が揚子江以南に及んだ時、北京上海浙江閩南諸省の台湾青年たちはついに団結し、武器を取り、戦闘の列に加わった。この小さな武力は数人の黄埔軍官学校を卒業した台湾人学生が指導した。一九四二年に命令を受けて、浙江から福建に転進し、最後に龍巌で指揮部を設立させた。その後、閩南をもって基地とし、台湾人の武装抗日の工作を組織し、

訓練した。台湾義勇隊の総人数は一八四名だった。抗日は全民族の責任であり、台湾義勇隊は抗日戦争の舞台の中の唯一の台湾人が組織し、台湾人が呼びかけた武装部隊であり、このため台湾人の祖国抗日に参加する代表と見なされ、台湾人が祖国抗戦を擁護し、支持する象徴にもなった。台湾義勇隊は台湾少年団を附設させ、その目的は台湾人の少年たちに対して、世話と教育を与え、愛国愛郷の観念を養成させるためだった。少年団の団長は王正南であり、隊員は全部で一一六名であり、年齢の最年長は一六歳であり、最年少は八歳であった。このような少年兵は祖国のために、歌を歌い、踊りを踊り、最後に栄光と勝利を迎えようとした。一九三八年一月九日に三民主義青年団が正式に成立した。団長を兼ねる蒋介石の呼びかけのもと、各省の地区で非常に早く団の組織が作られ、青年の組織訓練と宣伝が行なわれた。一九四三年台湾義勇隊軍団ははじめての団員大会を開き、その後、発表した宣言の中で台湾人青年が主義と信仰と領袖の指導のもとに「祖国を防衛し、台湾を回収する」というむずかしい任務を勇敢に果たすことを呼びかけた。宣伝においては、台湾義勇隊軍団は軍事行動に合わせて、戦地で宣伝する以外に一九四三年の元旦に「台湾青年」を創刊した。これは一種の新聞のような雑誌であり、李祝三が編集長となった。その創刊の言葉は台湾義勇隊が残している数少ない文献の一つであり、その全文は以下の通りである。

　「台湾青年」創刊の言葉

　今日は皆が祝う元旦の日であり、同時に祖国が艱難辛苦の

中で成長してきた三二周年の記念日である！全国の同胞はま
さにこの大地に春が来て素晴らしい時と素晴らしい日々の中
で戦後の六年目の新年の祖国を祝い、昨日は今日よりも、今
年は去年よりももっとよくなっていく偉大な中華民族が昨日
は今日よりも、今年は去年よりももっと独立と自由と平等の
域に達しようとしていることを祝う！今日は民衆が昔の苦労
を慰め、勝利に向かって奮闘していく時である(62)。

(八) 台湾党部の成立

　孫中山が結党し、革命を始めて以来、台湾人の革命同志は
ずっと国民革命の目的の実現のために多くの方面で奮闘して
きた。しかし国際条約の拘束と国際情勢が不利であることに
よって、国民党の組織は秘密であり、国民党員の身分も秘密
にされ、一九三七年に抗戦が始まってからはじめて台湾人の
国民党員は大陸で公開活動を始め、中央も公開的な支持を与
えるようになった。一九四〇年、中央組織部は正式に中国国
民党直属台湾党部準備所の成立を許可したことが台湾での公
開統一の党務指導機構の始めとなった。台湾党部の主任委員
は前同盟会の会員の翁俊明であり、委員の多くは祖国で抗日
の各革命団体に従事する責任者であった。台湾党部の組織任
務は大陸各地と海外で民族意識をもつ台湾人に抗日を奮起さ
せ、台湾島内の党務組織を打ち立て、発展させ、日本軍に入
るように迫られている台湾人青年の民族意識を啓発させ、蜂
起させることを目的としていた。台湾党部の報告によれば、
内地の党員の人数は六八九人であり、台湾島内で二五個の拠

点を作り、祖先研究会や北京語研究会などの外郭団体を組織した。宣伝工作において、台湾党部が計画した資料「台湾問題参考資料」は政府機関、研究機構、個人に提供され、台湾を研究する参考にされた。月刊の性質をもち、第一集は一九四三年六月三〇日に出版され、執筆者は林海濤、謝東閔、劉啓光、黄朝琴、翁俊明など青年愛国革命志士たちであった。台湾党部は六一七を記念し、努力することを論じた時、以下のように支持した。「台湾を回収することは我が国の抗戦のもつ目的であるばかりでなく、国際上の正式な承認を経たものである。」八月一四日に日本は正式に連合国に対し、無条件降服し、台湾回収の工作が始められることになった。このような新情勢の必要に応じるため、中央執行委員会は直属台湾党部を台湾省党部に改組することを決定し、本来の丙級編成を甲級省党部の編成に変え、本来の主任委員王泉笙、委員郭天乙、丘念台、謝東閔、張兆煥、委員書記長蕭宜増をすべて免職し、李翼中を主任委員にし、郭天乙、丘念台、謝東閔、張兆煥を委員にし、張兆煥に書記長を兼ねさせ、台湾に進駐させ、接収協力と宣撫救済の工作を行なわせた(63)。

七、おわりに

以上述べたように日本統治時代台湾の抗日思想の中で生まれた中国統一思想の原因は日本が台湾と中国を侵略し、孫中山が興中会を作り、「中華民族主義」という主張をもって中華民国を建国したことにあった。中国と台湾の関係は明朝以来、歴史的に深い関係にあった。これ以外に両地の間は今から六

千二百年前に陸続きであり、地縁的な関係があった。しかも
血縁的に中国人と台湾人は同じく漢民族に属し、同じく儒教
思想の文化的影響を受けてきた。国民革命と台湾の密接な関
係は孫中山が一八九四年に興中会を創設し、一八九五年に台
湾で台湾分会を成立させるのを助け、一九〇〇年、一九一三
年、一九一八年の三度、来台し、このため台湾と深い関係が
あった。一九一一年の辛亥革命と中華民国の成立は台湾人の
抗日思想に影響し、このため一九〇七年の北埔事件、一九一
二年の土庫事件、一九一三年苗栗事件、一九一四年の南投事
件と大湖事件、これらすべては台湾と中国を統一させること
をもって目標としていた。一九二〇年代から一九三〇年代の
間、中国大陸の台湾人は各地で多くの抗日団体を成立させた。
たとえば、北京台湾青年会、韓台革命同志会、上海台湾青年
会、台湾自治協会、台韓自治協会、台韓同志会、台湾尚志社、
廈門中国台韓同志会、閩南台湾学生連合会、中台同志会、広
東台湾革命青年団、台湾民主党、衆友会、台湾革命同盟会、
台湾義勇隊、台湾党部などであった。一九四五年、第二次世
界大戦が終わり、台湾は中国の一部になり、「祖国に回帰」し
たが、一九四九年に国民党政権は中国から撤退し、台湾に来
た。それゆえ日本統治時代台湾の抗日思想の中で大多数の台
湾人の抗日運動の原因はすべて中国統一思想と関係がある。

注

(1) 施敏輝編『台湾意識論戦選集』、台北・前衛出版社、一九

八八年。

(2) 施正鋒編『台湾民族主義』、台北・前衛出版社、一九九四年。

(3) 黄国昌『「中国意識」與「台湾意識」』、台北・五南図書出版公司、一九九五年。

(4) 黄昭堂『台湾那想那利斯文』、台北・前衛出版社、一九九八年。

(5) 施正鋒『台湾政治建構』、台北・前衛出版社、一九九九年。

(6) 林佳龍、鄭永年編『民族主義與兩岸関係』、台北・新自然主義股・有限公司、二〇〇一年。

(7) 史明『台湾民族主義與台湾独立革命』、台北・前衛出版社、二〇〇一年。

(8) 荘万寿編『台湾独立的理論與歷史』、台北・前衛出版社、二〇〇二年。

(9) 前掲『台湾政治建構』、一〜二七頁。

(10) 黄昭堂『台湾淪陥論文集』、台北・稲郷出版社、一九九六年、八七頁。

(11) 前掲『台湾那想那利斯文』、九頁。

(12) 同上、九〜一〇頁。

(13) 同上、一〇頁。

(14) 前掲『台湾淪陥論文集』、九一頁。

(15) 前掲『台湾那想那利斯文』、一〇〜一一頁。

(16) 同上、一二〜一三頁。

(17) 同上『民族主義與兩岸関係』、六三〜六七頁。

(18) 前掲『台湾那想那利斯文』、一三〜一四頁。

(19) 台湾総督府警務局編『台湾総督府警察沿革誌』第二編中
巻、社会運動史、台北、一九三九年、三一〇頁。

(20) 黄旺成『台湾省通志稿』革命志抗日篇、台北・台湾省文
献委員会、一九五四年、二二五〜二二八頁。

(21) 同上、二二八〜二二九頁。

(22) 前掲『国民革命與台湾光復的歴史淵源』、五八頁。

(23) 前掲『台湾省通志稿』革命志抗日篇、二三二〜二三三頁。

(24) 同上、二三五〜二三六頁。

(25) 同上、二二七頁。

(26) 同上、二三八頁。

(27) 同上、二四〇頁。

(28) 同上、二四二頁。

(29) 前掲『国民革命與台湾光復的歴史淵源』、六四〜六五頁。

(30) 前掲『台湾省通志稿』。

(31) 蒋永敬『国民革命與中国統一運動』、台北・正中書局、一
九七七年。

(32) 李雲漢『国民革命與台湾光復的歴史淵源』、台北・台湾史
蹟源流研究会、一九七八年。

(33) 謝東閔『国民革命運動與台湾』、台北・中央文物供応社、
一九八〇年。

(34) 陳三井『国民革命與台湾』、台北・近代中国出版社、一九
八〇年。

(35) 蒋子駿『国民革命與台湾之関係』、台北・文史哲出版社、
一九九四年。

(36) 林国章『民族主義與台湾抗日運動』、台北・海峡学術出版

社、二〇〇四年。

(37) 前掲『台湾民族主義』、四九～五二頁。

(38) 王暁波『台湾史與近代中国民族運動』、台北・帕米爾書店、一九八六年、四〇頁。

(39) 尹章義『台湾近代史論』、台北・自立晩報、一九八六年、四二頁。

(40) 王詩琅『日本植民地体制下的台湾』、台北・台湾風物雑誌社、一九七八年、七三頁。

(41) 前掲『民族主義與台湾抗日運動』、二〇頁。

(42) 孫文『国父全集』、台北・中央党史史料編纂委員会、一九七三年、七八一頁。

(43) 董顕光『蒋総統伝』、台北・中華大典、一九六七年、一三一頁。

(44) 前掲『国民革命與台湾』、一～二頁。

(45) 同上、二～四頁。

(46) 同上、四～五頁。

(47) 同上、五～六頁。

(48) 同上、六～七頁。

(49) 同上、八～一〇頁。

(50) 同上、一〇～一二頁。

(51) 同上、一二～一四頁。

(52) 前掲『民族主義與台湾抗日運動』、一七九～一八一頁。

(53) 陳三井『台湾近代史事與人物』、台北・台湾商務印書館、一九八八年、二〇三～二〇五頁。

(54) 前掲『国民革命與台湾光復的歴史淵源』、五一～五二頁。

(55) 同上、五四～五五頁。

(56) 前掲『台湾省通志稿』革命志抗日篇、二二二～二二四頁。

(57) 同上、二四四～二四五頁。

(58) 同上、二四六～二四七頁。

(59) 同上、二五〇頁。

(60) 同上、六七～六八頁。

(61) 同上、七一～八〇頁。

(62) 同上、八〇～八三頁。

(63) 同上、八六～九〇頁。

518

結　論

壱、研究過程と結果

一、日本統治時代後期の台湾政治思想の発生原因

　日本統治時代後期の台湾政治思想の発生原因は以下の四点
であり、第一次世界大戦後の民族自決主義、日本内地の自由
主義と民主主義、アイルランド独立運動、中国の五四運動、
マルクス主義（中国共産党と日本共産党）などの影響である。
これらの運動は台湾独立思想、台湾議会思想、自由主義思想、
民族主義思想、共産主義思想、労働組合思想に影響を与えた。

1.第一次世界大戦後の民族自決主義の影響

　第一次世界大戦後にアメリカ大統領ウィルソンは一四ヶ条
原則を発表した。この一四ヶ条原則は民族自決思想を含み、
ヨーロッパの多くの民族国家を独立させた。日本統治下の台
湾抗日運動者は民族自決思想の実現を希望した。明治大学教
授泉哲も台湾の民族自決を主張し、その民族自決思想は台湾
抗日運動者に影響を与え、台湾抗日運動者も民族自決思想を
もつようになった。

2.日本内地の民主主義、自由主義の影響

大正デモクラシーとは、大正時代に高まった自由主義的・民主主義的風潮をさす。東京大学教授吉野作造は民本主義（国家の主権は法理上、人民にあり）を主張した。このため吉野作造の政治思想は台湾抗日運動者の政治思想に影響した。吉野作造の自由主義思想と民主主義思想は台湾独立思想、台湾議会思想、自由主義思想、民主主義思想に影響を与えた。

3.辛亥革命と五四運動の影響

アイルランドの独立戦争後、イギリスはアイルランド自由国という自治領の成立を認めた。第一次世界大戦後、朝鮮は三一運動を推進し、朝鮮人は朝鮮独立を主張した。一九一九年に中国人は五四運動を推進し、五四運動は中国建国の起点になった。アイルランドの独立運動、韓国の三一運動、中国の五四運動の影響は台湾抗日運動者に民族自決運動を行わせる要因になった。

4.マルクス主義（中国共産党と日本共産党）の影響

一九一九年にモスクワでコミンテルンが結成され、国外の民族解放運動を援助し始めた。コミンテルンは中国共産党と日本共産党の設立を助けた。中国共産党と日本共産党は台湾共産党に影響を与えた。中国共産党、日本共産党、台湾共産党の共通の目標は日本帝国主義を打倒し、台湾を植民地統治から離脱させ、独立国をつくらせようとするものだった。

二、台湾右派抗日運動者の政治思想

　台湾右派抗日運動者の政治思想に関してそれぞれ述べてみ
よう。林献堂の政治思想は台湾独立思想、台湾議会思想、自
由主義思想、地方自治思想である。蔡培火の政治思想は台湾
独立思想、台湾議会思想、自由主義思想、地方自治思想であ
る。蒋渭水の政治思想は台湾独立思想、台湾議会思想、自由
主義思想、地方自治思想である。謝南光の政治思想は中国統
一思想、台湾議会思想、民主主義思想、民族主義思想、地方
自治思想である。

1.台湾独立論者林献堂の政治思想

　林献堂は台湾文化協会、台湾民衆党、台湾地方自治連盟を
作った。林献堂の政治思想は台湾独立思想、台湾議会思想、
自由主義思想、地方自治思想であった。林献堂は日本統治時
代後期の台湾抗日団体の指導者であり、台湾抗日運動の代表
的人物であった。林献堂の台湾独立思想に関しては、一九四
五年八月一五日の台湾独立事件が有力な証明となるであろ
う。

2.台湾独立論者蔡培火の政治思想

　蔡培火は林献堂に協力し、台湾文化協会、台湾民衆党、台
湾地方自治連盟を作った。蔡培火の政治思想は台湾独立思想、
台湾議会思想、自由主義思想、地方自治思想であった。蔡培
火は泉哲の民族自決と台湾独立思想の影響を受け（台湾は台

湾人の台湾でなければならない）、民族自決と台湾独立思想を
生み出し、台湾抗日運動を行なった。

3.台湾独立論者蒋渭水の政治思想

蒋渭水は林献堂を助け、台湾文化協会を台湾民衆党を成立
させた。しかし台湾文化協会は社会民主主義的な連温卿に支
配され、林献堂、蔡培火、蒋渭水は文化協会を脱退し、台湾
民衆党を作った。その後、蒋渭水の主導する台湾民衆党は次
第に左翼思想をもつようになり、林献堂と蔡培火は脱退し、
地方自治連盟を作った。蒋渭水の政治思想とは台湾独立思想、
台湾議会思想、自由主義思想、地方自治思想であった。

4.中国統一論者謝南光の政治思想

謝南光の政治思想は中国統一思想、台湾議会思想、民主
主義思想、民族主義思想、地方自治思想であった。謝南光は
台湾議会期成同盟会、東京台湾青年会、台湾民衆党に参加し、
林献堂の「台湾民報」に協力したことがあったが、その後、
中国に渡り、台湾革命同盟会の執行常務委員になり、中国国
民党に協力した。

三、台湾左派抗日運動者の政治思想

台湾左派抗日運動者の政治思想に関して以下、述べてみよ
う。謝雪紅の政治思想は台湾独立思想、民族主義思想、共産
主義思想、労働組合思想である。王敏川の政治思想は台湾独
立思想、民族主義思想、共産主義思想、労働組合思想である。

連温卿の政治思想は台湾独立思想、民族主義思想、山川主義思想、労働組合思想、社会民主思想である。蔡孝乾の政治思想は中国統一思想、民族主義思想、共産主義思想、毛沢東思想である。

1.台湾独立論者謝雪紅の政治思想

謝雪紅は台湾共産党を作り、台湾独立と台湾共和国建国を主張した。謝雪紅の政治思想は台湾独立思想、民族主義思想、共産主義思想、労働組合思想である。台湾共産党は台湾文化協会と台湾農民組合を左翼団体に変えることに成功したが、一般の台湾民衆に影響力を与えることはできず、最終的に失敗した。

2.台湾独立論者王敏川の政治思想

王敏川は共産主義者であり、台湾文化協会を共産主義の団体に変え、社会民主主義の連温卿派を文化協会から排除し、文化協会の最後の中央委員長となった。王敏川の政治思想は台湾独立思想、民族主義思想、共産主義思想、労働組合思想である。

3.台湾独立論者連温卿の政治思想

連温卿は社会民主主義者であり、王敏川の主導する台湾文化協会から追放された。連温卿の政治思想は台湾独立思想、民族主義思想、山川主義思想、労働組合思想、社会民主思想である。連温卿は労農派に属し、山川主義の信奉者だった。いわゆる山川主義とはベルンシュタインが主張する修正主義

思想であり、平和的手段による政権奪取をもって目的とする政治思想である。

4.中国統一論者蔡孝乾の政治思想

蔡孝乾は台湾抗日運動に参加し、その後、中国大陸に行き、中国共産党に加入し、その政治思想は中国統一思想、民族主義思想、共産主義思想、毛沢東思想であった。蔡孝乾は階級闘争を行ない、資本家階級を打倒し、労働者階級に主導権を掌握させ、中国各民族を解放させ、共産主義の第一段階の社会主義を実現させることを目標としていた。

四、台湾抗日団体の政治思想

台湾抗日団体の政治思想に関しては、以下のように述べることができる。台湾文化協会の政治思想の中心的思想は台湾独立思想であり、台湾民衆党の政治思想も台湾独立思想であり、台湾地方自治連盟の政治思想も台湾独立思想であり、台湾共産党の政治思想も台湾独立思想であった。台湾文化協会が左翼団体になってから、右派の構成員は脱退し、台湾民衆党を作った。その後、民衆党は左派団体に変わり、台湾地方自治連盟が民衆党から分裂した。

1.台湾文化協会の政治思想

林献堂、蔡培火、蒋渭水らは台湾文化協会を作った。台湾文化協会は大多数の台湾人の民族意識を高め、台湾人に台湾独立思想をもたせた。このことから、台湾文化協会の中心的

幹部も必然的に台湾独立思想をもっていたということになる。
このことから、台湾文化協会の政治思想の中心的思想は台湾
独立思想であったということがわかる。

2.台湾民衆党の政治思想

　蒋渭水、謝南光らは台湾民衆党を作った。台湾民衆党は民
本政治を主張し、総督専制政治に反対し、司法、立法、行政
の三権を完全に独立させ、台湾人に参政権をもたせた。この
ことは台湾独立を意味していた。台湾民衆党は「台湾人を解
放させることを要求する」ことを宣言したことから、台湾民
衆党の政治思想とは、台湾独立思想であったということがわ
かる。

3.台湾地方自治連盟の政治思想

　台湾地方自治連盟の目的は地方自治を実現し、選挙をさ
せ、台湾民衆党の穏健派の林献堂、蔡培火らが台湾民衆党か
ら脱党し、作った団体であった。台湾地方自治連盟の要求は
台湾独立を意味する台湾議会設置請願運動の後身であるとみ
なされ、それゆえ台湾地方自治連盟の政治思想は台湾独立思
想を含むことになる。

4.台湾共産党の政治思想

　中国共産党と日本共産党の共産主義思想は台湾共産党に影
響を与えた。台湾共産党の政治大綱の中で、台湾民族の独立
と台湾共和国の建設を目標としていた。台湾共産党は革命の
主導権を無産階級が握り、日本帝国主義を打倒し、台湾独立

の民族革命を達成させることをもって目的としていた。台湾
共産党は台湾独立を主張した。

五、台湾抗日思想と抗日運動の関連

　台湾抗日思想と抗日運動の関連について以下、述べてみよ
う。六三法は台湾総督に行政、立法、司法の三権を与え、総
督独裁を生み出した。台湾抗日運動者は六三法撤廃をもって
目的とする運動をおこした。台湾議会設置請願運動は法律制
定権と予算議決権つまり日本の帝国議会と同じ権限をもつ立
法権を要求するものだった。台湾の特殊性を強調する特別議
会を設置することを提唱していた。このため請願運動は台湾
独立要求運動とみなせる。

1.台湾抗日思想と六三法撤廃運動

　六三法は台湾総督に行政、立法、司法の三権を与え、総督
独裁を生み出した。台湾抗日運動者は六三法撤廃をもって目
的とする運動をおこした。林呈禄は六三法撤廃運動は台湾の
特殊性を否認し、内地延長主義を肯定することにほかならず、
六三法撤廃運動を停止するように提唱し、台湾の特殊性を強
調する特別議会を設置することを主張した。

2.台湾抗日思想と台湾議会設置請願運動

　林献堂、蔡培火、蒋渭水らは台湾議会設置請願運動を行な
った。台湾議会設置請願運動は法律制定権と予算議決権を要
求していた。それゆえに立法権をもつ台湾議会は立法権をも

つ帝国議会と同等の権限をもつことになる。立法権をもたない府県会と台湾議会とは明らかに異なっている。それゆえ請願運動は台湾独立要求運動ということになる。

六、日本統治時代後期の台湾政治思想の中で現れた抗日思想の原因

日本統治時代後期の台湾政治思想の中で現れた抗日思想の原因は以下のように述べることができる。日本は中国と台湾を侵略し、台湾民族の形成をもたらした。台湾民主国とその後武装抗日運動を指導した台湾人たちは台湾民族主義を主張し、台湾人に属する独立国を作ろうとした。このため台湾独立思想が形成された。孫中山は中国国民党を作り、中華民族主義をもって中国統一を主張した。苗栗事件などは台湾と中国をもって統一させることが目標であった。台湾人が中国各地で成立させた抗日団体の多くは中国統一思想をもっていた。

1.台湾独立思想が生まれた原因

以上、検討したことから日本統治時代後期の台湾政治思想の中で生まれた抗日思想の原因は以下の通りになる。日本は中国と台湾を侵略し、台湾民主国の成立をもたらした。台湾民主国とその後、武装抗日運動を指導した台湾人たちは「台湾民族主義」を主張し、台湾人に属する独立国を作ろうとした。その後、台湾人は続けて日本軍に抵抗し、多くの台湾人に属する独立国を作ろうとすることをもって目的とする抗日

運動を行なった。たとえば土庫事件、関帝廟事件、苗栗事件、六甲事件、西來庵事件などはすべて台湾人の独立国を作ろうとする運動であった。一九一五年の西來庵事件の後、台湾人の抗日運動は武装抗日運動から合法抗日運動に転換した。台湾人は六三法撤廃運動、台湾議会設置請願運動をおこし、日本人の統治に抵抗した。

　一九二〇年代に林献堂、蒋渭水、蔡培火、謝雪紅、連温卿、王敏川などは台湾文化協会を組織し、抗日運動を続けた。その後、台湾人は次々と台湾民衆党、台湾地方自治連盟、台湾共産党を組織し、台湾文化協会に続く抗日運動を行なった。これらの抗日団体の思想は台湾独立思想をもって中心としていると言える。中国における台湾学生は一方で学校で学びながら、もう一方で台湾独立思想の影響を受けて多くの団体を組織した。たとえば台湾自治協会、台韓同志会、台湾尚志社、廈門中国台湾同志会、閩南台湾学生連合会、中台同志会、台湾民主党などであった。台湾人の抗日団体は一九三〇年代後半に日本政府によって弾圧されて解散させられたが、台湾独立思想は依然として存続しつづけ、彭明敏、李登輝、民進党、建国党などに継承され、台湾独立思想の影響力は今まで存続している。それゆえ日本統治時代台湾の抗日思想の中で、大多数の台湾人の抗日運動の原因はすべて台湾独立思想と関係がある。

2.中国統一思想が生まれた原因

　以上述べたように日本統治時代台湾の抗日思想の中で生ま

れた中国統一思想の原因は日本が台湾と中国を侵略し、孫中
山が興中会を作り、「中華民族主義」という主張をもって中華
民国を建国したことにあった。中国と台湾の関係は明朝以来、
歴史的に深い関係にあった。これ以外に両地の間は今から六
千二百年前に陸続きであり、地縁的な関係があった。しかも
血縁的に中国人と台湾人は同じく漢民族に属し、同じく儒教
思想の文化的影響を受けてきた。国民革命と台湾の密接な関
係は孫中山が一八九四年に興中会を創設し、一八九五年に台
湾で台湾分会を成立させるのを助け、一九〇〇年、一九一三
年、一九一八年の三度、来台し、このため台湾と深い関係が
あった。一九一一年の辛亥革命と中華民国の成立は台湾人の
抗日思想に影響し、このため一九〇七年の北埔事件、一九一
二年の土庫事件、一九一三年苗栗事件、一九一四年の南投事
件と大湖事件、これらすべては台湾と中国を統一させること
をもって目標としていた。

　一九二〇年代から一九三〇年代の間、中国大陸の台湾人は
各地で多くの抗日団体を成立させた。たとえば、北京台湾青
年会、韓台革命同志会、上海台湾青年会、台湾自治協会、台
韓自治協会、台韓同志会、台湾尚志社、廈門中国台韓同志会、
閩南台湾学生連合会、中台同志会、広東台湾革命青年団、台
湾民主党、衆友会、台湾革命同盟会、台湾義勇隊、台湾党部
などであった。一九四五年、第二次世界大戦が終わり、台湾
は中国の一部になり、「祖国に回帰」したが、一九四九年に国
民党政権は中国から撤退し、台湾に来た。それゆえ日本統治
時代台湾の抗日思想の中で、大多数の台湾人の抗日運動の原

因はすべて中国統一思想と関係がある。

弐、主な研究上の発見

本論文で解明したい問題は以下の三つである。（1）日本統治時代後期の台湾抗日運動者の政治思想は抗日思想であり、その抗日思想の主な内容はなにか（what）。（2）またそれらの抗日思想はどのようにして日本統治時代の台湾で形成されていったのか（how）。（3）なぜ台湾独立思想と中国統一思想が生まれたのか（why）。

以上の三つの問題に対して筆者は努力し、検討した結果、以下の主な発見をした。

　（1）　日本統治時代後期の台湾抗日運動者の政治思想は抗日思想であり、その抗日思想の主な内容は台湾独立思想と中国統一思想である。

台湾独立思想の中心概念は台湾民族形成論である。台湾の原住民はマレー・ポリネシア系の高砂族である。明朝時代清朝時代に台湾海峡の航海は危険であり、中国大陸から台湾に移民したシナ・チベット系の漢民族はその大部分は男性であった。それらの漢民族の男性と高砂族、平埔族の女性との通婚によって形成されたのが台湾民族である。すなわち中国民族と異なる、マレー・ポリネシア系の高砂族の血統をもつ台湾民族が成立したということである。中国民族と異なる台湾民族が次第に形成されていったというのが台湾民族形成論である。一八九五年台湾民主国が建国され、その後、連続して

一九〇七年の北埔事件、一九一二年の土庫事件、一九一五年
の西來庵事件が発生し、これらの事件の本質は台湾抗日運動
であり、台湾独立運動でもあった。その連続性は中国民族と
異なる台湾民族の台湾独立運動であり、中華民国と日本から
独立する台湾共和国の建設が構想されていた。いわゆる台湾
独立思想は台湾民主国の樹立とその後の抗日運動であり、そ
の連続性は中国民族と異なる台湾民族が行なう台湾独立運動
である。

　中国統一思想の中心概念は中華民族論である。歴史から見
れば、明朝清朝時代以来、台湾はずっと中国の一部分と見な
され、台湾は領土的に中国と密接不可分であり、台湾民族は
存在せず、台湾人は中国民族であり、漢民族の一部分である。
これは台湾にアイデンディティをもつのではなくて中国大陸
にアイデンディティをもつべきであるとするイデオロギーで
あり、台湾人が自ら建国すべきではなくて中国人が統一し、
建国すべきであるとすることであり、しかも台湾は中国人の
台湾とすべきであると見なしている。文化的に言えば、台湾
人と中国人の血統は一致し、台湾文化は中国文化の一部であ
り、両者は結びつけられるべきであるとするものである。台
湾は中国の一部分であり、統一すべきであるとするのが中国
統一思想である。

　（2）日本統治時代後期の台湾抗日運動者の抗日思想の形成
に関して、以下のような過程をたどった。

　まず台湾独立思想の抗日思想の形成は主に三段階に分けら
れる。

　1.日本は大清帝国を侵略し、台湾民主国の成立をもたらした。台湾民主国とその後、武装抗日運動を指導した台湾人たちは「台湾民族主義」を主張し、台湾人に属する独立国を作ろうとした。その後、台湾人は続けて日本軍に抵抗し、多くの台湾人に属する独立国を作ろうとすることをもって目的とする抗日運動を行なった。たとえば土庫事件、関帝廟事件、苗栗事件、六甲事件、西來庵事件などはすべて台湾人の独立国を作ろうとする運動であった。一九一五年の西來庵事件の後、台湾人の抗日運動は武装抗日運動から合法抗日運動に転換した。台湾人は六三法撤廃運動、台湾議会設置請願運動をおこし、日本人の統治に抵抗した。

　2.一九二〇年代に林献堂、蔡培火、蒋渭水、謝南光、謝雪紅、王敏川、連温卿、蔡孝乾などは台湾文化協会を組織し、抗日運動を続けた。林献堂、蔡培火、蒋渭水、謝雪紅、王敏川、連温卿は台湾独立思想をもち、謝南光と蔡孝乾に中国統一思想をもつようになった。謝南光と蔡孝乾はもともと台湾独立思想をもっていたが、後に台湾独立思想をもつようになった。

　3.上述の八人はその後、台湾文化協会を組織し、その中の一部の構成員は台湾民衆党、台湾地方自治連盟、台湾共産党を組織し、台湾文化協会に続く抗日運動を行なった。これらの抗日団体の思想は台湾独立思想をもって中心としていると言える。

　中国における台湾学生は一方で学校で学びながら、もう一方で台湾独立思想の影響を受けて多くの団体を組織した。た

とえば台湾自治協会、台韓同志会、台湾尚志社、廈門中国台
湾同志会、閩南台湾学生連合会、中台同志会、台湾民主党な
どであった。台湾人の抗日団体は一九三〇年代後半に日本政
府によって弾圧されて解散させられたが、台湾独立思想は依
然として存続しつづけ、彭明敏、李登輝、民進党、建国党な
どに継承され、台湾独立思想の影響力は今まで存続している。
それゆえ日本統治時代台湾の抗日思想の中で、大多数の台湾
人の抗日運動の原因はすべて台湾独立思想と関係がある。

　次に中国統一思想の抗日思想の形成は主に三段階に分けら
れる。

　1.日本が大清帝国を侵略し、孫中山が興中会を作り、「中華
民族主義」という主張をもって中華民国を建国したことにあ
った。中国と台湾の関係は明朝以来、歴史的に深い関係にあ
った。これ以外に両地の間は今から六千二百年前に陸続きで
あり、地縁的な関係があった。しかも血縁的に中国人と台湾
人は同じく漢民族に属し、同じく儒教思想の文化的影響を受
けてきた。国民革命と台湾の密接な関係は孫中山が一八九四
年に興中会を創設し、一八九五年に台湾で台湾分会を成立さ
せるのを助け、一九〇〇年、一九一三年、一九一八年の三度、
来台し、このため台湾と深い関係があった。

　2.一九一一年の辛亥革命と中華民国の成立は台湾人の抗日
思想に影響し、このため一九〇七年の北埔事件、一九一二年
の土庫事件、一九一三年苗栗事件、一九一四年の南投事件と
大湖事件、これらすべては台湾と中国を統一させることをも
って目標としていた。

　3.一九二〇年代から一九三〇年代の間、中国大陸の台湾人は各地で多くの抗日団体を成立させた。たとえば、北京台湾青年会、韓台革命同志会、上海台湾青年会、台湾自治協会、台韓自治協会、台韓同志会、台湾尚志社、廈門中国台韓同志会、閩南台湾学生連合会、中台同志会、広東台湾革命青年団、台湾民主党、衆友会、台湾革命同盟会、台湾義勇隊、台湾党部などであった。一九四五年、第二次世界大戦が終わり、台湾は中国の一部になり、「祖国に回帰」したが、一九四九年に国民党政権は中国から撤退し、台湾に来た。それゆえ日本統治時代台湾の抗日思想の中で、大多数の台湾人の抗日運動の原因はすべて中国統一思想と関係がある。

　（3）台湾独立思想あるいは中国統一思想の抗日思想が生まれた主な原因は以下の通りである。

　日本統治時代後期の台湾政治思想の形成の主な原因は主に以下の思想と運動の原因を受けたからである。

　1.第一次世界大戦後の民族自決主義の影響

　2.日本内地自由主義と民主主義の影響

　3.辛亥革命と五四運動の影響

　4.マルクス主義

　林献堂、蔡培火、蒋渭水、謝南光は第一次世界大戦後の民族自決主義の影響、日本内地自由主義と民主主義の影響、辛亥革命と五四運動の影響を受け、林献堂、蔡培火、蒋渭水は台湾独立思想をもつようになり、謝南光は中国統一思想をもつようになった。しかしマルクス主義は連温卿、謝雪紅、王敏川、蔡孝乾に影響を与え、連温卿、謝雪紅、王敏川に台湾

独立思想をもたせ、蔡孝乾に中国統一思想をもたせた。彼らは当初団結し、台湾文化協会を作り、台湾議会設置請願運動をはじめた。

　一九二〇年代にマルクス主義が台湾に流入すると、多くの台湾人はマルクス主義を信奉するようになった。台湾文化協会の中のマルクス主義者が増加し、これに対して不満を感じた林献堂、蔡培火、蒋渭水は脱退し、別に台湾民衆党を作った。しかし蒋渭水の左傾化によって、不満を感じた林献堂と蔡培火は別に台湾地方自治連盟を作った。彼らが脱退した後の台湾文化協会は台湾抗日運動左派の団体になった。

　その後、左翼団体になった文化協会内部で、社会民主派の連温卿と急進派の王敏川の対立が生まれ、その後、王敏川は連温卿を同協会から追い出した。謝雪紅は台湾文化協会を離れて、台湾共産党を作った。しかし抗日団体は一九三〇年代後半にすべて日本政府に弾圧され消滅し、自ら解散した。しかしこれらの台湾抗日運動者の台湾政治思想は戦後の台湾政治に多くの影響を与え、台湾民族主義、台湾独立思想、中国統一思想、自由主義思想及び民主主義思想の遠因になった。

　筆者の独創は以下の三点である。

　（1）日本統治時代後期の台湾抗日運動者の政治思想は抗日思想であり、その抗日思想の主な内容は台湾独立思想と中国統一思想である。台湾独立思想の中心概念は台湾民族形成論である。中国統一思想の中心概念は中華民族論である。

　（2）日本統治時代後期の台湾抗日運動者の抗日思想の形成に関して、以下のような過程をたどった。

　まず台湾独立思想の抗日思想の形成は主に三段階に分けられる。

　1.日本は大清帝国を侵略し、台湾民主国の成立をもたらした。台湾民主国とその後、武装抗日運動を指導した台湾人たちは「台湾民族主義」を主張し、台湾人に属する独立国を作ろうとした。その後、台湾人は続けて日本軍に抵抗し、多くの台湾人に属する独立国を作ろうとすることをもって目的とする抗日運動を行なった。

　2.一九二〇年代に林献堂、蔡培火、蒋渭水、謝南光、謝雪紅、王敏川、連温卿、蔡孝乾などは台湾文化協会を組織し、抗日運動を続けた。林献堂、蔡培火、蒋渭水、謝雪紅、王敏川、連温卿は台湾独立思想をもち、謝南光と蔡孝乾に中国統一思想をもつようになった。謝南光と蔡孝乾はもともと台湾独立思想をもっていたが、後に台湾独立思想をもつようになった。

　3.上述の八人はその後、台湾文化協会を組織し、その中の一部の構成員は台湾民衆党、台湾地方自治連盟、台湾共産党を組織し、台湾文化協会に続く抗日運動を行なった。これらの抗日団体の思想は台湾独立思想をもって中心としていると言える。しかし台湾民衆党は中国国民党の影響を受け、中国統一思想をもつようになった。

　次に中国統一思想の抗日思想の形成は主に三段階に分けられる。

　1.日本が大清帝国を侵略し、孫中山が興中会を作り、「中華民族主義」という主張をもって中華民国を建国したことにあ

った。中国と台湾の関係は明朝以来、歴史的に深い関係にあった。

　２.一九一一年の辛亥革命と中華民国の成立は台湾人の抗日思想に影響した。

　３.一九二〇年代から一九三〇年代の間、中国大陸の台湾人は各地で多くの抗日団体を成立させた。一九四五年、台湾は中国の一部になった。一九四九年に国民党政権は中国から撤退し、台湾に来た。それゆえ日本統治時代台湾の抗日思想の中で、大多数の台湾人の抗日運動の原因はすべて中国統一思想と関係がある。

　筆者の論文の貢献は以下の通りである。

　日本統治時代の台湾抗日運動を研究する学者の多くは政治運動を主に論じているが、筆者は日本統治時代後期の台湾抗日運動者の政治思想を分析している。筆者の論文は台湾抗日運動者の政治思想は戦後の台湾政治に多くの影響を与え、台湾民族主義、台湾独立思想、中国統一思想、自由主義思想及び民主主義思想の遠因になったと主張している。筆者の論文は三つの部分に分け、検討している。日本統治時代後期の台湾抗日運動者の政治思想の主な要素たる抗日思想、日本統治時代後期の台湾抗日運動者の抗日思想の形成原因、台湾独立思想あるいは中国統一思想の抗日思想が生まれた主な原因を分析した。筆者は内在研究アプローチを使用し、林献堂、蔡培火、蒋渭水、謝雪紅、王敏川、連温卿が台湾独立思想をもつようになり、謝南光と蔡孝乾に中国統一思想をもつように

なったことを解明した。筆者は外在研究アプローチを使用し、台湾文化協会、台湾民衆党、台湾地方自治連盟、台湾共産党の四つの団体がすべて台湾独立思想をもっていたことを解明した。筆者の論文は日本統治時代後期の台湾抗日運動者の政治思想、特に台湾独立思想と中国統一思想についてはじめて論じたものであり、重要性をもち、参考にする価値があるであろう。

参、検討と制限

本論文の研究上の制限には三つあり、第一に史料不足であり、第二に口述調査の制限であり、第三に台湾五〇年の日本統治時代全体を論ぜないことである。

第一の研究上の制限は史料不足である。本研究は日本統治時代の台湾政治思想の研究に関してであり、多くの第一次史料と第二次史料を集め、読む必要がある。これまで統治者である日本側の史料は非常に多いけれども、抗日運動を行なった台湾人側の史料は非常に少ない。確かに第一次史料の林献堂日記、蔡培火日記などは出版されたけれども、黄旺成、謝南光、連温卿、王敏川、謝雪紅などの日記は出版されていない。確かに彼らはたとえば「台湾青年」、「台湾」、「台湾民報」、「台湾新民報」、「台湾大衆時報」、「新台湾大衆時報」などの雑誌に多くの文章を書いたけれども、当時は言論の自由がなく、彼らの文章は彼らの本当の考えを代表しているとは限らない。日記は本来、唯一の人間の本当の思想を表現できるも

のであるが、多くの抗日運動者の日記は出版されていず、史料不足の制限は避けられない。すなわち日記などの第一次史料の不足が第一の研究上の制限である。

　第二の研究上の制限は口述調査の制限である。本研究は日本統治時代の台湾政治思想の研究についてであり、今でも当時の一部の抗日運動者は生きており、一〇年前から、黄旺成に対する口述調査が行われたが、その他の主要な抗日運動者に対する口述調査は行なわれていない。口述調査の方法について言えば、抗日運動者本人に対してではなくて、その子孫あるいは関係者に対して、口述調査をする方法もある。この方法は非常に多くの時間と人力を必要とするため、実際に実行することは相当、困難である。本研究において、少数の関係者から話を聞いたけれども、すべての抗日運動者に対して、口述調査を行なうことはできなかった。すなわち本研究において、すべての抗日運動者に対して、口述調査を行なうことができなかったということが第二の研究上の制限である。

　第三の研究上の制限は日本統治時代全体を論ぜないことである。本論文は一九一五年から一九四五年までの日本統治時代の台湾全体後期の台湾抗日運動者の政治思想を検討するものであり、このため一八九五年から一九一五年までの台湾抗日運動者の政治思想については討論できなかった。日本統治時代は一八九五年から一九四五年までであり、五〇年間の台湾抗日運動者の政治思想を論じる方がよいが、実際はむずかしく、それは日本統治時代前期の台湾抗日運動者の政治思想の資料が少ないからである。日本統治時代前期の台湾抗日運

動者の多くは武力方式の抗日運動を行ったため、日記などの資料をほとんど残していない。もし日本統治時代前期の台湾抗日運動者の政治思想を論じたければ、日本側の文献を中心にして叙述することになる。このため本論文においては日本統治時代後期（一九一五年〜一九四五年）の台湾抗日運動者の政治思想に限定して論じるしかなかった。

　筆者の建議は以下の通りである。

　一八九五年、台湾民主国が建国して以来、今まで台湾独立思想は存在し続けているが、一九一二年、中華民国が成立して以来、中国統一思想も存在し続けている。日本統治時代（一八九五年〜一九四五年）の台湾独立思想と中国統一思想は対立していなかったが、これは日本植民地統治下の台湾と日本に侵略された中国の共通の敵は日本人であったからである。しかし一九四七年の二二八事件の後、台湾独立思想と中国統一思想は次第に対立しはじめた。これは二二八事件において国民党の中国軍人が一般の台湾民衆（一万八千人から二万八千人）を殺害したからであった。一九四九年から二〇〇五年の現在まで台湾独立思想と中国統一思想は対立し続けている。筆者はここで台湾独立思想を主張する。これは一般の台湾人について言えば、中国統一思想が外来思想であるからである。「台湾は台湾人の台湾でなければならない」し、台湾の運命は台湾に住んでいる台湾人が決定するべきである。これは一九一八年にウィルソンが提起し、世界的に公認された「民族自決思想」である。現実に照らしてみると、中華人民共和

国の統治権は台湾に及ばず、中華民国台湾はすでに独立の状態にある。しかし台湾独立の本当の意味は「台湾共和国」という国名をもって「中華民国」にとってかえることである。筆者は「台湾共和国」という国名をもって「中華民国」にとってかえることで、台湾独立思想が実現されることを希望している。

542

參 考 文 獻

一、中文書目

（一）原始資料

1. 單行本

中央研究院近代史研究所「口述歷史」編輯委員會編，《口述歷史第五期日據時期臺灣人赴大陸經驗》，臺北：中央研究院近代史研究所，1994 年。

中央研究院近代史研究所「口述歷史」編輯委員會編，《口述歷史第六期日據時期臺灣人赴大陸經驗》，臺北：中央研究院近代史研究所，1995 年。

中國人民政治協商會議全國委員會文史資料研究委員會編，《辛亥革命回憶錄》第 4 集，北京：中華書局出版，1963年。

王敏川，《王敏川選集》，臺北：臺灣史研究會，1987 年。

吳三連，《吳三連回憶錄》，臺北：自立晚報文化出版部，1991年。

吳三連、蔡培火、葉榮鐘、陳逢源、林柏壽，《臺灣民族運動史》，臺北：自立晚報社文化出版部，1971 年。

544

李友邦，《日本在臺灣之殖民政策》，臺北：世界翻譯社，1941年。

李友邦，《臺灣革命運動》，臺北：世界翻譯社，1943 年。

林獻堂先生紀念集編纂委員會編，《林獻堂先生紀念集》，臺北：文海出版社有限公司，1974 年。

莊嘉農，《憤怒的臺灣》，臺北：前衛出版社，1990 年。

章子惠，《臺灣時人誌》第 1 集，臺北：國光出版社，1947 年。

黃旺成，《臺灣省通志稿》革命志抗日篇，臺北：臺灣省文獻委員會，1954 年。

黃師樵，《臺灣共產黨秘史》，臺北：海峽學術出版社，1999 年。

楊肇嘉，《楊肇嘉回憶錄》全 2 卷，臺北：三民書局股份有限公司，1968 年。

葉榮鐘，《臺灣人物群像》，臺北：時報文化出版企業有限公司，1995 年。

葉榮鐘，《日據下臺灣政治社會運動史》（上下冊），臺中：晨星出版有限公司，2000 年。

漢人，《臺灣革命史》，上海：泰東圖書局，1926 年。

蔣先烈遺集刊行委員會，《蔣渭水遺集》，臺北：文化出版社，1950 年。

蔣渭水，《蔣渭水全集》（上下冊），臺北：海峽學術出版社，1998年。

蔡培火，《蔡培火全集》全 7 冊，臺北：吳三連臺灣史料基金會，2000 年。

謝南光，《日本主義的沒落》，重慶：國民圖書出版社，1944 年。

謝南光，《謝南光著作選》（上下冊），臺北：海峽學術出版社，
　　1999 年。

蘇新，《未歸的臺共鬥魂——蘇新自傳與文集》，臺北：時報文
　　化出版企業有限公司，1993 年。

蘇新，《永遠的望鄉——蘇新文集補遺》，臺北：時報文化出版
　　企業有限公司，1994 年。

2. 期刊文章

王敏川，〈書房教育革新論〉，《臺灣青年》，第 4 卷第 1 號，1922
　　年 1 月 20 日。

王敏川，〈婦人的自覺〉，《臺灣民報》，第 2 卷第 11 號，1924 年
　　6 月 21 日。

王敏川，〈臺人重大的使命〉，《臺灣民報》第 2 卷第 14 號，1924
　　年 8 月 1 日。

王敏川，〈論社會教育〉，《臺灣民報》，第 2 卷第 15 號，1924
　　年 8 月 11 日。

王敏川，〈獎勵漢文的普及〉，《臺灣民報》第 2 卷第 25 號，1924
　　年 12 月 1 日。

王敏川，〈希望智識階級婦女的奮起〉，《臺灣民報》，第 3 卷第 8
　　號，1925 年 3 月 11 日。

林呈祿，〈最近五年間的臺灣統治根本問題〉，《臺灣民報》，第
　　67 號（創立五週年紀念號），1925 年 8 月 26 日。

林慈舟，〈懷舊譚〉，《臺灣民報》第 67 號（創立五週年紀念號），1925 年 8 月 26 日。

林獻堂、黃呈聰，〈（雜錄）呈總督的建白書希望改革之事項〉，《臺灣民報》，第 2 卷第 4 號（38），1924 年 11 月 21 日。

林獻堂，〈歐洲視察感想談〉，《臺灣民報》，第 236 號，1928 年 2 月 25 日。

林獻堂、蔡培火、楊肇嘉、蔣渭水、林呈祿，〈對蔡惠如氏平生的感言〉，《臺灣民報》，第 262 號，1929 年 5 月 26 日。

社論，〈臺灣議會與臺灣憲法〉，《臺灣民報》，第 142 號，1927 年 1 月 30 日。

連溫卿，〈臺灣社會運動概觀〉，《臺灣大眾時報》，創刊號，1928 年 5 月 7 日。

連溫卿，〈臺灣文化協會的發軔〉，《臺北文物》第 2 卷第 3 期，1953 年 11 月 15 日。

雪谷，〈（專論）文協的新宣言——不談階級鬥爭提倡民族運動〉，《臺灣民報》，第 181 號，1927 年 11 月 6 日。

黃師樵，〈蔣渭水及其政治運動〉，《臺北文物》第 3 卷第 1 期，1954 年 5 月 1 日。

慈舟，〈發刊詞〉，《臺灣民報》，第 1 卷第 1 期（通號 1），1923 年 4 月 15 日。

蔣渭水，〈這句話非同小可！〉，《臺灣民報》，第 2 卷第 22 號（36），1924 年 11 月 1 日。

蔣渭水，〈急宜撤廢取締學術講習會的惡法〉，《臺灣民報》，第 2

卷第 24 號（38），1924 年 11 月 21 日。

蔣渭水，〈可惡至極的北署之態度〉，《臺灣民報》，第 2 卷第 25
號（39），1924 年 12 月 1 日。

蔣渭水，〈晨鐘暮鼓〉，《臺灣民報》，第 3 卷第 1 號（41），1925
年 1 月 1 日。

蔣渭水，〈五個年中的我〉，《臺灣民報》，第 67 號（創立五週年
紀念號），1925 年 8 月 26 日。

蔣渭水，〈今年之口號：同胞須團結，團結真有力〉，《臺灣民報》，
第 138 號，1927 年 1 月 2 日。

蔣渭水，〈（雜錄）對農民組合聲明書的聲明〉，《臺灣民報》，
第 161 號，1927 年 6 月 12 日。

蔣渭水，〈我理想中的民眾黨〉，《臺灣民報》，第 189 號，1928
年 1 月 1 日。

蔣渭水，〈臺灣民眾黨的指導原理與工作（上）〉，《臺灣民報》，
第 225 號，1928 年 9 月 9 日。

蔣渭水，〈臺灣民眾黨的指導原理與工作（下）〉，《臺灣民報》，
第 226 號，1928 年 9 月 16 日。

蔣渭水，〈請大家合力來建設一個堅固有力的黨〉，《臺灣民報》，
第 227 號，1928 年 9 月 23 日。

蔣渭水，〈臺灣民眾黨的特質〉，《臺灣民報》，第 231 號，1928
年 10 月 21 日。

蔣渭水，〈臺灣民眾黨今後的重要工作〉，《臺灣新民報》，第 322
號，1930 年 7 月 19 日。

蔣渭水,〈對民眾黨禁止後的短評〉,《臺灣新民報》第 355 號,
　　1931 年 3 月 14 日。

蔣渭水,〈民眾黨禁止後的臺灣社會運動家們依然把守著我們
　　的陣營〉,《臺灣新民報》,第 357 號,1931 年 3 月 28 日。

蔣渭水,〈御都合主義是資本主義代辯人的專賣品（1）〉,《臺灣
　　新民報》,第 359 號,1931 年 4 月 11 日。

蔣渭水,〈御都合主義是資本主義代辯人的專賣品（2）〉,《臺灣
　　新民報》,第 360 號,1931 年 4 月 18 日。

蔣渭水,〈御都合主義是資本主義代辯人的專賣品（3）〉,《臺灣
　　新民報》,第 361 號,1931 年 4 月 25 日。

蔡培火,〈漢族之固有性〉,《臺灣青年》,第 2 卷第 3 號,1921
　　年 3 月 26 日。

蔡培火,〈漢族之固有性〉,《臺灣青年》,第 2 卷第 3 號（訂正
　　版）,1921 年 4 月 5 日。

蔡培火,〈我望內臺人反省〉,《臺灣民報》,第 86 號,1926 年 1
　　月 1 日。

蔡培火,〈臺灣社會改造管見（1）〉,《臺灣民報》,第 181 號,
　　1927 年 11 月 6 日。

蔡培火,〈臺灣社會改造管見（2）〉,《臺灣民報》,第 182 號,
　　1927 年 11 月 13 日。

蔡培火,〈臺灣社會改造管見（3）〉,《臺灣民報》,第 183 號,
　　1927 年 11 月 20 日。

蔡培火,〈臺灣社會改造管見（4）〉,《臺灣民報》,第 184 號,

1927 年 11 月 27 日。

論評，〈臺灣文化協會第 4 次全島代表大會宣言〉，《新臺灣大眾
　　時報》，第 2 卷第 1 號，1931 年 3 月 15 日。

謝春木，〈我所解的人格主義（上）〉，《臺灣》，第 4 年第 2 號，
　　1923 年 2 月 1 日。

謝春木，〈我所解的人格主義（中）〉，《臺灣》，第 4 年第 3 號，
　　1923 年 3 月 10 日。

謝春木，〈我所解的人格主義（下）〉，《臺灣》，第 4 年第 4 號，
　　1923 年 4 月 10 日。

（二）專書

中華文化復興運動推行委員會編，《中國近代現代史論集（34）
　　第 29 編近代歷史上的臺灣》，臺北：臺灣商務印書館，1986
　　年。

尹章義，《臺灣近代史論》，臺北：自立晚報，1986 年。

王曉波，《臺灣史與近代中國民族運動》，臺北：帕米爾書店，
　　1986 年。

王曉波，《被顛倒的臺灣歷史》，臺北：帕米爾書店，1986 年。

王曉波，《走出臺灣歷史的陰影》，臺北：帕米爾書店，1986 年。

王曉波，《臺灣史與臺灣人》，臺北：東大圖書股份有限公司，
　　1988 年。

王曉波，《臺灣抗日五十年》，臺北：正中書局，1997 年。

丘秀芷，《民族正氣──蔣渭水傳》，臺北：近代中國出版社，

1985 年。

白慈飄，《啟門人——蔡惠如傳》，臺北：近代中國出版社，1977
　　年。

吳文星，《日據時期臺灣社會領導階層之研究》，臺北：正中書
　　局，1992 年。

吳相湘，《孫逸仙先生傳》，臺北：遠東圖書公司，1982 年。

吳密察，《臺灣近代史研究》，臺北：稻鄉出版社，1990 年。

汪榮祖，《五四研究論文集》，臺北：聯經出版事業公司，1979
　　年。

周婉窈，《日據時代的臺灣議會設置請願運動》，臺北：自立報
　　系文化出版部，1989 年。

林佳龍、鄭永年編，《民族主義與兩岸關係》，臺北：新自然主
　　義股份有限公司，2001 年。

林柏維，《臺灣文化協會滄桑》，臺北：臺原出版社，1993 年。

林國章，《民族主義與臺灣抗日運動》，臺北：海峽學術出版社，
　　2004 年。

林衡道，《臺灣史》，臺中：臺灣省文獻委員會，1977 年。

南方朔，《帝國主義與臺灣獨立運動》，臺北：四季出版事業有
　　限公司，1980 年。

香港大學校外課程部，《近代臺灣的社會發展與民族意識》，香
　　港：香港中華書局，1987 年。

秦孝儀，《臺籍志士在祖國的復臺努力》，臺北：中國國民黨中
　　央委員會黨史委員會，1990 年。

張正昌,《林獻堂與臺灣民族運動》,臺北:著者出版,1981 年。

張炎憲編,《臺灣近百年史論文集》,臺北:吳三連臺灣史料基金會,1996 年。

連溫卿,《臺灣政治運動史》,臺北:稻鄉出版社,1988 年。

連戰編,《臺灣近代史》政治篇,南投:臺灣省文獻委員會,1995 年。

曹永和,《臺灣早期歷史研究》,臺北:聯經出版事業公司,1991 年。

陳三井,《臺灣近代史事與人物》,臺北:臺灣商務印書館,1988 年。

陳少廷,《臺灣新文學運動簡史》,臺北:聯經出版事業公司,1977 年。

陳芳明,《謝雪紅評傳》,臺北:前衛出版社,1991 年。

陳芳明,《殖民地臺灣——左翼政治運動史論》,臺北:麥田出版股份有限公司,1998 年。

陳俐甫,《日治時期臺灣政治運動之研究》,臺北:稻鄉出版社,1996 年。

陳春生,《臺灣社會與國家政策》,臺北:翰蘆出版社,1999 年。

葉振輝,《臺灣開發史》,臺北:臺原出版社,1999 年。

黃秀政,《「臺灣民報」與近代臺灣民族運動(1920～1932)》,彰化:現代潮出版社,1987 年。

黃秀政,《臺灣史研究》,臺北:臺灣學生書局,1992 年。

黃富三、陳俐甫編,《近現代臺灣口述歷史》,臺北:林本源中

華文化教育基金會，1991 年。

黃富三、陳俐甫編，《霧峰林家之調查與研究》，臺北：林本源中華文化教育基金會，1991 年。

黃富三、古偉瀛、蔡采秀編，《臺灣史研究一百年：回顧與研究》，臺北：中央研究院臺灣史研究所籌備處，1997 年。

黃煌雄，《蔣渭水評傳》，臺北：前衛出版社，1992 年。

楊碧川，《日據時代臺灣人反抗史》，臺北：稻鄉出版社，1988 年。

臺灣史研究會編，《臺灣史學術研討會論文集》第 1 集，臺北：臺灣史研究會出版，1988 年。

蔣子駿，《辛亥革命與臺灣早期抗日運動》，臺北：文史哲出版社，1990 年。

蔣子駿，《國民革命與臺灣之關係》，臺北：文史哲出版社，1994 年。

盧修一，《日據時代臺灣共產黨史（1928~1932）》，臺北：自由時代，1989 年。

賴西安，《臺灣民族運動倡導者——林獻堂傳》，臺北：近代中國出版社，1991 年。

謝東閔，《國民革命運動與臺灣》，臺北：中央文物供應社，1980 年。

簡炯仁，《臺灣民眾黨》，臺北：稻鄉出版社，1991 年。

簡炯仁，《臺灣共產主義運動史》，臺北：前衛出版社，1997 年。

藍博洲，《日據時期臺灣學生運動 1913~1945 年》，臺北：時報

文化出版，1993 年。

蘇進強，《風骨嶙峋的長者——蔡培火傳》，臺北：近代中國出
版社，1990 年。

（三）期刊文章

王世慶，〈介紹日據時期臺灣總督府檔案〉，《臺灣文獻》，第 17
卷第 4 期，1966 年 3 月 27 日。

伊藤幹彥，〈臺灣社會主義思想之研究——連溫卿與謝雪
紅——〉，《思與言》，第 42 卷第 2 期，2004 年 6 月。

吳文星，〈日據時期臺灣總督府推廣日語運動初探（上）〉，《臺
灣風物》，第 37 卷第 1 期，1976 年 3 月。

吳文星，〈日據時期臺灣總督府推廣日語運動初探（下）〉，《臺
灣風物》，第 37 卷第 4 期，1976 年 12 月。

林瑞明，〈賴和與臺灣文化協會 1921~1931（上）〉，《臺灣風物》，
第 38 卷第 4 期，1977 年 12 月。

林瑞明，〈賴和與臺灣文化協會 1921~1931（下）〉，《臺灣風物》，
第 39 卷第 1 期，1978 年 3 月。

高日文，〈臺灣議會設置請願運動始末〉，《臺灣文獻》，第 15 卷
第 2 期，1955 年 6 月 27 日。

高日文，〈臺灣議會設置請願運動的時代背景〉，《臺灣文獻》，
第 16 卷第 2 期，1964 年 6 月 27 日。

高日文，〈治安警察違反事件之法庭辯論經過（上）〉，《臺灣文
獻》，第 17 卷第 1 期，1966 年 3 月 27 日。

高日文，〈治安警察違反事件之法庭辯論經過（下）〉，《臺灣文
　　獻》，第 18 卷第 1 期，1967 年 3 月 27 日。

張炎憲，〈日治時代臺灣社會運動——分期和路線的探討〉，
　　《臺灣風物》，第 40 卷第 2 期，1979 年 6 月。

張炎憲，〈1920 年代的蔣渭水〉，《臺灣風物》，第 41 卷第 4 期，
　　1980 年 12 月。

陳三井，〈臺灣志士與辛亥革命〉，《臺灣文獻》第 33 卷第 1 期，
　　1982 年 3 月 31 日。

黃秀政，〈「臺灣青年」與近代臺灣民族運動（1920~1922 年）〉
　　《臺灣文獻》，第 36 卷第 3、4 期，1985 年 12 月 31 日。

黃得時，〈梁任公遊臺考〉，《臺灣文獻》，第 16 卷第 3 期，1965
　　年 9 月 27 日。

溫振華，〈日本殖民統治下臺北社會文化的變遷〉，《臺灣風物》，
　　第 37 卷第 4 期，1976 年 12 月。

劉振魯，〈對日據時期滅種政策的剖析〉，《臺灣文獻》，第 33 卷
　　第 1 期，1982 年 3 月 31 日。

編纂組，〈林獻堂的事蹟與臺灣抗日運動對談會紀錄〉，《臺灣
　　文獻》，第 23 卷第 4 期，1972 年 12 月 27 日。

（四）學位論文

吳春成，〈日據下臺灣知識份子反殖民之意識研究——臺灣民
　　報（1920~1927）個案研究〉，高雄：國立中山大學中山學
　　術研究所碩士論文，1987 年。

張炎憲，〈1920 年代臺灣的抗日民族運動〉，東京・東京大學東洋史研究所博士論文，1983 年。

陳三郎，〈日據時期臺灣的留日學生〉(上下冊)，臺中：東海大學歷史研究所碩士論文，1981 年。

陳翠蓮，〈日據時期臺灣文化協會之研究——抗日陣營的結成與瓦解〉，臺北：國立臺灣大學政治學研究所碩士論文，1987年。

黃樹仁，〈日據時期臺灣知識份子的意識形態與角色之研究：1920~1927〉，臺北：國立政治大學政治學研究所碩士論文，1980 年。

二、日文書目

(一) 原始資料

1. 單行本

安藤盛、『臺灣文化運動の現況』、東京・拓植通信社、1925 年。

泉哲、『植民地統治論』、東京・有斐閣、1921 年。

泉貴美子、『泉靖一と共に』、東京・芙蓉書房、1972 年。

泉風浪、『臺灣の民族運動』、臺中・臺灣図書印刷合資会社、1928 年。

蔡培火、『日本本國民に与ふ』、東京・臺灣問題研究会、1928 年。

蔡培火、『臺灣議會の設置運動』、東京、1930 年。

蔡培火、『東亞の子かく想ふ』、東京・岩波書店、1937 年。

謝春木、『臺灣人は斯く觀る』、臺北・臺灣民報社、1929 年。

謝春木、『臺灣人の要求』、臺北・臺灣新民報社、1931 年。

蕭友山、『台湾解放運動の回顧』、台北・三民書局、1946 年。

臺灣總督府、『臺灣人ノ臺灣議會設置運動ト其思想』、1922 年。

臺灣總督府、『上山臺灣總督ト臺灣文化協會幹部トノ會見ニ
　　　關スル記錄』、東大近代史研究センター所藏、1926 年。

臺灣總督府警務局編、『臺灣總督府警察沿革誌　領臺以後の
　　　治安狀況（中卷）　臺灣社會運動史』、臺北・臺灣總督府
　　　警務局、1939 年。

臺灣新民報社調查部、『臺灣人士鑑』、臺灣新民報社、1934 年。

田川大吉郎、『臺灣訪問の記』、東京・白揚社、1925 年。

春山明哲編、『臺灣島內情報・本島人の動向』、東京・不二出
　　　版、1990 年。

宮川次郎、『臺灣の農民運動』、臺北・臺灣實業界社、1927 年。

宮川次郎、『臺灣の社會運動』、臺北・臺灣實業界社、1929 年。

宮川次郎、『臺灣の政治運動』、臺北・臺灣實業界社、1931 年。

山川均、『山川均全集』第 7 卷、東京・勁草書房、1966 年。

山辺健太郎編、『現代史資料（21）台湾』、東京・みすず書房、
　　　1971 年。

山辺健太郎編、『現代史資料（22）台湾』、東京・みすず書房、

1971 年。

山本美越乃、『植民政策研究』、京都・弘文堂書房、1920 年。

林呈祿、『臺灣議會の設置運動』、東京・臺灣議會期成同盟會、
　　1929 年。

林呈祿、『臺灣議會設置請願理由書』、東京・臺灣議會期成同
　　盟會、1923 年。

鷲巢敦哉、『臺灣警察四十年史話』、臺北・松浦屋印刷部、1938
　　年。

鷲巢敦哉、『臺灣統治回顧談（臺灣の領有と民心の變化）』、東
　　京・臺灣警察協會、1943 年。

2. 期刊文章

泉哲、「臺灣島民に告ぐ」、『臺灣青年』創刊号、1920 年 7 月
　　16 日。

泉哲、「臺灣自治制を評す」、『臺灣青年』第 1 卷第 3 号、1920
　　年 9 月 15 日。

泉哲、「民族自決の真意」、『臺灣青年』第 2 卷第 4 号、1921
　　年 5 月 15 日。

泉哲、「少數民族の保護と民族自決」、『臺灣』第 3 年第 9 号、
　　1922 年 12 月 1 日。

泉哲、「植民地に於ける立法機關に就て」、『臺灣』第 4 年第 4
　　号、1923 年 4 月 10 日。

泉哲、「臺灣の將來」、『臺灣』第 5 年第 1 号、1924 年 4 月 10

日。

泉哲、「自治權の獲得」、『臺灣民報』第 192 号、1928 年 1 月
　　22 日。

隈本繁吉、「臺灣教育令制定由來前編　同後篇」（1922 年）」、
　　『月刊アジアの友』、學生文化協會、第 141 号、1976 年 5
　　月。

蔡培火、「吾人の同化觀」、『臺灣青年』第 1 巻第 2 号、1920
　　年 8 月 15 日。

蔡培火、「我島と我等」、『臺灣青年』第 1 巻第 4 号、1920 年
　　10 月 15 日。

蔡培火、「二ケ年ぶりの帰臺」、『臺灣青年』第 3 巻第 1 号、1921
　　年 7 月 15 日。

蔡培火、「中日親善の要諦」、『臺灣青年』第 3 巻第 2 号、1921
　　年 8 月 15 日。

蔡培火、「臺灣教育に關する根本主張」、『臺灣青年』第 3 巻第
　　3 号、1921 年 9 月 15 日。

蔡培火、「新臺灣の建設と羅馬字」、『臺灣』第 3 年第 6 号、1922
　　年 9 月 8 日。

蔡培火、「新臺灣の建設と羅馬字（1）」、『臺灣民報』第 1 巻 13
　　期、1923 年 12 月 11 日。

蔡培火、「新臺灣の建設と羅馬字（2）」、『臺灣民報』第 1 巻 14
　　期、1923 年 12 月 21 日。

蔡培火、「臺灣白話字普及運動」、『臺灣新民報』第 377 号、1931

年 8 月 15 日。

謝雪紅、「組織の力で自由を奪還する」、『臺灣新民報』第 323
　　号、1930 年 7 月 26 日。

蔣渭水、「十年後の解放運動――希望と展望」、『臺灣新民報』
　　第 322 号、1930 年 7 月 19 日。

田川大吉郎、「歐米の思潮と羅馬字」、『臺灣青年』第 1 巻第 3
　　号、1920 年 9 月 15 日。

田川大吉郎、「臺灣の議論に關する回想」、『臺灣青年』第 2 巻
　　第 2 号、1921 年 3 月 26 日。

田川大吉郎、「臺灣の議論に關する回想」、『臺灣青年』第 2 巻
　　第 3 号（訂正版）、1921 年 4 月 15 日。

田川大吉郎、「臺灣青年諸君に寄す」、『臺灣』第 4 年第 2 号、
　　1923 年 2 月 1 日。

田川大吉郎、「民報の更生の一期として」、『臺灣民報』第 167
　　号、1927 年 8 月 1 日。

田川大吉郎、「徐かに急げ」、『臺灣民報』第 217 号、1928 年 7
　　月 15 日。

林獻堂、「臺灣議會設置請願に關する管見」、『臺灣青年』第 2
　　巻第 3 号（訂正版）、1921 年 4 月 15 日。

林慈舟、「日本の議會政治」、「臺灣」第 3 年第 1 号、1922 年 4
　　月 10 日。

林呈祿、「新時代に處する臺灣青年の覚悟」、『臺灣青年』創刊
　　号、1920 年 7 月 16 日。

林呈祿、「地方自治を述べて臺灣自治に及ぶ（上）」、『臺灣青年』第 1 巻第 2 号、1920 年 8 月 15 日。

林呈祿、「地方自治を述べて臺灣自治に及ぶ（中）」、『臺灣青年』第 1 巻第 3 号、1920 年 9 月 15 日。

林呈祿、「六三問題の帰着点」、『臺灣青年』第 1 巻第 5 号、1921 年 1 月 15 日。

林呈祿、「近世植民地統治の華人政策」、『臺灣青年』第 2 巻第 1 号、1921 年 1 月 15 日。

林呈祿、「改正臺灣統治基本法と植民地統治方針」、『臺灣青年』第 2 巻第 5 号、1921 年 7 月 15 日。

林呈祿、「訴願に就て」、『臺灣』第 3 年第 3 号、1922 年 6 月 12 日。

連溫卿、戴國煇校註、「台湾に於る日本植民政策の実態」、『史苑（立教大学）』第 35 巻第 2 号、1975 年 3 月。

（二）論著

1. 單行本

浅田喬二、『日本植民地研究史論』、東京・未来社、1990 年。

伊藤潔、『台湾』、東京・中央公論社、1993 年。

栄沢幸二、『大正デモクラシー期の政治思想』、東京・研文出版、1981 年。

王育徳、『台湾』、東京・弘文堂、1970 年。

王育徳、『台湾海峡』、東京・日中出版、1983 年。

王育徳、宗像隆幸、『新しい台湾――独立への歴史と未來図』、東京・弘文堂、1990 年。

金原左門編、『大正デモクラシー』、東京・吉川弘文館、1994 年。

許世楷、『日本統治下の台湾』、東京・東京大学出版会、1972 年。

黄昭堂、『台湾民主国の研究』、東京・東京大学出版会、1970 年。

黄昭堂、『台湾総督府』、東京・教育社、1981 年。

史明、『台湾人四百年史』、東京・新泉社、1974 年。

戴國輝、『台湾』、東京・岩波書店、1988 年。

野澤豐、『孫文と中国革命』、東京・岩波書店、1966 年。

野澤豐、『辛亥革命』、東京・岩波書店、1972 年。

藤井昇三、『孫文の研究』、東京・勁草書房、1966 年。

松尾尊允、『大正デモクラシー』、東京・岩波書店、1974 年。

丸山松幸、『五四運動』、東京・紀伊国屋書店、1969 年。

三谷太一郎、『吉野作造』、東京・中央公論社、1984 年。

三谷太一郎、『大正デモクラシー論』、東京・東京大学出版会、1995 年。

向山寛夫、『日本統治下における台湾民族運動史』、東京・中央経済研究所、1987 年。

横山宏章、『孫中山の革命の政治指導』、東京・研文出版、1983
　　年。

若林正丈、『日本植民地主義の政治的展開 1895~1934 年』、東
　　京・アジア政経学会、1980 年。

若林正丈、『台湾抗日運動史研究』、東京・研文出版、1983 年。

若林正丈、『台湾——変容し躊躇するアイデンティティ』、東
　　京・筑摩書房、2001 年。

2. 期刊文章

浅田喬二、「1920 年代台湾における抗日民族運動の展開過
　　程——台湾文化協会の活動を中心として」、『歴史学研
　　究』第 414 号、1974 年 11 月。

伊東昭雄、「蔡培火と台湾議会設置運動——植民地台湾にお
　　ける抗日民族運動（1）」、『横浜市立大学論叢人文科学系
　　列』第 27 巻第 3 号、1976 年 3 月。

伊東昭雄、「田川大吉郎と台湾」、『横浜市立大学論叢人文科
　　学系列』第 28 巻第 2 号第 3 号合併号、1977 年 3 月。

伊東昭雄、「蒋渭水と台湾抗日民族運動——台湾文化協会の
　　分裂まで」、『成蹊論叢』第 30 巻第 2 号第 3 号合併号、1979
　　年 3 月。

伊東昭雄、「蒋渭水と台湾民衆党——「全民運動」の「階級運
　　動」、『一橋論叢』、第 83 巻第 3 号、1980 年 3 月。

伊東昭雄、「台湾文化協会と台湾民衆党——対立の意味につ

いて」、『横浜市立大学論叢人文科学系列』、第 31 巻第 2
号第 3 号合併号、1980 年 3 月。

伊藤幹彦、「台湾抗日運動史の研究——林献堂の政治思想を
中心に——」、『アジア文化研究』創刊号、1994 年 6 月 8
日。

伊藤幹彦、「蔡培火の抗日思想——蔡培火の改良主義の意
味——」、『アジア文化研究』第 2 号、1995 年 6 月 8 日。

伊藤幹彦、「日本植民地時代の台湾教育——同化教育・皇民化
教育を中心に——」、『アジア文化研究』第 3 号、1996 年
6 月 8 日。

伊藤幹彦、「皇民化運動と戦時動員体制——日本人意識と台
湾人意識——」、『アジア文化研究』第 4 号、1997 年 6 月
8 日。

伊藤幹彦、「台湾と国際関係——台湾民主国と政治変動
論——」、『アジア文化研究』第 5 号、1998 年 6 月 8 日。

伊藤幹彦、「台湾議会設置請願運動の意義——台湾自治論と
台湾独立論——」、『昭和大学教養部紀要』第 29 号、1998
年 12 月 25 日。

伊藤幹彦、「廖文毅の政治思想——台湾民本主義を中心
に——」、『昭和大学教養部紀要』第 30 号、1999 年 12 月
25 日。

伊藤幹彦、「王育徳の政治思想——台湾民族論を中心に——」、
『昭和医療短期大学紀要』創刊号、2000 年 9 月 20 日。

564

伊藤幹彦、「日本植民地時代の皇民化運動——台湾の思想状況を中心に——」、『アジア文化』第 23 号、2000 年 9 月 30 日。

伊藤幹彦、「台湾抗日思想の一考察——台湾独立派の抗日思想——」、『南島史学』第 55 号、2000 年 12 月 10 日。

伊藤幹彦、「日本植民地時代の政治思想——蒋渭水の政治思想を中心に——」、『昭和大学教養部紀要』第 31 号、2000 年 12 月 25 日。

伊藤幹彦、「日本統治時代の政治思想——謝雪紅の政治思想を中心に——」、『アジア文化研究』第 9 号、2002 年 6 月 1 日。

伊藤幹彦、「一九二〇年代の台湾政治思想——王敏川の政治思想——」、『アジア文化研究』第 10 号、2003 年 6 月 1 日。

上沼八郎、「日本統治下における台湾——留学生同化政策と留学生問題の展望」、『紀要「国立教育研究所」』第 94 号、1978 年 3 月。

王育徳、「文学革命の台湾に及ぼせる影響」、『日本中国学会報』第 11 号、1959 年 10 月。

黄昭堂、「台湾独立運動史（1）」、『台湾』第 3 巻第 1 号、1969 年 1 月。

黄昭堂、「台湾独立運動史（2）」、『台湾』第 3 巻第 2 号、1969 年 2 月。

黄昭堂、「台湾独立運動史（3）」、『台湾』第 3 巻第 3 号、1969
　　年 3 月。

黄昭堂、「台湾独立運動史（4）」、『台湾』第 3 巻第 4 号、1969
　　年 4 月。

黄昭堂、「台湾の民族と国家」、『国際政治』第 84 号、1987 年
　　2 月。

小林文男、「日本統治下台湾におけるナショナルな思考（1）」、
　　『アジア経済』第 11 巻第 9 号、1970 年 9 月。

小林文男、「日本統治下台湾におけるナショナルな思考（2）」、
　　『アジア経済』第 12 巻第 2 号、1971 年 2 月。

近藤純子、「蔡培火のローマ字運動——台湾日本語教育史の
　　一研究」、『アジアの友』第 239 号、1986 年 1 月。

戴國煇、「台湾抗日左派指導者連溫卿とその稿本」、「史苑」
　　（立教大学)』第 35 巻第 2 号、1975 年 3 月。

寺広映雄、「台湾民族運動と中国——辛亥革命の影響を中心
　　として」、寺広映雄『中国革命の史的展開』、東京・汲古
　　書院、1979 年。

春山明哲、「近代日本の植民地統治と原敬」、春山明哲、若林
　　正丈『日本植民主義の政治的展開』東京・1980 年。

森山昭郎、「台湾共産党覚書」、『国際基督教大学会科学ジャ
　　ーナル』第 13 巻、1975 年 3 月。

森山昭郎、「『台湾革命』とコミンテルン——台湾共産党の結
　　成と再組織をめぐって」、『思想』第 610 号、1975 年 4 月。

若林正丈、「台湾の抗日民族運動」、『講座中国近現代史』第 6
　　巻、東京・東京大学出版会、1978 年。

若林正丈、「大正デモクラシーと台湾議会設置請願運動」、春
　　山明哲、若林正丈、『日本植民地主義の政治的展開』、東
　　京・アジア政経学会、1980 年。

若林正丈、「総督政治と台湾土著地主資　階級——公立台中
　　中学校設立問題：1912~1915 年」、『アジア研究』第 29 巻
　　第 4 号、1983 年 1 月。

若林正丈、「台湾治警事件に関する資料——内田嘉吉文庫藏
　　台湾議会設置関係書類」、『外国語科研究紀要（東京大学
　　教養学部外国語科)』第 31 巻第 4 号、1983 年。

若林正丈、「台湾抗日ナショナリズムの問題状況・再考」、『教
　　養学科紀要(東京大学教養学部教養学科)』、第 17 巻、1984
　　年。

三、英文書目

Beasley, W. G. *Japanese Imperialism, 1894-1945*. New York:
Oxford University Press Inc., 1987.

Chen, Ching-chi. "Impact of Japanese Colonaial Rule on Taiwanese
Elites". Volume 22 No.1, *Journal of Asian History*, Volume 22
No.1, 1988.

Chen, I-te. Japanese Colonialism in Korea and Formosa: A
Comparison of its Effects upon the Development of
Nationalism. Ann Arbor: University of Pennsylvania,

University Microfilms, Inc, 1968.

Chen, J. Bruce Jacobs. "Taiwanese and the Chinese Nationalists, 1937-1945: The Origins of Taiwan's Half-Mountain People". Modern China, Volume 16 Number 1 January, 1990.

Chow, Tse-tsung. The May Fourth Movement Intellectual Revolution in Modern China. Cambridge: Harvard University Press, 1960.

Hsiao, S. T. Frank and Lawrence R. Sullivan. "The Chinese Communist Party and the Status of Taiwan, 1928-1943". Pacific Affairs, Vol. 52. No.3 Fall, 1979.

Hughes, Christopher. Taiwan and Chinese National Identity and Status in International Society. 1997.

Hyman, Kublin. "The Evolution of Japanese Colonialism, Comparative Studies in Society and History". An International Quarterly, Volume II November January, 1960.

Ka, Chih-ming. Japanese Colonialism in Taiwan Land Tenure, Development and Dependency, 1895-1945. Boulder: Westview Press, 1995.

Kerr, George H. Formosa Licensed Revolution and the Home Rule Movement, 1895-1945. Honolulu: The University Press of Hawaii, 1974.

Mendel, Douglas. The Politics of Formosan Nationalism. Berkeley and Los Angeles: University of California Press, 1970.

Meskill, Johanna Menzel. A Chinese Pioneer Family The Lins of Wu-feng, Taiwan, 1729-1895. Princeton: Princeton University Press, 1979.

Myers, Ramon H. and Peattie, Mark R. The Japanese Colonial Empire, 1895-1945. Princeton: Princeton University Press, 1984.

Sharman, Lyon. Sun Yat-Sen his Life and its Meaning. Stanford: Stanford University Press, 1934.

Tsurumi, Patricia E. "Mental Captivity and Resistance, Lessons from Taiwanese-Anti-Colonialism". The Bulletin of Concerned Asian Scholars, Vol.12, No.2 April-June, 1980.

著者略歴

伊藤　幹彦（いとう　　みきひこ）1959 年生まれ　日本人

1982 年 4 月　　早稲田大学教育学部社会科地理歴史専修入学
1986 年 3 月　　　　同　　　　　　　卒業（文学士取得）
1992 年 4 月　　早稲田大学大学院政治学研究科政治学専攻入学
1994 年 3 月　　　　同　　　　　　　卒業（政治学修士取得）
2001 年 9 月　　国立台湾大学大学院国家発展研究科入学
2005 年 1 月　　　　同　　　　　　　修了（法学博士取得）

1997 年 4 月　昭和大学医療短期大学講師（国際関係論担当）就任
1998 年 4 月　昭和大学講師（政治学担当）就任
2001 年 8 月　昭和大学医療短期大学講師（国際関係論担当）辞職
2001 年 8 月　昭和大学講師（政治学担当）辞職

　　本書は筆者の博士論文であり、中国語版と日本語版の両
方とも台湾台北市の鴻儒堂が出版しました。
　　筆者は 2005 年 1 月に国立台湾大学国家発展大学院法学博
士号（日本ではじめて）を取得しました。中国語は 20 年間、
勉強しました。台湾語は 1 年間、勉強しました。2004 年 6 月

に中国語の学術雑誌「思と言」（第42巻第2期）に論文を発表し、2005年11月に国立国父記念館主催の「孫中山と日本植民地時期の台湾政治社会」や国立台湾師範大学主催の「南島史学国際会議（日本の学会）」などの学術会議で中国語の論文を発表しました。指導教授邱榮舉博士が用事がある時、代理教授として大学院学生に対して授業を10回、中国語で行ないました（「台湾政治史専題研究」、「学術論文専題研究」、1回2時間で20時間）。昭和大学教養部（「政治学」、「国際関係論」）の講師を3年半したことがあり、学術雑誌に20編の論文を発表し、学会で22回の発表をしたことがあります。南島史学会、日本台湾学会、日本国際政治学会、国際アジア文化学会、中国文化学会、東方文化学会、アジア政経学会の会員です。

本書に関する御感想をお寄せください。
E-mail　zb12sa3@yahoo.com.tw
日本国山梨県甲府市武田 3-6-20　伊藤　幹彦

日本統治時代後期
台湾政治思想の研究

定價：600 元

2005 年(民國 94 年) 2 月初版一刷

本出版社經行政院新聞局核准登記

登記證字號:局版臺業字 1292 號

著　　　者：伊藤幹彦

發　行　人：黃成業

發　行　所：鴻儒堂出版社

地　　　址：台北市中正區 100 開封街一段 19 號二樓

電　　　話：(02)2311-3810・(02)2311-3823

傳　　　真：(02)2361-2334

排　　　版：先鋒打字印刷有限公司

郵 政 劃 撥：01553001

E－mail：hjt903@ms25.hinet.net

日本經銷處：東方書店

地　　　址：東京都千代田區神田神保町 1-3

電　　　話：03-3233-1003

傳　　　真：03-3295-0800

本書凡有缺頁、倒裝者，請逕向本社調換

鴻儒堂出版社於＜博客來網路書店＞設有網頁。
歡迎多加利用。

網址 http://www.books.com.tw/publisher/001/hjt.htm

《日治時代後期
　臺灣政治思想之研究》

伊藤幹彦　著

定価：400 元

【中国語版】

《台湾総督府》
日本の台湾統治五〇年を総括

黄昭堂　著

定価：250 元

【日本語版】